KB260977

D.H. 로렌스 문학연구

조일제 지음

한국문화사

머릿말

이제 D.H. 로렌스와 그의 문학은 지식인 뿐만 아니라 일반인에게도 널리 알려져 있다. 그의 문학이 이처럼 알려진 것은 문학적 가치와 사회대중성을 함께 지니고 있기 때문인 것이다.

실제로 로렌스 문학에 대한 관심과 연구는 세계적으로 대단한 열기를 가지고 진행되고 있는 현실이다. 영미대학의 학부과정 뿐만 아니라 대학원 과정에서 그에 관련된 강좌가 개설되어 있으며 계속하여 학위논문을 비롯한 관련 논저들이 쏟아져 나오고 있다. 그리고 '국제 D.H. 로렌스 학술 대회'가 전 세계의 주요 도시에서 성황리에 열리고 각국의 저명 학자들이 참석하고 있다. 그만큼 로렌스 문학은 현대 사회에 있어서 탐구할만한 가치를 지니고 있음을 뜻하는 것이다.

저자는 로렌스 문학을 1970년대 초 대학 강의를 통해서 처음으로 접하게 되었다. *Sons and Lovers*를 읽었던 그 때의 기억은 지금도 강렬히 남아있다. 자서전적인 가정소설로서의 인상이 너무나 힘차고 꾸밈없이 진실되게 기술되었다고 여겨졌다. 그리고 이 소설에서 묘사되고 있는 인물들과 자연은 아름답고 생명력이 충만되어 있었고 순결하고 매력적이었다. 지금에 이르기까지 20년 세월 동안 로렌스 문학에 관심을 가지고 연구를 해오면서 석사, 박사 학위논문을 썼고 계속하여 그의 문학을 탐구해왔다. 로렌스 출생지와 고향을 비롯하여 작품들의 배경지역, 영국 노팅햄 이스트우드 지역과 쉬우드 포리스트(*Sherwood Forest*) 등을 둘러보기도 했다. 1988년과 1989년의 2회에 걸쳐서 탐방했을 때 그 추억은 나의 뇌리에 잊을 수 없이 새겨져 있다.

그가 병약한 몸이었음에도 불구하고 그의 문학은 가슴을 파고드는 정열과 생명력이 넘쳐 있어서 독자들은 그 속으로 빠져들게 된다. 타이탄과 같은 에너지를 가지고 죽는 순간까지 인생과 자연을 뜨겁게 사랑하였고 생명력의 우주적인 영원성을 철저히 믿었던 그의 우주적인 생명주의 사상은 많은 사람들에게 끊임없이 열정을 줄 것으로 생각된다. 그의 문학은 단순한 외양을 수사하는 것이 아니라 인간 생명과 우주 자연의 생명을 내면적으로 파고드는 점에서 그만큼 신비스러운 것이다.

오늘날 현대인들이 물질 유일주의 사고에 빠져 인간성의 내면을 경시하며 삶에서 자연과의 친화력을 상실하고 자연을 생활에서 추방함으로써 인간성의 황폐화와 자연의 피폐가 삶 전체를 위협하고 있는 실정이다. 로렌스가 그의 문학에서 염려하고 비판한 부분이 세계 도처에서 현실로서 일어나고 있는 것이다. 이와같은 점에서 현대문명에 대한 그의 예언과 통찰은 더욱더 관심과 연구를 필요로 하는 때가 아닌가 싶다.

본 저서는 지금까지 발표되었던 논문들을 수정하거나 가필하여 한 권의 책으로 엮은 것이다. 여러가지로 부족한 점이 많음에도 불구하고 용기를 내어 출판하게 된 것은 로렌스를 전공하는 분들에게 미력이나마 도움이 되었으면 하는 자그마한 바램에서이다.

이 책이 나오기까지에는 많은 분들의 도움이 있었다. 특히 아내는 원고를 컴퓨터에 일일이 입력시키고 밤낮으로 작업을 도와주면서 애정 어린 조언을 아끼지 않았다. 그리고 출판을 쾌히 승낙해 주신 한국문화사의 김진수 사장님께도 고마운 마음 금할 수 없다. 교정에 수고를 아끼지 않았던 영어과 제자들과 편집부 여러분께도 감사드리는 바이다.

금정산 기슭 연구실에서
저자 조일제

목 차

1. 생명적 실재의 추구

〈목　차〉

1. 서　론

Lawrence문학의 기본적인 도덕은 생명주의이다. 그에게 그토록 절박하고 사무치게 느껴진 생명은 존재와는 불가분의 것이 된다. 그는 소설론 'Morality and Novel'에서 "The business of art is to reveal the relation between man and his circumambient universe, at the living moment.⋯ Art is always ahead of the 'times', which themselves are always far in the rear of the living moment"[1]라고 그의 생명주의적 예술관을 피력한다.

Lawrence에 의하면 사물의 모든 관계는 미묘한 변화의 비밀 속에서 끊임없이 생동하는 "무궁과 완전이라는 4차원적 성질"(fourth-dimensional quality of eternity and perfection)[2]을 가진다. 그런데 현대소설은 철학, 종교, 과학이 그렇듯이 공고한 균형을 얻기 위해 고정관념을 구축하기에 다급함으로써, 소설을 죽이게 되는 경향을 초래하고 있으며, 이

---

1) Anthony Beal ed., *D.H.Lawrence: Selected Literary Criticism*(London: Heinemann Educational Books 1982), p.108.
2) *Ibid.*, p.109.

때문에 현대소설이 점점 부도덕해져 가고 있다[3]는 것이다. 요컨대 Lawrence에게 예술은 우주와 인간의 생명적 실상을 표현하는 것이어야 하며, 작가자신과 인류의 자아와 생명을 완성하고 구원하는 기능이라야 한다.

Lawrence가 역설하는 생명인식론의 개념은 지성이나 의지가 개입하지 않는 순수직관에 의한 실재인식, 또는 그것에 의한 인간과 우주 관계의 포착을 의미한다. 그가 사용한 창작의 기본 방식은 의식의 흐름을 기법으로 삼는 소설가들처럼 인간의식의 표층에 떠도는 상념의 조각들을 걷어내는 자의식적인 단순한 관념작업과는 다른 것이다.[4] 또한 그것은 생동하는 삶에서 이탈된 형식주의 소설가들의 단조롭고 기계적인 태도와도 구분되는 것이다. 그리하여 Lawrence는 Joyce, Proust, Dorothy Richardson, Thomas Mann 등의 선배나 동배의 현대작가들을 脫생명의 죽은 소설가들로 비판한다.[5] 이것은 Lawrence에게 생명이야말로 본질적으로 심오하고 신비한 것이며, '살아있는 全人'(the whole man alive)의 인간상이야말로 불가피하고 불가결한 그의 신앙이요 이상임을 말해주는 것이다.

Lawrence의 생명 감지방식은 주관, 선입관, 편견을 배제하고 직관에 의해 왜곡없이 존재의 실상과 실재를 직접적으로 파악하는 것을 기본방식으로 삼는 동양의 禪과 상통한다. 또한 이것은 禪과 상통하는 현대철학인 현상학과 접근되는 것이다. 현상학은 일체의 주관을 배제한다는 기본정신 아래, 의식을 기본 매체로 하여 지향적 역동적인 의식에 투사 환원된 실재를 순수직관에 의해 진리로 인식한다는 점에서 Lawrence의 존재에 대한 인식방식과 근접된다고 할 수 있다.

Lawrence가 추구하는 생명적 실재의 여러가지 양상은 지성이나 이성의 개입작용이 적고, 무의식, 어둠, 피의식(blood-consciousness)이 원형으로 되는 性, 죽음, 동물, 신화, 원시 등의 세계를 통해 가장 잘 묘사되

---

3) *Ibid.*, p.110.

4) D.H.Lawrence, 'Surgery for the Novel-Or a Bomb'. A.A.H. Inglis ed., *D.H. Lawrence: A Selection from Phoenix*(Penguin, 1979), pp.189—93.

5) D.H.Lawrence, 'German Books: Thomas Mann', *D.H.Lawrence A Selection from Phoenix, op. cit.*, pp.277—83.

고 있다. 이러한 원초적 형태의 의식세계는 신비, 공포, 마력 등을 함께 수반하는 兩價的 성질을 지닌 것으로 나타난다.

본 논문은 Lawrence작품에 표현된 생명적 실재의 추구와 관련하여 첫째, 反생명적, 脫존재적 상황의 현대문명에 대한 그의 비판적 관점을 살펴보고, 둘째, 그가 생명적 실상과 실재를 인식하는 방법과 그것을 기술하는 방식을 modernism적 realism, 현상학적 창조, 禪적 인식 등으로 검토해 볼 것이다. 그리하여 그의 문학에 있어서의 예술적 묘사술의 특징, 기본적 도덕, 창조정신의 근원을 이해하고자 한다.

2. 현대문명과 反생명

Lawrence는 고도화된 산업, 물질, 지성주의로 특징화되는 현대문명에서 그 본래의 실상과 본질이 왜곡 파괴된 허위적 상황을 통렬히 비판하면서 인간존재의 근원, 생명본래의 실재, 그리고 우주적 참자아의 회복을 시도한다. 현대인의 왜곡성은 종교관, 性관, 경제관, 사회관 등의 여러 영역에 걸쳐 있다. Lawrence는 그와같은 현대적 문제를 등장인물들의 인간관계와 narrator의 서술을 통해 그의 모든 소설작품에서 지속적이고 반복적인 형태로 표현하고 있다.

Lawrence의 인간존재에 대한 이념은 완전히 살아 움직이는 유기제로서의 全人이다. 인간생명은 무기적 물체가 아니라 무한성과 신비를 내포한 실재인 것이다. 그런데도 현대인은 지성, 의지, 물질주의 관념 때문에 자기내면의 이러한 생명적 실재를 왜곡하고 있고 인간관계나 우주 자연과의 관계에 있어서 생명적 관계를 상실하고 있다. Lawrence는 비상한 시적 직관력과 통찰력을 타고난 창조적 작가로서, 20세기 현대문명이 상실한 생명의 근원과 실재를 복원하는 것에 그의 예술의 목표를 두고 있다. 그는 수필집 *Apocalypse*에서 현대인이 '血적 존재 blood-being', '血적 본성 blood-nature'[6]을 상실하였고, 우주와의 유대에서 이탈하였으며, 그 때문에 현대사회는 잔악하고 위험스러워지게 되었다고 말한다.

The community is inhuman and less than human. It becomes at last the most dangerous because bloodless and insentient tyrant.⋯ We have lost the sun.⋯ We have lost the moon, the cool, bright, ever-varying moon.⋯ We and the cosmos are one.⋯ We have lost the cosmos.⋯ What We lack is cosmic life, the sun in us and the moon in us.[7]

Lawrence는 현대인이 상실한 생명의 실재인 '피의식 blood-consciousness'과 '血적 앎 blood-knowledge', '血적 관계 blood-relation'을 그대로 유지하고 있는 인간과 문명을 동경하였고, 그것을 원시사회에서 발견할 수 있게 된다. 그는 원시사회 및 totem의 기원과 원리를 논한 글에서, "⋯ and this is the origin of totem: and for this reason some tribes no doubt really were kangaroos: they contained the blood-knowledge of the kangaroo,⋯ I have been reading Frazer's *Golden Bough* and *Totemism and Exogmy.*⋯ There is a blood-consciousness which exists in us independently of the ordinary mental consciousness⋯"[8] 라고 말하고 있으며, 이러한 신념에 기초하여 유럽을 증오하고, 아메리카 대륙의 인디언과 같은 원시종족 사회를 탐방하였다.

Lawrence가 원시문명을 동경하여 그러한 원시사회를 탐방하고, 그 문명에 내포된 신비로운 양태와 의식에 관한 것을 기술하는 기행문집이나 그것을 소재로 한 소설과 시를 창작한 것은 후기에 본격화 한다(*Mornings in Mexico, Twilight in Italy, The Plumed Serpent*, 'The Woman Who Rode Away', 'The Ship of Death', 'Bavarian Gentians' 등). 그러나 초기작품에서 이미 그의 원시적 감수성은 투영되고 있다. 그러한 감

---

6) 이 용어는 Lawrence의 *Apocalypse* 뿐만 아니라 *Studies in Classic American Literature*를 비롯하여 그의 소설에서도 많이 사용된다. [조일제, 석사학위 논문 'D.H.Lawrence의 Blood-Consciousness에 관한 연구' 1982 참조]

7) D.H.Lawrence, *Apocalypse*(Penguin, 1977), pp.21－30.

8) John B. Vickery, *The Literary Impact of the Golden Bough*(Princeton, New Jersey: Princeton University Press, 1976), p.282.

수성은 현대문명을 그토록 신랄하게 증오하고 그것에서 탈출하려고 한 Lawrence의 타고난 특성이라고 할 수 있다. 그러한 감수성은 초기작품인 *Sons and Lovers*의 핵심에 이미 반영되고 있다. Lawrence가 깊은 호감을 가지고 묘사한 그의 부친(Morel)을 특징지우고 있는 것은 바로 원시주의적인 생명력에 가득찬 세계이다. 자연의 세계에 대해 이 광부가 품고 있는 감정은 자연 그대로의 생명과 활력에 넘치는 것이다. 매일같이 탄광의 암흑속에 들어가서 일하고 암흑에서 나오는 이 광부는, 매일같이 다시 태어난 세계를 가슴에 지니는 원시인, 고대인과 닮았다. 이러한 Mr. Morel이 제1장에 아름답게 묘사되고 있다.

··· the dusky, golden softness of this man's sensuous flame of life, that flowed off his flesh like the flame from a candle, not baffled and griffed into incodescence by thought and spirit as her life was, seemed to her something wonderful, beyond her.··· A warmth radiated through her as if she had drunk wine.[9]

이처럼 지성, 과학, 물질의 문명적 때가 묻지 않은 순수생명이나 원시본연의 존재를 지향하기 때문에, Lawrence는 자연 그대로의 활력이 상실된 현대인을 그의 소설 전반에 등장시켜 비판한다. *Women in Love*에서 활동하는 경우, London에서 활동하는 예술가들의 보헤미안적인 타락한 생활과 Derbyshire주에 있는 Hermione Roddice의 저택을 중심으로 지식인들이 벌리는 지적 생활의 공허성을 폭로하는 훌륭한 장이 있고, Gerald Crich의 산업주의 사고에 대한 고발이 있다. Gerald는 능률을 위한 능률의 전문가로서 가장 현대적인 사회인을 대변한다. 그에게 중요한 것은 생산 밖에 없고 그의 주위에 모여드는 것들은 모두 죽음의 이미지와 상징일 뿐이다. 그것은 그의 산업주의가 생명을 순수한 수학적 원리에 복종시키고, 유기적 원리를 기계적 원리로 교환하며, 유기적인 목적과 유기적인 통일을 파괴하여 기계적인 것에 복종시키기 때문이다.

---

9) D.H.Lawrence, *Sons and Lovers*(Penguin, 1970), p.18.

Gerald was their high priest, he represented the religion they really felt. His father was forgotten already. There was a new world, a new order, strict, terrible, inhuman, but satisfying in its very destructiveness. The men were satisfied to belong to the great and wonderful machine, even whilst it destroyed them. It was what they wanted. It was the highest that man had produced, the most wonderful and superhuman. They were exalted by belonging to this great and superhuman. They were exalted by belonging to this great and superhuman system which was beyond feeling or reason, something really godlike. Their hearts died within them, but their souls were satisfied. It was what they wanted. Otherwise Gerald could never have done what he did. He was just ahead of them in giving them what they wanted, this participation in a great and perfect system that subjected life to pure mathematical principles. It was a sort of freedom, the sort they really wanted. It was the first great step in undoing, the first phase of chaos, the substitution of the organic purpose, the organic unity, and the subordination of every organic unit to the great mechanical purpose. It was pure organic disintegration and pure mechanical organaization. This is the first and finest state of chaos.[10]

이와같이 Lawrence는 현대 산업주의란 것을 유기적인 생명적 자아를 파괴하는 죽음의 상징으로 본다.

현대인의 지성이란 反생명적인 문제성을 내포하고 있다. 그것은 자연 그대로의 원시적 실재와는 갈등을 야기하는 것임이 이미 *Sons and Lovers* 에서 양성관계 모델을 통해 암시되고 있다. Lawrence의 아버지 Mr. Morel은 광부로서 거의 문맹에 가깝고 흔히 술에 취해 있지만, 자연 그대로의 생활이나 생명에 대한 비범하고 생생한 이해력을 소유하고 있다. 이에 반해 그의 어머니인 Mrs.Morel은 남편보다 위의 계급 출신으로서 지적이고 정신적이고 세련되어·있다. Lawrence의 생애에 있어서 양자의 투쟁은 상징적 의미를 지닌다. 그것은 현대문명과 원시자연의 긴 투쟁 선언

---

10) D.H.Lawrence, *Women in Love*(Penguin, 1979), pp.259—60.

이 예고된 것이라 할 수 있다. 그러한 남녀양성간의 상반된 의식은 다음 작품인 *Th Rainbow*의 초두에 다시 재생된다. 농촌사회에서 삶을 살아가는 Tom Brangwen일가의 남녀양성들이 각기 달리 지향하는 의식형태로서 그것이 나타난다.

It was enough for the men, that the earth heaved and opened its furrow to them, that the wind blew to dry the wet wheat, and set the young ears of corn wheeling freshly round about; it was enough that they helped the cow in labour, or ferreted the rats from under the barn, or broke the back of a rabbit with a sharp knock of the hand. So much warmth and generating and pain and death did they know in their blood, earth and sky and beast and green plants, so much exchange and interchange they had with these, that they lived full and surcharged, their senses full fed, their faces always turned to the heat of the blood, staring into the sun, dazed with looking towards the source of generation, unable to turn round.

But the woman wanted another form of life than this, something that was not blood-intimacy. Her house faced away from the farm-buildings and fields, looked out to the road and the village with church and Hall and the world beyond. She stood to see the far-off world of cities and governments and the active scope of man, the magic land to her, where secrets were made known and desires fulfilled. She faced outwards to where men moved dominant and creative, having turned their back on the pulsing heat of creation, and with this behind them, were set out to discover what was beyond, to enlarge their own scope and range and freedom; whereas the Brangwen men faced inwards to the teeming life of creation, which poured unresolved through their veins.[11]

결국 Lawrence는 *Sons and Lovers*에서 그가 현대문명이나 지성의 원형격인 어머니를 사랑하고 존경하면서도 그의 본성에는 원시문명이나 자연의 원형격인 아버지의 피가 흐르고 있었던 것이다. 脫문명적이고 脫지

---

11) D.H.Lawrence. *The Rainbow*(Penguin, 1977), pp.8−9.

성주의적인 無爲자연이나 원시본연적 상태를 회복시킴으로서 병들고 황폐한 현대인이 구원되어야 한다고 믿는 Lawrence의 신념은 *Sons and Lovers* 이후에도 그의 소설 전반에 걸쳐 지속적으로 발전된다. 그가 현대문명을 증오한 것은 현대적인 지성과 의지에 의해 일체의 삶이 그 본원상태, 즉 '존재상태 being'[12]에서 이탈하였고, 비뚤어진 욕망이나 의지에 의해 '자연스러운 생명의 흐름'(spontaneous life flow)을 상실함으로서 외부는 살았으나 내적으로는 죽은 인간존재(inner deadness)[13]로 전락했다고 보기 때문이다. 자연과 우주에서 분리된 자아를 원래의 자리에 복귀시키고자 하며, 피의식과 血적 본성이라는 본유적 실재를 회복함으로서 우주적 자아와의 합일을 이루고, 자연의 흐름에 총체적으로 합류하는 全人적 존재상태 (being)를 성취하고자 시도하는 Lawrence의 사상은 뒤에서 논의할 동양의 禪이나 현상학 이념과 근접하거나 공통된다.

3. Lawrence의 실재인식과 기술법

A) Modernism적 realism

현대인의 허구성이나 왜곡성을 드러내고 'spontaneous life-flow'에 충실한 'whole man alive'를 적절하게 나타내며, 신비적 실체로서의 인간이나 우주자연을 온전하게 드러낸다는 것은 그 묘출기법에 있어 까다롭고 어려운 성격의 작업일 것이다. 이와 관련하여 Lawrence의 탁월한 묘출방식이 검토되어질 수 있다. 여기에 'modernism적 realism'이라는 용어가 도입될 수 있을 것 같다.

---

12) 뒤이어지는 章들에서 상론한다.

13) Erich Fromm, *Zen Buddhism and Psychoanalysis*(New York: Harper & Row Publishers, 1970), p.85. 현대 서구문명에 있어서 'being'의 이탈, 내면적 생명의 상실, 우주적 무의식(Cosmic Unconsciousness)의 상실 등에 관한 지적과 논의는 Erich Fromm과 D.H.Lawrence가 상호 일치한다. 이하에서 이 책은 *ZBP*로 약기하고 內각주로 한다.

Lawrence가 말하듯 생명이란 신비의 실체이다. 따라서 그와같은 실체는 고정된 공식이나 명확한 명제로서 포착하기가 불가능할 것이다. 그러한 실체의 묘출은 특수한 방법을 사용함으로써 성공할 수 있을 것이다.

Lawrence는 소위 20세기의 실험적 소설들이라 불리는 작품을 쓴 모더니스트들을 존경하는 대신에 비난한다. 1923년에 쓴 'Surgery for the Novel - Or a Bomb'에서 그는 Proust, Joyce, Dorothy Richardson의 자의식을 조롱한다. 그것은 modernism문학의 소설가들이 '있는 그대로의 삶'을 보여준다는 것이 그저 자신의 감각, 상념, 자의식에 몰두하는 것에 지나지 않는다고 보기 때문이다. Lawrence는 'Morality and the Novel'에서도 "누가 무얼한다고 해서 그것이 곧 삶은 아니다"[14]라고 말하는가 하면 Joyce에 대해서는 "자연발생적이거나 진정한 삶은 전혀 없고 극히 무엇인 체하거나 고의로 한 것 뿐이다,"[15] 그리고 Conard에 대해서는 "왜 시작도 하기 전에 굴복하는가"[16] 등과 같은 경멸적 발언을 한다. Lawrence가 소설에서 목적으로 삼는 것은 공명하는 인간생명의 흐름을 본래의 새로운 세계로 유도해서 여태껏 왜곡된 세계 속에 멈추어 있던 생명을 구원하는 데 있는 것이다. '의식의 흐름'의 소설가들이 인간의식의 표층을 걷어내는데 반해, Lawrence는 인간의식의 심층에 깊이 흐르는 무의식적인 힘, 참된 근원적 생명력을 포착하여 묘출한다. Harry Crosby에게 "James Joyce bores me still — too terribly would-be and done-on-purpose, utterly without spontaneity or real life"라고 썼듯이, Lawrence는 현대소설이 진실을 제대로 드러내려면 삶의 근원적 실재의 모습

---

14) Beal, *op. cit.*, p.111: "A thing isn't life just because somebody does it."

15) Harry T.Moore ed., *The Collected Letters of D.H.Lawrence*(New York: The Viking Press, 1962), p.1087: "James Joyce bores me stiff — too terribly would-be and done-on-purpose, utterly without spontaneity or real life." 라고 Harry Crosby에게 보낸 서한에 쓰고 있다.

16) *Ibid.*, p.152: "The Conrad, after months of Europe, makes me furious… But why this giving in before you start, that pervades all Conrad… I can't forgive Conrad for being so sad and for giving in"라고 Edward Garnett에게 보낸 서한에서 말한다.

과 총체적인 모습을 담으려는 노력이 소설가에게 요구된다고 보는 것이다. 이것은 특유한 산문정신과 realism정신을 역설하는 것이라 하겠다. 'The Novel'에서 그는 소설의 realism적 기능의 적절성을 다음과 같이 수사적인 비유로 말한다.

> Somehow, you sweep the ground a bit too clear in the poem or the drama, and you let the human word fly a bit too freely. Now in a novel there's always a tom-cat that pounces on the white dove of the word, if the dove doesn't watch it; and there is a banana-skin to trip on; and you know there is a water closet on the premises. All these things help to keep the balance.[17]

Lawrence의 소설들은 그의 날카로운 감성이 포착한 혁신적이고 탐험적인 성질들을 특수하게 형상화한다. 그는 자신의 인물들 속의 자아의 깊이를 향한 추구를 보여주며 "인물의 저 낡고 안정된 ego"보다 더 깊이 들어가고 싶은 욕망과 자신의 견해를 밝히기 위해 여러 충격적인 metaphor를 사용한다.[18] *Women in Love*에서 Gudrun이 고지의 소떼들 앞에서 춤을 추는 장면을 일례로 들면 Lawrence의 시적인 힘이라고 언급되는 기법이 어리둥절 하기는 하지만 완전한 효과를 이룩한다.

> ···Nevertheless, Gudrun, with her arms outspread and her face up-lifted, went in a strange palpitating dance towards the cattle, lifting her body towards them as if in a spell, her feet pulsing as if in some little frenzy of unconscious sensation, her arms, her wrists, her hands stretching and heaving and falling and reaching and falling, her breasts lifted and shaken towards the cattle, her throat exposed as in some voluptuous ecstasy towards them, whilst she drifted imperceptibly nearer, an uncanny white figure, towards them, carried away in its own rapt trance, ebbing in strange fluctuations upon the cattle,

---

17) Warren Roberts and Harry T. Moore ed, *D.H.Lawrence: Phoenix II* (Penguin, 1978), p.418. 이하에서 이 책은 內각주로 하고 *Phoenix II*로 표시한다.
18) Peter Faulkner, *Modernism*(London: Methuen & Co. Ltd., 1977), p.62.

that waited, and ducked their heads a little in sudden contraction from her, watching all the time as if hypnotized, their bare horns branching in the clear light, as the white figure of the women ebbed upon them, in the slow, hypnotizing convulsion of the dance. She could feel them just in front of her, it was as if she had the electric pulse from their breasts running into her hands. Soon she would touch them, actually touch them. A terrible shiver of fear and pleasure went through her.(p.187)

위에서 Gudrun의 성격묘사는 어떤 단순한 설명도 부적절한 것처럼 생경하게 보인다. 이런 종류의 장면에서는 Leavis가 *D.H.Lawrence: Novelist*에서 말한 바 있는 "존재의 자연스러운 창조적 충만 spontaneous-creative fulness of being"[19]을 "시적, 극적 수단의 복합조직 whole complex organization of poetic and dramatic means"[20]으로 끌고 가는 여러 방법 가운데 하나를 보여준다. 이 장면은 자아의 본성과 그 근원 속으로 탐구해 들어감으로써 새로운 깊이를 제공하고 있다. Lawrence는 열렬한 영혼의 탐구자로서 자신의 인물들에게서 그가 본질적으로 추구하고 묘사하려는 의도와 실체에 대해 *The Rainbow*를 집필하던 중 1914년 6월에 Edward Garnett에게 써 보낸 서한을 통해 명확히 보여준다.

I have a different attitude to my characters.··· I don't care what the woman feels.··· That presumes an ego to feel with. I only care for what the woman is.··· You mustn't look in my novel for the old stable ego of character. There is another ego, according to whose action the individual is unrecognizable, and passes through, as it were, allotropic states which it needs a deeper sense than any we've been used to exercise, to discover states of the same radically unchanged element. (Like as diamond and carbon are the same pure single element of carbon. The ordinary novelist would trace the history of the diamond — but I say, 'Diamond, what! This is carbon! And my diamond might be coal or

---

19) F.R.Leavis, *D.H.Lawrence: Novelist*(Penguin, 1981), p.188.
20) *Ibid.*, p.236.

soot, and my theme is carbon.)[21]

Lawrence가 구사하는 인물과 존재의 묘출방식은 때로는 Leavis의 말처럼 "상징적"이라는 용어도 부적절하며[22], 동시에 Peter Faulkner의 말처럼 사실주의 소설의 논리로서 설명할 수 없는 장면들이 제시되기도 하고, 때로는 부조리하게 보이기도 하고, 인물이란 낱말 자체가 의심스럽게 보이기도 한다.[23] 이것은 Lawrence가 존재의 심층에만 너무 관심을 쏟기 때문에 때로는 그들이 그들의 사회적인 역할면에서 현실성을 잃게 되기 때문이다. Birkin은 특히 장학관 같지가 않고, Gerald는 광산에 대한 그 모든 토론에도 불구하고 실업가 같지가 않다. 그러나 Lawrence로서는 자기가 택한 차원에서는 비길 바 없는 강렬함과 통찰력을 이 인물들에게 부각시키고 있는 것이다.

Walter Allen은 Lawrence가 그의 "직관적, 순간적 자아"에서 감지한 체험의 특질을 전달하는 것에 성공하는 방법에 관한 논평에서, Eliseo Vivas가 저서 *D.H.Lawrence : The Failure and the Triumph of Art*에서 언급한 "구성적 상징 constitutive symbol"[24]을 통해서 달성하고 있으며, 이러한 상징방식은 Jung의 심리학이 지적하는 원시인과 고대인의 상징적 감지법의 종류와 관계가 있다[25]는 것이다. 이러한 상징의 특징은 그 암시하는 것이 결코 완전히 설명되는 일이 없고, 그것을 통해서 상징되며, 그 자체 속에 상징되어지는 형식이다. Lawrence의 이러한 상징기법은 그가 추구하는 존재의 근원이나 생명의 심층을 표현하는 것에 효과를 제공해 준다고 할 것이다.

Lawrence는 1913년에 쓴 Thomas Mann에 대한 에세이에서 Mann

---

21) Beal, *op. cit.*, pp.17−18.

22) Leavis, *op. cit.*, p.233: "I have avoided the terms 'symbolism' in this discussion."

23) Faulkner, *op. cit.*, p.62.

24) Walter Allen, *The Modern Novel*(New York: E.P.Dutton & Co., Inc., 1968), p.27

25) *Ibid.*, p. 24.

을 삶으로부터 물러서 있고, 살아있는 것의 리듬을 가지고 있지 않으며 형식에만 몰두하는 소설가로서 Flaubert의 전통에 속하는 치명적인 약점을 지니고 있다고 공격한다.[26] 뿐만 아니라 그는 'The Novel'에서 톨스토이의 도덕주의와 Flaubert의 주지주의 역시 근대작가들의 고질인 '이상주의'로 파악한다. 우리가 흔히 Flaubert 이후의 보다 엄격한 예술가들에 대해 그들이 자신의 주관을 개입하는 잘못을 범하지 않고 인생을 있는 그대로 묘사했다고 생각하지만, Lawrence에 의하면 전혀 그렇지 못하다. 그것은 거짓스럽고 소설을 속인다는 것이다.

> Oh, they are all novelists with an idea of themselves! Which is a "purpose," with a vengeance! For what a weary, false, sickening idea it is nowadays! The novel gives them away. They can't fool the novel.…
>
> What's the good of pretending that the lives of a set of tuppenny Green Hats and Constant Nymphs is Life-as-it-is, when the novel itself proves that all it amounts to is life as it is isn't life, but a sort of everlasting and intricate and boring habit.(*Phoenix II* p.419)

Lawrence는 소설장르가 철학, 종교, 과학 등의 형태보다도 더 위대하다는 관념을 가지고 있다. 그 이유는 전자의 것들이 안정된 균형을 얻기 위해 사물에 못을 박기에 바쁘지만 소설은 그렇지 않기 때문이라는 것이다.[27] 이렇듯 소설의 표현이야말로 진실과 실상에 접근할 수 있는 능력임을 믿는 그의 소설이념은 *Studies in Classic American Literature*의 제 I 장 'The Spirit of Place'에서 "Art-speech is the only truth", "An artist is usually a damned liar, but his art, if it be art, will tell the truth of his day."[28]라고 하는 발언에서도 언명된다. 이러한 선언은 곧

---

26) Lawrence, *A Selection from Phoenix, op. cit.*, p.282.

27) Beal, *op. cit.*, p.110 : "Philosophy, religion, science, they are all of them busy nailing things down, to get a stable equilibrium."

28) D.H.Lawrence, *Studies in Classic American Literature*(Penguin, 1977), p.8. 이하에서 이 책은 *SCAL*로 약기하고 內각주로 한다.

realism의 승리에 관한 비평적 명제와 상통하는 것이다. 한편 Lawrence가 그의 소설에서 새로운 의식을 탐색하고 여기에 새로운 시적 상징법에 기반한 차원높은 사실주의를 도입했다는 측면에서 그는 사실상 모더니스트라고 할 것이다. 결국 Lawrence는 허위의식을 극복한 예술언어의 진실을 기초로 하여 존재의 근원과 삶의 실재를 표현하는 것에 목표를 두고, 고식적인 realism과 modernism을 삶의 표층만 제시한 것에 지나지 않고, 소설문학의 진정한 임무를 외면한 것으로 배격하면서, 새롭고 진정한 realism의 성취라는 작업을 전개하고 있다고 할 수 있다.

B) 현상학적 창조

Lawrence가 그의 소설에서 우주와 인간의 존재론적 실재에 접근하는 방식과 도구는 '의식'이다. 그는 인물과 자아의 의식에 깊이 뚫고 들어가서 그 곳에 비쳐진 '지향된 세계'를 기술하는 것을 묘사법의 기본으로 삼는다. 그의 주요 관심사는 우주자연에 대한 관계 뿐만 아니라 인간과 인간, 특히 남성과 여성 사이에 형성되는 '지향적 場'의 관계이다. 그것을 묘사하는 방법은 무의식 저변에 투사된 실재나 존재의 근원에 도달하는 깊이를 제공하고 있다. 그는 자신의 묘사법을 사물의 직관적인 생리학을 주창한 미래주의자 Marinetti의 견해와 연결시킨다.[29] 이처럼 그가 직관에 인식의 중심을 두고 있고, 순수의식(무의식)에 예술적 상상력의 원천을 둔다는 점에서 현상학과 접근해 있다. 서구 철학발달사에서 현상학은

---

29) Beal *op. cit.*, pp.17−19 참조. Lawrence는 Edward Garnett에게 보낸 서한에서, "Because what is interesting in the laugh of the woman is the same as the binding of the molecules of steel or their action in heat··· call it physiology, or like Marinetti-physiology of matter, that fascinates me."라고 말하고 3일후 A.W.Mcleod에게 보낸 서한에서는 "I have been interested in the futurists···and I read Marinetti's and Paolo Buzzi's manifestations and essays and Soffici's essays on cubism and futurism. It interests me very much."라고 쓰고 있다.

현대철학의 주류로 등장하여 각광을 받고 있다. Lawrence가 현대작가로서 의식탐구의 탁월성을 평가받고 있는 사실에서 그와 현상학과의 관련성은 대단한 시대적 의미를 지닌다.

현상학은 Husserl에서 시작하여, Scheler, Heidegger, Sartre 및 수많은 인물을 거쳐 *Phenomenology and Art*를 쓴 Merleau Ponty에 이르기까지 각기 다채로운 주장을 편 현상학자에 의해 표방되는 현대의 '의식철학'[30]이다.

문학과 현상학과의 관계를 잠시 살펴보면; 문학을 포함한 인문사회과학은 여러 측면에서 현상학적 연구가 이루어지고 있고, 현상학을 하나의 방법론으로 자신들의 분과 학문에 도입하고 있으며, 인문사회과학자들은 그 방법적 적절성을 이미 전제하여 활용하고 있다. 문학이 현상학과 밀접한 관계를 맺고 있음은 일찌기 의식되었고, 그것은 Roman Ingarden의 「문학작품」(1930), Gaston Bachelard의 「시학공간」(1964), Maurice Natanson의 「문학, 철학 및 사회과학」(1967), Robert Magliola의 「현상학과 문학」(1977) 등에서 구체화 되었다. 이밖에도 의식적이건 그렇지 않건 많은 문학 연구가들이 문학과 현상학의 깊은 관계를 전제하고 있다.[31]

작품해석 방법으로서의 현상학적 비평은 넓게 확대할 때 「의식 비평」(criticism of consciousness), 주제비평(critique thematique), 혹은 이러한 비평류 탄생의 뚜렷한 신구자인 Bachelard의 물, 땅, 불, 공기의 4원소 비평, 또는 현상학에서 간접적, 직접적으로 영향을 받은 Poulet,

---

30) 현상학에 관해 참고한 책은 다음과 같다 : ① Pierre Thevenaz 저, *What is. Phenomenology?* trans. James M. Edie, 심민화 역, 「現象學이란 무엇인가」(서울 : 문학과 지성사, 1982) ② 金英漢, '現象學적 사고와 체험적 본질, 「月刊朝鮮」 1982년 10월호. ③ 朴異汶, '現象學과 文學', 「認識과 實在」(서울 : 문학과 지성사, 1982) ④ W.Szilasi 지음, *Einführung in die Phänomenologie Edmund Husserls)*, 이영호 옮김, 「現象學講義」(서울 : 종로서적, 1987), ⑤ Merleau Ponty, 오병남 編譯, 「現象學과 藝術」(서울 : 서광사, 1985) ⑥ R.Magliola 저, *Phenomenology and Literature : An Introduction,* 崔翊圭 역, 「現象學과 文學」(서울 : 對邦出版社, 1986).

31) 朴異汶, *op. cit.,* p.72.

Starobinski, Richard 등과 같은 비평가들의 이른바 「내적 비평」(critique interieure) 등이 포괄될 수 있다.[32]

Robert R. Magliola 교수는 *Phenomenology and Literature*에서 독일, 프랑스, 그리고 부분적이지만 영국, 미국 등을 망라한 현상학적 문학비평을 개관하고 있다. 그는 여기서 Heidegger의 *Sein und Zeit*의 중심사상이 '現存在'(Dasein)이며 현상학 철학이라고 규정한다. 그 이유는 철학자로 하여금 존재(Being)의 영역 속으로 뚫고 들어갈 수 있게 해주는 것은 오직 現存在 뿐이라고 Heidegger가 피력하기 때문이라는 것이다. Magliola의 현상학적 문학관은 Heidegger에게서 다소 엿보이는 '해석학적 현상학'(hermeneutical phenomenology)이 배제되는 철저한 '기술적 현상학'(descriptive phenomenology)의 옹호인데, 이는 Husserl학파에 동조하는 입장이다. 요컨대 현상학은 본질의 왜곡이나 실재의 이탈이 없는 순수의식, 순수자아, 순수존재를 직관에 의해 포착한다는 것을 목표로 하는 것이다. Magliola교수는 Poulet비평론에서 Poulet가 작가와 '실재' 사이의 관계를 인정하고 오직 그 관계의 완전한 지각을 기반으로 존재의 체계를 세운다는 점에서 모범적인 현상학 비평가로 간주한다. 그는 Poulet의 비평관이 현상학과 일치한다는 논점을 Poulet의 문학작품 인식론과 비평론에 근거하여 다음과 같이 제시한다. "작품 속에 고유한 의식은… 그 의식의 대상인 객체들과 완전히 일치되어 있다. … 비평가란 언어로 표현된 작가의 인식을 '다시 살아야' 하며, 주관에서 객관으로, 다시 주관으로 되돌아 와야 한다. … 루쎄의 작품은 그 자체의 여러가지 성질을 결정하는 지향적 의식을 본래부터 가지고 있었음이 밝혀지기라도 하듯이, 그 작품 본래의 통일적 의지에 따른다."[33] Poulet에 의하면 "자아에 대한 자아의 全現存"과 "자아에 대한 세계의 全現存"의 동시적 의식이 순수인식이다. 이것은 형식을 버릴 때 가능해지며, 그 때 의식은 그 안에 반영된 모든 것을 초월하여 그 자체 앞에 자체를 드러낸다. 그러한 의식의 예로

---

32) 朴異汶, *op. cit.*, p.81.
33) 崔翔圭, *op. cit.*, p.39.

서 불교의 禪宗이 이것과 흡사하다.[34] 프랑스의 현상학 운동의 주요인물인 Merleau Ponty는 저서 *Phenomenology and Art*에서 문학과 현상학의 관계를 이렇게 언명하고 있다. "작가의 기능은 이들 관념들 [자아, 자유, 역사의 신비, 과거의 현존방식 등 - 필자 주]을 논제화시켜 말하는 것이 아니라 이들 관념들을 사물들이 현존하는 방식으로 우리들에게 현존케 하는 것이다. 이에 스탕달의 역할은 주관성을 제시하는 것이 아니라 주관성을 현존케 하는 것만으로 충분한 일이다."[35] 이러한 현상학적 표현론은 곧 앞 장에서 논의된 Lawrence의 modernism적 realism과 합치된다는 것을 알 수 있다.

Lawrence에게 있어서 소설은 사고의 움직임 자체, 즉 아직 결론에 이르지 않은 사고의 작용을 묘사하는 일종의 '사고의 모험'(adventure of thought)이다. *Women in Love*에서 Birkin(Lawrence 대변자)은 무엇인가 모색하고 있으면서도 무엇을 모색하고 있는지 분명하지 않다. 그것은 그 자신이 그것을 발견하기 까지는 스스로도 무엇을 모색하고 있는가를 모르기 때문이다. Lawrence가 인물 내면에 대한 단언이나 공리화를 거부하게 만드는 신비적인 생명의 흐름을 그가 말한 '직관적, 순간적 자아'(intuitive, momentary self)에 감지되게 하여 표현한다는 점에서 그의 소설 창조는 역동적이고 지향적인 존재론에 촛점을 두는 현상학에 접근된다.

Lawrence는 Freud학파의 문학관, 즉 작품을 libido적인 욕망의 표현으로 보는 문학관을 배격한다. 그러한 심리주의 문학관은 전제를 미리 설정한다는 점에서 순수한 의미의 'being'을 이탈하므로 거부하는 것이다. 그가 묘사하고자 의도하는 것은 생명의 근원에 흐르는 'being'이다. 이것은 Heidegger의 'Sein'과 상통한다. 'Sein'이라는 것은 추상화된 개념이 아니라 우리의 가장 보편적이면서도 구체적인 체험을 이루는 '～ 이다', 또는 '～ 이 있다'를 뜻하는 Sein동사의 개념이다.[36] 그러한 Sein의 망각

---

34) 崔翔圭, p.40.

35) *Merleau Ponty*, 오병남 編譯, 「現象學과 藝術」, *op. cit.*, p.215.

36) 白樂晴, '歷史的 人間과 詩的 人間', 「創作과 批評」 1977 여름호(서울 : 창작과 비평사), pp.188-89 참조.

과 그것으로부터의 소외가 현대인의 당면문제이며, 그것의 회복이 현대인을 위한 구원의 길로 보는 것이 Lawrence이다. 그에게 있어서 삶의 진실은 여하한 명제로도 포착될 수 없으며, 'being'의 차원에서만 체험되고 사유될 수 있다. 그가 말하는 'being'은 달리 말하면 'life as it is'를 의미한다. 그것은 부질없이 절대성을 주장하는 형이상학적 진리를 거부하는 실재의 차원이다. 이러한 경지는 실존의 과정에서 도달되지만 도달되는 그 순간에 이미 실존의 차원이나 有無의 차원에서 벗어나 있다. Lawrence의 'Reflections on the Death of a Procupine'에서 이러한 사상을 쉽게 찾아 볼 수 있다.

The clue to all existence is being. But you can't have being without existence, any more than you can have dandelion flower without the leaves and the long tap root.

Being is not ideal, as Plato would have it: nor spiritual. It is a transcendent form of existence, and as much material as existence is. Only the matter suddenly enters the fourth dimension.···

Vitality depends upon the clue of the Holy Ghost inside a creature, a man, a nation, a race. When the clue goes, the vitality goes. And the Holy Ghost seeks forever a new incarnation, and subordinates the old to the new. You will know that any creature or race is still alive with the Holy Ghost, when it can subordinate the lower creatures or races, and assimilate them into a new incarnation.

No man, or creature, or race can have vivid vitality unless it be moving towards a blossoming: and the most powerful is that which moves towards the as-yet-unknown blossom.

Blossoming means the establishing of a pure, new relationship with all the cosmos. This is the state of heaven. And it is the state of a flower, a cobra, a jenny-wren in spring, a man when he knows himself royal and crowned with the sun, with his feet gripping the core of the earth.

This too is the fourth dimension: this state, this mysterious other reality of things in a perfected relationship. It is into this perfected relationship that every straight line curves, as if to some core, passing out of the time-space dimension.[37]

Lawrenc의 문학이 현상학과 일치하는 것은 이러한 'being'을 어떤 것보다도 절실한 관심사로 삼아 그 주어진 온갖 시공적 특수성 속에서 전달하려고 의도했다는 점에서 이다. 삶의 실재는 어떠한 형이상학적 명제에 있는 것이 아니라 존재와 불가분하게 결합된 'being'의 차원에서만 있다고 보고, 생명의 본질인 'spontaneous flow'를 그러한 차원 속에서 포착하여 묘출하려 한 것이 Lawrence 문학의 의도이다. 이것은 현상학의 이념과 일치한다. Lawrence에게 생명은 신비적 실재의 흐름이기 때문에 과학적 지식이나 분석은 그것을 죽이는 것으로 인식된다. 따라서 그는 과학적, 지성적인 힘이 가장 적게 작용하는 본능적 단계인 性的 관계, 죽음의식, 동물이나 자연 세계 등을 많이 묘사한다.[38] 그에게 있어 '알려지지 않은 생명'(unknown life)은 의지적이거나 의도적인 지력에 의한다면 파괴되고 만다. Lawrence는 Poe에 관한 평론에서 Poe자신이나 그의 작중인물들에 관해 그러한 위험성을 다음과 같이 지적한다.

Love is the mysterious vital attraction which draws things together. ⋯ It is a tale of love pushed over a verge. And love pushed to extremes in a battle of wills between the lovers.⋯ Edgar Allan Poe probed and probed. So often he seemed on the verge. But he went over the verge of death before he came over the verge of knowledge⋯ He decided, therefore, that the clue to the strangeness lay in the mystery of will. 'And the will therein lieth, which dieth not⋯' ⋯Ligeia had a 'gigantic volition'(*SCAL* pp. 71−76)

현상학적 문학은 있는 세계를 그대로 복사하는 것이 아니라 지향적이고 역동적인 의식이나 직관에 의해 존재의 실재를 포착하여 인식하는 것이다. 현상학적 문학비평은 작가의 특수한 세계가 지닌 원형이나 원초적 의

---

37) D.H.Lawrence, *Selected Essays*(Penguin, 1972), pp.67−69.
38) Allen, *op. cit.*, p.24.

식을 밝혀내어 가장 원형적인 정신적 질서를 찾아보려 한다. 그것은 혼돈의 폐허에서 그 밑에 파묻혀 있는 어떤 문화적 유물이나 어떤 질서를 찾아내는 고고학적 작업에 비유된다.[39] Lawrence가 인간존재의 원초적이고 원형적인 의식으로서 모색한 생명의 근원과 신비를 묘출한 것은 곧 현상학적 작업인 것이다.

현대인이 사물 자체를 있는 그대로 보고 알기보다는 전통적인 편견이나 지적인 왜곡을 통해 보는 경향을 경고하고, 'life as it is'로서의 생명적 실재를 보아야 한다고 주장한 Lawrence의 문학사상이 현상학 철학의 관점과 합치되는 것은 현상학은 어떠한 전제도 용납하지 않고 의식에 주어진 대상을 있는 그대로 서술해 내려고 하며, 추정하거나 가설을 세우지 않고, '환원된 순수의식'에 명증적으로 소여되는 것을 직관함으로써 事象의 본질을 있는 그대로 파악하고 기술하기 때문이다. 현상학은 앎의 절대적인 객관적 성질의 확보에 기초를 두면서 '현상학적 환원'에 의해 인식대상의 내용에 대한 일체의 믿음을 일단 괄호 속에 보류하는 판단중지를 한 다음, 인식 주체자의 순수성을 확보하는 超驗的 환원을 수행함으로써 '본질직관'을 이루고, 대상의 본질이 의식 속에 자명한 형태로 주어지는 앎의 길을 마련한다. Lawrence가 행하는 존재와 생명에 대한 직관적 묘출방식은 바로 이러한 것이다.

현상학 철학자 Husserl은 후기의 저서 *Kriss*에서 현대의 자연과학적 기술에 의한 서구문명의 위기를 지적하면서, 이 위기는 현대인이 자기 내면성에 대한 반성을 하지 않고 수량화와 외형화로만 치달았기 때문이라고 진단하였다. 그는 현상학적 사고를 "인류의 자기 명상"이라고 표현하면서 현대의 위기극복을 위한 길로서 인간 내면성의 반성을 역설한다.[40] 이것은 Lawrence가 현대문명의 위기를 진단하고 파멸을 예언하는 가운데 그 구원의 길을 'being'의 회복, 원초의식(primordial consciousness)의 재생에 두고 그것을 역설하는 것과 동일선상에 놓여 있다. 이 장에서 지금

---

39) 朴異汶, *op. cit.*, p.81.
40) 金英漢, *op. cit.*, p.75.

까지 살펴 본 바처럼 Lawrence가 현상학 자체를 그의 저술에 직접 언급한 부분은 보이지 않지만 그가 목표로 삼고 있는 문학정신은 바로 현상학과 합치되고 있음을 알 수 있다.

C) 禪적 인식

앞장에서 논의한 것을 통해 암시되듯이, 현상학은 불교의 禪과 근접한다. 앞에서 Poulet가 '자아에 대한 자아의 全現存'과 '자아에 대한 세계의 全現存'의 동시적 의식을 강조한 현상학적 문학관에서 그러한 것의 성취를 禪적 의식과 관련시켰던 것을 상기하자. 그는 형식을 버릴 때 의식이 그 안에 반영된 모든 것을 초월하여 그 자체 앞에 그 자체를 드러낸다고 언명한다. 이러한 최고 단계는 현상학적 문학작품론 중에서 마지막의 제3단계에 해당되고, 이 단계가 불교의 禪宗과 흡사하다. 그는 이렇게 진술한다. "항상 작품 속에 있으면서도, 또 작품 위에 있으면서도 의식이 그저 존재한다는 것만으로 족한 경지가 있다. 이러한 경지에서는 어떠한 대상도 의식을 표현할 수가 없고, 어떠한 구조도 그것을 확정할 수가 없는 상태 속에, 그 기본적인 불확정성 속에서 그 자체를 드러낼 뿐이다."[41] 불교의 禪은 때묻지 않고 탈속된 자연본유의 의식을 표현하고자 하는 것이다.

Lawrence가 존재나 생명의 근저에 있는 실재를 지향목표로 하고, 그것을 지성이나 과학, 두뇌, 신경에 의해서가 아닌 이른바 피, 살, 무의식 등으로 일컫는 가장 직접적인 직관적 기능의 형식으로써 탐구하여, 생명력과 신비가 약동하는 원초적 존재의 모습으로 창조한 점은 禪과 통하고 있다. 禪은 욕망과 아집, 편견과 집착 등의 온갖 허구적인 비실재를 벗어던지고 순수자아와 순수의식으로 복귀하는 것이다. 자기중심적인 마음이 열려지고, 세속의 때와 먼지가 제거된 상태로 환원된 것이 곧 '밝은 거울마음'(明鏡心)이며, '眞我'(참 나)인 것인데, 여기에서 가장 자유롭고 역동적인 의식이 존재한다. 禪은 순수직관과 순수의식으로써 인간과 우주 자

---

41) 崔翔圭, *op. cit.*, p.40.

연을 직접적으로 지향하는 종교적 경지[42]이다. 이러한 상태에서 우주와 인간은 합일될 수 있고, 인간 속에 우주가 그리고 우주 속에 인간이 통합될 수 있다. 동양에서 禪의 발전과 양태는 매우 다양한 국면을 포함[43]한 것이지만, 어쨋던 Lawrence의 작품 속에서 인물, 자연, 우주를 묘사한 여러 장면을 통해 禪과 상통할 수 있는 것을 많이 찾을 수 있다.

Lawrence가 그의 소설과 essay에서 불교에 대해 언급한 것은 극히 부분적으로 발견되나[44] 禪을 직접 언급한 부분은 발견되지 않는다. 그가 동양의 禪에 관한 견문이나 독서가 없었는지 알 수 없지만 그의 문학에 반영된 의식과 정신이 禪과 통하는 것이 많은 것은 실로 흥미있다. 그의 만년 작품인 'The Man Who Died'에서 지중해에 인접한 레바논과 이집트 근변을 배경으로 하여, 그 곳의 어느 사원에서 이루어지는 Girl if Isis와 남자 주인공 The Man의 性愛儀式은 불교종파인 密敎의 性禪(Sex Zen)

---

42) Anne Bancroft, *Zen: Direct Pointing to Reality*(Illinois: Thames and Hudson, 1979), pp.5－8. "실재에 대해서 말할 때 대승불교는 眞如 또는 空이라는 용어를 사용한다. 이는 단순히 비었다는 뜻이 아니라 무시간적이며 역동적으로 살아 있는 空으로서 그 본질은 생각될 수 있는 것이 아니라 느껴지는 것이며 이것을 이해할 때 비로소 空의 본질을 깨닫게 된다. 이와같은 욕망으로부터 자유로울 수 있는 불가해한 상태는 정신적 심리적인 것이다."(p.8)라고 Bancroft는 말하기도 한다.

43) 釋智賢, 「禪으로 가는 길」(서울: 一志社, 1976)은 禪이해의 종합적이고 체계적인 저작으로 좋은 길잡이이며, 이외에도 李靑潭, 「禪入門」(서울: 아카데미사, 1979), D.T.Suzuki, *An Introduction to Zen Buddhism*(New York: Grove Press, Inc., 1964) 등도 유용한 禪지침서이다.

44) *Lady Chatterley's Lover*(Penguin, 1974)에서 Connie가 Mellors에게 장차 모든 것이 tenderness의 능력에 좌우된다고 할 때, Mellors가 전쟁 중의 체험으로써 Connie에게 하는 말에서 다음처럼 언급하고 있다. "You're right,⋯ I had to be in touch with them, physically, and not go back on it. I had to be bodily aware of them and a bit tender to them, even if I put 'em through hell. It's a question of awareness, as Buddha said."(p.290), *Apocalypse*에서는 "Only when he is alone, can man be a Christian, a Buddhist, or a Platonist. The Christ statues and Buddha statues witness to this⋯ as soon as he is with other men, Jesus is an aristocrat, a master, Buddha is always the Lord Buddha."(p.16)라고 언급한다.

과 근접하며, 'The Woman Who Rode Away'에서 인디언에게 감화된 여주인공의 원시意識 위에 비쳐지는 오지마을의 저녁연기 내음, 약초주 마신 후의 별들의 소리, 그리고 개가 새끼 배는 소리를 듣게 되는 감각 등의 묘사는 흡사 禪적 意識의 秘境과 통한다. 이러한 例 뿐만 아니라 Lawrence의 초기작품에서 부터 전 작품에 걸쳐 禪적 양태는 곳곳에 산재해 있다.

Lawrence의 소설을 통해 논의될 수 있는 禪적 양상은 뒤에서 자세히 살펴보기로 하고, 우선 그의 *Studies in Classic America Literature*에 제시된 비평적 발언과 禪분석의 대가인 Erich Fromn이 쓴 *Zen Buddhism and Psychoanalysis*를 대비시켜 Lawrence에게 내재한 禪적 특성을 검토해 보려 한다.

Lawrence는 Cuper론에서 *Leatherstoking Tales*의 주인공인 인디언 Natty Bumppo를 인간존재의 가장 이상적인 Dream으로 보고 있다. 유럽의 지적 문화의 낡은 껍질과 낡은 권위 일체에서 해방된 '가장 깊은 자아'(the deepest self)와 해탈된 적나라한 모습을 구현하고 있고, 佛禪의 순수자아의 모습을 연상시키는 것이 Bumppo이다. 그는 아메리카의 자연 속에서 그 곳의 '터의 정신'(spirit of place)에 충실한 자연적 삶을 영위하고 있다. 그리하여 유럽문명의 지성화되고 두뇌화된 온갖 인위성과 허식의 때를 초월한 순수자연 그대로의 모습을 하고 있고, Chingachgook와의 인간관계는 걸림이 없는 적나라한 관계로서, 性보다도 깊고, 父性, 사랑, 결혼 보다도 더욱 깊으며, 자신의 밑바닥까지 도달하여 사랑도 말도 없는 적나라한 일치의 관계라고 Lawrence는 본다. 이러한 관점은 불교적 禪觀과 상통한다.

Why, in his immortal friendship of Chingachgook and Natty Bumppo he dreamed the nucleus of a new socity. That is, he dreamed a new human relationship. A stark, stripped human relationship of two men, deeper than the deeps of sex. Deeper than property, deeper than fatherhood, deeper than marriage, deeper than love. So deep that it is love-

less. The stark, loveless, wordless unison of two men who have come
to the bottom of themselves. This is the new nucleus of a new society,
the clue to a new world-epoch. It asks for a great and cruel sloughing
first of all. Then it finds a great release into a new world, a new moral, a
new landscape.(*SCAL* pp.59−60)

요컨대 Natty를 통해서 구현된 Cuper의 꿈은 Lawrence의 꿈인 셈이
다. Lawrence가 발견한 Natty의 해방된 적나라한 자아상은 불교적 의미
의 해탈에 통하는 점이 있어서 동양의 독자에게 쉽게 이해된다.[45] Law-
rence의 Natty Bumppo론의 이면에는 두뇌화, 지성화, 물질주의화된 유
럽의 현대 백인문명에 대한 반발이 전제되어 있으며, 이러한 反백인문명
론의 해결방안으로 제시한 Lawrence의 관점들은 다름아닌 禪과 일치한
다.

*Zen Buddism and Psychoanalysis*에서 Suzuki 禪師가 정의한 禪의 '자
유'에 대한 개념은 Lawrence가 Pilgrim Fathers와 아메리카의 미국인
후예들에 대한 그의 '자유론' 개념과 대비할 때 너무나 동일하다. 이것은
Lawrence의 관념이 禪적 관념과 일치함을 뒷바침하는 것이라 할 수 있
다.

Suzuki: Zen in its essence is the art of seeing into the nature of one's
being, and it points the way from bondage to freedom.⋯ We can say
that Zen liberates all the energies properly and naturally stored in
each of us, which are in odinary circumstances cramped and distort-
ed so that they find no adequate channel for activity.⋯ It is the ob-
ject of Zen, therefore, to save us from going crazy or being crippled.
This is what I mean by freedom, giving free play to all the creative
and benevolent impulses inherently lying in our hearts. Generally we
are blind to this fact,⋯(*ZBP* p.114)

Lawrence: Men are less free than they imagine; ah, far less free.
The freest are perhaps least free. Men are free when they are in a

---

45) 白樂靑, '미국의 꿈과 미국문학의 짐 — 로렌스의 「미국 고전 문학 연구」를 중심
　　으로', 「민족문학과 세계문학」(서울 : 창작과 비평사, 1985), p.222.

living homeland, not when they are straying and breaking away. Men
are free when they are obeying some deep, inward voice of religious
belief. Obeying from within. Men are free when they belong to a liv-
ing, organic, believing community, active in fulfilling some unfulfilled,
perhaps unrealized purpose. Not when they are escaping to some wild
west. The most unfree souls go west, and shout of freedom. Men are
freest when they are most unconscious of freedom. (*SCAL* p.12)

*Zen Buddhism and Psychoanalysis*에서 말하는 Erich Fromm의 禪論
에 의하면 禪은 자기자신의 내부의 가장 깊은 근원으로서의 全人(whole
man)의 실현이며, 거기에는 억압이 제거되어서 오직 직접적인 경험만 있
을 뿐, 어느 누구도 어떠한 사물도 자기에 대하여 타인이 아닌 것이다. 거
기선 자기의 일부가 자기로부터 소외된다거나 자기의 무의식이 자기의 의
식으로 부터 분리되지 않고 全人으로 유지된다는 것이다. Suzuki박사의
禪論에 의하면 禪은 무의식으로서 창조의 근원이며, 禪師는 무의식과 직
접 통하는 위대한 사람이다(*ZBP* pp.130−31). 결국 禪의 본질과 목표는
Lawrence가 그의 문학에서 창조의 원천으로 삼은 무의식, 생명의식, 피
의식, 어둠의식 등과 같은 그의 비상한 의식이나 감수성과 동일한 것이다.
　Lawrence가 위기에 처한 현대 백인문명에 대해 제시하는 구원의 길은
의식의 개혁을 통한 길이며, '禪으로 가는 길'과 일치한다. 禪의 길은 인
위적 의지를 거부하는 無爲自然的 道 그것이다. Lawrence에 의하면 Poe
가 경험하고 표현한 소외의 원인은 극히 미국적인 현상이며, 삶을 인간의
의지대로 좌우하고자 하고, 모든 것을 지식의 대상으로 만들고자 하는 특
유의 억지에 있다. 그의 비극은 그가 정신적 사랑의 황홀경을 무한정으로
맛보기 위해 수행하는 의지 일변도의 억지에 근원을 둔다. 그와 그의 주
인공들은 인간 의지의 절대적 주장을 꾀함으로써 '성령에 대한 죄'를 범한
것[46]이다. Melville론에 있어서도 Lawrence는 포경선 Pequod호를 '미국

---

46) "Now Poe and Ligeia, alas, ⋯ frenziedly pushed on this vibration of con-
　　sciousness and unison in consciousness. They sinned against the Holy Ghost
　　that bids us all laugh and forget, bids us know our own limits."(*SCAL* p.79)

영혼의 배'이고, 흰고래는 백인들의 의식이 쫓는 그들 자신의 '가장 깊은 血적 본성 deepest blood-nature'(*SCAL* p.169)이라고 하면서 고래사냥에 대해 새로운 상징적 해석을 펴고 있다. 소설의 종말에서 흰고래와 사흘에 걸친 사투 끝에 Ahab과 Pequod호 전체가 물 속에 잠겨 버리는 것에 대해 Lawrence는 백인이 의존하고 추구하는 지식, 의지, 이상이라는 것의 反자연, 反본성적 성질에서 초래되는 파멸로 본다. 그의 이와같은 의식분석 비평에 의한 문명비판론은 Erich Fromm이 脫존재적인 소외상황에 처한 현대 문명인의 위기에 대한 진단과 그 구원의 길로서 동양의 禪을 제시한 점과 일치하고 있다. Fromm이 현대인을 위한 구원의 길로서 제시한 것은 지성에 의한 자연의 통제나 더 많은 것의 생산과 소유[47]가 아닌, 즉 '소유양식 having mode'이 아닌 '존재양식 being mode'[48]이다. 이것은 곧 禪의 근본원리에 해당한다. Lawrence의 사상도 이것과 다르지 않은 것이다.

Erich Fromm은 Walt Whitman을 '禪적 삶의 術'을 지닌 위인들의 예(Buddha, Jesus Christ, Meister Eckhart, Blake, Spinoza, 기타 예언자) 중의 한 사람으로 들고 있다. Whitman에 관해선 「禪思想」지에 소개[49]된 바 있는데 *Song of Myself, Leaves of Grass*에 표현된 정신은 곧 禪佛敎와 합치된다고 본다. 그런데 Whitman에 대한 '열린 길에 나선 영혼의 공감'이라는 Lawrence의 논평 내용을 보면 Erich Fromm이 *Zen Buddhism and Psychoanalysis*에서 제시하는 다음 부분과 상통한다.

Erich Fromm: To such [creative artist of life: 필자] his every deed expresses originality, creativity, his living personality. There is no conventionality, no confirmity, no inhibitory motivation.··· He has no self encased in his fragmentary, limited, restrained egocentric exis-

---

47) "Control by the intellect ·over nature, and the production of more and more things."(*ZBP* p.79)
48) Erich Fromm. *To Have or To Be?*(New York: Harper & Row, Publishers, 1976) 참조.
49) 徐京保 발행, 「禪思想」 1983 봄호(서울: 선사상사), pp.123-25 참조.

tence. He is gone out of this prison.⋯ The mature man if he has cleansed himself of affective contamination and the interference of intellection, can realize a life of freedom and spontaneity where such disturbing feelings as fear, anxiety, or insecurity have no room to assail him.(*ZBP* p.133)

Lawrence: it is not I who guide my soul to heaven. It is I who am guided by my own soul along the open road, where all men tread. Therefore, I must accept her deep motions of love, or hate, or compassion, or dislike, or indifference. And I must go where she takes me, for my feet and my lips and my body are my soul. It is I who must submit to her. This is Whitman's message of American democracy. The true democracy, where soul meets soul, in the open road⋯ The soul passing unenhanced, passing on foot and being no more than itself. And recognized, and passed by or greeted according to the soul's dictate. If it be a great soul, it will be worshipped in the road. The love of man and woman: a recognition of souls.(*SCAL* p.186)

Whitman의 메시지는 Natty Bumppo가 그러했던 것처럼 대승적인 해탈의 가르침을 떠올리게 하고 '위대한 영혼들'이란 곧 산보살들[50]이라고 말할 수 있는 것이다. 위에 기술된 Lawrence의 Whitman론은 바로 이러한 禪적 관점을 그대로 보여주고 있다. 禪은 곧 "영혼의 우주적 확장"[51]의 길이며, "경이로운 세계로 동참"[52]하는 열린 경지이기 때문이다.

Erich Fromm에 의하면 禪이란 Spinoza가 가장 고귀한 형태라고 불렀던 직관적인 지식이며, Suzuki박사가 말한 바처럼 사물 자체 속으로 직접 들어가 내부에서 사물을 보는 접근법이다(*ZBP* p.130). 이와같은 禪적 관점은 Lawrence가 사물에 접근하는 인식법과 일치한다. Lawrence의 경우에 禪적 경지는 우주 자연과의 순수교감이나 내면적 명상, 특히 죽음에 대한 명상, 또는 양성간에 이루어 지는 이상적인 性교감시의 명상 등

---

50) 白樂靑, *op. cit.,* p.239.
51) 「禪思想」 1983년 봄호, *op. cit.,* p.137.
52) 「禪思想」 1983년 봄호, *op, cit.,* p.137.

과 같은 장면에서 잘 나타난다. *The Man Who Died*에서 일례를 들면, Gril of Isis와의 육체적 교감으로 생명의 부활을 이룬 주인공 The Man 은 관계 후에도 피 속에 그녀의 부드러운 생명의 불기운과 태양의 이미지 를 보존하면서 밤의 어둠을 배경으로 하여 찬란하게 생동하는 별들을 보 고 우주의 무한한 아름다움과 신비에 교감되고 그러한 우주와 순수한 합 일을 이룬다.

But the man looked at the vivid stars before dawn, as they rained down to the sea, and the dog-star green towards the sea's rim. And he thought: 'How plastic it is, how full of curves and folds like an invisible rose of dark-petalled openness that shows where the dew touches its darkness! How full it is, and great beyond all gods. How it leans around me, and I am part of it, the great rose of Space. I am like a grain of its perfume, and the woman is a grain of its beauty. Now the world is one flower of many petalled darkness, and I am in its perfume as in a touch.[53]

위 장면에서 보여지는 우주신비와의 일체감은 禪적 직관에 의한 '영혼 의 우주적 확대'나 '경이로운 세계로의 동참'과 합치되는 것이라 하겠고, 이러한 Lawrence의 묘사는 순수의식과 순수직관에 의해 가능해지는 禪 의 경지이며, 密敎의 '性을 통한 우주와의 합일'[54]의 형태와 대응될 수 있 다. *The Rainbow*의 경우 Brangwen일가의 남성들이 보여주는 다음과 같 은 삶의 양식과 의식의 양상에 대한 묘사장면도 역시 禪적 경지의 표현이 며, 이는 곧 Lawrence자신의 禪적 직관의 반영에 해당한다고 할 수 있 다.

They felt the rush of the sap in spring, they knew the wave which cannot halt, but every year throws forward the seed to begetting,

---

53) D.H.Lawrence, *The Man Who Died*(William Heinemann, 1978), pp. 448–49.

54) 徐京保 발행, 「禪思想」 1983년 여름호(서울: 선사상사), pp.59–65. [Reay Tannahill, *Sex in History*에서 편집자가 발췌 수록한 「인도의 性풍속」 참조]

and, falling back, leaves the young-born on the earth. They knew the intercourse between heaven and earth, sunshine drawn into the breast and bowels, the rain sucked up in the daytime, nakedness that comes under the wind in autumn, showing the birds' nests no longer worth hiding. Their life and interrelations were such; feeling the pulse and body of the soil, that opened to their furrow for the grain, and became smooth and supple after their ploughing, and clung to their feet with a weight that pulled like desire, lying hard and unresponsive when the crops were to be shorn away. The young corn waved and was silken, and the lustre slid along the limbs of the men who saw it. They took the udder of the cows, the cows yielded milk and pulse against the hands of the men, the pulse of the blood of the teats of the cows beat into the pulse of the hands of the men. They mounted their horses, and held life between the grip of their knees, they harnessed their horses at the wagon, and , with hand on the bridle-rings, drew the heaving of the horses after their will.⋯

It was enough for the men, that the earth heaved and opened its furrows to them, that the wind blew to dry the wet wheat, and set the young ears of corn wheeling freshly round about; it was enough that they helped the cow in labour, or ferreted the rats from under the barn, or broke the back of a rabbit with a sharp knock of the hand. So much warmth and generating and pain and death did they know in their blood, earth and sky and beast and green plants, so much exchange and interchange they had with these, that they lived full and surcharged, their senses full fed, their faces always turned to the heat of the blood, staring into the sun, dazed with looking towards the source of generation, unable to turn round.(*RB* pp.7 − 9)

Lawrence는 이와같이 지성, 의지, 소유 등이 배제된 순수자아, 순수의식으로 복귀한 지고지순의 자유상태, 개방상태의 표현인 禪의 경지에 도달한 계기가 많았다고 하겠다.

4. 결 론

Lawrence는 자신의 예술을 통해 인간관계나 우주 자연과의 관계에서 '자연스러운 생명의 흐름 spontaneous life flow'에 바탕을 둔 '살아 있는 全人 whole man alive'을 추구하고 있다. 그가 표현하고자 한 것은 현대인과 같은 反생명적이고 脫존재적인 삶의 양식이 아니라 그것이 지양된 원초적이고도 근원적인 자아이다. 그러한 인간은 완전한 생명체로서 우주 자연 전체에 참여하여 하나가 되는 생명적 관계를 실현하게 되며 그러한 관계를 통해 자신과 우주에 흐르고 있는 신비롭고 심오한 생명적 실재를 체험하는 것이다.

Lawrence는 현대문명이 피를 상실한 창백한 문명으로 황폐되었다고 보았고 그러한 삶을 비판하였다. 현대인은 자신이 상실한 '피의 본성 blood-nature', '피의 관계 blood-relation'라는 본래적인 상태를 회복함으로써 자신을 구원할 수 있다. 그러한 자아의 참된 생명적 실재에서 이탈했기 때문에 현대적 위기상황이 초래된 것이다. Lawrance에 의하면 그러한 위기상황의 원인은 지성, 과학, 두뇌에만 편향된 산업주의, 물질주의의 의식구조에 있다. 살아있는 피의 관계인 인간본래의 자연성과 생명성으로의 복귀는 의식개혁에 의해서 가능하다는 것이 Lawrence의 믿음이다.

Lawrence는 역동적인 순수자아와 순수의식에서 감지된 심오하고 적나라한 생명적 실재를 특유의 새로운 realism수법, 달리말해 modernism적 realism으로 묘출하고 있다. 그에게는 현대 모더니스트들이 사용한 이른 바 '있는 그대로의 삶'의 묘사수법은 단순히 표층적인 것으로서 이해된다. 왜냐하면 그가 묘사하고자 한 것은 피상적인 외부적 표층에 머물러 있는 것이 아니라 존재의 깊숙한 저변에서 끊임없이 生動流轉하는 생명의 신비로운 실재였기 때문이다. 그러한 실재를 그는 'being'으로 보고 그것을 새로운 realism의 차원에서 묘사하고자 했다. 그가 지닌 순수의식의 직관

형태는 무의식과 직접 교통하는 위대한 禪師의 그것과 접근되며, 순수의식에 지향된 실재를 특수한 방식의 시적, 상징적 구성으로 묘출해 낸다는 점에서 그의 문학창조는 modernism에 해당한다.

Lawrence가 그의 문학 창조를 통해 보여주는 의식구조는 실재를 직접 지향하여 존재 본래의 순수한 생명적 실재가 드러나게 한다는 점에서 眞我와의 만남을 성취하는 禪과 접근되어 있을 뿐만 아니라, 그의 묘출형식은 지향적, 역동적 의식을 기초로 삼는 현상학의 환원형식과 상통한다. 이러한 의식구조와 묘출방식이 기초가 되는 그의 문학세계에서 존재의 실재로서 포착되는 '생동적 생명相'은 그가 추구하는 최종적인 도덕(morality)이다. 그러한 생명주의적 도덕은 그의 자아 뿐만 아니라 인류를 완성시키고 구원하는 기능을 내포하고 있다.

(한국 영어영문학회 부산지부「영어영문학」제21집, 1987)

참 고 문 헌

I. Novels of D.H.Lawrence

Lawrence, D.H. *Lady Chatterley's Lover*. Penguin, 1974.

__________. *Sons and Lovers*. Penguin, 1970.

__________. *The Man Who Died*. William Heinemann, 1977.

__________. *The Rainbow*. Penguin, 1977.

__________. *Women in Love*. Penguin, 1979.

II. Essays, Criticisms, Letters of D.H.Lawrence

Beal, Anthony. ed. *D.H. Lawrence: Selected Literary Criticism*. London: Heinemann, 1982

Inglis, A.A.H. ed. *D.H. Lawrence: A Selection from Phoenix*. Penguin, 1979.

Lawrence, D.H. *Apocalypse*. Penguin, 1977.

__________. *Selected Essays*. Penguin, 1972.

__________. *Studies in Classic American Literature*. Penguin, 1977.

Moore, Harry T. ed. *The Collected Letters of D.H. Lawrence*. New York: Viking Press, 1962.

Robert, Warren and Moore, T. Harry ed. *D.H. Lawrence: Phoenix II*. Penguin, 1978.

III. References

Allen, Walter. *The Modern Novel*. New York: E.P.Dutton & Co., Inc., 1968.

Bancroft, Anne. *Zen: Direct Pointing to Reality*. Illinois: Thames and Hudson, 1979.

Faulkner, Peter. *Modernism*. London: Methuen & Co. Ltd., 1977.

From, Erich. *To Have or To be? New York: Harper & Row, Publishers, 1976*.

__________. *Zen Buddhism and Psychoanalysis,* New York: Harper & Row, Publishers, 1970.

Leavis, F.R. *D.H.Lawrence: Novelist.* Penguin, 1981.

Suzuki, D.T. *An Introduction to Zen Buddhism.* New York: Grove Press, Inc., 1964.

Vickery, John B. *The Literary Impact of the Golden Bough.* Princeton, New Jersey: Princeton University Press, 1976.

金英漢. ‘現象學的 사고와 체험의 본질’, 「월간 조선」 1982년 10월호. 서울: 조선일보사

朴異汶. ‘現象學과 文學’, 「認識과 實存」. 서울: 문학과 지성사, 1982.

白樂晴. ‘미국의 꿈과 미국문학의 짐 ― 로렌스의 「미국 고전문학 연구를 중심으로」’, 「민족문학과 세계문학」. 서울: 창작과 비평사, 1985.

______. ‘歷史的 人間과 詩的 人間’, 「創作과 批評」. 1977 여름호. 서울: 창작과 비평사

徐京保 발행. 「禪思想」 1983 봄호. 서울: 禪思想社

______. 「禪思想」 1983 여름호. 서울: 禪思想社

釋智賢. 「禪으로 가는 길」. 서울: 一志社, 1976.

심민화 역. 「現象學이란 무엇인가」 (Pierre Thevenaz, *What is Phenomenology?* trans. James M. Edie) 서울: 문학과 지성사, 1982.

오병남 編譯. Merleau Ponty 저. 「現象學과 藝術」. 서울: 서광사, 1985.

이영호 옮김. 「現象學과 講義」. (W.Szilasi, *Einführung in die phänomenologie Edmund Husserls),* 서울: 종로서적, 1987.

조일제. ‘D.H.Lawrence의 Blood-Consciousness에 관한 연구’. 부산대학교 석사학위 논문, 1982.

崔翔圭 역. 「現象學과 文學」. (R. Magliola, *Phenomenology and Literature: An Introduction).* 서울: 大邦出版社, 1986.

2. 신전적 자아

〈목 차〉

1. 서　　론

Lawrence에게 있어 신은 초월적이지 않고 자아의 내부에 들어있다. 이
럴 때 그의 자아는 신전으로 환원되어 버린다. 그는 자아의 내부에 있는
신적인 힘과 실재에 항상 귀를 기울였고 그것에 충실했다. 그의 친구인
Aldington은 Lawrence의 문학작품에서 중심인물들의 보편적 특성으로
나타나는 신전적 자아에 대해 다음과 같이 진술하고 있다:

The daimon which possessed him was, he felt, a divine thing, ...This
loyalty to his own self, or rather to his gift, to the strange and powerful
numen which, he felt, used him as its tabernacle, is fundamental in
Lawrence, and accounts, as nothing else can do, for all that the
world found strange in his beliefs and his behaviour.[1]

이와같은 점은 Lawrence가 세계와 사물을 수용하고 인지하는 방식이
현상학적임을 말해준다. 그는 "모든 초월적인 것을 분리시켜 내재성을 구
성"[2]한다. 그리하여 그의 자아에는 "모든 초월적인 것이 내재적으로 파

---

1) Richard Aldington ed., *D.H.Lawrence: Selected Letters*(Penguin, 1961), p.11.
2) Wilhelm Szilazi, *Einführung in Die Phänomenologie Edmund Husserls* (Tü-
　bingen: Max Niemeyer Verlag, 1959), p.91.

악된다"[3]고 할 수 있다. 즉 Lawrence에게는 몸 자체가 신전이 되며 그
러한 몸이 특유의 생명주의적인 예술창조의 원천이 된다. 이러한 사실을
밝히고자 함이 본 논문의 목적이다.

2. 성령, mana, 신의 불길

Lawrence에 의하면 예술가가 창작을 할 때는 기분을 깊고 진실하게
해주는 무엇을 필요로 하며 적나라한 비젼의 참된 정수에 도달하는 것을
방해하는 사소한 모든 것을 내던져 버리고 신에게 기도를 해야하며 상상
력을 신에게 맡겨야 한다고 말한다.[4] 그럴 때의 예술적 작업은 자아의 내
부로 불러들인 신에다 상상력과 비젼을 따르게 하는 것이 되며 몸 자체는
신의 매개자임과 동시에 신 자체임에 다름 아니다.
　Lawrence에게 있어 성령(Holy Ghost)은 몸의 내부에 있으며 그것은
가장 심오한 의식 부분이고 본질적 자아이다. 시 "God and the Holy
Ghost"에서 Lawrence는 다음과 같이 말하고 있다:

···the Holy Ghost is with us
in the flesh, is part of our consciousness.

The Holy Ghost is the deepest part of our own consciousness
Wherein we know ourselves for what we are
and know our dependence on the creative beyond.[5]

그리하여 이와같은 성령을 거슬치면 자연히 우리 내부의 가장 정수적인
자아를 파괴하여 어떠한 구원도 치료도 없어진다. 왜냐하면 비실체가 우
리의 부분으로 되어버리기 때문이다는 것이 Lawrence의 설명이다(CP

---

3) *Ibid.,* p.91.
4) Harry T.Moore, ed. *The Collected Letters of D.H.Lawrence.*(New York: The
　 Viking Press, 1962), P.189. 이하 이 책은 본문에서 *CL*로 약기한다.
5) Vivian de Sola Pinto and Warren Roberts ed., *The Complete Poems of D.H.
　 Lawrence* (New York: The Viking Press, 1974), p.621. 이하에서 이 책은 *CP*
　 로 약기 하고 본문 안에 페이지를 표시한다.

p.621).

 Lawrence에게 있어서 성령은 여하한 명제로도 포착될 수 없으며 현존재(Being, Dasein)의 차원에서만 체험될 수 있다. 그에게 플라톤의 초월사상인 Idea개념은 부정되며 현존재만이 참된 실재이다. 그가 의미하는 신은 절대성이나 형이상학적 진리를 거부하는 실재론적 차원이다. 그것은 실존의 과정에서 도달되지만 그 순간 이미 공고화된 실존이나 유무의 차원에서는 벗어나게 된다.[6] Lawrence에 의하면 성령은 4차원의 성질을 가지고 있고, 모든 존재의 실마리이며 생생하고 강력한 생명력을 가진 하나의 새로운 화신으로 피어나기 위해 인간과 사물의 내부로 옮아 다닌다.

> The clue to all existence is being.⋯ Being is not ideal, as Plato would have it: nor spiritual.⋯ Only the matter suddenly enters the fourth dimension.⋯ Vitality depends upon the clue of the Holy Ghost inside a creature, a man, a nation, a race. When the clue goes, the vitality goes. And the Holy Ghost seeks for ever a new incarnation, and subordinates the old to the new.⋯ No man, or creature, or race can have vivid vitality unless it be moving towards a blossoming: and the most powerful is that which moves towards the as-yet-unknown blossom.[7]

 살아움직이는 성령이 몸 내부에 들어오기를 언제나 열망하는 Lawrence에게 있어 성령은 살아있는 생명의 신이다. 시 'Pax'(聖像牌)에서 Lawrence는 이와같은 생명신의 내재화를 기원하고 있다. 그리하여 몸은 내부에 신이 기거하는 집이 된다:

> All that matters is to be at one with the living God
> to be a creature in the house of the God of Life.
> ...
>
> feeling the presence of the living God
> like a great reassurance

---

6) 백낙청, '歷史的 人間과 詩的 人間', 「創作과 批評」, 1977 여름, p.189.
7) Aldington ed., *D.H.Lawrence: Selected Essays*, pp.67−69.

a deep calm in the heart
a presence
as of the master sitting at the board
in his own and greater being,
in the house of life.(*CP* p.700)

Lawrence의 신에 대한 개념은 고대인이나 원시인들의 mana사상과 일
치한다. 말레네시아 원시인들의 경우 신통한 힘을 지닌 신의 실체인
mana가 우주에 떠돌아 다닌다고 생각한다.[8] 그리고 북미 인디언들에 있
어서도 이러한 mana사상은 Manitou라는 용어로 나타난다.[9] 이 신적 실
체가 몸 내부에 들어온 사람은 신이 된다. Lawrence도 스스로 그의 몸
내부로부터 강렬하게 감각되는 생명력이나 성령을 mana와 동일시하고
있다. 그는 'Lord's Prayer'에서 "And I, a naked man, calling/calling
to thee for my mana, /my kingdom, my power, and my glory."(*CP*
p.704)라고 말하고 있고, 지중해 바다를 보면서 거기에 mana가 내재해
있다고 읊음으로써 자신의 자아를 그러한 바다와 동일시했다. 제목이
'Mana of the Sea'라고 된 시에서 Lawrence는 다음과 같이 노래한다:

Do you see the sea, breaking itself to bits against the islands yet re-
maining unbroken, the level great sea?

...

Do the rollers of the sea
roll down my thighs
and over the submerged islets of my knees
with power, sea-power
sea-power
to break against the ground
in the flat, recurrent breakers of my two feet?

---

8) Eliade, 'Mana and the Kratophanies', in *Myths, Dreams, and Mysteries*, pp.
   126–28.
9) Michael Bell, *Primitivism*(London:Methuen & Co., 1972), p.8.

And is my body ocean, ocean

whose power runs to the shores along my arms

and breaks in the foamy hands, whose power rolls out

to the white-treading waves of two salt feet?

I am the sea, I am the sea!(*CP* p.705)

이처럼 Lawrence는 외계에 있는 자연물들은 신적 생명력이나 또는 신 자체가 그 내부에 깃들어 있다고 느끼는 사람이다. 그는 그러한 자연물들을 자아에 내재화시킴으로써 죽어가고 있는 자신의 육신을 활기넘치는 거대한 생명체로 부활되고자 한다. 이와같은 점은 인간의 몸과 외계의 자연물들마저도 신전이라고 보는 견해이다.

Lawrence에게 있어 내재화된 신은 자아의 내부에 있다는 사실이 강하게 감각되어짐으로써 어둠의 이미지와 결합하는 경우가 대부분이다. 그러한 신 내지 성령들은 자아내면의 깊은 무의식으로부터 교감되어지는 실체들이라고 말할 수 있다. 그에게 있어 사람 몸 안의 "immanent God"는 "living body of darkness"와 의미론적인 동의어 관계에 있다. Pritchard에 의하면 Lawrence에게 '살아있는 어둠의 몸'이나 '묻혀있는 자아' 또는 '어두운 태양'의 의미는 내부에 있는 중심적인 무의식적 존재, 존재의 기반, 중심적 실체, 현시되겠금 도와주는 살아있는 현상계의 원천이나 본질, 무의식, 인간 안에 있는 내재신 등의 의미를 함축한다.[10]

내재화된 신의 인지는 Lawrence가 말하는 피의식에 불가분하게 바탕을 두고 있다. 1912년(27세)에 쓴 편지에서 피의식에 대해 "나의 위대한 종교는 지성보다도 더 지혜로운 피와 살의 신앙이다. 우리의 피가 느끼고, 믿고, 말하는 것은 항상 진실이다. 내가 원하는 것은 지성이나 도덕 등의 쓸데없는 개입없이 직접적으로 나의 피에 대답하는 것이다."(*CL* p.180)라고 밝히면서 "I conceive a man's body as a kind of flame, like a candle flame, forever upright and yet flowing."(*CL* p.180)라고

---

10) R.E.Pritchard, *D.H.Lawrence:Body of Darkness*(London:Hutchinson University Press, 1971), pp.25—26.

말한다. "피가 느끼고, 믿고, 말한다"는 진술은 Lawrence의 사물에 대한 인식이 몸의 깊은 내부를 통해 이루어 진다는 사실을 암시해 준다. 요컨대 Lawrence에게 몸의 내부는 살아있는 능동적 인지체인 피가 일종의 지하공간을 형성하고 있다. 그는 "The blood also thinks, inside a man, darkly and ponderously"[11]라고 말하는가 하면, "In the blood we have our strongest self-knowledge, our most powerful dark conscience"[12] 또는 심지어 "Down the road of the blood, further and further into the darkness, I come to God."[13]라고 말하고 있다. 내부에 흐르는 피가 사고하고 느끼고 말한다고 밝힌 인지구조는 Erich Fromm의 개념을 빌려서 말한다면 "대상 그 자체 속으로 직접 들어가서 내부로부터 그 자체를 보는 禪적 인지법"과 다르지 않다.

"I conceive a man's body as a kind of flame"이라는 진술에 표현된 바처럼 몸 내부로부터 불길이 발산하는 것으로 느낄 수 있는 것이야말로 예술가의 기본적인 조건이다. Lawrence에게 예술가가 된다는 것은 무섭게 종교적이어야 함을 의미하며 이 때 느끼는 감정이 곧 "I always feel as if I stood naked for the fire of Almighty God to go through me-and it's rather an awful feeling."(*CL* p.189)이다.

3. *The Rainbow*의 신전적 몸과 사물

Lawrence의 신에 대한 개념은 초기부터 정통 기독교와는 갈등과 대립을 빚고 범신론적이고 내재적인 성격을 띤 고대나 원시의 종교와 합치하

---

11) D.H.Lawrence, 'Books', in *D.H.Lawrence: Phoenix,* ed. Edward D. McDo-nald (Penguin, 1978), p.732.
12) D.H.Lawrence, 'The Two Principles', in *D.H.Lawrence: Phoenix II,* ed. Warren Roberts and Harry T. Moore (Penguin, 1978), p.236.
13) Lawrence, 'The Crown', in *Phoenix II,* p.377.
14) Erich Fromm, *Zen Buddhism and Psychoanalysis*(New York: Harper & Row, 1970), p.130.

는 면을 보여준다. *The Rainbow*에서 기독교의 성당과 교리 또는 하나님 등의 정통적인 교리는 도전받고 있다. Will Brangwen과 Anna부부의 관계에 이 점이 잘 표현되고 있다.

Will에게 있어서 현대의 전통적인 기독교는 성당이라는 외형적인 건물을 포기하지는 않지만 내재신의 개념으로 변형이 시도되고 있으며 성당 건물과 자아 자체의 내부에 신이 거주하는 개념으로 등장한다. 이 점은 몸이나 사물이 신전과 등가적인 심상으로 나타나는 것에 다름 아니다.

Will에게 있어 내부에 어둠이 깃들어 있는 링컨 성당은 말할 것도 없고 목공예 작업장 건물이나 침실 등도 종교적 건물로 환원된다. 그것들은 신이 내부에 직접 거주하는 신전이다. 그는 종교적인 의미들로 차 있는 이러한 건물들을 자신의 몸과 동일시하며 그 곳에서 몸의 내부로부터 신이나 성령과 교감하고 합일한다.

Will과 Anna가 링컨 성당을 찾아가는 때가 *The Rainbow*의 가장 중요한 부분인데, Beal의 말처럼 링컨 성당은 Lawrence에게 Marsh농장의 전원생활이 그러한 만큼이나 의미심장하다.[15] 'Gothic darkness'를 특징으로 하는 중세적인 고딕식의 이 종교건물은 Will의 종교혼을 내부로부터 완전히 사로잡는다. 그에게 이 성당은 우주와 인생의 모든 진리를 내포하고 있고 우주와 생명의 원초적인 심상이 잘 구현된 종교적 건물이다. 그것은 그에게 분화 이전의 우주나 생명이 출생하기 이전의 자궁으로 여겨진다. 성당 내부의 박명 가운데서 Will의 영혼은 현상계의 이원적 대극성이 소멸되고 근원점으로 돌아간 상태를 경험한다. 탄생과 죽음, 생성과 소멸, 시간과 무시간, 현상과 영원, 시작과 종말, 어둠과 빛 등의 모든 양극성은 성당의 정적과 어둠 속에서 사라지고 만물이 全一的 존재로 환원되어진다. Will이 링컨 성당을 찾을 때마다 보여주는 중요한 행위는 자아의 내부에 침잠하고 몰입하여 원초적인 심상이나 비젼을 느끼면서 거기에 내재하는 신의 기운과 영적인 교감을 하는 점이다. 이 대목에 대해 Lawrence는 긴 지면을 할애하고 있다:

---

15) Anthony Beal, *D.H.Lawrence*(London: Oliver and Boyd, 1964), p.32.

His soul leapt up into the gloom,⋯ it swooned with a great escape, it quivered in the womb, in the hush and the gloom of fecundity, like seed of procreation in ecstasy.⋯ Here, the twilight was the very essence of life, the coloured darkness was the embryo of all light, and the day. Here, the very first dawn was breaking, the very last sunset sinking, and the immemorial darkness,⋯ reechoed peace and profound immemorial silence. Away from time, always outside of time! Between east and west, between dawn and sunset, the church lay like a seed in silence, dark before germination, silenced after death. Containing birth and death, potential with all the noise and transition of life, the cathedral remained hushed, a great, involved seed,⋯ but whose beginning and whose end were the circle of silence.⋯ Here in the church, 'before' and 'after' were folded together, all was contained in oneness. Brangwen came to his consummation. Out of the doors of the womb he had come, putting aside the wings of the womb, and proceeding into the light. Through daylight and day-after-day he had come, knowledge after knowledge, and experience after experience, remembering the darkness of the womb, having prescience of the darkness after death. Then be-tween-while he had pushed open the doors of the cathedral, and en-tered the twilight of both darknesses, the hush of the two-fold silence, where dawn was sunset, and the beginning and the end were one.[16]

이리한 장면은 Lawrence가 자신의 인생을 통해 보통의 사람들이 부여받지 못한 영적 교감력에 의해, 파악할 수 없는 생명이나 영혼의 어떤 본질에 대해 무의식적으로 즐겼던 것처럼 보이게 하고 고도로 자의식적인 철학적 추구를 한 것 같은 인상을 준다.[17] 여기에 나타난 Will의 원초적이고 선험적인 주관성의 내부에 있는 순수자아는 내재성을 구성함에 기초한 "받아들임의 확대기능"[18]에 의해 존재하고 있고, 이 순간 그의 자아는 영

---

16) D.H.Lawrence, *The Rainbow* (Penguin, 1977), pp.201−02.
17) Cf. Bell, pp.59−60.
18) Szilasi, p.91. 번역서로서 Cf. 이영호 옮김, 「現象學講義」(서울 : 종로서적, 1987), p.95.

육, 자타, 내외계 등의 모든 이분법적 구분이 소멸되고 거대한 현상세계와 완전히 합일된 종교적 각성상태로 열려있다.

Will이 링컨 성당에서 보여주는 종교적인 감정양식은 Jung이 설명한 분석심리학적 종교분석에 따른다면 다양한 현상이 아무런 대극도 형성하지 않는 대극 분할 이전의 원초적 全一性, 또는 지적 논리나 인과관계를 초월하는 동시성 원리 (Synchronizitäts Prinzip)에 의한 원초적 상태의 종교적 계시라고 말할 수 있다.[19] 원초성이나 원형적인 성질을 띤 이와같은 종교적 실재는 사실상 지적 도그마에 의해서는 계시가 불가능한 것이다. 신비와 고도의 상징성을 띠고 있는 이와같은 실재는 자아의 내부를 통해 의식의 심층부인 무의식의 밑바닥에 바탕을 둘 때만 파악된다고 할 수 있다. 현대문명과 종교에 있어서 자아의 무의식층에 잠재하고 있는 원형적 경험을 의식층의 상부로 결합시키는 내향적인 삶의 노력이 차지하는 중요성에 대한 Jung의 역설을 우리는 Lawrence에게서 발견하게 된다.

Will이 링컨 성당 안에 들어가서 몸의 내부에 침잠하여 영적 교감을 실현하고 무한의 자유와 희열을 가질 때, 옆에 함께 앉아있던 Anna에게는 그의 몸은 신비적인 靈이 깃들어 있는 어두운 지하로 변한다. 이 때 그녀는 그에게서 일면으로는 신비감과 마력을 느끼기는 하지만 강한 거부감과 증오감과 경멸감을 아울러 느끼게 된다. 그녀의 이러한 반응은 Will의 신비주의적인 종교감정이 전통적인 지적 교리나 도그마에 젖어 있는 사람에게는 그만큼 친숙하지 않은 형식임을 말해준다고 하겠다. Will이 성당의 박명 속에서 자신을 영적 실체로 변용시켜 "dark freedom of the soul"를 느낄 때 그는 지하적인 감정양식으로 존재변환을 한다. 여기에 Anna의 감정양식이 대립된다.

She could not get out of the Church the satisfaction he got.⋯ Whereas he seemed simply to ignore the fact of his own self, almost to refute it. He had a soul-a dark, inhuman thing caring nothing for humanity.⋯

---

19) Cf. 이 부영, 「分析心理學 − C.G.Jung의 人間心性論」(서울: 일조각, 1982), pp. 374−76.

And in the gloom and the mystery of the Church his soul lived and
ran free, like some strange, underground thing, abstract. He was
very strange to her, and, in this church spirit, in conceiving himself
as a soul, he seemed to escape and run free of her. In a way, she
envied it him, this dark freedom and jubilation of the soul, some
strange entity in him. It fascinated her. Again she hated it. And
again, she despised him, wanted to destroy it in him.(p.159)

위 인용문에서 Will의 몸 내부에서 활성화된 "dark soul", "strange enti-
ty", "a dark inhuman thing", "strange underground thing" 등의 심
상들은 달리 말하면 내재신 또는 성령이다. 여기서 그의 이러한 종교적
심리상태는 Aldington이 언급한 "the strange, powerful numen which…
used him as its tabernacle"이 그에게 충실하게 구현되고 있음을 보여
준다. 그러나 이러한 신적 실체는 그것의 원초적인 성질 때문에 일상적인
의식으로서는 이해하기 어렵고 거부되기 쉽다. Lawrence에게 있어 이러
한 영적 실체는 그 자신 마저도 설명해 내기 어려웠던 신성한 존재였다.
Aldington은 "The *daimon* which possessed him was, he felt, a divine
thing, which he would never deny or explain away, never even ask
to accept a compromise."[20]라고 진술한다.

　Will이 성당 건물의 안에서 이와같은 종교적 상태로 인도되는 것은 어
두운 분위기에 크게 의존한다. 그리하여 밤이 되면 그는 몸의 내부를 사
로잡는 靈에 놀라 깨어나는 수가 있다. 그러면 침대에서 벌떡 일어나 어
둠 한가운데서 자신의 몸 내부에 이상하게 몰입하여 기도하는 자세를 취
한다. 내부로부터 부르는 '어둡고 검은 영'의 부름에 호응하는 그의 이러
한 행동에 의해 잠에서 눈을 뜬 아내 Anna는 그의 몸 안에서 악마적인
검은 실체들이 강렬한 힘으로 요동치는 것을 느낀다. 그리하여 그녀는 그
러한 힘에 의해 모든 사물과 더불어 자기 자신이 박멸되는 것 같음을 느
끼면서 그에게 저항한다:

---

20) Aldington, p.11.

She combated in him his devils. She suffered very much from his in-
explicable and incalculable dark rages, when a blackness filled him,
and a black wind seemed to sweep out of existence everything that had
to do with him. She could feel herself, everything, being annihilated by
him.(p.209)

Will이 Anna와 신혼의 삶을 어둠이 깃든 침실에서 이어가던 중 밤중에
갑자기 일어나서 이전부터 만들어오던 Adam과 Eve의 목조상을 다시 만
들기 시작하는 장면은 그의 몸에 신이 들어와 신적 자아로 환원된 상태를
나타내는 또 다른 예이다. 그는 자아의 내부에서 강력하게 활성화된 신적
영혼의 힘에 의탁하여 목각을 창조하는 것이다. 이 목조는 그에게 있어 종
교적 영혼을 투입시켜 이룩함으로써 만달라적인 의미를 지닌 원형상의 창
조임을 보여주는 예라고 말할 수 있다. Eve상은 어렴풋이 빛을 발하는 그
림자같은 모습, 즉 "form glimmeringly, shadowily… yet she was a radi-
ance."(p.149)이어야만 하고, 그리고 Adam상은 "a dream of immor-
tality"(p.149)의 상태로 존재하는 모습이어야만 한다고 Will이 생각할
때, 남자와 여자는 곧 신의 아들과 딸이며 동시에 신 자체임을 의미한다.

　Will의 종교적 태도는 정통 기독교의 관점에서 보면 이단이며 이교도에
속한다. 그래서 불건전하고 병적인 것으로 보일 수 있다. 영국 국교도인
Eliot은 *After Strange Gods*에서 Lawrence가 현대문명인의 "living
death"에 대해 비판하고 생명력을 고양하는 점은 탁월한 것이지만, 이신
교적인 그의 비젼과 결론은 병적이 아닌가 하고 의구심을 나타낸다. Eliot
은 Lawrence의 이신교적인 종교에 대해 "an instrument of demonic
powers"[21]라고 우려하면서

I fear that Lawrence's work may appeal, not to those who are well and
able to discriminate, but to the sick and debile and confused; and will
appeal not to what remains of health in them, but to their sickness.[22]

---

21) T. S. Eliot, *After Strange Gods* (New York: Harcourt, Brace and Company,
　　1933), p.65.
22) *Ibid.*, p.66.

라고 비난한다. 그러나 이러한 견해는 기우에 지나지 않으며, Lawrence
의 본질과 의도와는 무관하다. 위에서 살펴본 Will의 감정양식은 생명주
의적인 도덕과 정령주의적인 범신론 종교에 바탕을 두고 수행하는 일종의
"aspiration of the explorer of the psyche"[23]가 반영된 창조적인 활동
에 속하는 것이다. Lawrence는 자신의 종교 기질과 사상에 대한 오해와
관련하여 현대의 합리주의적인 지식인들이나 전통적인 기독교 신앙인들이
그를 이해하지 못한다는 점을 잘 알고 있었다. Anna와 Will이 종교적인
견해의 차이로 대립하고 갈등하는 장면은 이것이 반영되어 있는 한 단면
이다.

Will은 Anna와는 달리 "물이 술로 변했다"는 성경문장의 해석에 있어
그것의 의미를 절대적인 문자의 사실로 받아들이는 것이 아니라, 영혼의
욕망이 기초가 되어 감각하는 내재된 어떤 정신적 생명력에 대한 신비주
의적인 체험으로 이해한다. 그리하여 그것의 의미는 순수하게 개인적인
것으로 환원된다. 이러한 이단적인 태도야말로 Will에게 있어 절대적인
의미로서 수용된다. Will은 Anna에게 신에 대한 현대인의 지적 태도야말
로 오히려 자아에 역행하는 것이며 불분명한 비과학적 태도라고 비판한
다:

> And yet he did not care about the Bible, the written letter.⋯ He did
> not believe in fact that the water turned into wine. He did not want
> to make a fact out of it. Indeed, his attitude was without criticism. It
> was purely individual. He took that which was of value to him from
> the Written Word, he added to his spirit. His mind he let sleep.⋯ He
> cared only for himself. He was no Christian.⋯ She, almost against
> herself, clung to the worship of the human knowledge. Man must die
> in the body, but in his knowledge he was immortal. Such, somewhere,
> was her belief, quite obscure and unformulated.(p.173)

Will은 그녀의 합리주의적인 접근법을 오히려 조롱하고 자신의 길을 계속

---

23) Peter Faulkner, *Modernism* (London: Methuen, 1977), p.64.

탐구한다. Will에게는 지하적인 어떤 실체가 몸에 들어 있고 "dark-souled desire"로 충만되어 있다. Lawrence가 묘사한 다음 대목은 이 점을 보여주는 일례이다:

> She believed in the omnipotence of the human mind. He, on the other hand, blind as a subterranean thing, just ignored the human mind, and ran after his own dark-souled desires, following his own tunnelling nose.(p.173)

성경이 육체와 영혼을 분리한다거나 육체를 부정하고 영혼만을 강조하는 교리는 Will에게 거부된다. 육체는 신이나 성령이 그 내부에 거주하고 합일을 이루는 장소이며, 내재화된 그러한 실체에 의해서 생명이 약동하고 무한하게 되는 신전 내지 우주의 집에 환원된다.

　Will이 추구하는 신은 인간과 단절되어 있는 절대적이고 초월적인 신이 아니라 자아의 내부에서 감각적으로 직관하는 어떤 신비적인 실체이다. 몸의 내부에서 느끼는 신이야말로 가장 직접적이고 실체적인 것이다. 여기서 인간의 몸은 신과 구별되지 않고 인간 자체가 신의 단계로 끌어올려짐으로써 인간은 범속한 인간유형을 초월하게 되고 커다란 힘을 자신의 몸에 구현하게 된다고 말할 수 있다. 이와같은 점에서 Will의 사고유형은 신전적 자아에 의한 'divine model'에의 존재론적인 환원인 것이다. Eliade에 의하면 인류 역사상 참된 종교성향을 지닌 인물이나 우리가 알고 있는 인류의 신화적 조상들 또는 문화의 영웅들은 이러한 존재 모델에 환원된다고 지적한다.[24] 그러나 현대의 이성 또는 지성주의를 신봉하는 Anna와 같은 유형의 인물에게는 Will과는 달리 성당 안의 제단에는 불이 꺼져 있고 신이 불처럼 계시되지 않는다(p.203).

　성당의 구내에 있는 석상조각들에 대한 감정양식도 Will의 경우는 자아 내부로 직접 끌어들여져서 불길처럼 살아나는 실체가 되지만, Anna의 경우는 그것이 불가능하다. 두 사람은 성당 안에서 목사의 설교를 들을 때

---

24) Mircea Eliade, *The Sacred & The Profane*, trans., Willard R. Trask(San Diago: Harcourt Brace Jovanovich, 1959), pp.99－100.

나 건물 밖으로 나와 구내의 종교조각들을 볼 때나 그들의 감정은 항상 빗나가고 불화가 생긴다. Anna는 Will이 몰입하는 종교감정의 양식 때문에 분노하고 그의 그러한 몰입을 파괴해 버리고자 시도한다. 두 사람이 예배를 마치고 성당 밖에서 석상들을 감상하다가 얘기를 나누던 중 Anna는 Will의 그러한 환상적인 태도에 찬물을 끼얹는 비난을 감행한다. 이 때 그는 그녀가 그의 "vital illusions"(p.205)를 파괴해 버린 것에 대해 분노하고 그녀를 증오한다.

그러나 석상조각들에 대해 그가 몸 내부로부터 교감해 내는 대상인 'dark reality'와 'vital illusion'의 탐구에 대한 Will의 열정은 그에게 절대적 의미를 가진다. 그것은 마치 그에게 있어 링컨성당에 있어서 그것이 하늘과 대지가 그 곳에 들어와 있고 우주의 생명과 영혼이 그곳에 불러들여져 있으며 무한하고 신비로운 생명과 영혼의 교감이 실현되는 하나의 살아있는 소우주인 것과 마찬가지이다. 그러한 조각상들과 성당은 눈에 보이지는 않지만 정신적 교감이 이루어지는 세계로서 Will의 자아와 합일을 이루는 하나의 절대적인 가치를 가진다.

Before, he had thought them [cathedrals] absolute. But now he saw them crouching under the sky, with still the dark, mysterious world of reality inside, but as a world within a world, a sort of side show, whereas before they had been as a world to him within a chaos: a reality, an order, an absolute, within a meaningless confusion. (p.205)

링컨 성당으로부터 집으로 돌아올 때의 대목에서 Will이 목사의 설교를 안 듣는 것 같다고 Anna가 계속하여 공격할 때, 그렇지 않다고 답한 뒤에 Will이 취하는 태도에는 몸 내부의 공간에 신적 실체가 거주한다는 점을 강조하고자 하는 실험주의적 태도가 내포되어 있다. 이 때 그는 그녀에게 "There was something subterranean about him, as if he had an underworld refuge."(p.160)처럼 느껴진다. Will이 지니고 있는 이와같은 내재화된 'dark soul'은 현대의 주지주의적 문명인들에게 익숙한 것이 못되며 때로는 혐오감과 공포감을 동시에 야기한다.

그런데 Will의 육체 내부에서 살아움직이는 이러한 영적인 실체는 종교적인 열망의 성격 이외에도 고대의 주술적이고 마술적인 어떤 힘으로서의 성격도 띤다. 즉 그는 몸을 우주적인 영이나 마력이 차있는 신전으로 삼고 있고, 종교적 열망을 수반한 어떤 살아있는 실체로 느끼면서 의식세계에 대한 탐험과 교감을 지속한다. 그의 이러한 신비적인 탐험과 교감은 Anna와의 육체교감, 목각활동, 교회 안에서의 자아몰입, 교회 부속학원에서의 교육활동 등에서 보여주는 여러가지 태도에 표현되고 있다. 그러한 것의 일례로서 그는 집에 있을 때 이따금씩 Anna에게 관능이 암시된 어떤 마술적이고 주술적인 힘을 교감시키는 실험적인 행동을 한다. 내부의 영혼과 생명이 그 본래의 활력을 획득하면 그 위력은 인간의 힘을 넘어선다. 이 때 그의 얼굴과 눈 또는 全존재는 전기와 같은 암흑력을 내부로부터 발산한다. 이 격렬한 힘의 감화에 의해 Anna의 영혼은 일상적 의식에서 잠을 깨고 unconscious darkness(p. 216)의 몽환상태로 빨려든다. 그는 표면상 아무도 알아채는 사람은 없지만 그러한 어둡고 검은 실체를 점점 더 상대방에게 강하게 느끼겠끔 만든다. 그녀에게 그것은 어떤 위협감을 주며 은밀하고도 강렬한 생명력을 전달한다. 이러한 교감양태가 다음과 같이 묘사된다:

It [his face] was ruddy and dark in its abstraction, not very human,⋯ when his eyes met hers, a yellow flash from them caused a darkness to swoon over her consciousness,⋯ Her eyes would turn languidly, then close, as if hypnotized.⋯ He called, not to her, but to something in her, which responded subtly, out of her unconscious darkness.⋯ Then she was in a spell, then she answered his harsh, penetrating call with a soft leap of her soul, the darkness woke up, electric, bristling with an unknown, overwhelming insinuation.(p.216)

Anna는 합리주의를 내세우는 전통적인 종교관에 따르고 있지만 그녀 역시 Will과 마찬가지로 내부에 신의 영감을 받을 때가 나타나고 있다. 임신한 그녀가 알몸으로 옷을 벗어던진 채 늦은 저녁 컴컴한 방안에서 벗은

알몸에 난로 불빛을 받으면서 추는 신비적인 춤은 합리주의적인 기독교도
로서는 허용될 수 없는 이단적이고 원시적인 춤이다. 보이지는 않지만 어
떤 강렬한 힘과 불길이 그녀의 내부를 이끌어 갈 때, 그녀는 남편 Will이
들어와도 그의 존재를 의식하지 못하고 자신의 내면에 순응하면서 계속하
여 춤을 춘다. 이러한 행위는 그녀의 몸 속에 잠재하는 'dark spirit'(어
두운 영)의 내적인 활성화나 부활에 의해 신과의 교감이 이루어지고 있음
을 의미한다고 말할 수 있다:

> ···then one danced before the Unknown··· lifting her hands and her
> body to the Unseen, to the unseen Creator who had chosen her, to whom
> she belonged.··· She danced in secret, and her soul rose in bliss. She
> danced in secret before the Creator, she took off her clothes and
> danced in the pride of her bigness.··· She took off her things and
> danced, lifting her knees and her hands in a slow, rhythmic exulting.
> ··· She stood with the firelight on her ankles and feet, naked in the
> shadowy, late afternoon, fastening up her hair.··· The strangeness,
> the power of her in her dancing consumed him, he was burned, he
> could not grasp, he could not understand.(pp.183−84)

그녀의 이러한 내적 비젼의 심리적 재현은 사실상 Lawrence의 원시주의
적인 감수성의 재현[25]이라고 말할 수 있다. 이 춤은 원시인들이 신과의
교감과 합일을 이룬 접신상태에서 황홀감을 느끼는 儀式時의 춤과 동일하
다. 이러한 Anna의 심리상태는 신의 기운이 무의식의 심층으로부터 솟아
올라와 영혼을 강렬하게 지배함으로써 이루어진다. 그리하여 그녀는 몸
안에 신이 들어와서 그녀 자신과 신이 동화되고 합일됨으로써 자기를 잃
고 완전한 엑스타시에 빠져든 것이다. 이러한 경우의 Anna나 앞에서 살
펴본 Will에게 구현되고 있는 종교적 자아는 일상적이고 현상적인 경험과
는 차원을 달리하는 원초적인 어떤 경험세계에 속한다. 이러한 감수성 내

---

25) Bell, p.8. Bell은 이 춤에 대해 공개적인 원시적 음조를 보여주는 Lawrence의 원
   시주의 사상의 일례라고 논평하고 있다.

지 인지양식은 외계사물의 주관적인 내적 변용[26]이라고 말할 수 있고 물활론이나 마술적 세계관의 바탕을 이룬다. 이러한 종교적 자아로의 변용은 인간적 차원을 초월하여 신적 차원에 도달하는 것임을 의미한다. 여기서 인간은 자아의 내부를 우주로 열려있게 하고 양자를 구분없이 합일시킴으로써 일상적인 경험이 도달하지 못하는 무한감정과 영원성을 획득하게 된다.

Will이 어둠의 공간을 찾을 때 그의 몸이 활력으로 살아나게 되고 영혼이 신비적인 신적 실체와 교감을 터는 사실은 그의 또다른 여러 행동들을 통해서도 나타난다. 그가 어둠의 공간 안에서 작업을 하고 있을 때 어두운 공간은 그에게 영적 공간의 의미로 변용된다. 그 곳에서 그의 몸은 전혀 새로운 감각인 "second sense"(217)를 지니게 된다. 어린딸 Ursula가 목공작업을 하는 아버지 Will의 건물에 들르는 대목에는 이러한 '제2의 감각'이 잘 나타나 있다. 이러한 제2의 감각은 생각함이 없이 의식하면서 희미하게 빛나는 감각이며 인간에게 충족감과 평화를 준다. Ursula는 아버지의 제2의 감각에 의한 최면술적이고 전기적인 어떤 생명의 친밀성과 유연성에 접하는 느낌을 가진다. 이 때 Will은 마술적인 의미를 띤 어떤 生靈이 몸의 내부에 어둡게 존재하게 된다:

She was a piece of light that really belonged to him, that played within his darkness.⋯ And when, with his second sense of another presense, he knew she was coming, he was satisfied, he was at rest. When he was alone with her, he did not want to take notice, to talk. He wanted to live unthinking, with her presence flickering upon him.⋯ Ursula could remember his forearm, with its fine black hairs and its electric flexibility, working at the bench through swift, unnoticeable movements, always ambushed in a sort of silence.(p.217)

---

26) Cf. Bell, p.8:"Here lies the core of the magical world view, which is saturated with this atmosphere of efficacy, which is indeed nothing more than a translation and transposition of the world of subjective emotions and drives into a sensuous, objective existence."

Will이 목공실 안으로 Ursula를 들어오게 한 뒤 다시 발을 치고 등불을 걸어 둔 희미한 어둠 가운데서 작업에 몰두할 때, 그녀는 아버지 Will로부터 어떤 신비한 힘이 전달되는 것을 직감한다. 그녀는 아버지가 팔을 걷어 올리고 등불 옆에서 공예창작에 몰두하고 있는 광경을 지켜보면서 목공실에 함께 남아있고 싶어진다. 나무향기를 풍기고 대패, 망치, 톱의 소리가 울리는 가운데 Will은 묵묵히 작업에 몰두할 뿐 말이 없고, 그의 내부에는 신비한 침묵이 깃들어 있다. 이러한 분위기에 무의식적으로 감화된 Ursula는 대팻밥과 나무못을 만지면서 희미하게 열중하여 논다. 이 장면도 역시 어두운 영이 건물과 몸의 내부를 사로잡고 있고 그러한 실체에 자아를 맡길 때 인간의 자아가 커다란 힘을 획득하게 됨을 보여주는 일화들의 일례이다.

Will이 교회로부터 교회건물에 부속된 방에다 목공예 학원을 신설하여 아동들을 지도하는 직업을 얻을 때, 그가 하는 목공예 교육지도는 그의 감각과 영혼을 신비주의적인 신적 상태로 이끌어 올리는 데 효과를 더욱 높이게 한다. 이 곳의 모임에 참석한 여덟살 된 딸 Ursula가 아버지로부터 느끼는 감각에 대한 묘사는 Will의 자아 내부에 흐르고 있는 종교성을 띤 'psychic forces'의 구현이다. 아버지는 Ursula에게 그의 몸 내부에 마술적이고 최면술적인 끌어들이는 힘과 "shadow of some dark, potent secret"(p.239)가 충민된 신비가로 느껴지며, 그러한 힘은 그녀의 마음 깊숙한 곳까지 침투하여 동화시킨다. 그는 그녀에게 언제나 "a centre of magic"(p.239)이다. 이것도 역시 내재신의 개념을 구현하고 있는 신전적 자아의 모습을 나타낸 예들 중의 하나임을 말해준다고 하겠다.

To Ursula,⋯ the increase in magic was considerable. She heard all the talk, she saw the parish room fitted up as a workshop.⋯ But to Ursula, everything her father did was magic fascination to her,⋯ had always a twang in it that sent a thrill over her blood, and hypnotized her. She seemed to run in the shadow of some dark, potent secret of which she would not, of whose existence even she dared not become conscious, it cast such a spell over her, and so darkened her mind.(p. 239)

목공예 예술가인 Will의 자아 내부에 있는 이와같은 어두운 힘을 지닌 실체는 그의 심층의식 또는 깊은 영혼의 한가운데서 그 표현의 형태를 찾으려고 몸부림치고 있다가 의식의 상층부로 떠올라 와서 강력하게 활성을 얻고 있는 것이라고 말할 수 있다. 그에게 있어 이것은 그의 삶이나 예술에 있어 창조의 원천이 되는 실체이다. 이러한 그의 심리는 원초적 경험을 많이 하는 심오한 신화성과 종교성을 지닌 예술가가 형성하는 심상이나 비젼의 특성에 대해서 말한 다음과 같은 Jung의 진술과 잘 부합한다:

The primordial experience is the source of his creativeness; it cannot be fathomed, and therefore requires mythological imagery to give it form. In itself it offers no words or images, for it is a vision seen 'as in a glass, darkly'. It is merely a deep presentiment that strives to find expression. It is like a whirlwind that seizes everything within reach and, by carrying it aloft, assumes a visible shape.[27]

Lawrence는 이와같은 Will의 내적인 심리상태와 관련하여 그가 감각하는 내재적 실체들을 주로 불가시적이고 부정형적인 여러가지 성질들로 묘사하기도 하지만, 단순히 막연하고 어렴풋하다기 보다는 독립된 어떤 실체, 예컨대 "a reality", "an entity", "a presence" 등으로서 인지할 때가 많다. 어떤 면에서는 그것들은 불가시적인 특성과 가시적인 특성이 구분되지 않기도 한다. 이것은 그에게 있어 신성을 가졌으며 우주적인 것이라고 파악되고 있다. 앞에서 고찰한 바에서 나타났듯이 이러한 심상들의 예는 무수히 많다. 즉 a desire, a spell, magic, electricity, holy ghost, fire, demon, God, wind, shadow 등이 그것이다. 이러한 심상들은 자아의 내부와 연관된 어떤 영적인 실체로 간주됨으로써 어둠의 색조와 결합하고 있는 것이다. 이 어두운 실체들은 앞의 인용문에서 Lawrence가

---

27) Jung, 'Psychology and Literature', in 20th Century Literary Criticism, ed. by David Lodge(London: Longman, 1972), p.183.

Will과 Anna의 대립적 성향으로 대별시켜 언명했듯이, 밝음에서는 무기력하거나 계시되지 않고 어둠 속에서 활력을 찾아 그 모습을 드러내는 것을 중요한 특징으로 한다.

자아 내부의 잠재의식 가운데 깊숙히 존재하는 바로 이러한 창조적인 어둠의 실체들은 자아 내부를 향해 지적 사고의 개입을 배제하고 순수하게 무의식적으로 의식을 지향시킬 때 이끌어 낼 수 있다. *The Rainbow*에 구현되고 있는 Will의 신화적, 원시적인 의식 유형은 일반적으로 동서양의 종교의식의 차이에서 보여지는 동양적인 종교 유형에 속한다. Jung은 동양과 서양의 종교를 비교하면서 서구의 주지주의적인 의식 유형과는 다른 동양의 내관적인 의식 유형을 다음과 같이 말하고 있다:

> 높은 곳으로 지향하는 우리의 교회에는 高祭壇이 있다. 그 반면 인도에서는 禪을 말한다. 그리고 명상과 침잠을. 신성은 모든 것들의 안에 있으며 무엇보다 인간 안에 있다. 사람들은 외부적인 것에서 떠나 내면적인 것으로 향한다. 고대 인도의 사원에서 제단은 지하로 2－3미터 낮다.... 인도인의 근본적인 수업은 요가이며 우리의 표현으로 말한다면 의식이 없는 상태로 침잠하는 데 있지만 인도인은 이를 최고의 의식이라고 높이 찬양한다.[28]

Ursula에 관해서 보면 그녀가 Nottingham대학에 입학했을 때, 대학에 대해 가졌던 꿈은 고딕식의 아치 건물과 수도원 같이 조용한 대학 분위기에 몰입하고, 그러한 정신적 분위기에서 인간에 대한 참된 지식과 실재를 탐구하는 것이다. Ursula는 중세의 승려들을 종교의 그늘 속에서 그것을 전수하는 신의 영혼을 가진 자라고 여겨 왔다:

> She liked the hall with its big stone chimney-piece and its Gothic arches supporting the balcony above.··· all sense of retreat and mystery from the far wall.··· there was in it a reminiscence of the wondrous, cloistral origin of education. Her soul flew straight back to medieval times, when the monks of God held the learning of men and imparted it within the shadow of religion.(p.430)

---

28) 이부영, p.356.

이와같은 기대를 가지고 있는 Ursula에게 대학은 'within the shawdow of religion'이라는 표현에 암시되고 있듯이, 신의 신비를 전수해 있는 승려들의 종교공간일 뿐만 아니라 신 자체가 내재해 있는 종교공간이기도 한 것이다. Ursula는 검은 가운을 입고 강의실에 들어오는 교수들에 대해 보통의 사람이 아닌 신의 신비를 전수받은 신비자라고 생각한다. 이것은 신학교수들을 신과 합일체로 보는 것에 다름 아니다.

> She would not consider the professors as men, ordinary men who ate bacon, and pulled on their boots before coming to college. They were the black-gowned priests of knowledge, serving for ever in a remote, hushed temple. They were the initiated, and the beginning and the end of the mystery was in their keeping.(p.431)

Ursula가 연인인 Skrebensky와 사랑을 나눌 때도, 한사코 그녀는 Skrebensky를 어둠이 깃들어 있는 교회의 내부로 유도하고자 애쓴다. 그녀에게 있어 이성간의 사랑은 종교적 영혼과 꿈의 구현이기 때문이다. 두 사람이 어느날 오후 교회 옆을 지나가다가 중세적인 신비가 깃들어 있는 교회 안으로 달려 들어 갈 때 어둠에 싸인 그 성소가 Ursula에게 전해주는 신비를 Lawrence는 다음과 같이 묘사하고 있다:

> It was dimmer in there than the sunny afternoon outside, but the mellow glow among the bowered stone was very sweet. The windows burned in ruby and in blue, they made magnificent arras to their bower of secret stone.···· She too glanced round the familiar interior. The dimness and stillness chilled her. But her eyes lit up with daring. Here, here she would assert her indomitable gorgeous female self, here.(p.303)

위 인용문에서 사용된 어휘들에는 Ursula의 종교적 영혼이 감각적으로 표현되어 있다. 그녀의 눈길이 닿는 사물과 공간은 제각기 살아있는 영혼이나 생명적 실체가 들어있는 느낌을 자아내고 있다. 무생물과 공간 자체마저 어떤 살아있는 정령이 깃들어 있는 것 같고 생명력으로 각성되어 있는 것처럼 암시되고 있다. 이러한 존재들은 그녀 자아의 내부 상태와도 동일시되고 있다는 느낌을 준다. 이처럼 신비주의적인 종교적 실체들이 그녀의 자아에 되살아나는 현상이 일어날 때 그녀에게 있어서 교회내부나 그녀의 몸은 신전적 공간으로 환원된 것이 된다.

Ursula는 연인 Skrebensky에 대해 중세의 사원 지역에서 그 어떤 것들에 대해서도 차가운 죽음 상태만을 느낄 뿐인 그에게 결코 어떠한 영혼의 유대와 교류도 실현할 수 없음을 발견해낸 다음 마음 속으로 그를 버릴 결심을 하는 대목이 있다. Rouen지역에 있는 석조 대사원을 탐방하는 대목에서 Ursula는 Skrebensky가 종교적 사물을 보고 그것의 내부에 살아 움직이는 영혼이나 신비적인 종교적 실재를 감응하지 못하는 성격의 소유자임으로 해서 자기와는 메꿀 수 없는 자아의 괴리감을 느낀다. 그녀에게 있어 이 지역에 있는 중세의 사물들은 그녀가 진실로 원하는 실재나 절대성의 의미로서 인식 되지만, 현실주의자인 Skrebensky에게 있어서는 그러한 인식이 불가능하다는 점이 대비되고 있다:

For the first time, in Rouen, he had a cold feeling of death; not afraid of any other man, but of her. She seemed to leave him. She followed after something that was not him. She did not want him. The old streets, the cathedral, the age and the monumental peace of the town took her away from him. She turned to it as if to something she had forgotten, and wanted. This was now the reality; this great stone cathedral slumbering there in its mass, which knew to transience nor heard any denial. It was majestic in its stability, its splendid absoluteness. Her soul began to run by itself. He did not realize, nor did she.(p.456)

4. 결   론

Lawrence의 상상력에 있어 성당, 사원, 육체, 목공예 건물, 방 등과 같은 공간 구조물은 Eliade의 표현을 빌면 "primordial religious situations"[29]에 해당한다. 그러한 사물들은 풍부하고 새롭게 우주화된 종교적 의미들로 채워진 상징물로서 종교적 영혼이 그 내부에서 살아움직이는 새로운 변용체의 뜻을 지닌다. 이와같은 점에서 보면 그러한 사물들은 종교적 의미들로 가득찬 "equivalent images"[30]이다. Lawrence가 묘사하는 공간이나 사물이나 육체는 Eliade가 언명한 이와같은 등가적인 종교 이미지들이 풍부하게 구현되어 있다고 하겠다.

Lawrence에게는 'Gothic darkness'로 특징되는 중세적인 교회와 신의 의미는 어디까지나 생명의 신비에 연관된 내재성에 바탕을 두고 있으며 현대 기독교에서 처럼 초월적이고 절대적인 창조주의 개념이나 지적 교리에 바탕을 두고 있지 않다.

Lawrence는 *The Rainbow*에서 현대의 유물주의나 주지주의 문명 및 지성주의화된 기독교 문화가 상실해 버린 "우주적 가치와 영혼"[31]을 원시, 고대, 중세 시대의 종교적 영혼의 내재화에 의해 복원하고자 함을 보여주고 있다. 그의 문학이 지향하는 궁극적인 목표는 항상 "bodily self"[32]의 내부로 불러들인 우주적 의미를 지닌 어두운 생명신과의 교감과 합일이라고 말할 수 있다. 이러한 목표는 인간의 자아 자체가 신전이 되어지게 함으로써, 그리고 외계사물을 신성이 깃든 신전으로 느낌으로써 가능해지고 있다. 그리하여 Lawrence에게 신전적인 자아는 생명주의 도덕과 예술의 원천이 되고 있다.

(한국 로렌스학회, 「D.H.로렌스연구」 제2호 1993, 10)

---

29) Eliade, p.176.

30) Eliade, p.174.

31) Cf. Eliade, p.178: "As for the Christianity of the industrial societies especially the Christianity of intellectuals, it has long since lost the cosmic values that it still possessed in the Middle Ages."

32) 이 용어에 대해서는 Cf. Lawrence, 'On Being a Man', in *Phoenix II,* p.619.

참 고 문 헌

Aldington, Richard. ed. *D.H.Lawrence: Selected Letters*. Penguin, 1961.

Beal, Anthony. *D.H.Lawrence*. London: Oliver and Boyd, 1964.

Bell, Michael. *Primitivism*. London: Methuen & Co., 1972.

Eliade, Mircea. *The Sacred & Profane*. trans., Willard Trask. Sandiago: Harcourt Brace Jovanovich, 1959.

Eliot, T.S. *After Strange Gods*. New York: The Univ. of Virginia, 1933.

Faulkner, Peter. *Modernism*. London: Methuen, 1977.

Fromm, Erich. *Zen Buddhism and Psychoanalysis*. New York: Harper & Row, 1970.

Lawrence, D.H. *The Rainbow*. Penguin, 1977.

Lodge, David. *20th Century Literary Criticism*. London: Longman, 1972.

McDonald, Edward D. ed. *D.H.Lawrence: Phoenix*. Penguin, 1978.

Moore, Harry T. ed. *The Collected Letters of D.H.Lawrence*. New Yok: The Viking Press, 1962.

Pinto, de Sola and Warren Roberts ed. *The Complete Poems of D.H.Lawrence*. New York: The Viking Press, 1974.

Pritchard, R.E. *Body of Darkness*. London: Hutchinson Univ. Press, 1971.

Roberts, Warren and Moore, Harry T. *D.H.Lawrence: Phoenix II*. Penguin, 1978.

Szilazi, *Wilhelm. Einführung in Die Phänomenologie Edmund Husserls*. Tübingen: Max Niemeyer Verlag, 1959.

백낙청. '歷史的 人間과 詩的 人間', 「創作과 批評」. 1977, 여름.

이부영. 「分析心理學 − C.G.Jung의 人間心性論」. 서울: 일조각, 1982.

이영호. 「現象學講義」. 서울: 종로서적, 1987.

3. 지하적 자아

〈목　차〉

1. 탄광—광부

Lawrence가 그의 문학 전반에 걸쳐서 하나의 원형으로서 등장하는 '지하적 인물'을 창조한 배경 중의 하나는 그가 Eastwood 탄광촌에서 태어났고 아버지가 광부였다는 점이다. 바로 이러한 환경적, 유전적 영향에 의해 Lawrence는 지하나 어둠에 대해 비상하고 신비스러운 의식을 개발하였고 '지하적 자아'를 지배적인 비젼으로 삼는 작품을 쓰게 되었다. 광부들의 삶의 방식이나 감각양식은 자서전적 초기소설 *Sons and Lovers*와 고향에 관한 Lawrence의 에세이 'Nottingham and the Mining Countryside'를 통해 잘 나타나고 있다.

인류 역사에서 어둠의 세계인 지하와 탄광은 태고적부터 우리 인간에게 만물을 낳고 생명을 길러주는 우주의 어머니나 자궁으로 생각된 바 있다. Eliade는 다음과 같이 말한다:

⋯the conception of the Earth as universal Genetrix is verified.⋯ If the Earth is a living and fecund Mother, all that she brings forth is at the same time organic and animated not only men and trees but also stones and minerals.⋯ Such conceptions are extremely ancient. Mines, just like the mouths of rivers, were likened to the womb of the Earth-Mother.[1]

Lawrence는 고향 마을의 광부들이 지하탄광에서 탄가루를 전신에 묻힌 채 일하다가 하루의 일과를 끝마친 뒤 지상으로 나와서 검게 된 모습을 하고 집으로 돌아오는 것을 어린시절부터 보면서 자란다. 여기서 그는 지하와 어둠에 대해 여러가지 강력한 감정적 연상들을 가지게 된다. 이러한 광부는 Sarah Urang의 적절한 지적처럼 일종의 "연금술적 기억, al-chemical memory"[2]에 의해 어두운 존재들로 변용되어 Lawrence의 작품에서 재등장하게 된다. 예컨대 소설의 주인공인 *The Rainbow*의 Will Brangwen, *The Lost Girl*의 Ciccio, *The Virgin and the Gipsy*의 the Gipsy, *Blind Man*의 장님 Maurice, 시의 주인공인 "Bavarian Gentians"의 Pluto 등이 이에 속한다.

고향의 탄광에 관한 Lawrence의 에세이에 의하면, 탄광 안에서 일하는 광부들은 어둠 속에서 일하기 때문에, 안전에 대해 깊은 주의력과 예민한 감각을 가지고 일하였다. 바로 이러한 지하의 어둠을 통해서 광부들은 어둠 자체와 그리고 어둠 안에 존재하는 대상물에 대해 촉지할 수 있을 만큼의 비상한 인지능력과 감각을 획득하게 된다. 나아가 그들은 독특한 '동료체재'(butty system)에 의해 상호간에 강력한 친화와 유대를 개발하였고 참된 존재를 지닐 수 있었다. 다음 인용문은 Lawrence가 'Nottingham and the Mining Countryside'에서 지하의 탄광과 어둠이 갖는 기능에 대해 기술한 부분이다:

… the darkness and the underground remoteness of the pit 'stall', and the continual presence of danger, made the physical, instinctive, and intuitional contact between men very highly developed, a contact

---

1) Mircea Eliade, *Myths, Dreams and Mysteries*(New York: Harper & Row, 1970), p.169.
2) Sarah Urang, *Kindled in the Flame*(Ann Arbor, Michigan: UMI Research Press, 1983), p.129.

almost as close as touch, very real and very powerful. This physical
awareness and intimate togetherness was at its strongest down pit.
When the men came up into the light, they blinked. They had in a
measure, to change their flow. Nevertheless, they brought with them
above ground the curious dark intimacy of the mine, the naked sort
of contact, and if I think of my childhood, it is always as if there
was a lustrous sort of inner darkness, like the gloss of coal, in which
we moved and had our real being. My father loved the pit. He was
hurt badly, more than once, but he would never stay away. He loved
the contact, the intimacy, as men in the war loved the intense male
comradeship of the dark days.[3]

Lawrence가 만년인 1929년에 쓴 이 회상기에는 문명에 때묻지 않고 현
대적 지성에 오염되지 않은 Eastwood 광부들의 지하적인 자아에 대한 깊
은 공감이 담겨져 있다. 그에게 이러한 검은 지하의 광부들은 삶의 건강
과 활력과 순수함을 상징해 주는 원초적인 인간들이다. 그들은 글은 읽을
줄 모르지만 지하의 어둠에서 개발된 심오한 미적 직관력과 순수한 본능
적 영혼을 가진 "어두운 지혜 dark wisdom"[4]의 소유자이다. Lawrence
가 깊이 공감한 것은 바로 이 점 때문이다.

Lawrence에 의하면 Eastwood 광부들이 꽃을 바라보는 태도에는 미의
존재를 진실로 인식하는 명상적 태도가 깃들어 있다. 그러한 태도야말로
참된 인식이며, 그것은 원초적 예술가임을 입증해 주는 것이다. 그들의 사
물에 대한 그러한 인지양식은 지하세계, 즉 탄광에서 일깨워진 것이다. 지
상세계의 가치에 대립되는 참된 가치를 지닌 그들은 낮의 밝은 지상세계
가 집요하게 물질과 경제를 지향하는데 반해 어두운 지하세계인 탄광을
통해 참된 동료애와 순수한 감각양식을 내면화하여 있다. 다음 인용문은
광부의 이와같은 특성에 대한 Lawrence의 회고이다.

---

3) D.H.Lawrence, *D.H.Lawrence: Selected Essays*(Penguin, 1972), p.117.
4) Harry Levin, *The Power of Blackness*(London: Farber & Farber,1958), p.
   16.

Yet I've seen many a collier stand in his back garden looking down at
a flower with that odd, remote sort of contemplation which shows a real
awareness of the presence of beauty. It would not even be admiration,
or joy, or delight, or any of those things which so often have a root
in the possessive instinct. It would be a sort of contemplation: which
shows the incipient artist. I know that the ordinary collier, when I
was a boy, had a peculiar sense of beauty, coming from his intuitive
and instinctive consciousness, which was awakened down pit. And
the fact that he met with just cold ugliness and raw materialism
when he came up into daylight, and particularly when he came to
the Square or the Breach, and to his own table, killed something in
him, and in a sense spoiled him as a man.[5]

광부의 자연에 대한 내면 투시적인 이러한 태도는 문명에 물들거나 때묻
지 않은 자아의 지하로부터 흘러나오는 순수의식이거나 무의식적 영혼의
표현인 것이다. 禪명상과도 상통하는 이러한 인지양식은 지하의 어둠 속
에서 잘 보이지 않는 외계의 사물을 보아내려고 하는 투시적 습관에 연유
한다. 그리하여 어둠은 광부의 감각으로 하여금 밖의 대상을 자아의 내부
(지하)로 깊이 끌어들여서 영혼의 깊은 곳이나 의식의 근원에서 앎이 이
루어지게 만드는 것이다.

2. 육체내부 — 피의식

한편 Lawrence의 지하적 자아는 육체 내부의 '피의식'(blood-con-
sciousness)과 밀접히 연관된다. '피'라는 심상은 존재에 있어 내면성을
연상시켜 주기 때문이다.

Lawrence는 피의식에 관한 자신의 신념에 관해 1915년 Bertrand
Russell에게 장문의 편지를 써 보낸 적이 있다. 여기서 그는 "어둠에 속
하는 위대한 절반"[6]이 피의식이라고 말하고 있다. 다음 인용문은 Law-

5) Lawrence, *Selected Essays, op.cit.,* p.119.
6) Harry T. Moore ed., *The Collected Letters of D.H.Lawrence*(New York : The
   Viking Press, 1962), p.394.

rence의 의식에 있어서 피의식이 어둠의식과 불가분한 관련성을 가진다는 사실과 그것이 특히 현대인에게 절실하게 필요하다는 그의 주장이 담긴 진술이다.

> One lives, knows, and has one's being in the blood, without any reference to nerves and brain.··· Now it is necessary for us to realise that there is this other great half of our life active in the darkness, the blood-relationship: that when I see, there is a connection between my mental-consciousness and an outside body, forming a percept; but at the same time, there is a transmission through the darkness which is never absent from the light, into my blood-consciousness: but in seeing, the blood-percept is perhaps not strong.··· This is very important to our living, that we should realise that we have a blood-being, a blood-consciousness, a blood-soul, complete and apart from the mental and nerve consciousness.··· the whole of our future life depends upon it.[7]

Lawrence는 "The blood also thinks, inside a man, darkly and ponderously"[8]라고 말하는가 하면, "In the blood we have our strongest self-knowledge, our most powerful dark consciousness"(*Phoenix* 236), 심지어 "Down the road of the blood, further and further into the darkness, I come to God."[9]라고 말하기도 한다. 이처럼 그는 피 자체를 독립된 하나의 살아있는 실체로 관념하고 있고 '어둠의 신'으로까지 변용시키고 있다. 이와 같은 점에서 보면 Lawrence가 존재 내부로부터 항상 느꼈던 精靈에 대한 예민한 감수성도 피의식에 연결되고 있음을 알 수 있다. 피의식에 대한 그의 신앙은 일찍부터 시작되었다. 다음은 1912년(27세)에 쓴 한 서한에서 밝힌 Lawrence의 진술이다:

---

7) Moore, *Ibid.,* p.394.

8) Edward D. McDonald, *D.H.Lawrence: Phoenix*(Penguin, 1978), p.732. 이하에서 이 책은 *Phoenix*로 약기하고 본문 안에 페이지를 표시한다.

9) Roberts Warren and Harry T. Moore ed., *D.H.Lawrence: Phoenix II*(Penguin, 1973), p.377.

My great religion is a belief in the blood, the flesh, as being wiser than the intellect. We can go wrong in our minds. But what our blood feels and believes and says, is always true.⋯ All I want is to answer to my blood, direct, without fribbling intervention of mind, or moral, or what-not. *I conceive a man's body as a kind of flame, like a candle flame, forever upright and yet flowing: And the intellect is just the light that is shed on to the things around.*[10]

위 인용문의 "the blood feels, believes, and says"라는 진술은 Lawrence의 사물에 대한 인식이 육체의 깊은 내면을 통해 어둡게 이루어 진다는 점을 암시해 준다. 달리 말하면 그에게 피의식은 필연적으로 어두운 의식을 수반하게 된다. 요컨대 Lawrence에게 육체 내부는 일종의 지하공간이다. 내부에 흐르는 피로부터 사고하고 말한다는 것과 "I conceive a man's body as a kind of flame"이라는 진술에 표현된 바처럼 육체 내부로부터 불길이 어둡게 발산하는 것으로 느낀다는 인지구조는 Eastwood 지하탄광에서 작업시에 불빛을 뿜어 내는 내부구조와 유사점을 상기시켜 준다. 이와같은 점에서 Lawrence에게 지하, 대지, 탄광, 육체는 등가적인 심상이다. 이러한 그의 연상법이나 인지법은 실로 비상한 것이 아닐 수 없다. 그의 인지법은 Erich Fromm이 지적한 바의 대상 그 자체 속으로 직접 들어가 내면으로부터 그 자체를 보는 "禪적 인지법"[11]과도 상통한다. 내부의 어둠에 대한 Lawrence의 이러한 인식과 육체관은 현상학자인 Ponty의 관점과도 상통한다. Ponty에 의하면 "몸은 그 자체가 빛으로서 暗黑을 만들어 내는 인자 역할을 하고 몸이 자연을 감지한다는 것은 한 빛이 다른 빛을 만나는 것에 해당한다."[12]고 말한다.

Lawrence문학에서 흐름(flow), 심층(depths), 중심(middle, center, heart), 내부(inner, inside) 등의 단어들은 그것들과 관계를 맺는 주체나

---

10) Moore, *op.cit.,* p.180.

11) Erich Fromm, *Zen Buddhism and Psychoanalysis*(New York: Harper & Row, 1970), p.130.

12) 홍광엽, '意味의 철학자 메를로 퐁띠와 새로운 自由觀', [世界의 文學] 48, 1988년 여름. 서울: 민음사, p.231.

객체의 내면구조와 연관되어 있고 지하관념이 내포되어 있으며, 그 이면에 어둠 및 피의식과 관련을 가지고 있다. Lawrence에게 이러한 내면적 지하구조는 그가 생장한 Eastwood의 탄광 뿐만 아니라 광부인 아버지와 깊은 관련을 맺고 있다. 그에게 있어서 광부는 지상세계의 밝음에 속하는 낮의 산업이나 지적 활동에 대립되는 존재를 상징하며, 나아가 이것의 바탕을 이루는 물질, 과학, 기계, 지성 등과 대립되는 존재를 상징하기도 한다. 이러한 것들은 Lawrence가 *Fantasia of the Unconscious*에서 말한 "상부적 의식 upper consciousness"[13]에 속한다. 상부는 두뇌와 관련된 위치적, 정신적 표현이다. 광부는 이러한 상부적 의식이나 상부적 자아 (upper self)에의 몰두 대신에 어둠의 지하세계인 "하부적 자아 lower self"[14]에 속하는 피, 본능, 감각, 직관에 의한 원초적 삶을 향유한다. 그리하여 자발적 생명과 건강한 활력으로 충만된다. 이것은 살아있는 육체나 자아의 지하에 흐르는 피의 따뜻함과 부드러움과 활기를 지니고 있음을 의미한다. Lawrence는 에세이 'Autobiographical Sketch'에서 자신이 저명 소설가로 부상하여 상류계급과 교제하고 사교생활을 하면서도 결코 고향의 서민들이 가지고 있는 혈적 친화성을 상류계급의 지적, 두뇌적 자만과 대체할 수 없었다[15]고 토로할 만큼, 피의식이나 지하적 자아에 대한 탐구는 그에게 있어 예술과 인생의 중대한 과업이었다. 그것은 그에게 있어 존재의 원형이었기 때문이다.

3. Paul의 지하적 자아

*Sons and Lovers*에서 Lawrence가 자신의 분신으로 묘사하는 Paul은 광부인 아버지와 마찬가지로, 어릴 때부터 수목이 우거진 전원으로 소풍 가기를 좋아하고 산과 들에 나가서 어둠이 깔린 자연과 더불어 놀기를 좋

---

13) D.H.Lawrence, *Fantasia of the Unconscious*(Penguin, 1977), p.184.
14) *Ibid.,* p.178.
15) *Phoenix II, op. cit.,* p.596.

아한다. 그리고 그가 하는 모든 일은 광부와 마찬가지로 "But nothing he had was of any commercial value"[16]이다. Lawrence의 부인 Frieda는 Lawrence가 후일에 날이 갈수록 더욱더 아버지의 세계를 옹호하고 탐색 했음을 증언하고 있다. 그녀의 진술에 의하면 Lawrence자신은 "I would write a different *Sons and Lovers* now; my mother was wrong, and I thought she was absolutely right."[17]라고 말했다. 실제로 Paul 을 보면 외면적으로는 어머니와 훨씬 더 깊은 애정적인 유대를 가지고 있 고, 그녀의 눈을 통해 일상사를 보는 면이 더 많지만, 그의 무의식 안에서 는 청년기로 성장할수록 아버지의 어두운 감각이나 내적 관능과 같은 지 하적인 자아의 세계가 훨씬 더 그를 근원적으로 사로잡고 있다.

여기서 잠깐 *Sons and Lovers*에 뒤이어 나온 작품인 *The Rainbow*에서 광부적(지하적)인 자아가 구현된 인물 Will을 살펴보고자 한다. 그는 어 두운 링컨 성당 안에 들어가서 육체의 내부에 침잠하여 영적 교감을 실현 하고 무한의 자유와 희열을 느낀다. 이 때 옆에 함께 앉아 있던 Anna에 게 그의 육체는 신비적 靈이 깃들어 있는 어두운 지하로 변한다. 여기서 묘사된 성당과 육체는 지하의 어두운 탄광과 등가물이 되고 있다. 그는 성당의 박명 속에서 자기 존재의 내부를 향해 긴 탐험과 명상에 몰두하 며, 이 때 "dark freedom of the soul"[18]를 느낀다. 다음은 그의 지하적 인 자아양식이 나타나는 대목이다:

He had a soul a dark, inhuman thing caring nothing for humanity.··· And in the gloom and the mystery of the Church his soul lived and ran free, like some strange, underground thing, abstract. He was very strange to her, and, in this church spirit, in conceiving himself as a soul, he seemed to escape and run free of her. In a way, she envied it him, this dark freedom and jubilation of the soul, some strange entity in him. It fascinated her.(159)

---

16) D.H.Lawrence, Sons *and Lovers*(Penguin, 1970), p.112.
17) Julian Moynahan, *D.H. Lawrence: Sons and Lovers*(Penguin, 1977), p.490.
18) D.H. Lawrence, *The Rainbow*(Penguin, 1977), p.159.

위 인용문에서 Will의 지하적 자아는 육체 내부에서 활성화된 "strange underground thing" "dark soul", "a dark inhuman thing" 등의 심상들로 특성화되고 있다.

한편 링컨 성당으로부터 나와서 귀가하는 도중에 목사의 설교를 남편 Will이 안 들은 것 같다고 Anna가 공격할 때 그렇지 않다고 반박하는 그의 태도에 나타나는 특징이 다름 아닌 몸 내부에 지하적인 뭔가가 있다는 것이다. "There was something subterranean about him, as if he had an underworld refuge"(160). 비상하게 개발된 Will의 이러한 지하적인 자아는 *Sons and Lovers*에 묘사된 광부 Morel의 그것과 등가적인 것이다. 이와 같은 자아는 현대의 주지주의적이고 물질주의적인 문명인들에게는 익숙한 것이 되지 못함으로써 때로는 Anna에게서 처럼 혐오감과 공포감을 야기하기도 한다.

Will의 지하적 자아는 "second sense"(217)라고 불리고 있다. 그가 어두운 건물 안에서 목공예 작업을 하고 있는 장면에서 보면 그의 육체는 전혀 새로운 감각인 '제2의 감각'을 지니게 된다. 어린딸 Ursula가 그의 목공예 작업장에 들르는 대목에서, 그의 육체는 마술적이고 최면술적이 되어 내부로 끌어들이는 어떤 힘을 띠고 있는가 하면, 어떤 靈이 내면에 어둡게 존재한다. 그는 발을 쳐놓고 등불을 걸어 두고 있으며, 희미한 어두운 공간에서 작업에 몰두한다. 이 때 Ursula는 그로부터 어떤 신비한 힘이 전달되는 것을 직감하는 것이다. 나무향기가 풍기고 대패, 망치, 톱의 소리가 울리는 가운데 그의 내부에는 신비한 침묵이 깃들어 있고 묵묵히 작업에 몰두할 뿐 말이 없다. 팔을 걷어 올리고 희미한 등불 속에서 공예작업에 몰두하고 있는 이러한 광경을 지켜보면서 Ursula는 그 곳의 분위기에 무의식적으로 감화되며 대팻밥과 나무못을 만지면서 목공예실에 남아있고 싶어진다. 그리하여 아버지처럼 놀이에 열중하여 논다. 여기서 지하적 감각인 '제2의 감각'은 생각함이 없는 가운데 생각하는 것이며, 희미하게 빛나면서 인간에게 충족감과 평화의 감정을 주는 내면적 감각이다 (Cf.217). 이러한 대목에서 목공예 작업을 하는 어두운 건물은 지하탄광,

그리고 Will은 어두운 지하탄광에서 작업하는 광부와 등가적인 심상이 되고 있다.

다시 Eastwood광부의 지하적 자아를 *Sons and Lovers*의 대목으로 돌아가서 살펴보자. 그들의 삶은 초두에 힘찬 묘사로 나타난다. 그 곳의 탄광과 전원은 서두에 Bestwood로 이름이 바뀌어 있다. Lawrence가 묘사한 이 곳은 그 자신의 지하적 자아를 형성하게 된 사회적, 역사적, 전기적 배경을 제공하고 있다. Bestwood는 아직도 영국의 옛 전원풍경을 간직하고 있으며, 공업화의 물결이 들어와 있지만 주민이나 자연은 물질주의에 변모되어 있지 않고, 탄광은 자연현상의 일부로서 존재하고 있다. 이러한 고장에 사는 광부들에게 탄광의 지하세계는 삶의 중심터이다. 그들은 자연과 인간관계에 있어 순수하며 적나라하고 강렬한 생명적 유대를 가지고 있다. 그들의 자아는 지하적인 생명의 활력과 건강으로 가득 넘쳐나고, 지하의 어둠에서 일깨워진 미학적 감각을 가지고 순수하게 낙천적인 삶을 살아가고 있다. 광부들은 지하의 어둠세계에 익숙해짐으로써 상대적으로 지상의 낮의 빛에 대해서는 잘 적응하지 못한다. 작가의 아버지가 모델이 된 Morel은 신문을 읽을 때 탄광에서 생긴 습관에 의해 낮이지만 발을 내린 후 촛불을 켜놓고 읽기를 좋아한다. 어두스럼하게 해놓은 상태에서 띠엄 띠엄 글자를 맞추면서 읽을 수 있는 부분만 겨우 읽어 나가는 것이다. 이것은 어둠에만 익숙해진 광부의 감각을 실감있게 보여주는 일례이다.

Morel에게 어두운 지하세계는 그의 자아에 활력과 즐거움을 제공하여 주고 독특한 생명적 감각을 개발시켜 주는 삶의 중심터이다. 광부들은 지상의 부인들과는 달리 낮시간의 지적, 물질주의적, 상업주의적 가치와 야심에는 맞지 않으며, 어둠을 통해서만 자아의 실현과 충족을 성취한다. 그들에게는 지상세계에서 추구하는 낮의 가치들은 공허할 뿐이기 때문이다. 그리하여 지상의 밝은 세계에 나왔을 때는 잘 적응하지 못하고 지하의 탄광에서 처럼 어둠이 존재하는 밤시간이나 어두운 장소를 통해서만 커다란 활력을 얻고 있다. 그들은 동료들과 함께 어울려 선술집에서 술을 즐길 수 있는 밤시간을 찾으며, 주말과 휴가를 맞게 되면 종교적이고 지적인 인물로 만들려는 부인들의 잔소리와 간섭으로부터 뛰쳐나와 내면에 어둠이 깃든 자연을 찾는다. 산과 들로 나가서 어두운 그늘이 감싸고 있는 싱싱하고 활기찬 대자연의 품속으로 그들의 몸을 해방시키는 것이다. 그들은 탄광 안의 어둠에서 오랜 기간을 통해 개발되어진 특유의 본능과 감각을 가지고 마음껏 즐긴 뒤에 깊이 자아가 충족되어 집으로 돌아온다. 이럴 때 밤시간이나 어두운 숲 등은 그들에게 지하탄광과 등가적인 것으로 작용하고 있는 것이다.

Lawrence는 청년광부 Morel로부터 Miss Gertrude가 받는 감명을 묘사한 장면을 통해, 지하적인 어둠의 자아에다 상부세계의 밝은 지적 자아를 대비시켜 그의 지하적인 힘과 활력이 지적 관념으로 억눌린 그녀를 무한한 신비로 사로잡는다는 사실을 인상적으로 보여주고 있다. 다음에 인용한 글은 지하적인 어둠의 자아가 얼마나 큰 잠재력과 어떤 매력을 가지고 있는가 하는 점이 감각적으로 잘 묘사된 대목이다.

> The dusky, golden softness of this man's sensuous flame of life, that flowed off his flesh like the flame from a candle, not baffled and gripped into incandescence by thought and spirit as her life was, seemed to her something wonderful beyond her.(18)

광부 Morel은 피의 부드러움과 따뜻함이 그의 자아에 충만해 있다. 육체의 내부로부터 발산되는 거무스럼한 생명력은 술에 취하게 만드는 Dionysus적인 효능을 지니고 있다― "A warmth radiated through her as if she had drunk wine"(18). 광부는 육체의 깊은 내부로부터 분출하는 부드러우면서도 활기에 찬 어두운 생명력으로 그녀를 그의 마력에 끌어 넣는 것이다. 이것은 매일같이 탄광의 어둠 속에 들어가서 온 종일 시간을 보내며 활동하는 데서 형성된 어두운 생명력에 의한 것이다. 그러나 지하세계의 어둠을 경험한 적이 없는 Gertrude는 지상적 상부적 가치인 지성과 사상이라는 것에 사로 잡혀 있음으로써 자아가 항상 좌절당해 왔다. 그래서 그녀는 활기없고 메마른 흰빛(백열)을 발산하는 인물이다. 흰빛 심상은 Lawrence에게 지하(어둠)적 자아와 대립되는 지상(밝음)적 자아, 문명적 자아, 상부적 자아와 관련되어 있고 부정적인 의미를 지닌다. 그러나 청년광부 Morel은 교육이 없었으면서도 자아 내부로부터 솟아나는 것 같은 어두운 활력과 혈적 생명력을 통해 종교심과 지성을 갖춘 전통있는 시민계급 출신인 Gertrude의 영혼을 파고들며 그녀가 도달할 수 없는 신비적인 인물로 느껴지게 만든다.

이 광부에게서 나타나는 빛나는 "black hair"(16), 정열적으로 보이는 "black beard"(17), 불그스럼한 뺨, 빨갛고 습기도는 입, 부드럽고 따뜻하며, 무식하지만 친절한 유우머(Cf.16—17) 등과 같은 어둡고 혈적인 요소가 그녀의 마음에 큰 반향을 일으킨다. Morel은 영국소설에서는 아직 이와같은 유형을 찾을 수가 없을 만큼 순수하게 감각적인 성격의 소유자로 그려지고 있다.[19) 작가에게도 분명히 무한한 매력에 찬 인물로 느껴지고 있는 그의 이러한 힘은 어둠에 가득찬 지하탄광과 깊이 연관되어 있다. 그는 지하세계를 삶의 활동무대로 삼음으로써 그 곳의 어두운 생명력에 일깨워지고, 깊은 감각을 소유하게 되었으며, 그리하여 지적 문명적 구속에서 해방된 자유분방함과 건강하고 낙천적인 원시적 생명력을 지니게 된 것이다.

이제 필자는 Morel의 이러한 지하적 자아의 특성이 아들 Paul에게 확장되어 있다는 점과 그것이 어린시절부터 일찌기 그의 무의식적 영혼 속에 동화되어 있다는 점에 주목하고자 한다. Paul은 양성애 관계에서나 자연을 대하는 태도에 있어서나 항상 어둠을 애호하고 어둠에서 신비를 이끌어 낸다. 그의 행동은 사물의 내부를 지향하는 지하적인 감각에 기초를 두고 있음을 보인다. 그가 인간, 자연, 우주와의 관계에서 근원적으로 지향하는 세계는 바로 아버지와 같은 지하적인 어둠의 세계인 것이다.

아래에서 지하탄광이나 광부와의 관련성을 염두에 두면서 Paul의 지하적인 자아의 양태를 검토하고자 한다.

Paul은 연인과의 관계에서 자아의 내부(지하)로부터 요동하는 혈적,

<hr>

19) Anthony Beal, *D.H. Lawrence*(London: Oliver and Boyd, 1964), p.15.

암혹적인 힘에 자극되고 그것을 충족시키려는 강한 욕망과 그것을 적극적
으로 탐구해 나가는 의지를 보여 준다. 검은 탄광이 어린시절부터 그의
상상력에 있어서 종교적인 감정과 연관되었고, 어두운 탄광 내부에서 내
뿜는 등불, 탄광 주위에 켜져 있는 등불들, 불타고 있는 탄광 언덕, 탄광
화차들이 내뿜는 증기 등이 불과 구름기둥의 하나님의 세례처럼 느껴졌던
경험을 Clara에게 이야기하는 대목이 있다. XII장 "Passion"에서 Paul
이 그녀와 함께 산책을 하다가 그녀의 가슴에 장미꽃을 꽂아 주고 걷는
중에 그녀에게 다음과 같이 말한다:

'I am so used to it. I should miss it. No ; and I like the pits here
and there. I like the rows of trucks, and the head-stocks, and the
steam in the daytime, and the lights at night. When I was a boy, I
always thought a pillar of cloud by day and a pillar of fire by night
was a pit, with its steam, and its lights, and the burning bank — and
I thought the Lord was always at the pit-top.'(389)

불타는 기둥의 심상은 사춘기로 성장한 Paul에게 있어서 이 장의 표제와
전체의 맥락에 의해 은연중에 상징되고 있듯이, 육체로부터 솟은 어떤 생
명력이나 남근을 상징하는 것 같다. 작가는 이것을 의식하고 있음이 거의
확실하다. 어스름 황혼녁에 맞추어 Paul에게 강렬한 하나의 표상으로서
연상된 구름과 불의 기둥 심상은 후기의 *The Plumed Serpent*에 가면
Kate가 검은 인디언 Cipriano의 육체로부터 보게 되는 하늘로 치솟는
"dark, and the phallic mystery rearing itself like a whirling dark
cloud, to the zenith,...a dark whirlwind column"[20]이나 "red as fire,
as a piece of pure fire....the column of blood"(441)와 같은 표현에서
처럼 노골적으로 성적인 의미와 결합된다. 이러한 심상은 열대 멕시코의
지하로부터 지상으로 내뿜는 지하의 열기가 Cipriano의 남근적 생명력과
결부된 형태이다. 그런데 "Passion" 장의 위에 인용한 대목 바로 앞에 작
가는 Paul과 Miriam의 성에 대한 대화 장면을 설정하였다. 그 때 Paul

---

20) D.H.Lawrence, *The Plumed Serpent*(Penguin, 1977), p.324.

은 Miriam에게 "baptism of fire in passion"(387)과 "real flame of feeling"(386)을 피력한 바 있다. 이것은 구성적인 상징법의 사용을 의미한다. 이와같은 맥락에서 본다면 Paul이 Clara와의 산책 중에 연상했던 구름과 불의 기둥은 성과 관련된 것이며 그가 본 지하탄광은 자궁 연상을 불러일으켰음을 암시한다. 이와같은 점에서 그가 Miriam에게 말한 정열에 불타는 성의 불꽃세례 심상은 Clara를 통해 말한 탄광이 작업중일 때의 불타고 있는 탄광언덕과 연관되고 있음을 보여준다. 달리 말하면 그에게 탄광은 자궁이나 성 에너지가 불타고 있는 육체와 동일한 실체로 연상된다. Horace Gregory와 Van Ghent에 의하면 광부들이 지하로 내려가고 올라오는 반복 패턴은 성적 율동, 수면과 깨어남, 죽음과 부활, 어머니의 자궁 내부로의 회귀, 육체와 영혼의 내면을 향한 내적 사랑 등과 같은 실로 다양한 심상을 암시한다.[21] 실제로 Lawrence에게 탄광은 인간 의식의 심층이나 밑바닥, 의식의 저 깊은 뿌리를 이루는 무의식, 영혼과 육체의 중심이나 하부, 생명의 우주적 근원, 또는 우주 자체 등과 같은 여러가지 다양한 의미를 상징한다. 요컨대 탄광과 인간과 우주는 상호간에 구조적으로 등가적인 심상을 이루고 있다.

Paul은 공간과 시간을 가득 채우며 찾아드는 어둠을 좋아하며, 어둠을 통해서 활력을 얻고 자아의 내부로부터 광활하고 원초적인 생명이나 영혼과 관련된 어떤 신비를 구해 낸다. 그가 Miriam을 찾아간 어느날 어두워지는 저녁 시간을 통해 그녀와 함께 산보를 하다가 나무가 우거진 숲 속에 들어가 보자고 제안하여 숲 속의 어두운 공간에서 사랑을 교환하는 장면이 있다. 어둠 속에서 그는 말이 없고 태도가 약간 이상하고 신비스럽게 변한다. 이 때 그는 그녀에게 "I like the darkness, I wish it were thicker-good, thick darkness."(349)라고 말한다. 어둠이 그를 신비적인 존재로 변화시켜 주게 되자 Miriam은 그에게서 뭔가 괴이하고 무서운

---

21) Horace Gregory, *Pilgrim of the Apocalypse*(New York: Grove Press, 1957), pp.32−33. E.W.Tedlock ed.,*D.H.Lawrence and Sons and Lovers*(New York University, 1965), p.178.

감정을 느끼게 되면서 낯선 이방적 존재로 느낀다:

> It was very dark among the fires, and the sharp spines pricked her face. She was afraid. Paul was silent and strange.… He seemed to be almost unaware of her as a person: she was only to him then a woman. She was afraid. He stood against a pine-tree trunk and took her in his arms. She relinquished herself to him, but it was a sacrifice in which she felt something of horror. This thick-voiced, oblivious man was a stranger to her.(349−50)

어둠의 숲은 Paul로 하여금 자연과의 합일, 정적, 망각, 해탈 등 무엇이라고 표현할 수 없는 신비적인 심리의 변화를 가져다 준다. 숲은 지하세계와 동일하다고 말할 수 있다. 영혼의 지하공간이라고도 할 수 있는 곳이 숲 속이다. 이 곳의 어둠은 자아를 내부로의 내적 명상으로 이끌어 가는 실체가 되고 있다.

얼마 후에 내리는 비는 Paul의 영혼 깊은 곳에 고스란히 적셔져 합일된다. 그의 마음은 일종의 선불교적 명상상태인 寂静滅空 상태로 빠져 든다. 어둠과 비에 의해 그의 마음은 몹시도 적적하고 부드러워지며 누워서 한없이 고요한 기분을 느낀다. 빗방울이 몸 위에 떨어져도 상관없다. 이제 그에게는 아무것도 문제가 아닌성 싶다. 그의 생명은 가깝고도 사랑스러운 저 세상으로 밀려나 있는 것 같다. 이와같이 어둠은 지하탄광의 광부에게서 처럼 Paul에게 친숙한 영혼의 실체로 느껴지고 있다. 이에 반해 Miriam에게는 이것이 낯설고 무서운 공간일 뿐이다. 그녀가 가야한다고 말할 때 그는 움직이지 않으면서 더 머물러 있고 싶어한다. 그에게 무엇보다도 고귀한 것은 암흑 속에 녹아들고 암흑의 위대한 실체와 하나가 되는 것이다. 점점 시간이 흐르면서 그는 숲 속의 나무들이 제각기 신비한 존재로 바뀌어짐을 느낀다. 숲의 어두운 공간은 대지 밑의 지하와 상통하는 세계로서 Paul의 자아로부터 무한한 신비를 일깨워 주는 곳이다. 이러한 그를 Miriam은 신비가라고 느낀다:

To him now, life seemed a shadow, day a white shadow; night, and death, and stillness, and inaction, this seemed like being. To be alive, to be urgent and insistent— that was not-to-be. The highest of all was to melt out into the darkness and sway there, identified with the great Being.··· 'To have to go. I feel so still.' 'Still!' she repeated. 'Stiller than I have ever been in my life.'··· Now he seemed beyond her.··· 'The fire-trees are like presences on the darkness: each one only a presence.'··· 'A sort of hush: the whole night wondering and asleep: I suppose that's what we do in death-sleep in wonder.' She had been afraid before of the brute in him: now of the mystic.(350−51)

Paul을 이러한 신비적 경지로 이끌어 가게 만드는 조건이 되는 것이 어둠이 깔린 숲인 것이다. 이러한 공간과의 만남에 의해 Paul은 원초적인 것과의 합일에 이른 것이다. Bell이 Lawrence의 인생에 대해 "어떤 면에서는 무의식적으로 즐겼던 것처럼 보이는 파악할 수 없는 본질에 대한 고도로 자의식적인 철학적 추구를 한 것같은 인상을 준다"[22]고 한 논평은 위 장면에 묘사된 어두운 숲 속에서의 Paul의 명상적 태도에 잘 어울리고 있다. 그에게 숲은 대지 밑의 광부들의 세계와 동질적인 세계로서 숲의 어두운 공간은 초월적인 실체와 만나고 교감할 수 있는 신비적인 장소이다. 한 때 Lawrence의 연인이었고 작품에서 Miriam의 모델이 되고 있는 Jessie Chambers에 의하면 젊은 시절 Lawrence는 미국의 초설주의자들처럼 일찌기 대자연의 숲에 대해 열광적이었다. 초절주의자 Thoreau의 'Walden Woods'와 'Ponds'에 대한 Lawrence의 열광에 대해 Chambers는 다음과 같이 진술하고 있다: "She recounts how Lawrence accompanied her brother to the Greasly fields, telling us meanwhile how Thoreau built himself a hut in the woods and lived beside the pond."[23]

---

22) Michael Bell, *Primitivism*(London: Methuen & Co., 1972), pp.59−60.
23) Roger Ebbatson, *Lawrence and The Nature and Tradition*(Sussex: Harvester Press, 1980), p.244.

한편 Paul이 어둠으로 가득찬 밤의 시간과 공간에 대해 느끼는 태도에는 어떤 알 수 없는 원시적이고 근원적인 힘이 내포된 거대한 우주적 실체로 느끼는 점이 나타나고 있다. 아래 인용문은 밤에 Minton탄광이 눈앞에 보이는 곳에서 집밖으로 나와 놀던 어릴 때의 Paul이 밤의 우주공간이나 어둠 자체를 독자적인 야생적 힘과 생명을 가진 살아있는 실체로서 느끼는 감각적 특징을 보여주고 있다. 그것들은 그에게 정령적인 실체인 것이다. 이러한 감각은 밤의 어둠 속에서 마을 아이들이 노래를 부를 때 그들의 목소리와 어둠이 결합한 분위기에서 한층 더 부각되고 있다.

> The entry was very dark, and at the end the whole great night opened out, in a hollow, with a little tangle of lights below where Minton pit lay,··· The farthest tiny lights seemed to stretch out the darkness for ever.··· They stood with their hands in their pockets under the lamp, turning their backs on the night,··· There was only this one lamp-post. Behind was the great scoop of darkness, as if all the night were there. In front, another side, dark way opened over the hill brow.··· In a dozen yards the night had swallowed them.··· then the wild, intense games went on again under the lamp-post, surrounded by so much darkness. Mrs. Morel, going into her parlour, would hear the children singing away.··· They sounded so perfectly absorbed in the game as their voices came out of the night, that they had the feel of wild creatures singing.(98−99)

위의 인용문에서 어린 Paul은 어둠 속에서 야생동물과 닮은 어떤 알 수 없는 "night-being"[24]으로 변용되고 있다. 여기서 그에게 밤공간은 지하탄광과 동일한 공간으로서 연상되고 있음이 암시되고 있다. 특히 "a hollow", "Minton pit", "great scoop of darkness" 등의 표현은 상호 연관되어 있는 것 같다.

이처럼 Paul에게 밤의 어둠은 마음의 어떤 야만적 희열과 연관되지만 악마적인 공포심과도 결합한다. Paul의 가족이 언덕에 있는 새집으로 이

---

24) Lawrence, *Fantasia of the Unconscious. op. cit.,* p.184.

사했을 때 밤의 어둠 속에서 일어나는 바깥의 공포스러운 바람소리와 나무의 비명소리는 아이들에게 "demoniacal noise"(78)로 느껴진다. 그러나 광부인 아버지에게는 그것이 아주 좋으며 음악과 같은 잠을 가져다 준다. 이러한 대목은 밤의 어둠이 그의 일터인 탄광 내부의 어둠과 연장선 상에 있음을 말해준다. 양친 사이에 가정불화가 잦을 때는 집 앞에 펼쳐진 밤의 거대한 공간은 Paul에게 아버지의 무서운 폭력적 열정과도 연결된다(Cf.78). 이것은 어둠의 힘이 광부의 지하적인 검은 힘과 관련되어 있음을 암시한다고 하겠다. 이러한 어둠은 Pritchard의 지적처럼 *Sons and Lover* 이후의 작품에서 매우 중요한 작용을 하게 되며, 남성 에너지, 魔神的 가부장권, 남성권력 등과 결합된다.[25]

Paul은 "그림자 상"[26]에 대해 어렸을 때부터 깊은 감동을 받고 있고 그것의 신비에 매료되고 있다. 그가 기관지염에 앓아 누워있을 때 방안은 등불이 꺼져 있고 난로불은 어둠과 함께 어울려 신비스러운 그림자 상을 만든다:

He loved the evenings, after eight o'clock, when the light was put out, and he could watch the fire-flames spring over the darkness of the walls and ceiling; could watch huge shadows waving and tossing, till the room seemed full of men who battled silently.(86)

위에서 "huge shadow"와 "men who battles silently"는 검고 어두운 광부들과 상응하는 것 같다. 어둠이 가득찬 방안의 공간에서 난로 불길이 벽의 어둠 위로 솟아오르는 모습을 보고 말없이 남자들이 싸우고 있는 것 같다고 느끼는 점은 등불을 켜놓고 작업할 때 그것이 빛을 내뿜는 지하탄

---

25) R.E.Pritchard, *D.H.Lawrence : Body of Darkness*(London: Hutchinson Univerty Press, 1971), p.38.

26) Lawrence는 "그림자" 사상이 논의되어 있는 Carl Jung의 심리학 저술을 언제부터 인지는 정확히 알 수 없지만 상당히 일찍부터 읽었던 것 같다. Keith Sagar는 Lawrence가 1918년 2월 에 아마도 *Psychology of the Unconscious*인 듯한 평소 익히 알고 있던 Jung의 저술을 대출하여 갔다고 밝히고 있다. (Cf. Sagar, *A D. H.Lawrence Handbook,* p.89)

광 안의 내부구조를 상기시켜 준다.

Jung은 원시인들의 그림자 사상에 관해 언급하면서 그것의 중요성과 창조적 측면을 강조한 바 있다. 그에 의하면 그림자는 인간 자아의 깊은 곳에 묻혀 있는 가장 원시적이고 원초적인 부분이며 무의식층에 속해 있는 인간생명과 영혼의 실체가 투사된 것이다. Lawrence의 표현을 빌면 그것은 "unconscious soul"[27]이라고 말할 수 있다. Paul이 밤, 저녁, 숲, 사물의 그림자 등을 통해서 그의 심오한 영혼을 반영시킬 때, 그러한 어두운 심상들은 Jung이 말한 창조적인 그림자에 환원될 수 있다. 위에서 Paul이 느끼는 방안의 어둠과 그림자와 불길은 그것들 자체에 어떤 생명 감정이나 정령감정이 부과된 것 같으며, 그의 자아 내부(지하)로부터 신비적이고 원시적인 어떤 영적 실체가 투영되어 나온 듯한 분위기를 암시해 준다.

Paul이 Miriam의 문제 때문에 어머니와 다투는 일이 있는 밤에 열려진 창문으로 들어온 백합 향기를 맡고 심경에 변화를 일으키면서 갑자기 일어나 문을 열고 밖의 정원에 나가는 장면이 있다. 이 때 어둠은 밤의 공간을 가득 채우고 있고, 달, 꽃, 새, 꽃향기, 공기 등의 만물은 어두운 'night-being'으로 변모되어 신비롭게 살아 있는 실체로 느껴진다. 반달이 산 아래로 지고 있다. 그는 다음 대목에서 달을 마치 지하로 내려가는 검붉으스름한 광부의 모습처럼 연상하는 것 같다:

A half-moon, dusky gold, was sinking behind the black sycamore at the end of the garden, making the sky dull purple with its glow.··· The moon slid quite quickly downwards, growing more flushed.··· The moon was melting down upon the crest of the hill. It was gone; all was dark.(358−59)

Paul에게 어둠 속에 서 있는 꽃들은 숨을 내뿜는 것 같고 그 주변의 공기가 마치 살아서 꿈틀대는 것 같으며 꽃향기는 그를 취하게 하고 야수적으로 느껴진다. 여기서 그의 자아는 그 활력과 정령적인 성격이 어둠을 통

27) D.H.Lawrence, *Psychoanalysis and the Unconscious*(Penguin, 1977), p.242

해서 극대화되는 것 같다:

> Nearer, a dim white fence of lilies went across the garden, and the
> air all round seemed to stir with scent, as if it were alive. He went
> across the bed of pinks, whose keen perfume came sharply across
> the rocking, heavy scent of the lilies, and stood alongside the white
> barrier of flowers. They flagged all loose, as if they were panting.···
> And then, like a shock, he caught another perfume, something raw
> and coarse. Hunting round, he found the purple iris, touched their
> fleshy throats and their dark, grasping hands. At any rate, he had
> found something. They stood stiff in the darkness. Their scent was
> brutal.··· The corn-crake called still.(358−59)

위에서 "their fleshy throats", "their dark, grasping hands." "They
stood stiff in the darkness. Their scent was brutal." 등은 검은 광부의
야생적 생명력과 등가적 성질을 암시하는 것 같다. 위와같은 대목은 어둠
속에서 활력과 생기를 머금고 있는 생명체의 측량할 길 없는 신비가 과연
어떠한 것인지를 알게 해 준다. 고요한 가운데 비치는 어스름한 달은
Paul자신의 심층적 자아에 있는 원초적인 영혼과 맞닿아서 교감하는 것
같고, 그러한 영혼의 투영 바로 그것인 것 같다. 이와같이 밤의 식물이 순
수자연과 원초적 생명으로 각성되어 완전하게 살아있는 존재로 변용되는
것은 바로 어둠과 융합됨으로써 가능해진다. Ghent는 위 장면에 대해,
Lawrence에게 어둠은 지배적 비젼이 되고 있고, 특별한 상징적 잠재력을
가지고 있으며, 자연의 상징물로서 Paul의 마음에 특별한 풍요로움을 제
공해 준다[28]고 논평하고 있다. 이와같이 느끼는 감수성은 마음의 밑바닥,
즉 지하에서 감각할 때 가능한 지하적인 감수성이다.

　앞에서 말한 바처럼 Paul에게 밤의 달은 자아의 밑바닥(지하)에 존재
하는 자신의 영혼을 암시해 준다. 어둠 속에서 달이 떠오를 때 그것은 그
의 심층에서 합일상태를 이루는 '제2의 자아'(alter ego)가 된다. 그리하

---

28) Tedlock, *op. cit.*, p.183.

여 달은 그의 피를 자아 내부로부터 박동시켜 준다. 그와 Miriam이 해변의 모래언덕 위로 떠오르는 달을 볼 때 느끼는 대극적인 감정양식이 아름답게 묘사된 다음 대목에서, 그에게 이 달은 자신의 '혈적 존재'(blood-being)가 되어 영혼의 심층부에서 교감된다.

It was warm evening.⋯ Everything grew very intense. It was quite dark when they turned again.⋯ The country was black and still. From behind the sandhills came the whisper of the sea. Paul and Miriam walked in silence. Suddenly he started. The whole of his blood seemed to burst into flame, and he could scarcely breathe. An enormous orange moon was staring at them from the rim of the sandhills. He stood still, looking at it.⋯ He remained perfectly still, staring at the immense and ruddy moon, the only thing in the far-reaching darkness of the level. His heart beat heavily the muscles of his arms contracted.⋯ He was impotent against it. His blood was concentrated like a flame in his chest. But he could not get across to her. There were flashes in his blood.⋯ She was expecting some religious state in him.... he had winced to the depths of his soul. And now this 'purity' prevented even their first love kiss. It was as if she could scarcely stand the shock of physical love, even a passionate kiss, and then he was too shrinking and sensitive to give it. As they walked along the dark fenmeadow he watched the moon and did not speak. (220−21)

그러나 Miriam에게 이 달은 자아의 밑바닥과 연결되지 못하고 살아있는 혈적 존재 대신에 정신화나 지성화에 의해 어떤 틀에 가두어진 종교대상으로 전락된다. 이러한 태도는 자아의 깊은 지하와는 반대방향인 상부에 있는 두뇌 쪽으로의 지향인 표층성을 의미한다. 이와같은 인지적 방향성은 Paul이 거부하고 혐오하는 태도이다.

요컨대 그에게 밤의 달은 그의 육체 내부의 피를 자극하고 애인에 대한 강렬한 욕망을 불태우게 만듦으로써 영혼 안에 깊숙히 들어와서 어둡게 동화되게 하는 실체이다.

그러나 Miriam은 달밤의 이상적인 환경에도 불구하고 그녀 자신의 의식을 의식의 상부나 표층 쪽으로 지향시킴으로써 Paul로 하여금 연인과의 참된 육체적 교감을 단절당한 채 그의 감각이 표면에 머물게 하고 만다. 여기서 *Fantasia of the Unconscious*에서 말한 Lawrence의 용어를 빌려 말하면, 밤의 달은 Miriam을 순수한 "night-self"(182)로 변환시키는 작용에 실패하는 것이다. 그는 밤의 달에 대해 "the mother of darkness", "the clue to the active darkness"(179)라고 말하면서 'dark lower self'(하부적 자아)로 이끌어 가는 달과의 이상적인 교감관계를 다음과 같이 제시하고 있다:

> ⋯ the moon is the planet of our nights,⋯ And this is not just accidental, or even mechanical. The influence of the moon upon the tides and upon us is not just an accident in phenomena. It is the result of the creation of the universe by life itself.⋯ Therefore we must know that between the moon and each individual being exists a vital dynamic flow. The life of individuals depends directly upon the moon, just as the moon depends directly upon the life of individuals.(178—79)

실제로 달은 일찍부터 Paul에게 'blood-being'으로 연상된 적이 있다. 그는 어렸을 때 어둠이 짙은 밤거리의 외등 불빛 아래로 나와서 마을 아이들과 함께 서로 장난과 놀이를 하며 놀다가 친구와 과격한 싸움을 하는데, 이 싸움이 있고 난 뒤에 그가 보는 붉은 달은 그에게 충격적인 변화를 야기시킨다. 어린 그에게 달은 자아의 깊숙한 지하로부터 교감되는 존재이었다.

> Paul never forget,⋯ seeing a big red moon lift itself up, slowly, between the waste road over the hill-top, steadily, like a great bird. And he thought of the Bible, that the moon should be turned to blood. And the next day he made haste to be friends with Billy Pillins,⋯ (98—99)

이상에서 우리가 알 수 있는 것은 인간존재에 있어 피의식, 즉 육체의
내부나 자아의 지하에 뿌리를 두고 있는 세계가 얼마나 중대한 잠재력과
의의를 지니고 있는가를 Lawrence가 일깨워 주고 있다는 사실이다. 의식
의 어두운 영역인 지하적 자아에 대한 그의 통찰은 Ghent의 지적처럼,
어둠의 영역을 거부하면 인간은 무기력하고 파괴적인 존재가 되고, 현대
의 경제와 이성주의에 의해서 저질러지는 것과 같은 죄악을 범하게 되지
만, 그러한 영역을 받아들일 때는 이성적이고 형제애적인 존재로 성숙해
지며 참된 자신의 자아로 새롭게 태어날 수 있게 된다[29]는 믿음을 주기에
충분하다.

4. 맺으면서

Eastwood광부들이 그들의 지상에서의 삶의 시간에 있어서 조차도 탄
광 내부의 연장선으로서 삶을 영위한 습관과 마찬가지로, Paul은 청년기
로 성장하면서 점점더 지하적인 감각이나 자아에 따른다. Lawrence의 상
상력에 있어 대지의 지하세계는 육체와 영혼의 그것과 동일한 것으로 상
상되었고, 그러한 지하는 생명의 풍요한 근원이 된다. 요컨대 Eastwood
지하탄광은 Lawrence의 어린시절부터 어둠과 결부되는 문학 상상력의
중요한 원천을 제공하는 것이 되었고, 나아가 외부의 대상들을 자아의 심
층에서 지각하는 지하적 자아의 틀을 마련하게 해준 것이 되었다.

*Sons and Lovers*에서 Lawrence는 자아의 지하에 자리잡고 있는 어둠
의 영역을 주인공 Paul을 통해 신비적으로 투사하고 있다. 작중의 인물들
은 어둠의 자아와 反어둠의 자아 계열로 양분될 수 있다. 즉 Mr.Morel,
Paul, Clara 계열과 이에 대립되는 Mrs.Morel, Miriam의 계열이 그것이
다. 그런데 인간에게 어둠의 영역은 누구에게나 가장 원초적인 실재이며
생명의 근원을 이루는 것이기 때문에, 자아로부터 아무리 이러한 어둠을

---

29) Cf. Tedlock, *op. cit.*, p.183.

거부하고자 해도 그것의 완전한 거부는 불가능하다. Morel부인이 아무리 지상의 밝음에만 의지하여 지성적 문명적인 삶을 추구하지만 결혼전에 크리스마스 파티에서 젊은 광부 Morel씨를 처음 만났을 때 지하탄광의 어둠 속에서 일깨운 힘찬 활력과 신비로움에 대해 무한한 감동을 느끼지 않을 수 없었던 것은 이러한 것을 증명하는 일례라고 할 수 있다.

지금까지 살펴본 바처럼 Paul은 아버지 Morel과 마찬가지로 지하세계 지향적이며 지하적인 자아를 예민하게 의식하는 인물로 창조되어 있다. Gutierrez는 Lawrence의 이와같은 의식양식의 방향성에 주목하여 "downward", "underconsciousness", "undersoul", "underbeing", "lower elementalities" 등과 같은 용어로써 Lawrence 특유의 지하적 자아를 Wordsworth의 의식양식과 대비시키고 있다.

> Wordworth's figurative direction for blending inner and outer is (despite the Snowdon 'chasm' or the 'under' of 'Undersoul') generally upward, a metaphor of climatic union; whereas Lawrence's… is downward: one thinks of depth, declivity, darkness. Thus the 'darkness' of his dark gods and general sense of the subterranean in his ideas of the 'underconsciousness' and the unconscious.… Lawrence's thrusts into the 'lower' mysterious elementalities of flora, fauna, and the 'underbeing' as, for him, part of the natural habit for 'strange modes of being'.[30]

Vickery는 Lawrence의 작중인물이 보여주는 지하적이고 광부적인 의식이 지닌 정신적 가치의 중요성을 문명사적인 입장에서 밝히면서 Jane Harrison이나 Frazer와 같은 문화인류학자가 밝혔던 원형론적인 견해를 Lawrence가 지니고 있다는 점을 높이 평가하고 있다.

> … there are others which suggest that Lawrence shares Jane Harrison's view of the spiritual worth of the chthonic powers of the underworld. For Frazer and Lawrence both, they reflect one of man's deepest impulses and one which is fundamentally religious in character.… it is particu-

---

30) Donald Gutierrez, *Subject-Object Relations in Wordsworth and Lawrence* (Ann Arbor, Michigan: UMI Research Press, 1987), p.113.

larly interesting to note how often Lawrence's miners — the perfect image of the contemporary underworld — possess that inexpugnable quality of life and personal power that Frazer and Miss Harrison attributed to chthonic deities… characters who function as archetypes… a disturbing figure because of his aura of fertility and his apparantly magical powers to influence others.[31]

Lawrence의 작중인물에게서 나타나는 자아 내부(지하)로부터 생명력이 투사되는 성격에 대한 E.M.Foster의 지적처럼 Lawrence인물의 독특한 매력은 "an irradiation of nature from within"[32]에 있다. 원형비평가인 Maud Bodkin은 Lawrence의 작품에서 작중인물이 특별하게 반사하고 있는 "the life within and beyond us"[33]를 원형적인 이미지로 보면서 그것을 "종교적 영광"[34]의 한 예에 속한다고 까지 높이 평가하고 있다. *Sons and Lovers*에서 Lawrence가 자신의 분신인 Paul이나 자신의 심리 밑뿌리에서 공감하는 광부 Morel을 창조한 것은 일찍부터 그가 인간의 가장 원형적인 자아를 탐구하는 작가임을 말해 준다. 이와같은 원형적 인물의 창조는 Lawrence가 태어나서 성장한 Eastwood 탄광촌과 광부사회에 원천을 두고 있는 것이다. 바로 여기서 그의 지하적 자아에 대한 창조적인 상상력이 형성되었던 것이다.

(한국 로렌스학회, 「D.H. 로렌스연구」 제3호 1995. 2)

---

31) John B. Vickery ed.,: *Myth and Literature*(Lincoln: The University of Neb-raska Press, 1973), p.300.
32) E.M. Forster, *Aspects of the Novel*(Penguin, 1977), p.185.
33) Maud Bodkin, *Archetypal Patterns in Poetry*(London: Oxford University Press, 1978), p.289.
34) *Ibid.*, p.289.

참 고 문 헌

Beal, Anthony. *D.H.Lawrence.* London: Oliver and Boyd, 1964.

Bell, Michael. *Primitivism.* London: Methuen & Co., 1972.

Bodkin, Maud. *Archetypal Patterns in Poetry.* London: Oxford University Press, 1978.

Ebbatson, Roger. *Lawrence and The Nature and Tradition.* Sussex: Harvester Press, 1980.

Eliade, Mircea. *Myths, Dreams and Mysteries.* New York: Harper & Row, 1975.

Forster, E.M. *Aspects of the Novel.* Penguin, 1977.

Fromm, Erich. *Zen Buddhism and Psychoanalysis.* New York: Harper & Row, 1970.

Gregory, Horace. *Pilgrim of the Apocalypse.* New York: Grove Press, 1957.

Gutierrez, Donald. *Subject—Object Relations in Wordsworth and Lawrence.* Ann Arbor, Michigan: UMI Research Press, 1987.

Lawrence, D.H. *D.H.Lawrence: Selected Essays.* Penguin, 1972.

__________. *Fantasia of the Unconscious.* penguin, 1977.

__________. *Psychoanalysis and the Unconscious.* Penguin, 1977.

__________. *Sons and Lovers.* Penguin, 1970.

__________. *Studies in Classic American Literature.* Penguin, 1977.

__________. *The Plumed Serpent.* Penguin, 1977.

__________. *The Rainbow.* Penguin, 1977.

Levin, Harry. *The Power of Blackness.* London: Farber & Farber, 1958.

McDonald, Edward D. *D.H.Lawrence: Phoenix.* Penguin, 1978.

Moynahan, Julian. *D.H.Lawrence: Sons and Lovers.* Penguin, 1977.

Moore, Harry T. ed. *The Collected Letters of D.H.Lawrence.* New York: The Viking, Press, 1962.

Pritchard, R.E. *D.H.Lawrence: Body of Darkness.* London: Hutchinson University Press, 1971.

Sagar, Keith. *A D.H.Lawrence Handbook.* London: Butier & Tanner, 1982.

Tedlock, E.W. ed. *D.H.Lawrence and Sons and Lovers.* New York University,

1965.

Urang, Sarah. *Kindled in The Flame. Ann Arbor,* Michigan: UMI Research Press,1983.

Vickery, John B. ed. *Myth and Literature.* Lincoln: The University of Nebraska Press, 1973.

Warren, Roberts and Harry T. Moore ed. *D.H.Lawrence: Phoenix II.* Penguin, 1973.

홍광엽, '意味의 철학자 메를로 퐁띠와 새로운 自由觀', 『世界의 文學』 48, 1988년 여름. 서울: 민음사.

4. 피의식 (Blood-Consciousness)

〈목　　차〉

1. 서　　론

Lawrence는 보통 사람으로는 느끼지 못하는 생명의 신비를 강렬하게 감각하였던 실로 비상한 감성과 특이한 의식을 지녔던 작가로서 인간과 우주와의 관계에서 그와같은 생명을 순간적으로 포착하여 문학작품으로 구현한 예술가이다.

그의 이와같은 비범하고 특이한 감성과 의식의 바탕이 되는 것이 피의식(blood-consciousness)이다. 그는 피(blood)를 바탕으로 하는 의식을 통하여 우주와 혈적 교류(blood-interchange), 생명적 교감(life-communication)을 이루었는데 이와같은 피의식은 두뇌와 신경에 의존하는 것이 아니라 피에 의존하는 것이다.

그는 피의 앎(blood-knowledge)을 가장 참된 앎이며, 피로써 느끼는 것이 가장 올바른 감각으로 믿어 인간 상호관계 및 인간과 우주와의 관계는 피의식에 의하는 피의 관계(blood-relation)가 되어야만 한다고 주장하였다.

현대인의 의식은 이와같은 피에 바탕을 둔 피의식이 아니라, 두뇌와 신경에 바탕을 둔 지적 의식(mental-consciousness)이며, 이것은 과학과 물질주의를 지향하는 현대문명의 소산이라고 Lawrence는 규정하였다. 그리하여 그는 현대 유럽문명을 피를 상실한 창백한 백인문명으로 규정하여 지적 의식의 해악성을 비판하고 피의식의 회복을 역설하였다.

그는 항상 시대를 앞서 사는 예언자의 태도를 취하였는데 현대인은 피의 따뜻함(warmth)과 부드러움(tenderness)을 상실하고 지성, 과학, 물질만을 추구하면서 한낱 핏기없는 물질적 기계로 전락해 가고 있고 파멸로 치닫고 있는 것으로 투시하였다. 이러한 예언적 판단의 기반이 곧 그의 피의식이었다.

Lawrence 자신은 피를 종교로까지 승화시켜 그 속에서 구원을 얻었던 사람이며, 모든 인간은 두뇌 속에서가 아닌 피 속에서만 구원을 얻을 수 있다는 신념을 평생 견지한 종교가이다.

그는 원시문화와 신화에 관련된 방대한 저서를 탐독하고 신화의식과 원시의식이 이미 자기 자신이 독자적으로 파악해 온 피의식임을 발견하였으며, 이와같은 신화와 원시문명에 대한 관심에서 세계 각처의 원시사회와 고대유적을 탐방하였고, 신화와 원시적인 요소를 그의 소설과 시에 활용하였는데, 그렇게 함으로써 자신의 사상과 감정을 풍부하게 표현할 수 있었다.

Lawrence는 그의 모든 소설과 생애를 일관한 주제인 섹스에 있어서도 그의 피의식을 통해 그 내부세계의 미와 신비를 지각했던 것이다.

그에게 있어서 어둠은 생명의 본질이고 삶의 근원이었으며, 자아의 깊은 곳에 어둡게 내재해 있는 생명을 어두운 신(dark god)으로 부르기까지 하였다. 어둠의 영역에 묻혀서 자아의 바깥세계로 현시되기를 기다리고 있는 어두운 존재, 어두운 세계, 어두운 신의 인식은 역시 피의식에 의존하는 것이었다.

본 논문은 시 'Snake', 'Bavarian Genians', 'The Ship of Death', 에세이집 *Fantasia of the Unconscious, Apocalypse, Studies in Classic American Literature*, 여행문집 *Etruscan Places, Mornings in Mexico, Twilight in Italy* 등과 아울러 소설 *Sons and Lovers, The Rainbow,*

'The Man Who Died', 'St.Mawr', 'Sun' 및 기타 에세이, 편지 등을 자료로 선택하여 피의식의 의미, 특성, 태양신경총(solar plexus)과의 관계, Lawrence가 피의식를 갖게 된 배경, 어둠의식(dark-consciousness)과의 관계, 그가 지향하는 세계 등에 대하여 살펴 보고자 한다.

나아가 피의식은 인간 Lawrence에게 대해서는 생명력과 정신세계를 확장시켜 주는 기폭제 역할을 하였고, 시대에 대해서는 과거를 돌이켜 보고 현재를 비판하여 미래를 조명해 주는 예언적 사상의 역할을 하였으며, 작가 Lawrence에 대해서는 시적 영감의 원천이 된 점을 밝혀 보고자 한다.

2. blood-consciousness의 특성과 기능

남달리 특이한 혈적 감각, 혈적 감수성(blood-sensibility)을 타고난 Lawrence는 우주의 모든 사물들을, 생물은 물론이고 무생물 조차도, 피를 가지고 있는 존재로 지각했다. Frazer의 *Golden Bough, Tetemism and Exogmy*를 읽고 난 후에 쓴 한 서한에서 "All living things, even plants, have a blood-being"[1]이라고 말하고 있다.

그는 *Apocalypse*에서 우주의 만물들은 상호간에 피의 교류(blood-interchange)를 이루고 있지만 현대인이 그것을 느끼지 못하는 것은 바보들이기 때문이라고 하면서 과학물질주의 의식에 젖어 있는 현대인을 비난하고 있다.

Now this may sound nonsense, but that is merely because we are fools. There is an eternal vital correspondence between our blood and the sun.… The sun is a great source of blood-vitality, it streams strength to us.[2]

---

1) John B. Vickery, *The Literary Impact of the Golden Bough* (Princeton, New Jersey: Princeton University Press, 1976), p.282

2) D.H.Lawrence, *Apocalypse*(Penguin, 1977), p.29.

Lawrence는 Frazer가 논한 토템의 기원에 관하여 읽은 후 이제까지 자신의 경험을 통하여 독자적으로 믿어온 바의 피의식에 대한 결정적인 확신을 갖게 되었다고 진술한다. 그는 토템 형성의 원리를 도마뱀과 캥거루의 예를 들어 다음과 같이 설명하고 있다.

If a lizard falls on the breast of a pregnant woman, then the blood-being of the lizard passes with a shock into the blood-being of the woman, and is transferred to the foetus, probably without intervention either nerve or brain consciousness. And this is the origin of totem: and for this reason some tribes no doubt really were kangaroos: they contained the blood-knowledge of the kangaroo.[3]

Lawrence처럼 자연계의 만물이 피를 명백하게 지니고 있고, 그들 사이에 피의 교류가 이루어지는 것으로 강하게 의식한다는 것은 보통의 사람으로서는 용이하게 할 수 없는 날카로운 감성의 소유자임을 의미한다고 할 것이다.

일찍부터 특이하게 민감한 혈적 감각과 혈적 감수성으로써 인간과 외계의 사물을 지각해 온 Lawrence는 마침내 20세 쯤에 이르러서는 정신기능에 있어서 두뇌나 신경에 의하는 지적 의식(mental-consciousness)과는 관계없이 이루어지는 독립적인 피의식이 자리잡고 있다고 믿게 되었다. 그는 이러한 믿음을 Fraser를 읽음으로써 확신하게 되었다고 다음과 같이 말하고 있다.

I have been reading Frazer's *Golden Bough* and *Totemism and Exogmy*. Now I am convinced of what I believed when I was about twenty that—there is another seat of consciousness than the brain and the nervous system; there is a blood-consciousness which exists in us independently of the ordinary mental consciousness, which depends on the eye as its source or connector.[4]

---

3) Vickery, *op.cit.*, pp.282—83.
4) Vickery, op.cit., p.282.

Lawrence는 인간이 피 속에서 살고, 알며, 피 속에서 그 존재를 지니고 있다는 사실을 주목시키면서 피의 앎(blood-knowledge)을 지적 앎(mental-knowledge)보다 더욱 중요한 것으로 깨닫고 인간생활에서 참된 피의 관계(blood-relation)를 수립할 것을 다음과 같이 강조하고 있다.

One lives, knows and has one's being in the blood, without any reference to nerves and brain. This is one half of life.··· Now it is necessary for us to realise that there is this other great half of life in the darkness, the blood-relationship.[5]

피에 관한 이와같은 신념을 Lawrence는 젊은 시절부터 일찌기 그의 사상이나 철학으로 확립하여 예술적 기반으로 삼고 있음을 알 수 있는데 27세 (1912)에 쓴 서한에서 이렇게 말하고 있다.

My great religion is a belief in the blood, the flesh, as being wiser than the intellect. We can go wrong in our minds. But what the blood feels, believes, and says, is always true. All I want is to answer to my blood, direct, without fribbling intervention of mind, or moral, or what-not.[6]

따라서 Lawrence의 피의식이라는 용어는 인체에서 두뇌나 신경에 의해 수행되는 지각기능과는 달리 독립된 피에 의해 수행된다고 보는 지각기능의 의미를 가지고 있다.

Lawrence는 인간과 우주의 모든 관계, 현상, 문제를 파악함에 있어서 피의식에 기초를 두었으며, 그것을 현대문명의 지적의식과 대립적인 개념으로 보았다. 피의식을 참된 것으로서 강조한 그는 현대인과 현대문명이 그것을 상실하였고 바로 이 때문에 현대사회가 메마르고 잔학하고 위험스러워지게 되었다고 *Apocalypse*에서 다음과 같이 말하고 있다.

The community is inhuman and less than human. It becomes at last the most dangerous because bloodless and insentient tyrant.···

---

5) Vickery, *op.cit.*, p.282.

6) Richard Aldington, *D.H.Lawrence: Selected Letters*(Penguin, 1954), p.10.

We have lost the sun.··· We have lost the moon,··· We and the cosmos
are one.··· We have lost the cosmos.··· What we lack is cosmic life,
the sun in us, the moon in us.[7]

*Apocalypse*는 성경의 요한 묵시록(Revelation of John Patmos)를 해
설하는 형식을 통하여 원시의식 및 신화의식과 현대의식과의 차이점을 취
급하면서 피의식의 중요성을 재인식시키는 현대문명에 대한 Lawrence의
예언서라고 할 수 있다. 현대인이 피의식을 상실하여 사회를 잔학하고 위
험스럽게 만든 것은 현대문명의 소산인 과학, 기계, 물질주의 때문이라고
그는 보았다. 현대문명의 몰락에 대한 그의 예언은 2차 세계대전의 발발
을 정확히 적중시켰다는 사실에서 잘 나타나 있다. John Atkins는 'Hux-
ley and Lawrence'에서 다음과 같이 지적하고 있다.

It is a fact that Lawrence accurately forecast the outbreak of the Second
World War at a time when politicians were rejocing over Locarno.···
His own children had a passion for machinery. "It's as though the
young were absolutely determined to bring the world to an end —
mechanise it first into madness, then into sheer murder." Huxley felt
the same thing.[8]

지적 의식이 피의식을 대신하여 의식에 자리잡게 될 때 그 결과는 비극
적으로 되고 만다고 보았던 것이 Lawrence이다. 이와같은 관점에 대해
Diana Trilling은 Lawrence문학의 특징에 대한 논평에서 다음과 같이
지적하고 있다.

As he continues writing, Lawrence grows over more certain that
when the mental-consciousness replaces the blood-consciousness the
outcome is always tragic and wasteful, and not alone in our personal
lives but also in our social lives.[9]

---

7) Lawrence, *Apocalypse,* pp.21`-30.
8) John Atkins, *Aldous Huxley: A Literary Study*(London: Caldar and Boyars,
   1976), p.134.
9) Diana Trilling, *The Portable D.H.Lawrence*(New York: The Viking Press
   Inc., 1949), p.7.

피의식은 지적 의식이 나타내는 기계적, 물리적인 것이 아니라 자연스럽고 자발적인 생명 자체의 본성을 나타내 주는 것이다.

이와같은 점에서 Lawrence는 섹스에서 초고조에 달하는 피의식을 느꼈다. 그에게 섹스는 생명력을 불러일으키는 동력이다. 섹스에서 경험하는 강렬한 피의식에 대해 그는 다음과 같이 말하고 있다.

But in seeing, the blood-percept is perhaps not strong. On the other hand, when I take a woman, then the blood-percept is supreme, my blood-knowing is overwhelming. There is a transmisson, I don't know of what, between her blood and mine in act of connection. So that afterwards, even if she goes away, the blood-consciousness persists between us.[10]

이처럼 강하게 피의식이 수반되기 때문에 섹스는 삶을 불같이 부드럽고 따뜻하게 지펴주어 생활에 활력을 불어 넣는 생명의 美라고 Lawrence는 느꼈다. 'Sex versus Loveliness'에서 그는 다음과 같이 말하고 있다.

Now sex and beauty are one thing, like flame and fire. If you hate sex you hate beauty. If you love living beauty, you have a reverence for sex... but must be some sort of fire. For it always communicates a sense of warmth, of glow, and when the glow becomes a pure shine, then we feel the sense of beauty.[11]

피의식을 통할 때 섹스는 생명의 본질과 우주의 아름다움까지도 볼 수 있게 해 주며, 삶에 활력과 보람을 주어 삶을 완수시켜 주는 매개자로 Lawrence는 보았다. 이처럼 신성한 섹스를 왜곡하고 모독하는 호색문학에 대해 그는 다음과 같이 말한다.

"Pornography is the attempt to insult sex, to do dirt on it. This is unpardonable.⋯ The insult to the human body, the insult to a vital

---

10) H.T.Moore ed., *The Collected Letters of D.H.Lawrence*(New York: The Viking Press Inc., 1962), pp.394—94.

11) D.H.Lawrence, *Selected Essays*(Penguin, 1972), pp.14—16.

human relstionship."[12]

호색적 도색적인 문학, 잡지, 영화에서 천박한 감각에 탐닉하면서 섹스를 타락시키고 모독하는 자들에 대한 Lawrence의 분노를 통하여 섹스에 대한 그의 경건성을 찾아볼 수 있다. 뿐만 아니라 그는 지성주의화된 교육, 종교, 과학 등에 의해 섹스가 과학화, 물질화, 지성화, 기계화되고 있는 것을 反피의식적인 것으로 보았다. 섹스는 그 본질이 그대로 감각되어지기 위해서는 피의식에 의해야만 한다는 것이 그의 기본적인 견해인 것이다. Diana Trilling은 Lawrence의 이와같은 성사상을 다음과 같이 설명하고 있다.

It is in man's sexual impluse, taken out of the mental consciousness and returned to the body and the blood where it belongs, that Lawrence finds the clue to salvation. Not the "sex in the head" of "advanced" people, of the modern theorists of sex; not the sensation of sex, which is what is sought in decadence of civilization; not idealized sex.[13]

위에서 지적하듯이 Lawrence가 섹스에서 구원을 찾아낼 수 있었던 실마리는 것은 강렬하게 느낄 수 있었던 그의 피의식에 있다.

이와같이 피의식에 의지함으로써 구원에 이를 수 있다는 Lawrence의 성사상이 가장 농도짙은 예술로 재현된 작품이 'The Man Who Died'라고 여겨진다.

이 작품에서 죽었던 자(the man who died)는 묻혔던 무덤에서 눈을 뜨고 깨어난다. 예수 그리스도를 암시하고 있는 그는 육체에 못박혀 죽었으나 죽음으로부터 깨어나 상처진 몸을 이끌고 무덤에서 나와 어느 농부의 집에 일시 기거하면서 누워 뜰에 태양욕(sun-bathing)을 하고 상처를 아물게 한다. 그가 농부의 집을 떠나 Isis여신을 모시는 한 사원에 이르렀

---

12) Diana Trilling, *The Indispensible D.H.Lawrence*(New York: The Viking Press Inc., 1947), p.653.
13) Trilling, *The Portable D.H.Lawrence.* p.7.

을 때 여기에서 처녀사제 Girl of Isis와 만나며, 그녀와의 육체적인 사랑을 나누는 과정을 통해 완전한 육체의 부활과 생명을 완성한다. 그러한 부활과 생명의 완성은 자신이 거대하고 무한한 우주와 합일됨을 느끼고 우주의 아름다움과 신비를 느끼게 만드는 성교감에 의한다.

이와같은 우주와의 합일과 육체의 완전한 재생은 Girl of Isis와의 피의식에 의한 성적 결합에서 가능하게 된다. The Man이 그를 추적하는 로마인들을 피해 동굴에 숨어 기거하면서 Girl of Isis와 가지는 육체적 관계에서 나타나는 피의식의 문제를 아래에서 살펴 보고자 한다.

Girl of Isis가 동굴에서 The Man과 가진 육체적 관계는 사원으로 돌아오는 그녀로 하여금 다음과 같이 생각하게 만든다.

The woman wrapped herself in her mantle and went home in silence, sightless, brooding like the lotus softly shutting again, with its gold core full of fresh life. She saw nothing, for her own petals were a sheath to her. Only she thought: I am full of Osiris, I am full of the risen Osiris![14]

이집트 신화에서 Osiris는 Isis여신의 남편인데 음모가인 Set에 의해 몸이 잘려서 흩어 버려진다. 그녀는 남편의 팔, 다리, 머리, 몸통 등을 찾아 모아 소생시키고자 하지만 마지막 한가지 생명의 진수를 알지 못한다. 그 것을 알아내려 나선 그녀의 모습은 비정하다. Lawrence는 이 신화를 위 대목에서 활용하고 있다. Girl of Isis가 느끼는 “I am full of Osiris, I am full of the risen Osiris!”라는 진술은 Lawrence가 섹스에서 강렬하게 느낄 수 있다고 피의식의 경험을 밝힌 앞에서의 인용문, “so that afterwards blood-consciousness persists between us if the other goes away”와 같은 맥락에 있다. 다시 말해 Lawrence의 피의식이 부활의 심상으로 감각화된 것이 “full of Osiris”, “full of the risen Osiris”이다. 관계 후 까지도 지속되는 이와같은 피의식의 심상은 The Man에게도 나타난다. 사원의 시종에 의해 로마 병사에게 밀고되었다는 사실을 알

14) D.H.Lawrence, *The Man Who Died*(Heinemann, 1980), p.448.

아차린 그가 여사제와 이별하면서 말하는 대목에서 그가 떠나더라도 보이지 않는 태양들이 그의 몸에 남을 것이라고 그는 말한다.

"Yet not alone, for the touch should be upon him, even as he left his touch on her. And invisible suns would go with him."(450)

위에서 The Man과 Girl of Isis가 느끼는 Osiris, sun 등의 심상은 피의식에 의해 생성되는 심상이라고 할 수 있다. 이와같은 피심상(blood-image)의 생성에 대해 Lawrence는 임산부와 태아 사이의 예를 들면서 다음과 같이 설명하고 있다.

In the transmission from the blood of the mother to the embryo in the womb, there goes the whole blood-consciousness. And when they say a mental imge is sometimes transmitted from the mother to the embryo, this is not the mental image, but the blood-image.[15]

태아는 과학, 기계, 물질 등과 같은 현대의 지적 문명에 오염되지 않은 순수한 생명체라고 할 수 있으며, 완전한 피의식으로 형성되어져 있다. 그렇기 때문에 지적 의식과는 전혀 관계없이 피의식으로써 알고 느끼며 지적 심상(mental-image)이 아닌 피심상을 생성한다고 Lawrence는 본다.

Lawrence는 인간을 심상으로써 사고하는 것으로 보았다. 이러한 견해는 *Apocalypse*에서 원시인과 현대인의 심상적 사고의 차이를 논하는 다음 대목에 나타나고 있다.

Man thought and still thinks in images. But now our [modern men:필자] images have hardly any emotional value. We always want a 'conclusion' , an end, we always want to come, in our mental processes, to a decision, a finality, a full stop.⋯ All our mental consciousness is a movement onwards, a movement in stages.⋯
They [primitive men:필자] were supposed to deliver a set of images or symblos of the real dynamic value, which should set the emotional consciousness of the enquirer.[16]

---

15) Vickery, op. cit., p.282.
16) Lawrence, *Apocalypse,* p.50.

지적 의식은 현대문명이 지닌 의식의 특징이다. 그것은 사고작용에 있어 여러 단계의 과정을 거치도록 하기 때문에 참된 生動價(dynamic value)를 나타내지 못하고, 따라서 생명에서 우러나는 순수한 인간적 감정의 표현을 저지시키고 만다. 이와같은 지적 의식에 의해 지배되고 있기 때문에 피심상이 아닌 지적 심상으로써 사고하는 것이 현대인이라고 Lawrence는 보았던 것이다. 이에 반해 원시인은 현대인과 같은 지적 의식이 발달되지 않았기 때문에 자연 그대로의 순수한 생명적 존재였다. 따라서 그들은 순수한 피의식을 지녔고, 감정이 그대로 반영되는 참된 생동가를 지닌 피심상이나 피상징(blood-symbol)으로써 사고하였다고 보는 것이 Lawrence이다.

Lawrence는 *Studies in Classic American Literature*에서 Herman Melville의 백경(Moby Dick)을 백인종의 가장 뿌리깊은 혈적 존재(blood-being), 혈적 본성(blood-nature)의 상징으로 보면서, 그것이 포경선에 의해 사냥되는 것을 백인종의 광란적인 지적 의식 때문이라고 논평하고 있다.

> Of course he is a symbol. Of what? I doubt if even Melville knew exactly.… But he is warm-blooded, he is lovable.… It is a great book.… What then is Moby Dick? He is the deepest blood-being of the white race; he is our deepest blood-nature. And he is hunted, hunted, hunted by the maniacal fanaticism of our white mental consciousness. We want to hunt him down. To subject him to our will.… Our blood-consciousness sapped by a parasitic mental or ideal consciousness. Hot blooded sea-born Moby Dick. Hunted by monomaniacs of the idea.[17]

Lawrence가 발견한 것은 고래와 같은 자연 그대로의 동물이 지니고 있는 생명의 순수성과 원초성이다. 그는 그러한 생명체의 특성을 혈적인

---

17) D.H.Lawrence, *Studies in Classic American Literature*(Penguin, 1977), pp. 153—69.

것으로 보았다. 인간도 그 본래의 순수한 본성은 혈적인 것에 기반을 두고 있다. 즉 피의식은 인간, 동물, 식물 그리고 앞에서 보았듯이 해, 달, 별 등과 같은 존재 전체의 우주적인 본질이다. 그러나 현대인은 과학과 물질문명의 발달로 인하여 피의식이 지적 의식으로 대체되어 버린 것이며, 그렇게 됨으로써 메마르고 잔악해져 현대사회는 파멸로 전락하고 있다고 보는 것이 Lawrence의 진단이다.

Lawrence의 작품에는 말, 뱀, 닭, 새 등의 동물과 꽃, 나무 등의 식물을 비롯하여 해, 달, 별 등과 같은 천체가 자연 그대로의 또렷한 원색들을 제각기 지니고 있고, 그 내부에서 활활 타오르는 불같은 생명력을 지닌 것으로 묘사되고 있다. Lawrence의 표현에 의하면 이들은 강도높은 감정가(emotional value)와 생동가(dynamic value)를 가지고 있는 혈적 존재들(blood-beings)이다.

E.M. Forster는 Lawrence의 작품이 보여주는 시적 특성의 아름다움은 내부로부터 생명을 방출하는 점에 있다고 말하면서 Lawrence를 살아 있는 현대의 유일한 소설가로 선정하여 높이 평가한다. Maud Bodkin은 *Archytypal Patterns in Poetry*에서 Forster의 이러한 논평에 동의하면서, Lawrence작품의 이와같은 특성에 대해 사물들을 원형적 심상(archytypal image)의 성격을 지닌 시적 생명체로 변용한 것은 우리 자신의 내부나 우리를 초월해 있는 어떤 생명을 표현한 영광(glory)의 한가지 예로 여겨진다고 격찬하고 있다.

> He describes this bardic quality in Lawrence as an irradiation of nature from within, 'so that every colour has a glow and every form a distinctness which could not otherwise be obtained.' Such 'irradiation' seems to me an instance of what I have described as 'glory' transfiguring those objects that assume for us the character of archetypal images, reflecting in some special degree the life within and beyond us.[18]

---

18) Maud Bodkin, *Archytypal Patterns in Poetry*(London: Oxford University Press, 1978), p.289.

위에서 Bodkin이 언급한 원형심상은 Lawrence의 표현을 빌어 달리 표현하면, 생명체의 피본성(혈적 본성)에서 자발적으로 우러 나온 특성이 형상화되어진 피심상(혈적 심상)이라고 할 수 있다. 그리고 "life within and beyond us"는 "blood within us and the things"라고 달리 표현할 수 있다. 왜냐하면 Lawrence가 사물들을 생명적인 존재로 묘사할 때 그 이면에는 모든 생명체가 피를 지니고 있고, 생명력은 곧 피에서 나온다는 강력한 피의식이 뒷받침되어 있기 때문이다. Lawrence는 *Apocalypse*에서 요한 묵시록의 네가지 색깔- white, red, black, yellowish -을 지닌 네마리 말을 해명하면서 다음과 같이 말하고 있다.

But how should sanguine be white? — Ah, because the blood was the life itself, the very life: and the very power of life itself was white, dazzling. In our old days, *the blood was life,* and visioned as power it was like white light.[19]

이처럼 Lawrence에게 순수한 피의식체는 힘차게 살아 움직이는 빛을 발산하는 생명체로 느껴진다. 말은 강렬하고 순수한 피의식을 지닌 동물인 것이다.

이상에서 살펴본 바와 같이 생명적 기능을 수행하는 피의식은 Lawrence의 견해에 따르면 복부 뒤에 위치하는 대신경 센타(great nerve center)인 태양신경총(solar plexus)이 관장하고 있다. 이것은 인간과 동물의 원초적인 의식을 담당하여 통제하는 기관이다. 가족간에 깊은 유대관계가 형성되는 원리는 피의식의 교류로써 설명된다. 여기서 그 정신적 현상의 생리학적 기반은 태양신경총에 있다. 이와같은 원리를 Lawrence의 심리학 저서인 *Fantasia of the Unconscious*의 'The Holy Family' 장에서 부자관계를 예로 들면 다음과 같다.

… from the great voluntary centre in the man pass unknowable communications and untellable nourishment of the stream of manly blood,

---

19) Lawrence, *Apocalypse,* p.61.

rays which we cannot see, and which so far we have refused to
know, but none the less essential, quickening dark rays which pass
from the great dark abdominal life-centre in the father to the corre-
sponding centre in the child.[20]

Lawrence와는 달리 초기에는 지극히 지성 지향적인 태도를 지녔던
Aldous Huxley는 Lawrence와의 교제를 통하여 그의 신비주의에 무한
한 감동을 받은 사람인데, Lawrence로부터 태양신경총론을 듣고 잦은 토
론을 가졌다. Huxley는 그 이론의 신비성에 크게 공감을 하였지만, 자신
의 태양신경총에서는 Lawrence와 같은 정신생리적인 심리현상을 전혀
느낄 수 없었기 때문에, 그 이론을 올바른 것으로 받아들이려 하지 않았
다. 그러나 Lawrence는 Huxley가 느끼지 못하는 것을 반박하면서 분명
히 그의 태양신경총에서는 느낀다는 점을 Huxley에게 강조했다.[21]

Lawrence는 *Fantasia of the Unconscious*의 서문에서 이 저술의 다분
석론(pollyanalytics)은 자신의 모든 소설과 시에서 연역되어 나온 것이
며, 그 반대는 아니라는 점을 독자에게 주목시키고자 애쓰고 있다. 그는
"The novels and poems come unwatched out of one's pen.⋯ The
novel and poems are pure passionate experience."[22]라고 말하면서,
이러한 자신의 무의식적인 심리현상을 전혀 근거없는 것으로 배척하려는
비평가들에게 태양신경총를 경험적으로 이해하는 사람이 있다면, 자신의
심리학을 이해하게 될 것이라고 주장하면서 태양신경총론의 진실성을 밝
히고 있다.

I warn the generality of readers, that this present book will seem
to them only a rather more revolting mass of wordy nonsense than
the fast. I would warn the generality of critics to throw it in the
waste paper basket without more ado.

As for the limited few, in whom one must perforce find an answerer,

---

20) D.H.Lawrence, *Fantasia of the Unconsciousness*(Penguin, 1977), p.33.
21) Atkins op. cit., p.136.
22) Lawrence, *Fantasia of the Unconsciousness*, p.15.

I may as well say straight off that I stick to the solar plexus. That statement alone, I hope will thin their numbers considerably.

한편 Lawrence는 "Thus it would seem that the term unconscious is only another word for life."[23]라고 말하였다. 이상에서 말한 것들을 종합해 보면 그에게 있어서 무의식, 본능, 직관 등은 모두 가장 순수하고 원초적인 생명의 특성을 의미하는 것이라 할 수 있으며, 이와같은 생명의 특성은 과학 물질문명의 바탕이 되는 지적 의식이 전혀 개입되지 않을 때 이루어지는 순수한 피의식에서 생성되는 것이다. 그리고 생명의 신비로운 원천으로 작용하고 있는 그의 피의식은 비상하게 개발된 그의 태양신경총에 기반을 두고 있다고 하겠다. 그리하여 Lawrence의 문학작품에서 생명주의와 신비주의는 단적으로 말한다면 그의 비범한 피의식의 구현이라 하겠고, 그는 이 의식을 통하여 그가 말한 예술의 본무(business of art)인 "to reveal the relation between man and his circumbient universe", at the living moment[24]를 완수하고자 하였던 것이다.

Lawrence의 피의식은 그가 성장한 서민사회와 깊은 관계를 맺고 있음을 간과할 수 없다. 그는 Eastwood탄광촌 사회에서 하류계급에 속하는 광부의 네째 아들로 태어났다. 그 곳의 남성들은 상류계급의 사상이나 관념 그리고 지적, 물질주의적 문명에 물들지 않았고, 본능적인 감각에 따르는 생활을 하였다. 그들의 생활태도는 직관적, 육체적이있다. 그리하여 그들은 피의 따뜻함과 부드러움을 지니고 있었고 자발적인 생명력으로 충만된 활력있는 삶을 영위하였다.

광부의 생활은 Lawrence의 자서전적 소설 *Sons and Lovers*에 잘 묘사되어 있다.[25] 여기에 나타난 것을 보면 광부들은 돈과 물질에 별 신경

---

23) Lawrence, *Fantasia of the Unconsciousness*, p.242.
24) Anthony Beal, *D.H.Lawrence : Selected Literary Criticism*(Heine-mann, 1955), p.108.
25) Lawrence의 소설에는 그 자신의 personality와 experience가 어느 작가보다 강하게 투사되어 있는 특징이 있다. Trilling은 "he tries to tell the whole truth of his family experience"(p.20)라고 말한다. (Trilling, *The Indispensible D. H.Lawrence*, p.20 참조).

을 쓰지 않고 있으며, 거의 알몸뚱이로 탄광 속에서 함께 어울려 일하고, 하루의 일이 끝나면 주점에 가서 함께 앉아 술을 마시면서 시간에 구애받지 않고 논다. 이것은 혈적인 온화감과 친밀감을 지니고 있고, 피의 유대를 맺은 생활을 영위하고 있음을 뜻한다.

이 소설의 초반부에 Lawrence의 아버지가 모델이 된 청년 광부인 Mr. Morel의 모습은 혈적 생명력이 넘치는 남성인물로 묘사되고 있다.

> The dusky, golden softness of this man's sensuous flame of life, that flowed off his flesh like the flame from a candel, not baffled and griffed into incandescence by thought and spirit as her life was, seemed to her something wonderful, beyond her.[26]

Lawrence는 후기에 쓴 'Autobiographical Sketch'를 통해 밝혔듯이 향리의 광부들에게서 느꼈던 피의 온화함과 활력적인 생명력을 참된 것으로 믿었다. 이에 반하여 중상류 계급의 메마른 지성문명은 反혈적인 것으로서 배척하였다. 그는 소설가로서 중상류 계급과 교제하는 사교생활을 하면서도 결코 고향의 서민들이 지니고 있고 자신에게 동화되어 있는 피의식을 지적 의식과 대체할 수 없었다.

> I can not make the transfer from my own class into the middle class. I cannot, not for anything in the world, forfeit my passioanl consciousness and my old blood-affinity with my fellow-men and the land, for that other thin, spurious mental conceit which is all that is left of the mental consciousness once it has made itself exclusive.[27]

혈적 유대(blood-tie)와 혈적 친밀감(blood-affinity)으로 특징지워지는 광부사회의 남성으로 태어난 Lawrence는 이와같이 중상류 계급의 지적 자만을 배격한 것과 마찬가지로 아리스토텔레스와 플라톤의 철학을 비롯하여 불교나 기독교 등에서 보이는 주지주의적 정신을 귀족을 위한 가식적인 것이라 하여 배척하였다. *Apocalypse*에서 그는 다음과 같이 진술하고 있다.

---

26) D.H.Lawrence, *Sons and Lovers*(Penguin, 1970), p.18.
27) Warren Roberts and Harry T. Moore ed, *Phoenix II*(Penguin, 1978), p.596.

The religions of renunication, like Buddhism or Christianity or Plato's philosophy, are for aristocrats, aristocrats of the spirit. The aristocrats of the spirit are to find their fulfilment in self-realization and in service. Serve the poor.[28]

이처럼 노동서민 출신인 Lawrence가 인간의 따뜻하고 활기찬 피의식을 참된 것으로 느꼈고 자신에게 그것을 동화하였던 것은 광부사회의 광부들을 통한 것이다. 그는 광부들이 지닌 이와같은 피의식을 아버지로부터 유전적으로 물려 받았다고 할 것이다. 그리하여 그는 그만큼 순수하게 혈적인 감성을 지닌 인물로 되었다.

Lawrence가 향리 광부들의 피의식으로부터 받았던 커다란 감동은 *The Rainbow*의 서두에서도 힘있게 반영되어 있다. 농촌사회에서 자연과 더불어 삶을 살아가는 Brangwen일가의 남성들은 피의식에 의해 그들이 속한 자연과 막힘없는 활발한 교류를 터고 있다.

They took the udder of the cows, the cows yielded milk and pulse against the hands of the men, the pulse of the blood of the teats of the cows beat into the pulse of the hands of the men. They mounted their horses, and held life between the grip of their knees,···It was enough for the man,··· So much warmth and generating and pain and death did they know in their blood,··· they lived full and sur-charged, their senses full fed, their faces always turned to the heat of the blood, staring into the sun, dazed with looking towards the source of generation, unable to turn round.[29]

이상에서 살펴 보았듯이 Lawrence의 문학작품은 순수한 피의식을 지니고 있었고 피에 바탕을 둔 삶을 살아가던 향리의 광부들과 이 의식을 천부적으로 강하게 물려 받을 수 있었던 광부인 그의 아버지가 중요한 배경을 이루고 있다고 하겠다.

---

28) Lawrence, *Apocalypse*, p.15.
29) D.H.Lawrence, *The Rainbow*(Penguin, 1977), pp.8－9.

3. 어둠과 blood-consciousness

Lawrence의 피의식은 어둠과 긴밀한 관련을 맺고 있다. 그에게 있어서 어둠은 생명의 배경이 되며, 우주의 본질이 되고 있다. 그는 자신의 내부인 어둠 속에 존재하는 어두운 생명을 항상 의식하였으며, 그것에 순응하였고, 그럼으로써 신성하고 활력에 찬 삶을 누릴 수 있었다. 어둠은 이성간의 육체적인 사랑을 이룰 때도 생명력과 융합되고, 동물을 볼 때도 어둠은 살아 움직이는 생명력과 더불어 있으면서 그것의 바탕을 이루고 있음을 느낀다. 해, 달, 별 등과의 생명적인 교감을 이루고 있을 때도 그는 생명력의 배경을 이루고 있는 어둠을 보았다. Lawrence가 보는 외계의 생명체는 자아의 깊은 내면으로부터 감지됨으로써 어두운 생명체로 형상화된다. 그는 자신과 사물의 내부에 어둡게 존재하는 어두운 생명력을 신으로 생각하였다.

이와같이 Lawrence가 생명의 본질인 것을 어둠 속에서 보고 느꼈다는 점은 1장에서 살펴본 바 있듯이, 우주만물이 피를 가지고 있고, 그 피는 생명의 본질이며, 생명 그 자체라고 보고 느꼈던 점과 불가분의 관계를 가지고 있다. 어둠이 생명(력)과 융합되어 있고 존재에 내재한 어두운 생명(력)은 피에서 분출하는 힘으로 나타나며, 어두운 존재나 신은 피의식에 의하여 감지되어 지는 것이 Lawrence의 특징이다.

아래에서 이와같은 어둠의 특성과 그리고 피의식과의 관계를 Lawrence의 몇몇 작품을 통하여 살펴 보고자 한다.

앞의 1장에서 살펴 본 The Man이 Girl of Isis와의 기름 맛사지와 함께 육체적 관계를 이룰 때, 그의 영혼은 의식세계 저 너머에 어둠이 있음을 느끼게 되고, 그 어두운 배경 속에서 자신의 육체가 점점 소생된다. 그러한 과정이 다음 인용문에 묘사되고 있다.

And the wailing died out altogether, and there was a stillness, and darkness in his soul, unbroken, dark stillness, wholeness.

   Then slowly, slowly, in the perfect darkness of his inner man, he
felt the stir of something coming.
   A dawn, a new sun, A new sun was coming up in the perfect inner
darkness of himself. He waited for it breathless, quivering with a
fearful hope.··· "Now I am not myself. I am something new."(447)

   위 인용문에서 태양의 심상은 피의식에서 생성된 피심상이고 생명심상
(life-image)인 것이다. 여기서 The Man의 피의식을 통하여 보게 되는
것이 아름다운 태양이 솟는 부활의 생명세계이다. 어둠은 생명세계를 느
끼는 배경이 되고 있고 피의식에서 감각되고 있다. Lawrence의 말에 따
라서 본다면 피의식이 최고조에 달하는 性愛의 관계를 통해 죽은 생명이
부활하고 있는 것이다.
   The Man이 Girl of Isis를 포옹하는 장면에서 피의식과 깊은 생명력의
교류는 그를 무의식으로 유도한다. 그는 어둠 속에서 뜨겁게 피어나는 피
의식을 느끼고 이 때 그의 얼굴은 무의식에 빛나는 것이다.

   He crouched to her, and he felt the blaze of his manhood and his
power rise up in his loins, magnificent. "I am risen!"
Magnificent, blazing indomitable in the dephs of his loins his own sun
dawned, and sent its fire running along his limbs, so that his face
shone unconsciously.(448)

The Man이 여사제와의 육체적 접촉을 통해 "blaze of his manhood",
"his power"가 솟는 것을 느끼고, 양 허리의 깊은 곳에서 태양이 동터오
는 것을 느끼며, 사지를 따라서 불길(fire)이 흘러가는 것을 느끼는 이와
같은 의식 현상은 피의식의 표현인 것이다. 이것들은 부드럽고 따뜻한 피
에서 감각되는 피심상들을 예술적으로 구현한 것이라 하겠다. 여기서
The Man이 감각하는 피의식과 무의식적인 감각 상태로 유도하는 작용을
하는 것이 어둠이다.
   1장에서 살펴 본 성적 구원(sex-salvation)이라는 성의 종교적 단서를
Lawrence가 발견한 것은 살아있는 육체에서 생생하게 흐르는 혈적 의식

을 체험할 수 있고, 그러한 혈적 의식을 통하여 생명의 아름다움과 신비를 볼 수 있으며, 이 때 무기력한 육체를 활력있고 깊고 평온하게 해주는 내재된 어둠의 신성한 힘을 경험할 수 있었기 때문인 것이다.

Girl of Isis와 마지막의 깊은 성관계를 통하여 The Man이 완전한 육체 부활을 이루게 될 때 그는 "Father, why did you hide this from me? Lo!, this is beyond prayer. My hour is upon me, I am taken unawares."(448)라고 말한다. 여기서 "Father", "Lo"는 피와 살(flesh)의 신을 의미한다고 말할 수 있다. Lawrence가 지닌 피와 살에 대한 신앙이 이와같은 남녀간의 육체적 교감형식으로 형상화된 것이다.

처녀 여사제와의 마지막 관계로써 육체의 치유에 성공하고 생명의 구원을 이룬 The Man은 관계 후에도 몸 전체가 따뜻하고 부드러운 피의식으로 충만되어 있다. 이렇게 피의식을 몸 속에 견지하던 그는 밤의 어둠을 배경으로 찬란하게 생동하고 있는 별들을 볼 때 우주의 아름다움과 신비에 도취된다. 그는 어둠 속에 전개된 우주의 생명세계를 향해 무한히 확대되어 무한한 우주와 하나가 됨과 아울러 어둠으로부터 생명의 우주적 근원성을 느끼게 된다.

피의식에 충만된 The Man이 밤하늘에 빛나는 별들을 쳐다 보면서 느끼는 이러한 감정이 다음과 같이 묘사되고 있다.

> But the man looked at the vivid stars before dawn, as they rained down to the sea, and the dog-star green towards the sea's rim. And he thought: 'How plastic it is, how full of curves and folds like an invisible rose of dark-petalled openness that shows where the dew touches its darkness! How full it is, and great beyond all gods. How it leans around me, and I am part of it, the great rose of Space. I am like a grain of the perfume, and the woman is a grain of its beauty. Now the world is one flower of many petalled darkness, and I am in its perfume as in a touch."(448—49)

The Man이 밤의 생동하는 별들을 보면서, 마치 장미꽃이 꽃잎들에 둘러싸인 채 그 내부에 이슬이 젖어 피어 있듯이 느끼고, 그리고 세계를 마치 여러 장의 꽃잎들로 둘러져 피어있는 한송이 꽃처럼 느끼며, 나아가 그 자신은 그러한 우주의 한 알 향기가 되며, 그녀는 그것의 한 알 아름다움이 되어 우주와 더불어 하나가 됨을 느끼는 것은 밤의 어두운 정적을 통해서다. 여기서 알 수 있는 것은 어둠은 생명의 본질이요 근원이며, 생명체를 활기차고 신성하게 해 준다는 것이다. The Man이 느끼는 붉은 장미꽃은 붉은 색의 피를 가장 직접적으로 상징해 주는 피심상[30]이다. 어둠이 배경을 형성하고 있을 때 이와같은 피의 심상을 느끼는 것은 The Man이 자아 내부의 깊은 어둠세계인 무의식에 속해 있는 피의식에서 지각하고 있음을 뜻한다.

The Man과 Girl of Isis가 이루는 육체적 사랑이 이루어지는 공간과 시간은 어두운 동굴과 사원과 그리고 밤이다. 이것은 생명의 근원과 신비를 어둠에서 발견하는 Lawrence의 사상을 반영하고 있다. Lawrence는 낮의 밝음 속에서 이루어지는 사랑보다도 밤의 어둠 속에서 이루어지는 사랑이 보다 참되고 깊은 것임을 느낄 수 있었다. 피의식을 통한 육체적 접촉이 남녀 사이에 이루어 지고 있을 때는 사실 눈을 감고 어두워져야만 보다 신비롭고 심오한 것을 느낄 수 있다. Lawrence는 이것이 어둠의 작용임을 알았다.

다음에는 'St. Mawr'를 살펴 보면서 어둠에 대한 여러가지 면과 피의식과의 관련성을 분석하고지 한다.

Lou는 미국 루이지아나 태생의 오스트리아 화가 Henry Rico와 로마에서 만나 결혼한 신혼의 아내이다. 그녀는 남편의 예술활동을 보고 그것이 지적 취미에만 젖어 있고 참된 생명력에 충실치 못하며, 오직 외형적인 것만을 표현해 보이려는 것임을 알고 남편에게 회의를 느끼게 된다. 그리하여 그녀는 생활에 변화를 찾을 목적으로 남편에게 말을 사자고 설득하는데, 그녀 앞에 나타나는 말이 작품의 제목이 되어 있는 주인공 St.

---

30) Wilfred L.Guerin, *A Handbook of Critical Approaches to Literature*(New York: Harper & Row, Publishers Inc., 1979), p.158. Carl Jung에 의하면 red는 blood, sacrifice, violent passion, disorder등을 상징한다고 보았다.

Mawr이다.

St. Mawr는 마치 피가 감도는 듯한 생명력이 어두운 불길처럼 치솟는 거대한 종마이다. Lou는 이 말의 활활 타는 생명력에 커다란 충격을 받는데 강렬한 생명력이 시커먼 어둠을 배경으로 하여 치솟는다. Lou가 St. Mawr에게서 보는 불타는 어두운 생명력이 다음과 같이 묘사되고 있다.

> The wild, brilliant, alert head of St. Mawr seemed to look at her out of another world. It was as if she had had a vision, as if the walls of her own world had suddenly melted away, leaving her in a great darkness, in the midst of which the large, brilliant eyes of that horse looked at her with demonish question, while his naked ears stood up like daggars from the naked lines of his inhuman head, and his great body glowed red with power. What was it? Almost like a god looking at her terribly out of the everlasting dark, she had felt the eyes of that horse; great glowing, fearsome eyes, arched with a question.[31]

St. Mawr가 속하는 곳은 저너머에 있는 어둠의 또다른 세계인 것이다. 그곳으로부터 야성적이고 찬란하고 민활한 머리를 들어 그녀를 쳐다보는 것 같다. 그곳에는 영원히 존재할 것 같은 어둠이 있고 그곳의 어둠으로부터 무섭게 불타오르는 어두운 두 눈으로 그녀를 쳐다보는 듯이 느껴지고 거대한 몸체가 붉게 불타면서 힘에 넘칠 때 이 말은 그녀에게 어두운 신(dark god)으로 여겨진다. 그리하여 Lou는 자신이 이제까지 쌓아 왔던 자아세계의 벽이 뜨겁게 방출하는 말의 신비로운 어두운 불꽃 생명력에 쪼여 녹아 버릴 것 같은 것이다.

이 말의 불타는 어두운 힘이나 생명력은 피의 순수한 본성에서 나오는 것이다. 달리 말하면 이 말은 완전한 피의식으로 형성되어 있는 血的 존재(blood-being)이다. 말이 이처럼 강렬한 생명력을 지닐 수 있는 것은 피의식에 충실하기 때문이라는 것이 Lawrence의 생각이다. Lou가 이와 같은 St. Mawr의 생명력과 교감하게 된 것은 그녀 자신의 피의식을 통

---

31) D.H.Lawrence, *St. Mawr*(Penguin, 1981), p.22.

해서인 것이다. 왜냐하면 이같은 어둠의 힘을 느끼고 볼 수 있으려면 피의식을 통해서만 할 수 있기 때문이다.

Lawrence는 St. Mawr의 모습이나 행동 등을 통하여 현대문명에 대한 비판과 예언을 상징적으로 보여 주려고 의도하고 있다. 먼저 이 말은 우리 인간이 지닌 생명 본래의 순수한 본성을 반영한 참모습의 상징이며 현대인이 상실한 모습인 것이다.

Lawrence와 절친한 친구였던 Richard Aldington은 St. Mawr를 무의식적 생명력의 상징이라고 보면서 다음과 같이 현대 산업주의 문명에 대한 비판과 연결지우고 있다.

> St. Mawr, the great bay stallion, beautiful, but dangerous and vicious, with his full dark, passionate blaze of power, is a symbol of the unconscious life-power which Lawrence thought had been lost by industrialism and above all by industrialism's genteel parasites.[32]

이처럼 St. Mawr는 Lawrence가 생각했던 바의 현대 산업주의 문명이 박탈해 간, 인간의 본성인 무의식적 생명력의 회복을 상징해 주는 상징적 동물이라 하겠다.

앞서의 인용문에서 말이 위험스럽고 사악해 보인다고 묘사된 바 있었다. 그것은 어둠과 피의식의 특성에서 나오는 것이다. 여기서 Lawrence가 이와같이 악마적인 특성을 창조한 것은 악마주의를 즐기자는 깃은 결코 아니다. 악마적인 말의 모습으로 묘사한 부분에 내포된 작가의 의도는 이 말에서 보는 바와 같이 피와 어둠에 뿌리를 두어야 할 참된 인간적 본성을 박탈하고 있는 물질-산업-기계 주의의 현대문명에 대해 작가 자신이 지닌 증오심을 상징적으로 표현하고자 한 것이다.

피와 생명력을 상실한 현대문명에 대한 비판과 예언이 주류를 이루면서 전개되는 이 소설을 F.R.Leavis는 T.S.Eliot의 'The Waste Land'보다도 더 창조적이고 더 기교적인 독창성을 보여주고 있는 것 같다고 하면서 다음과 같이 높이 평가하고 있다.

---

32) 정종화 편 *D.H.Lawrence, St. Mawr*(Seoul Korea: Shina-sa, 1976), p.314.

St. Mawr seems to me present a creative and technical originality more remarkable than that of The Waste Land being, as that poem is not, completely achieved, a full and self-sufficient creation. It can hardly strike the admirer as anything but major.[33]

Lawrence의 시각에 의하면 현대인들은 St. Mawr가 보여주는 바의 어두운 활력과 피의식을 상실하였고, 그래서 활력에 찬 삶을 누리는 대신에 기계적이고 메말라져 反人間적이고 反生命적인 삶을 영위하게 되었다. Lou와 어머니 Mrs. Witt 사이에 나누는 아래의 대화는 생명을 상실하여서 죽어버린 듯한 현대인과 St. Mawr를 대조하여 비판하는 대목이다.

And he burns with life. And where does his life come from to him? That's the mystery. That great burning life in him, that never is dead.
Most men have a deadness in them.···
Why can't men get their life straight, like St. Mawr, and then think? Why can't they think quick, Mother:··· Why isn't men's thinking quick like fire, Mother? Why is it so slow, so dead, so deadly dull?(56)

이처럼 현대인들이 이 신비롭고 성스러운 말과 같이 직접적인 생명을 얻을 수 없고, 불같이 빨리 사고하지 못하며, 그 사고가 느리고 둔하며, 그리하여 완전히 죽어있는 것은 무엇 때문이냐고 어머니에게 묻는 Lou의 질문에 대한 해답은 현대의 물질주의, 기계주의, 지성주의 문명 때문이다. 이러한 대목은 인간과 동물을 포함한 전 우주생명의 원초적인 본질인 피의식과 깊숙히 어두운 내면에 묻혀있는 생명의식을 현대문명이 사람들로부터 박탈하였기 때문이라고 보는 Lawrence의 문평비판의 표현이다.

작품의 등장인물들은 St. Mawr의 편과 그 반대편으로 갈라져 있다. St. Mawr와 반대되는 인물들은 Lou의 남편 Rico를 선두로 하여 그의 장모 Mrs. Witt(51세의 과부), 목사부부 Dean Vyner와 Mrs. Vyner, 사교계의 청년 Edward(여우 사냥꾼), 그리고 Manby집안과 그 주변 인물들

---

33) Ibid., p.317.

인데, 이들은 모두 소위 지성적인 상류 귀족계급이다. 한편 St. Mawr의 편에 서는 인물들을 보면 인디언 마부인 Lewis와 Phoenix 등인데 이들은 서민 노동계급에 속한다. 전자의 부류들은 피와 어두운 생명력을 상실하였으며, 후자의 부류는 그것들을 충실히 지니고 있다. 전자의 부류에 속하는 인물들 중에서 Lawrence가 가장 증오하는 인물은 Rico이다. 그는 참다운 내면적 실재 대신에 외형만을 찾는 한낱 공허한 反生命적, 脫血적인 화가이다. 그의 이러한 외형적 태도와 모습이 다음과 같이 묘사되고 있다.

> Rico was tall and handsome, and balanced on his hips. His face was long and well-defined, and with the hair taken straight back from the brow. It seemed as well-made as his clothing, and as perpetually presentable. You could not imagine his face dirty, or scrubby, and unshaven or bearded, or even moustached. It was perfectly prepared for social purposes. The body was perfectly tailored. The head was one of the famous talking heads of modern youth.(25—26)

Lou는 이와같은 남편 Rico에 대하여 St. Mawr를 본 순간 그에게서 떠나 버리라는 많은 암시를 말로부터 받는다. 앞의 인용문에서 "…the large, brilliant eyes of that horse look at her with demonish question… she had felt the eyes of that horse: great glowing fearsome eyes, arched with a question."라는 표현은 이와같은 Rico에 대한 회의적인 질문을 암시하는 것이다.

Lou가 St. Mawr로부터 기존의 삶과는 다른 삶의 세계에 대한 가능성의 암시를 받게 해준 것은 말이 주는 어둠에 감싸인 활력이다. 말의 어두운 활력은 Lou에게 현대인의 세계를 초월하여 있는 또다른 생명의 세계를 암시해 준다. 또한 그 어두운 생명세계는 불타는 듯한 피에 바탕을 두고 영위되는 삶의 세계임을 느끼게 해 주고, 어떤 또다른 지혜가 있는 세계인 듯이 느껴진다. 그러면서 한편으로 그 세계는 아주 위험스럽게 여겨지기도 한다.

Only St. Mawr gave her some hint of the possibility. He was so power-
ful, and so dangerous. But in his dark eye, that looked, with its cloudy
brown pupil, a cloud within a dark fire, like a world beyond our world,
there was a dark vitality glowing, and within the fire another sort of
wisdom. She felt sure of it: even when he put his ears back, and
bared his teeth, and his great eyes came bolting out of his naked horse's
head, and saw demons upon demons in the chaos of his horried eyes.(34)

여기서 Lou는 말의 무서운 두 눈의 혼돈 속에서 무수한 어둠의 악마를
보고 오히려 아이로니컬하게도 그러한 어두운 악마들의 힘에 유혹을 받게
된다. 그리하여 그녀는 그와같은 어두운 생명세계인 말의 살아 움직이는
배경 속으로 나아가고 싶어지는데, St. Mawr가 그녀에게 느끼게 해 주는
이러한 어두운 세계는 보다 넓고, 보다 찬란하며, 보다 위험스러운 곳으로
서, 우리가 사는 현대세계와는 다른 어떤 세계이다.

Why did he seem to her like some living background, into which she
wanted to retreat? When he reared his head and neighed from his
deep chest, like deep windbells resounding, she seemed to hear the echoes
of another, more spacious, more dangerous, more splendid world than
ours, that was beyond her. And there she wanted to go.(34)

이처럼 어둠이 아름답고 찬란하며 신비스러운 생명력을 주기도 하지만
위험스럽고 사악하고 비뚤어진 악마적 힘을 가지고 있다는 점은 어둠이
兩價性을 지니고 있음을 의미한다. Carl Jung에 의하면 이러한 양가성은
원형(archytype)의 특성이다. Lawrence에게 있어서 어둠은 하나의 원형
에 해당한다. 그러한 어둠은 생명을 탄생시키는 본질이고 생명은 곧 피를
의미하기 때문에 어둠의 생명세계를 지각해 낼 수 있는 것은 피의식에 의
할 때 가능해진다.

Lou는 어느 여름날 야외 승마놀이에 나가는데, 이 때 앞에서 말한 바
의 St. Mawr와는 반대편에 속하는 인물들이 그들의 말을 다루는 잔인한
행동을 보고 그들에게서 비인도적인 악과 폭력을 보게 된다. 이 때 그녀
는 다음과 같은 생각을 가진다.

The Evil! The mysterious potency of evil. She could see it all the time, in individuals, in society, in the press. There it was in socialism and bolshevism: the same evil. But bolshevism made a mess of the outside of life, so trun it down. Try fascism. Fascism would keep the surface of life intact, and carry on the undermining business all the better.… Mankind, like a horse, ridden by a stranger, smooth-faced, evil rider. Evil himself, smooth-faced and pseudo handsome, riding mankind past the dead snake, to the last break. Mankind no longer its own master. Ridden by this pseudo handsome ghoul of outward loyalty, inward treachery, in a game of betrayal, betrayal, betrayal. The last of the gods of our era, Judas supreme.(78)

이처럼 외형만 고귀한 체하나 내면으로는 아무런 참생명, 즉 참된 피와 어둠의 활력을 지니지 아니한 현대의 지적 문명인들을 Lawrence는 인류 최고의 사깃군 Judas와 같은 자들이라고 극렬히 비난하고 있다. 이제는 더 이상 이와같은 소위 상류 사회의 지성 계급들이 정치, 사회, 언론 등 각 분야의 주역이 될 수 없다고 단정하고 그들의 사기적인 악의 지배가 종말을 고하게 될 때가 오고야 말았다고 생각하는 Lawrence의 예언성이 여기에 암시되어 있다.

 St. Mawr는 이 승마놀이에서 마침내 Rico의 갈비뼈 두개와 한쪽 발목을 부러지게 하며, Edward의 잇빨 두개를 부러지게 하는 사고를 내고 만다. 이것은 현대문명에 대한 Lawrence의 전면적인 증오심을 나타낼 뿐만 아니라 그 전도를 예언하는 상징적 행위의 표현이다. 여기서 St. Mawr의 그 무서운 힘은 생명력의 모체인 어둠과 피에서 나오고 있다.

 이처럼 어둠과 피는 모두 兩價性을 지니고 있다. 즉 일반적으로 어둠은 생명의 탄생처(자궁), 태초(원초), 정적, 고요, 평화, 부드러움, 정지, 신비, 불가사의, 불가지 등의 창조적인 힘을 상징해 주기도 하지만 폭력, 무지, 악(악의), 악마(악령), 절망, 비애, 죽음, 살인, 공포 등의 부정적이고 파괴적인 힘을 상징해 준다. 그리고 피는 생명, 희생, 온화한 인간애 등 창조적인 힘과 가치를 상징해 주기도 하지만, 혁명, 폭력, 살인 등 부정적이고 파괴적인 힘을 상징해 주기도 하는 것이다. 그러나 작가는 St. Mawr의 폭력에 의한 사고에서 이 말은 그 본성이 악하지 않을 뿐만 아니라 그 의도가 악의성에 있지 않음을 마부 Lewis와 Phoenix의 입을 빌어 강조하고 있다. 이로써 Lawrence는 피와 어둠의 兩價性 중에서 파괴적이고 부정적인 힘의 성질을 옹호하는 파시스트가 아님을 알 수 있다. 오히려 그의 의도는 St. Mawr가 지닌 피와 어둠의 창조적이고 적극적인 생명력을 현대인에게 회복시켜 주고자 하는 휴머니즘에 있다.

Lawrence의 친구 Dorothy Brett는 St. Mawr가 Rico를 쓰러뜨리는 장면을 Lawrence가 크게 소리내어 읽으면서 그토록 통쾌해 하고 즐거워 했다는 점을 다음과 같이 기록하고 있다.

When the horse kicks Rico on the face "You [ie. Lawrence] read it with such keen joy and pleasure at the final downfall of Rico and the terrible revenge of the horse, that Frieda is horrified, she says you are cruel… with great relish and giggling, you describe Rico's plight. You hate Rico so, that for a moment you are the horse."[34]

위의 글을 통하여 Lawrence가 지닌 현대인과 현대문명에 대한 증오심의 강도를 알 수 있는데, 그 증오심의 이유는 현대인이 피와 어두운 활력 즉 참된 생명력을 상실하였기 때문이었다.

St. Mawr가 보여주는 그 어두운 생명력으로부터 Lou는 어둠이 지닌 무한한 잠재력을 알게 되며 그것은 한낱 단순한 어둠이 아니라, 그 속에 무한한 생명의 신비를 내포한 것임을 알게 된다. Lou, Lewis. Mrs. Witt가 별이 뜨는 어두운 저녁에 귀가하는 장면에서 Lou는 이렇게 느낀다.

The darkness was never dark. It shook with the concussion of many invisible lights, lights of towns, villages, mines, factories, furnaces, squatting in the valleys and behind all the hills.(109)

---

34) Julian Moynahan, *D.H.Lawrence, Sons and Lovers*(Penguin, 1977), pp.583 −84.

이처럼 어둠 속에서 신비로운 생명을 볼 수 있게 된 Lou는 먼 원시시대의 어두운 신 Pan에 관한 토론 모임에서 Cartwright로부터 "제3의 눈"이 뜨이면 한마리의 말에서도 밝은 낮에도 어두운 신인 Pan을 볼 수 있다는 말을 듣고 마침내 St. Mawr로 부터 그러한 Pan을 발견해 낸다. 이와같은 그들의 토론 모임이 다음과 같이 묘사되고 있다.

Pan was the hidden mystery—the hidden cause.
That's how it was a Great God. Pan wasn't be at all: not even a great God. He was Pan. All: What you see when you see in full. In the daytime you see the thing. But if your third eye is open, which sees only the things that can't be seen, you may see Pan within the thing, hidden: You may see with your third eye, which is darkness.
'Do you think I might see Pan in a horse, for example?'
'Easily In St. Mawr!'··· In a horse! ··· 'Yes, I can see that. I know what you mean. It is in St. Mawr'(62)

Cartwright가 말하는 "제3의 어두운 눈"은 달리 말하면 피의식이라고 말할 수 있다. 어둠의 신을 감지할 수 있는 것은 피의식의 감각에 충실할 때인 것이 Lawrence의 견해이기 때문이다. 이처럼 어둠에 묻혀 있는 생명력과 피의식이 긴밀한 관계를 가지고 있다는 점과 이 양자가 삶에서 차지하는 중요성에 대해 Lawrence는 한 서한에서 다음과 같이 말하고 있다.

One lives, knows, and has one's being in the blood, without any reference to nerve and brain. This is one half of life, belonging to the darkness.··· Now it is necessary for us to realize that there is this other great half of life active in the darkness, the blood-relationship: that when I see.··· But at the same time, there is a transmission through the darkness which is never absent from the light, into my blood-consciousness.[35]

여기서 보는 바처럼 "darkness which is never absent from the light"

---

35) Vickery, op.cit., p.282.

는 "In the daytime you may see Pan within the thing, hidden: You may see with your third eye, which is darkness."와 맥을 같이 한다. 즉 Lawrence는 피의식에서 어두운 생명과 어두운 신을 느꼈던 것이다. 피의식은 보이지 않게 묻혀 있는 어두운 존재, 어두운 신을 감지할 수 있게 한다. 달리 말하면 사물에 내재해 있는 살아있는 생명을 느끼게 하는 기능을 한다고 하겠다.

위에서 Pan은 사물에 내재하는 신이고, 한마리의 말의 내부에서도 그것을 볼 수 있다는 진술은 모든 사물에 내재하는 생명력을 곧 신으로 보는 범신론 사상에 해당한다. 이러한 태도는 자연주의적인 범신론적 종교관에 속한다. Lawrence는 이와같이 내재적인 어둠의 신을 믿는 종교사상이 기독교화되기 이전에 원시인들이 지녔던 종교관임을 발견하였고 생명력에 기반을 둔 이러한 원시종교를 보다 참된 것으로 생각하였다. 그래서 그는 기독교 신앙을 부정하고 어둠의 신을 믿는 운시종교로 복귀하였다.

이와같은 Lawrence의 종교관은 Lou와 그녀의 어머니 Mrs. Witt 사이의 다음 대화에 잘 나타나 있다.

    'No, Mam. It's your asking me that about God. Or else it's the night-time. I don't believe in God and being good and going to Heaven. Neither do I worship idols, so I'm not a heathen as my aunt called me.(113)

"or else it's the night-time"이라는 말에서 알 수 있는 것은 Lawrence가 밤의 어둠 속에서도 생명의 신비를 보았고, 그 신비로운 생명력을 신으로 느꼈다는 사실이다. 여기서 그는 어둠이 기독교화 되기 이전에 원시인들에게 신앙의 동기를 마련해 주었던 어떤 실체임을 깨달은 듯이 보인다. 즉 그에게 어둠은 어떤 상징적인 힘을 지닌 종교적 실체로 느껴졌다.

천부적인 강한 종교성을 지닌 Lawrence는 이 세상을 위한 새로운 계시를 찾고 있었다. 그가 그것을 찾아낸 것은 기독교 이전 시대의 원시인들이 믿었던 어두운 신들이 지닌 주술적 영감력(invocation)과 그 신비력에서 였다고 Trilling은 말하고 있다.

Indeed, Lawrence concentrates more of the blame for our basic ills upon Christianity. It is because of false prophecy. Seeking a new revelation for the world. Lawrence finds it in the religion of the pre-Christian, Pre-Judaic mysteries, in an invocation of the "dark gods" of certain primitive civilizations.[36]

요컨대 Lawrence에게 어둠은 무한한 잠재력을 지니고 있는 생명의 근원이 되는 실체로 느껴졌다. 그가 인간이나 모든 자연물과의 관계에서 그들로부터 어둠속에 내재하는 신비로운 생명력의 세계를 꿰뚫어 보고 감지하는 능력을 주목한 Aldous Huxley는 Lawrence의 그러한 능력이 보통 사람의 의식으로는 느낄 수 없는 예리한 감수성이며 특별한 재능이라고 간주하면서 다음과 같이 말하고 있다.

Lawrence's special and characteristic gift was an extraordinary sensitiveness to what Wordsworth called 'unknown modes of being' He was always intensely aware of the mystery of the world, and the mystery was always for him a numen, divine. Lawrence could never forget, as most of us almost continuously forget, the dark presence of the otherness that lies beyond the boundaries of man's conscious mind. This something not ourselves is yet a something lodged within us; this quintessence of otherness is yet the quintessence of our proper being.[37]

이처럼 Lawrence는 우리자신이 아닌 무엇인가의 것이 우리 안에 있으며, 이러한 他性이나 他者(otherness)를 우리의 고유하고 근원적인 본질로 보았다. 어둠과 결합된 이와같은 신비로운 他者나 他性의 세계를 감지할 수 있는 비상한 능력이 곧 그의 피의식인 것이다. 어둠과 결합된 신비적인 내재된 생명의 세계를 포착할 수 있게 하였던 것은 비상하게 개발된 Lawrence의 피의식에 의해서 가능했다. 따라서 Lawrence문학의 신비주의적인 특성은 그의 피의식에서 궁극적인 원천을 찾을 수 있다.

---

36) Trilling, *The Portable D.H.Lawrence,* p.8.

37) Aldington, op. cit., pp.12−13.

그러면 Lawrence의 이와같은 어둠의식이 형성된 배경과, 그리고 그것이 어떻게 하여 피의식과 결합하게 되었는지에 대해 알아보고자 한다.

Lawrence의 어린 시절은 가난과 아버지의 과음, 양친간의 불행한 관계 등으로 고통에 시달렸다. 자서전적인 소설 *Sons and Lovers*를 통해서 이것은 실감나게 알 수 있다. 아버지와 어머니는 기질, 성격, 사고방식 등 여러 면에서 대립적이었기 때문에 빈번한 싸움이 계속되곤 했다. 아버지는 술을 심하게 마시고 폭력까지 행사하였던 것이다. 그런데 Lawrence는 어머니가 돌아가시기 전까지 어머니의 아들에 대한 헌신적인 사랑에 눌려 만사를 어머니의 눈을 통해서 보았고, 항상 어머니편에 섰으며, 아버지를 극렬히 증오하였다. 그리하여 그는 한 친구에게 자신은 오직 한 부모(어머니)밖에 없다고 말했으며 어머니가 돌아가신 3개월 후에 아버지가 지옥에 떨어졌으면 좋겠다는 편지를 쓰기도 하였다. 이 점을 C.H. Ford는 논문 'The 〈S〉 Curve: Persephone to Pluto'에서 다음과 같이 기술하고 있다.

> In October, 1910, he assured one correspondent that he had never had but one parent. And in the following Februrary, three months after the death of his mother, he exclaimed in a letter that he wished his father were in Hell, and added: "I shivered with horror when he touched me."[38]

양친간의 치열했던 싸움은 Lawrence의 'A Later Autobiographical Sketch'에서도 발견할 수 있다.

> My mother fought with deadly hostility against my father, all her life. He was not hostile, till provoked, then he too was a devil. But my mother began it…[39]

부모의 극렬한 싸움의 빈발은 어린 Lawrence의 의식에 밝음보다는 어둠을 깊이 심어 주었을 것이다.

---

38) Moynahan, op. cit., p.587.
39) Moynahan, op. cit., pp.592−93.

부모의 불행한 관계로 하여 Lawrence가 받은 또 한가지의 중요한 영향은 어머니와의 complex문제였다.

어머니는 아버지로부터 이루지 못하는 사랑을 아들에게 헌신적으로 돌렸으며, 그것은 아들에 대한 강한 애정 독점욕으로 발전하여 Lawrence가 청년기의 감정을 다른 소녀들과 자연스럽게 표현하는 것을 심하게 간섭함으로써 그의 심리에 대해 complex심리를 유발시켰던 것이다. 이것은 *Sons and Lovers*에서 어머니 Mrs. Morel과 아들 Paul사이의 애정묘사를 통하여 잘 나타나 있다. 프로이드적 심리분석가(Freudian analyst)들이 일반적으로 주장하는 심리학 이론은 이와같은 콤플렉스 문제(Oedipus Complex)를 해명해 주는 것이 되고 있다.

Lawrence는 본질적으로는 아버지처럼 순수하게 본능적이고 혈적이었지만 종교적이고 독선적이며 독점적인 어머니는 아들을 종교적이고 지적으로 만들고자 온갖 노력을 다하였으므로 청소년기의 Lawrence는 그 자연스러운 본능과 혈적 생명력을 억압당하여 영혼과 육체, 정신(mind)과 본능의 심각한 분열과 갈등을 일으켰고 이 때의 정신적 complex는 Lawrence의 인생에 중대한 영향을 끼치게 되었던 것이다. 즉 이와같은 어머니의 영향은 청소년 Lawrence의 의식에 고뇌의 어둠을 형성시켜 주었을 것이다.

어머니의 애정 간섭과 아버지가 지닌 육체적이고 혈적인 본성으로의 순수한 지향성 사이에 일어나는 이분론적 갈등을 Lawrence는 'A Later Autobiographical Sketch'에서 다음과 같이 기록하고 있다.

Her feeling for us, also was devided. We were her own, therefore she loved us. But we were his, so she despised us a little.[40]

이상에서 살펴본 바와 같은 가정불화나 어머니와의 심리적 콤플렉스 등은 Lawrence로 하여금 부정적인 어두운 의식에 머무는 것으로 끝나게 하지 않고 고뇌적인 어둠에서 극복되고자 하는 의지로 발전하였을 것이

---

40) Moynahan, op. cit., pp.592-93.

다. Lawrence의 이러한 극복과정은 심리적으로 강렬한 피의 호응을 요구하게 되었을 것으로 생각된다. 이와같이 하여 어두운 의식과 피의식은 연결되고 어둠 속에 묻힌 사물이나 생명도 피 속에서 감응되고 피의식에서 감지되어졌을 것이다.

어둠의식의 형성과 피의식과의 결합문제에는 이와같은 가정환경적 측면 외에 Lawrence자신의 신체적 조건도 작용하였을 것으로 본다. 그는 어릴 때부터 몸이 건강하지 못하고 혈색이 나쁜 아이였다. 거기에다 Nottingham High School를 졸업하고 약 석달 동안 윗과 의료기구 공장에서 서기로 근무했을 때 폐렴을 지독히 앓은 후 건강을 영영 망쳐 버려 일생을 병약한 몸으로 보냈다.[41]

따라서 Lawrence는 항상 건강한 육체를 선망하였을 것이다. 그가 성에 특이하게 강한 집착을 보이게 된 것은 육체적 관계에서 따뜻한 피의식을 마음껏 느낄 수 있었고 그것을 통해 생명력을 불붙게 할 수 있었다는 점에 있었을 것으로 생각된다. 그러나 그의 성생활은 병약한 육체 때문에 자유롭지 못했을 것이며, 따라서 비상한 예술적 재능을 지닌 Lawrence는 예술의 상상적 세계를 통하여 이를 실현시키고자 하였을 것이다. 때문에 섹스에서 발견한 최고의 피의식을 Lawrence는 끊임없이 예술적으로 재현하여 자신의 병약한 육체를 섹스의 피의식에 의해 상상적으로 활성화시킬 수 있었을 것으로 생각된다. ‘The Man Who Died’는 말기에 갈수록 육신이 더욱 더 허물어져 갔던 Lawrence가 죽음의식을 느끼면서 이 육체적 죽음을 극복하고자 한 것이며, 섹스의 피의식을 통하여 이를 실현하고자 했던 것이다. 그의 작품에서 육체의 병을 치료하는 태양욕(sunbathing)을 상당히 찾아 볼 수 있는 것은 자연과의 피의식적인 교류를 위한 것이다. ‘The Man Who Died’에서 그 일례를 본다.

> Yet when the sun came up, he went again to lie in the yard. The sun was the one thing that draw him and swayed him.(424)

---

41) Warren and Harry T. Moore, op. cit., p.593.

이 태양욕 치료는 단편 'Sun'에서도 나타나 있다. 여주인공 Juliet는 의사의 권유에 따라 뉴욕으로부터 이탈리아 남부의 해안에 요양을 간다. 나체로 원시의 숲속에서 싱그러운 자연과 더불어 생명력의 교류를 나누면서 태양력으로 자신의 생명력을 회복한다. 그녀가 태양을 몸 내부에 교감시키는 태양욕 장면을 잠깐 살펴보면 다음과 같다.

Soon she felt the sun inside them warmer than ever love had been, warmer than milk or the hands of her baby.

At last her breasts were like long white grapes in the hot sun. She slid off all her clothes and lay naked in the sun.··· Pulsing with mar-vellous bule, and alive, and streaming white fire from his edges, the sun! He faced down to her with his look of blue fire, and enveloped her breasts and her face, her throat, her tired belly, her knees, her thighs and her feet··· the colour of rosy flame through her lids··· like a long white gourd in the sun, that must ripen to gold.··· She could feel the sun penetrating even into bones; nay, further, even into her emotions and her thoughts. The dark tensions of her emotions began to give way, the cold dark clots of her thoughts began to dissolve.[42]

Lawrence에게 있어서 태양은 우주만물 중에서 가장 강력한 강도를 지닌 피를 가진 생명체를 의미하고 있다. 그리하여 그의 작품에서 태양의 심상은 불의 심상과 함께 가장 많이 사용되고 있다.

Lawrence가 죽음에 임박했을 때 쓴 *Apocalypse*(1931년, 사후 출판)에서도 태양욕을 즐기는 그를 발견할 수 있다. 여기에서 태양욕은 blood-interchange, blood-communication으로 나타나고 있다. Lawrence는 이렇게 말한다.

Who says the sun cannot speak to me! The sun has a great blazing consciousness, and I have a little blazing consciousness. When I can strip myself of the trash of personal feelings and ideas, and get down to

---

42) D.H.Lawrence, 'Sun' in *The Woman Who Rode and Other Stories*(Penguin, 1975), pp.29−30.

my naked sun-self, then the sun and I can commune by the hour,
the blazing imterchange, and he gives me life, sun life, and I send
him a little new bringhtness from th world of the bright blood.[43]

blood-contact인 태양욕 뿐만 아니라 작품에 등장하는 동식물과 기타의
외계 자연물(sun, moon, star 등)은 혈적 생명체들로 묘사되고 있다. 작
중의 중요 인물들은 그와같은 우주의 사물로부터 혈적 생명력을 교감받고
생명력이 고갈된 자아를 건강한 생명적 자아로 회복하는 예가 많다.

말할 것도 없이 만년에 들어갈수록 Lawrence의 병약한 육체적 조건은
어두운 의식을 더욱 강하게 생성하게 될 것이다. 그리하여 그의 의식에는
죽음의 어두운 공포가 따라 다녔을 것이다. 앞으로 다룰 죽음의 시 'The
Ship of Death', 'Bavarian Gentians'는 이러한 어둠의 의식과 image가
직접 표현되어 있다.

Lawrence와 Croydon시절에 사귄 바 있는 그의 여자친구 Helen
Corke는 Lawrence가 점점 병약해졌을 때 죽음의식을 강하게 안고 쓴
*Apocalypse*에 대해 다음과 같은 논평을 하고 있다.

In you, the individual self and the tribal self were so nearly matched
that the contest between them was continuous and desperate and now,
weary of the struggle, you look longingly back through aeons of
human development to days of co-consciousness, before strife began,
when mankind was only sensible of a "a flaming love of life and the
strange shudder of the invisible dead."[44]

위 인용문은 이제까지 강한 자아 투쟁을 해왔던 Lawrence가 그 투쟁
의 피로감과 더불어 병의 악화로 죽음에 임박하자 개인적 자아를 버리고,
불같이 삶을 사랑하고 신비적인 죽음에의 공포를 지니고서 집단적인 삶을
영위했던 먼 원시시대의 인류가 함께 나누어 가졌던 공동의식(집단의식)

---

43) Lawrence, *Apocalypse,* p.28.

44) Helen Croke, *D.H.Lawrence: The Croydon Years*(Texas: The University of
   Texas Press, 1965), p.119.

에서 정신적 귀의를 실현할 수 있다는 사실을 발견하였음을 의미하는 글이다. 원시인들의 경우 우주 자연에 내재한 신비적인 힘에 대해서는 경외감과 더불어 죽음에의 공포의식이 있었고 이러한 그들의 의식에는 실체(정체)를 덮어서 감추게 하는 어둠에 대한 예민성이 있었다.

우주 자연에 대한 경외감과 공포감을 항시 느꼈던 원시인들에게 예민하게 어둠의식과 피의식이 발달되어 있었던 것처럼 Lawrence의 예민한 어둠의식과 피의식에는 신체의 병약함으로 인해서 붙여다녔던 공포스러운 어두운 죽음의 그늘과 생명 그 자체인 피에 대한 갈망이나 심상들이 그 배경의 하나로서 작용했을 것으로 본다.

병약함에서 형성된 이와같은 어둠은 예민한 생명 의식을 천부적으로 타고난 Lawrence에게 병적인 무력감에 머물게 하지 않고 강렬한 의지가 작용하여 피에 호응되어지는 생명력을 유발시키게 될 것이다. 그리하여 그의 내부에 붙여 다녔던 어두운 영상은 오히려 신성하고 활력에 넘치는 생명력으로 발전되고 승화되었을 것으로 보인다.

Lawrence가 어둠의식을 형성하고 나아가 피의식과 결합하는 문제에 있어서 또 한가지 중요한 요인으로서 지하탄광을 들 수 있을 것이다. 갱 속은 어두운 곳이며 여기에는 건강한 생명력에 넘치는 검붉은 혈색의 광부들이 활동무대로 삼고 일하는 낮의 일터이다. 어린시절과 성장기를 통하여 이러한 상황을 보고 들으면서 생활한 Lawrence에게 어두운 지하는 무한한 상상의 세계를 그의 뇌리에 펼쳐 주었을 것이다.

Lawrence문학에 미친 Eastwood 탄광촌 광부들의 영향에 관해 John B.Vickery는 'Myth and Ritual in the Shorter Fiction of D.H.Lawrence'에서 다음과 같이 말하고 있다.

In this connection, it is particularly interesting to note how often Lawrence's miners—the perfect image of the contempoary underworld —posses that inexpugnable quality of life and personal power that Frazer and Miss Harrison attributed to chthonic deities.[45]

45) John B.Vickery, *Myth and Literature*(Lincoln: The University of Nebraska Press, 1973), p.300.

탄광갱의 지하는 생명력이 넘치는 광부들이 일하고 있다는 그 구조의 특성 때문에 지하세계를 생명세계로 상상하고, 생명과 피를 어둠과 연결시키게 하였을 것이다. Lawrence에게 탄광의 어둠 속에서 피에 충만된 광부들이 일하고 있다는 상상력은 뗄 수 없을 만큼 강력한 생명력의 심상으로 각인된 것이다.

Lawrence의 작품들에서 지하구조의 패턴이 많이 나타나는 것은 지하탄광 심상에 그 근원을 두고 있다고 생각된다. 이와같은 지하탄광은 신화의 Hades와 긴밀하게 연계되는 방향으로 발전했으며 Hades 심상에다 피의식과 어둠의식이 결합된다.

자연환경적인 또 하나의 다른 배경으로 들 수 있는 것이 향리 Eastwood 주변의 조경이다. Lawrence의 향리 Eastwood는 그의 유년시절에 나무, 숲, 돌, 암벽 등이 어우려져 영국 고대의 전원풍경을 여전히 보존하고 있었다. 그와같은 전원의 생명력 넘치는 풍요함과 아름다움과 신비는 Lawrence의 예민한 감성을 강하게 감동시켰다. Nottingham 쪽에는 피의 색을 연상케 하는 색깔인 붉은 바위와 적갈색의 참나무들이 주위배경을 이루고 있었고, 한편 Derbyshire 쪽으로는 냉기도는 어두스럼한 석회암과 거무스럼한 ash tree, 그리고 검은 암벽이 둘러싸여 있었다. 'Nottingham and The Mining Country'에서 Lawrence는 향리의 자연배경을 다음과 같이 소개하고 있다.

> To me it seemed, and still seems, an extremely beautiful country-side, just between the red standstone and the oak-trees of Nothingham, and the cold limestone, the ash-trees, the stone fences of Derbyshire. To me, as a young child and a youngman, it was still the old England of the forest and agricultural past.[46]

이와같이 피를 연상케 하는 붉은 색채의 바위와 어두스럼한 석회암, 거무스럼한 잿나무 그리고 둘러싸인 검은 암벽 등으로 이루어진 Eastwood

---

46) Lawrence, *Selected Essays,* p.114

주변의 자연환경은 어릴 때부터 남달리 감수성이 예민하였을 뿐만 아니라
화가로서 색채감각이 뛰어난 Lawrence에게 그의 성장기를 통해 의식에
다 피의식과 어둠의식을 깊이 각인하였을 것이고, 그러한 두가지 의식을
긴밀히 결합되게 하였을 것이다.

4. 원시세계, 신화세계와 blood-consciousness

Lawrence는 신화와 관련된 많은 저서를 읽었다. 그 예들로서 Frazer
의 *The Golden Bough, Totemism and Exogmy,* Edward Tylor의 *Primitive
Culture,* Gilbert Murry의 *Four Stages of Greek Religion,* John Burnent
의 *Early Greek Philosophy* 등을 들 수 있다.[47]

이러한 저서들은 원시인의 종교, 신화, 풍습 등과 같은 원시문화에 관한
인류문화학적 인류사회학적 연구서들이다. 이와같은 저서들을 읽고 Law-
rence가 느낀 것은 인간의 근원적인 삶의 형태가 바로 원시인들의 그와같
은 삶에 존재한다는 사실이다. 원시인들이 인간과 자연 관계에서 기초로
삼았던 의식은 그가 20세 쯤에 지각한 바 있다고 밝힌 피의식이라는 사실
을 발견한 점에 관해서는 이미 앞에서 Lawrence가 Frazer를 읽고서 확
인하게 되었다고 이미 언급한 바 있다. 신화에 표현되어 있는 의식은 고
대인이나 원시인들의 피의식인 것이나.

Lawrence는 현대인을 지배하는 지적 의식을 잘못된 것으로서 배격하
고 피의식만이 참된 의식 형태라고 확신하는 '피의 종교'를 확립하였고 원
시사회의 탐방여행을 통해 그것을 확인하였다. 그는 현대문명에 남아 있
는 원시사회를 여행하면서 현지의 원시인들에게서 확인한 피의식과 어두
운 생명력의 구현을 작품의 소재로 활용하는 창작활동을 한다.

Lawrence가 원시사회를 탐방하여 현지인들의 생활과 문화를 보고 감
동을 받은 것은 원시인들에게 있어서 춤, 행동, 표정 등은 피에서 흘러나

---

47) Vickery, Chapter IX, 'D.H.Lawrence: The Mythic Elements', *The Literary
　　Impact of the Golden Bough,* op. cit., pp. 280—81 참조.

오며, 종교, 의식, 축제 등의 모든 문화적 형태가 피의식에 뿌리를 내리고 있다는 점이었다. 그는 이탈리아의 고지대 산악에 살고 있는 기독교화된 이교도적인 원시 농민촌을 탐방하여 그들에게서 느낀 감동을 다음과 같이 말하고 있다.

It is a race that moves on the poles of mystic sensual delight. Every gesture is a gesture from the blood, every expression is a symbolic utterance.
For learning there is sensous experience, for thought there is myth and drama and dancing and singing. Every thing is of the blood, of the senses.[48]

그리고 미국 Apache지방의 여행에서 첫날 저녁에 만난 홍인종(Red Indian)들로부터 경험하였던 격렬한 어둠과 융합된 피의식에 대해 'Indians and Englishman'에서 다음과 같이 기록하고 있다.

We are both men, but how do we feel together? I shall never forget that first evening when I first came into contact with Red Men, away in the Apache country.
It was not what I had thought it would be. It was something of a shock. Again something in my soul broke down, letting in a bitterer dark, a pungent awakening to the lost past, old darkness, new terror, new root-griefs, old root-richnesses.[49]

위에서 Lawrence의 영혼 속에 강렬하게 밀려들어 오는 암흑의 생명력은 원시적인 피의식에 뿌리를 두고 있기 때문에 그처럼 쓰디쓴 맛과 통렬함, 그리고 일종의 공포가 섞여 있는 강렬함과 먼 태고부터 깊이 뿌리를 내려온 어떤 알지 못할 신비스러움으로서 느껴질 수 있었던 갓이다. "something in my soul broke down, letting in a bitter dark, a pungent awakening to the lost past"라는 표현은 인디언들의 강력하고 어두운 혈

---

48) D.H.Lawrence, *Twilight in Italy*(Penguin, 1977), p.12.
49) Lawrence, *Selected Essays*, p.193.

적 생명력이 Lawrence의 피의식에 강하게 밀려와 감응되고 있음을 동시에 의미한다.

한편 Lawrence는 멕시코의 Hopi부락을 여행하여, 인디언들이 추는 'Snake Dance'를 본 적이 있는데, 멕시코의 원시문명에 대한 탐방 관찰기인 *Mornings in Mexico*에서 인디언들의 의식을 생생하게 묘사하고 있다.

멕시코의 Hopi부락에 3,000명 가량의 유럽인들이 자동차를 몰고와 그곳의 원주민들이 추는 춤을 구경한다. Hopi 인디언들은 지하에 살고 있다고 믿는 어두운 태양(dark sun)과 뱀에게 영적 교신을 한다. 그들은 이 교신은 하계의 어두운 태양으로부터 방사되어 나오는 어두운 광선들(dark rays)을 받아들이면서 깊고 거의 침묵에 가까운 뱀의 말(snake-language)로써 뱀들에게 Hah-ha, hah-ha하고 소리를 지르면서 춤을 춘다. 인디언들이 상상하고 있는 지하세계의 어두운 뱀이나 어두운 태양은 암흑의 신이다. Lawrence는 이 신들은 영적인 무한한 계시를 그들에게 불러 일으켜 주는 것임을 알아낸다. 이와같이 인디언들이 믿는 어둠과 관련된 신적 실체들은 혈적인 존재이다. 그들이 이 실체를 받아들이는 능력이 있는 것은 피의식에 바탕을 두고 있기 때문이라고 보는 것이 Lawrence의 생각이다. 원시인들은 피의식에 충실하기 때문에 암흑 속에서 보이지 않게 존재하는 풍요한 생명세계를 볼 수 있고, 완전한 활력에 찬 춤을 출 수 있다고 보는 것이다. 그러나 과학과 지성 중심의 문명사회에 살고 있는 현대인들은 물질주의, 기계주의의 지적 의식에 빠져 있기 때문에 이와같은 활력에 찬 춤을 출 수 없다. 그리하여 암흑을 받아들일 수 있는 능력인 피의식를 상실하였고 깊은 영혼으로부터 어둡고 힘차게 솟아나오는 생명적인 춤을 출 수 없다고 Lawrence는 보았다. 다음의 글은 Hopi족이 추는 춤을 통해서 나타나는 원시의식과 현대의식의 차이점에 대한 Lawrence의 진술이다.

But to the Indian, the so-called mechanical processes do not exist. All lives. And the conquest is made by the means of the living will. This is the religion of all aboriginal America.

  In Mexico, men fell into horror of the crude, prinstine gods, the
dragons.⋯

  The destiny of the animistic soul of man, instead of our destiny of
Mind and Spirit. We have undertaken the scientific conquest of forces, of
natural conditions.[50]

이처럼 Lawrence가 Hopi인들의 춤에서 발견한 새로운 사실은 유럽 문
명인들의 기계성과는 전혀 다른 완전히 살아있는 생명적 형태였다. Law-
rence는 소설론 'Why the Novel Matters'에서 "Nothing is important
but life.⋯ To be alive, to be man alive, to be the whole man alive:
that is the point.⋯ It(novel) can help you not to dead man in life."[51]
라고 그의 생명주의적 도덕을 표현하고 있다. 완전히 살아 있으려면 피에
바탕을 두고, 피의식으로써 생활을 하여야 하며, 또한 인간 생명의 깊은
곳에 숨겨져 있는 생명의 본질이 되는 어두운 의식세계를 자아의 외부로
끌어내어야 한다. 현대인은 자아에 깊이 묻혀 있는 어두운 세계를 개발하
지 않고 있기 때문에 무기력하다는 것이 Lawrence의 견해이다.

'Hopi Snake Dance'에서 볼 수 있듯이 지하를 생명의 세계로 여기는
것이 인디언들이 보여주는 의식의 특징이다. Lawrence도 역시 이러한 사
상을 어릴 때부터 지녔다. 그는 고향의 탄광촌에서 지하의 깊고 어두운
갱 속에 들어간 건강한 육체를 지닌 광부들이 활동무대를 그곳의 지하로
삼고 생활하는 것을 어린 시절부터 보아왔고, 그것이 비상한 예술적 감수
성을 지닌 그에게 의식에 깊은 영향을 주어 지하를 생명세계로 생각하는
하계의식을 지녔을 것으로 생각된다. 그리하여 그의 하계의식은 원시인들
이나 신화에 나타나는 Hades 사상과 쉽게 연결되었을 것이다.

Lawrence의 이와같은 Hades 사상은 시 'snake'에서 잘 구현된다. 시
인(Lawrence)은 자기보다 먼저 샘터에 와서 물을 먹고 있는 한 마리의
뱀을 보고 자신이 마치 영광을 입은 듯한 느낌을 받는다. 그는 잠옷바람

---

50) D.H.Lawrence, *Mornings in Mexico*(Penguin, 1975), pp.76-77.
51) Beal, pp.104-07.

으로 물통을 들고 서서 조용히 기다리기만 한다. 물을 마시고 있는 뱀은
그에게 귀한 손님으로 여겨지는 것이다.

> A snake came to my water-trough
> On a hot, hot day, and I in pyjamas for the heat,
> To drink there,
>
> In the deep, stranger-secented shade of the great dark carob-tree.
> I came down the steps with my pitcher.
> And must wait, must stand and wait, for there he was at the trough
> before me…
>
> ....
> Someone was before me at my water-trough,
> And I, like a second-comer, waiting…
>
> ....
> But must I confess how I like him,
> How glad I was he had come like a guest in quiet, to drink at my
> water-trough
> And depart peaceful, pacified, and thankless,
> Into the burning bowels of this earth?[52]

　이렇듯 뱀이 샘터에 들어 앉아 물을 마시는 것을 보고 너무나 좋아지
며, 말을 걸어 보고 싶고, 그토록 영광입은 듯이 느껴지는 시인은 자신의
이와같은 의식에 대해 다음과 같은 생각이 밀려든다.

> Was it cowardice, that I dared not kill him?
> Was it perversity, that I longed to talk to him?
> Was it humility, to feel so honoured?
> I felt so honoured…
>
> ....
> And truely I was afraid, I was most afraid,
> But even so, honoured still more
> That should seek my hospitality
> From out the dark door of the secret earth.(137)

---

52) D.H.Lawrence, *Selected Poems*(Penguin, 1979), pp.136-37.

일반 통념에 의하면 뱀은 저주받은 동물이며 사탄의 상징이다. 그럼에도 불구하고 그를 존엄하고 고귀한 생명체, 하계로부터 온 귀한 손님으로 느끼게 되는 것은 생명력의 교감이나 생명감정을 적나라하게 교류할 수 있도록 해주는 피의식을 시인이 강하게 지니고 있기 때문이다.

위에서 왜 뱀을 죽이지 못하느냐고 반문하는 것은 현대 교육의 목소리이다. 시인의 의식에는 현대의 지적 교육이 오염되어 잔재해 있다. 이러한 현대 교육의 목소리는 계속 강해지면서 뱀을 죽이도록 강요해 온다.[53] 그리하여 시인은 뱀에게 나무토막을 던지며 이 때 뱀은 고귀한 생명체로부터 한낱 꿈틀대는 파충류로 변해버린다. 고귀한 생명을 비하시킨 시인은 자기 행동을 후회하고 자신을 이렇게 만든 현대의 교육과 그러한 교육에 물든 자신의 일부를 경멸하면서, 신천옹을 죽인 수부가 저주받은 것을 기억하고 뱀이 다시 돌아오기를 기다린다. 그에게 뱀은 처음에 지하의 왕으로 보였고, 생명의 왕으로 여겨졌기 때문이다.

> For he seemed to me again like a king.
> Like a king in exile, uncrowned in the underworld.
> Now due to be crowned again.
> And so, I missed my chance with one of the Lords of life.
> And I have something to expiate:
> A pettiness.(137)

뱀을 지하의 왕, 생명의 왕, 존엄하고 영광된 왕으로 여기며 지하를 생명의 근원세계로 여기는 것은 기독교화 되기 전에 인류가 지녔던 종교사상이었다. 'Hopi Snake Dance'에서도 알 수 있듯이 지하를 생명계의 근원으로 여기며 지하에서 살고있는 생명의 왕인 뱀과 영적으로 교감하는 것이 피의식이라면 이에 반해 그것을 한낱 파충류로 보이게 하는 것은 현대문명의 소산인 지적 의식에 지나지 않음을 Lawrence는 이 시에서 보여주고 있다.

문명화되기 이전의 신화사회와 원시사회에서는 만생물에게 동등한 고귀

---

53) "If you were not afraid, you would kill him!"라고 들려온다.(Ibid., p.137)

성이 부여되었다. 인간과 동물은 동등하며, 인간은 우주의 만물과 더불어 살고 우주 전체에 참여하여 우주적인 총체성을 이루는 가운데 활기찬 삶을 누린다. 이와같은 현상이 가능하게 된 것에는 피의식이 그 바탕을 이루고 있기 때문이라고 파악한 사람이 Lawrence이다.

고대의 원시종족들이 지닌 피의식을 작품으로 재현한 것에 단편소설 'The Woman Who Rode Away'가 있다.

여주인공은 원시적인 인디언들의 신들과 신화에 대해 신비로운 충동을 가지고 있다. 그녀는 광산업을 경영하는 남편에게 찾아오는 사람들 중의 한 청년으로부터 말을 타고 3일이나 걸리는 산 넘어 살고 있는 Chilchui Indian에 대한 이야기를 듣고, 호기심과 동경심에 자극된 감정을 이기지 못하게 된다. 그녀는 드디어 어느날 혼자 말을 타고 산악고지에 있는 그들의 촌락으로 들어간다. 한참 가다가 3명의 인디언에게 인도된다.

'And what do you want to do?' the Indian asked her. 'I want to visit the Chilchui Indians — to see their houses and to know their gods?' she replied.[54]

그녀는 그들의 추장에게 인도되어, 그 추장 앞에서 백인의 신을 버리고 그들 종족의 신에게 귀의하겠느냐고 묻는 그의 물음에 대해 승락하게 되고 마침내 그들의 신에게 인신제물로 바쳐지는 儀式이 집행된다.

Lawrence는 이 백인여인이 Chilchui 송족의 제물의식에 따라 제물로 바쳐지기 전까지의 과정을 통해 백인의 의식이 원시인의 의식으로 변환하는 심리과정에 묘사의 중심을 두고 있다. 이 제물의식에서 Chilchui 인디언들이 집행하는 예식, 춤, 노래, 그리고 제물로서 백인 숙녀가 체험하는 의식의 변화 과정 등에는 어둠과 피의식이 나타난다.

북치는 소리, 태고의 휘몰아치는 굵은 노래 소리, 여우 꼬리를 단 남자들이 끊임없이 춤추면서 내는 발 구르는 소리, tunic을 입은 여인들의 발 구르는 소리 등이 무섭게 지속되는 가운데서 이 백인여인의 의식에 일어

---

54) Lawrence, *The Woman Who Rode Away and Other Stories*, p.54.

나는 것은 그녀의 특유하게 강한 개성이 소멸되고, 개인으로서는 존재하지 않게 되며, 백인여성으로서 지녀온 예리함과 신경의식은 파괴되고, 비개성적인 性과 비개인적인 열정의 거대한 어두운 흐름에 내던져지는 존재변환이다.

그녀는 인디언들이 주는 약물을 마시고 다음과 같은 신비로운 피의식과 우주적인 교감을 체험한다.

> She lived on, in a kind of daze, feeling her power ebbing more away from her will were leaving her. She felt always in the same relaxed, confused, victimized state, unless the sweetened herb drink would numb her mind altogether, and release her senses into a sort of heightened, mystic acuteness and a feeling as if she were diffusing out deliciously into the harmony of things. This at length became the only state of consciousness she really recognized: this exquisite sense of bleeding out into the higher beauty and harmony of things. Then she could actually hear the greater stars in heaven which she was through her door, speaking from their mention and brightness, saying things perfectly to the cosmos as they trod in perfect ripples, like bells on the floor of heaven, passing one another and grouping in the timeless dance, with the spaces of dark between.(71-72)

이처럼 희생제물로서 백인 여인이 어두운 밤하늘을 볼 때 별들이 말하는 소리를 듣고, 밤의 사물들 속으로 자신의 피가 흘러 들어 가는 것을 느끼며, 나아가 인디언들이 신앙하는 태양신 앞에 기꺼이 제물로 바쳐질 수 있는 것은 Lawrence에 의하면 피의식에 의한 것이다.

Edith Hamilton에 의하면, 원시인들이 사물에 내재하는 어두운 신의 공포스러운 분노를 달래려는 희망에서 거행한 것이 곧 신비로운 주술, 종교행사, 고통과 비애의 값을 치르고 행해지는 인신제물(human sacrifice) 및 동물제물(animal sacrifice) 등과 같은 의식이라고 하였다. Lawrence의 견해에 의하면 이러한 것들은 위 장면에서 본 것처럼 오히려 신성한 것이며 우주의 내재신에게로 복귀한다는 생명의 우주적 영구회귀로 파악되었다.

Lawrence는 B.C. 700-300년에 왕국을 이루어 살다가 로마인들에게 정복된 고대 이탈리아에 있었던 Etruria인의 지하고분을 둘러보았을 때 말할 수 없는 감동을 받았다. 그 곳의 지하세계는 마치 전체적인 고대세계의 상징처럼 느껴던 것이다. "So the symbolism goes all through the Etruscan tombs. It is natural very much the symbolism of all the ancient world."[55]

벽화에 그려진, 벗은 팔다리로 싱싱한 올리브 나무 숲에서 피리를 불고 춤추는 고대인들의 모습은 Lawrence에게 호흡처럼 자연스럽고 편안하게 여겨졌다. 그가 느낀 것을 일부 발췌하여 보면 다음과 같다.

> It is all small and gay and quick with life, spontaneous as only young life can be.··· Here is the real Etruscan liveliness and naturalness.··· But if you are content with just a sense of the quick ripple of life, then here it is.··· The scene is natural as life and yet it has a heavy archaic fulness of meening.··· This profound belief in life, acceptance of life, seems characteristic of the Etruscans. It is still vivid in the painted tombs. There is a certain dance and glamour in all the movements, even in those of the naked slave men.[56]

Etruria 고분을 여행한 경험은 Lawrence에게 지하가 생명의 근원임을 상징적으로 보여 줌으로써 죽음이 곧 삶이라는 종교관을 강화시켜 주었다. 벽화에서 Etruria인들이 보여주는 죽음이 삶의 연속이라는 사상은 그들이 죽었을 때 심오한 불꽃처럼 보이는 보라색 옷을 걸친 그들의 왕에 의해 死者가 푸르게 불타는 Hades의 심연 속으로 인도되고, 그 속에 들어감으로써 보다 활력있는 생명으로 소생되는 장면에 표현되어 있다.

이와같은 점에서 그들의 왕은 생명 인도자(life-bringer), 생명 안내자(life-guide)였다. 사후세계로의 인도에 관한 그림에 관해 Lawrence는 다음과 같이 말하고 있다.

---

55) D.H.Lawrence, *Etruscan Places*(Penguin, 1975), p.155.
56) Ibid., pp.133-34.

They(kings) are clothed in scarlet, they are bodily a piece of the deepest fire … and show the way into the dark of death, which is the blue burning of the one fire. They, in their own bodies, are the life-bringers and the death-guides, leading ahead in the dark,… The life-bringers, and the death-guides. But they set guards at the gates both of life and death. They keep the secrets, and safe-guard the way… the pool within pool, wherein, when a man is dipped, he becomes darker than blood, with death, and brighter than fire, with life; till at last he is scarlet royal as a piece of living life.[57]

위에서 살펴본 바와 같은 Etruria무덤의 벽화가 보여준 사후세계로의 Hades인도와 재생 사상은 Lawrence가 타계하기 전 해인 1929년에 가을을 맞아 죽음이 임박해 오는 것을 느끼면서 집필한 시 'The Ship of Death'에 그대로 반영되고 있다.

이 시에서 Lawrence는 지하의 어두운 세계를 생명의 부활지, 생명의 저장고로 생각하고 새로운 생명으로 소생하기 위해 지하로 여행을 떠난다. 어두운 지하에 있는 대양은 생명을 끝나게 하는 죽음의 세계가 아니라 생명을 새롭게 재생시켜 주는 삶의 세계가 되고 있다.

때는 가을이다. 마치 가을의 낙과가 그 색깔과 향기에서 무르녹듯이 시인의 육신은 죽음의 빛과 냄새가 가득 차서 넘치고 있다. 죽어가는 그는 고통을 이겨내려고 애쓴다. 마치 열매가 떨어지면서 생긴 상처를 자신의 영혼이 빠져나갈 출구로 삼듯이 그의 영혼은 낡아 허물어진 육신으로부터 빠져나가고자 한다.

Now it is autumn and the falling fruit
and the long journey towards oblivion.

The apples falling great drops of dew
to bruise themselves an exit from themselves.

And it is time to go, to bid farewell

---

57) Ibid., pp.148-49.

to one's own self, and find an exit
from the fallen self.[58]

시인은 엄습해오는 죽음의 한기와 고통을 참아내면서 그의 죽음을 받아
들인다. 그리하여 그는 죽음의 배를 만들어 타고 멀고도 먼 망각의 세계
를 향해 여행을 떠나는 것이다. 이 여행은 길고도 아픈 죽음을 죽는 과정
을 경험하는 것을 의미한다. 이 어두운 망각의 여행(dark flight down
oblivion)은 하계에 있는 대양을 건너는 어두운 여행이다. 시인에게 이러
한 과정은 낡은 자아와 새로운 자아 사이에 놓인 머나먼 길을 건너 갔다
가 되돌아 오는 여행이다. 낡은 자아를 죽어가는 고통의 과정은 새로운
삶의 전제가 된다.

Build then the ship of death, for you must take
the longest journey, to obivion.
And die the death, the long and painful death
that lies between the old self and the new.

Already our bodies are fallen, bruised, badly bruised,
already our soul are oozing through the exit
of the cruel bruise.

Already the dark and endless ocean of the end
is washing in through the breaches of our wounds.
already the flood is upon us.

On build your ship of death, your little ark
and furnish it with food, with little cakes, and wine
for the dark flight down oblivion.(254)

육신의 상처가 터지면서 그 틈바구니 사이로 대양으로부터 어두운 홍수
가 밀려 들어온다는 느낌은 시인이 피를 강렬하게 의식하고 있음을 말해
준다. 죽음에 수반되는 것이 어둠과 고통과 피의 심상이다.

위의 시에서 마지막 2행은 죽은 자와 그가 먹을 음식을 실은 작은 배를

---

58) Lawrence, *Selected Poems,* op. cit., p.253.

무덤에 묻어 주는 Etruria인들의 장례식 벽화에서 Lawrence가 따온 것
이다.[59]

죽은 자의 영혼이 항해를 계속할 때 육체는 완전히 해체되고 암흑만이
존재하는 대양 위에 작은 배가 떠 있다. 위도 밑도 온통 암흑 뿐인 대양
에서 마지막 영혼마저 암흑 속에 흡수되어 버리고 그 배는 가 버린다. 이
것이 항해의 끝, 죽음의 끝이다.

> Everything is gone, the body is gone
> completely under, gone, entirely gone.
> The upper darkness is heavy on the lower,
> between them the little ship
> is gone
> she is gone.
> It is the end, it is oblivion.(255-56)

그러나 Lawrence에게 죽음은 완전한 망각으로 끝나는 죽음이 될 수는
없다. 마침내 어둠 속에서 가늘고 희뿌연 빛이 생겨난다. 이것은 망각을
벗어나서 새로운 생명으로 재생하는 삶의 시작을 의미해 준다. 죽었던 영
혼은 지상으로 다시 인도해 줄 작은 배를 기다리게 된다. Lawrence는 죽
은 후에 암흑의 하계로 내려가서 그곳에 머물러 있다가 소멸되는 것이 아
니라 지하의 생명력을 부여받고 다시 살아나서 지상으로 복귀하여 지상의
삶을 다시 누리고 싶은 것이다.

> And yet out of eternity, a thread
> separates itself on the blackness,
> a horizontal thread
> that fumes a little with pallor upon the dark.
>
> ....
>
> Ah wait, wait, for there's the dawn,
> the cruel dawn of coming back to life
> out of oblivion.

59) Michael Bell, *Primitivism*(London: Methuen & Co Ltd., 1972), p.29.

Wait, wait the little ship
drifting, beneath the deathly ashy grey
of a flood-dawn

Wait, wait! even so, a flush of yellow
and strangely, O chilled was soul, a blush of rose.

A flesh of rose, and whole thing starts again.(256)

위에서 dawn, a flush of yellow, a flush of rose 등은 피를 상징해
주는 피심상(blood-image)으로서 생명력의 심상들이다. 암흑과 융합되어
있는 이 심상들은 피의식에 강하게 호응하는 것을 느낄 수 있게 한다.

Lawrence를 "death-worshipper as a negator of our life energies"[60]
로서 공격하는 평자들이 있는데 이것은 잘못된 것이다. 이 시에서 보여
주듯이 그는 순환되는 생명의 영원성을 믿고 있으며 죽음과 삶이 연속된
것으로 파악하고 있다. Michael Bell이 Lawrence의 죽음의식에 관해 말
한 다음과 같은 논평은 Lawrence가 생을 부정하는 죽음의 숭배자라는
일부 평자들의 오해를 풀어주는데 도움이 되고 있다.

Lawrence's sense of death as continuous with life rather than the mere
negation of it is substantiated by the simple but moving concern for
the domestic details of dishes and cooking pans.[61]

Lawrence의 시는 그의 우주관, 인생관이 순환적임을 보여주고 있다.
순환적 우주관은 기독교 이전 시대의 인간이 지녔던 신앙의 기본적 사상
이었다. Lawrence는 고대 Etruria인들이 지녔던, 죽음은 삶의 연속이라
는 사상을 위의 시에 도입하여 생명의 영원한 순환을 신화적인 비젼으로
서 성취한 것이다. 그의 작품은 후기로 갈수록 신화성이 더욱 짙어진다.
그는 죽음에 임박할수록 죽음과 관련되는 암흑세계를 신화와 연결하여 보
았다. 그것은 신화인들처럼 생명의 근원지인 Hades의 어둠 속에서 자신
의 죽은 육신을 재생시켜 삶의 영원성을 성취할 수 있는 상상력을 제공했

---

60) Trilling, *The Portable D.H.Lawrence*, p.11.
61) Bell, op. cit., p.30.

기 때문이다.

죽음에 임박한 시인이 Hades에서 생명의 부활을 이루는 재생신화의 활용은 'The Ship of Death'와 같은 해에 쓴 'Bavarian Gentians'에도 나타나고 있다. 이 시에서 Lawrence는 검푸른 바바리아 용담꽃을 하계로 이끄는 횃불로 삼아 생명력의 근원지인 Hades로 여행한다.

지상의 식물이 결실을 다하고 쇠잔하기 시작하는 9월에 Lawrence는 검붉은 용담꽃을 보고 Hades에서 어둡고 푸른 빛을 뿜어내는 Pluto의 횃불을 연상한다. 이와같은 연상작용에 의해 검푸른 불꽃 생명력을 뿜어내는 이 꽃을 Hades로 들어가는 횃불로 삼아 그곳으로 여행하려는 것이다.

Bavarian gentians, tall and dark, but dark
darkening the day-time, torch-like with the smoking blueness
of Pluto's gloom,
ribbed and torch-like with their blaze of darkness spread blue
down flattening into points, flattened under the sweep of white day
torch-flower of the blue-smoking darkness, Pluto's dark blue daze,
black lamps from the halls of Dis, burning dark blue,
giving off darkness, blue darkness, as Demeter's pale lamps give off light,
lead me then, lead me the way.[62]

이 꽃이 뿜어내는 암흑의 생명력은 피가 감돌고 있는 것 같다. Lawrence는 이 암흑의 횃불을 그의 피 속에서 느끼고 있고 그 자신의 자아와 동일시하는 것 같다. 그리고 암흑의 불같은 생명력은 죽어가는 시인의 피의식에서 감응되는 것임을 느끼게 한다.

때는 가을, Michaelmas 祭日(9월 29일)이다. 지상에서 곡물의 여신인 Demeter는 그 밝은 빛을 다 소모하고, 단지 창백한 빛을 발산할 따름이다. 지상세계의 빛은 희미해져 간다. 반면에 하계의 왕인 Pluto의 암흑은 더욱 짙어져서 검게 불길이 이는 듯하다. 이 때는 지상에서 Persephone

---

62) Vivian de Sola Pinto and Warren Roberts, *The Complete Poems of D.H. Lawrence*(New York: The Viking Press, 1971), p.697.

가 Hades로 내려가 Pltuo와 다시 결혼생활을 하는 시기이다. 시인은 이
들이 하계에서 다시 재회하는 광경을 보려고 그 어두운 곳에 내려가는 것
이다. 하계는 오직 암흑만이 있을 뿐이므로 Persephone는 완전히 암흑에
휩싸여 Pluto의 짙은 암흑에 흡수되어 목소리로만 남는다.

> Reach me a gentian, give me a torch!
> let me guide myself with the blue, forked torch of a flower
> down the darker and darker stairs, where blue is darkened on
> blueness even where Persephone goes, just now, from the frosted Sep-
> tember
> to the sightless realm where darkness is awake upon the dark
> and Persephone herself is but a voice
> or a darkness invisible enfolded in the deeper dark
> of the arms Plutonic, and pierced with the passion of dense gloom,
> among the splendour of torches of darkness, shedding on
> the lost bride and her groom.(697)

시인이 하계로 내려가는 행위는 식물신 Persephone와 마찬가지로 지상
으로 다시 올라와 새로운 삶을 계속할 것을 전제로 하고 있는 것이다.
Hades는 죽음으로 끝나는 암흑세계가 아니라 새로운 삶의 불씨를 심어주
는 곳으로서 마치 불사조인 Phoenix가 날아들어 다시 부활되듯이 재와
기름이 있는 생명의 근원지이나.

'The Ship of Death'와 'Bavarian Gentians'에서 볼 수 있는, 뜨겁게
소용돌이 치는 어두운 생명력은 삶에 광적으로 도취하고 싶은 Lawrence
의 심리적 욕망이 표현된 것이라고도 생각된다. Goodheart는 Lawrence
의 죽음의식에 관해 다음과 같이 말하고 있다.

> ⋯ever aware that all things change, all things must change if they
> are to live. Lawrence is also aware of the death. The fear of death —
> Lawrence shares this view with Nietzsche and the existentialists — is
> ultimately a fear of the risks of a Dionysian immersion on life. Death
> is the aim of a perfected life, and only those-and they are legion-

who have what Rilke called unlived lines in their bodies have a hor-
ror of death. The Lawrencian hero has overcome the fear of death.[63]

앞에서 살펴본 두편의 시에서 Lawrence는 Hades 신화를 이용하여 죽
음을 극복하고 새로운 삶으로 부활되고 싶은 삶에의 희구를 신화적 상상력
으로 실현해 내고 있다. 여기서 죽음은 역설적으로 완전한 삶을 위한 목적
이 되고 있으며, 자연계의 영원한 생명력에 대한 Lawrence의 신념은 개체
의 유한성을 뛰어넘어 삶의 종말론적인 비극을 극복하는 것이 되고 있다.

Hans Meyerhoff는 *Time in Literature*의 'Direction and death' 장에
서 죽음의 방향으로 향하는 시간의 비관적 의미에 타협하는 방법의 하나
가 순환이론이라고 보면서 다음과 같이 말하고 있다.

> For there is yet another way of coming to terms with the pessimis-
> tic implications of the direction of time toward death which has also
> become particularly significant in our age. This is the cyclical theory
> of time, or the belief that there is nothing new under the sun.
> Nietzche called it the principle of "the eternal return of the same."[64]

Lawrence의 시에 나타난 원시종교 사상은 이와같은 Nietzsche의 영구
회귀 사상과 상통한다. Lawrence의 경우 죽음을 극복하고 생명의 영원성
을 성취하는 영구회귀 원리의 기초에다 피의식에 의한 우주적 유대의 개
념을 두고 있다. 그는 피를 가진 만물은 영원한 생명의 교류와 존재변환
을 한다고 믿는 사상을 종교로 삼았기에 개체적인 죽음을 초월하였다.

Lawrence의 신화적 작품에서 죽음에 관한 시 뿐만 아니라 'St.Mawr'
의 말에 나타난 신성한 악마적 힘에서 볼 수 있었던 바 처럼, Goodheart
가 지적한 Nietzsche의 "Dionysian immersion of life"와 같은 양상을 많
이 볼 수 있다. 이러한 특성은 자아 내부의 피와 어둠이 지닌 생명의 힘에

---

63) Goodheart, *The Utopian Vision of D.H.Lawrence*(Chicago: The University of
    Chicago Press, 1971), pp.73-74.
64) Hans Meyerhoff, *Time in Literature*(Los Angeles: University of Cali-fornia
    Press, 1955), p.79.

서 나오는 것이다. 작품의 외적 인상만을 본 John Lehmann이 "Lawrence가 피를 쳐들어 이상에 반대되는 소리를 할 때에는 현대 파시스트 이론의 사기적인 난센스와 그렇게 차이가 없는 것처럼 보인다"[65]라고 Lawrence를 파시스트로 규정하여 버린 것은 오해에 지나지 않는 것이다.

실제로 신화는 여러가지 힘과 기능을 가지고 있으며, 반이성적이고 야만적인 힘도 내포하고 있다. 신화의 이와같은 부정적인 기능을 정치에 동원한 경우가 Nazi의 신화숭배론이다. Nazi는 秘敎心理學이나 정치적 이데올로기로서 국민에게 신화를 숭배하도록 조종하여 파괴적인 목적에 신화를 이용하였다.[66]

그러나 Lawrence가 신화에서 재발견하였던 피와 어둠의 힘은 파괴를 목적으로 삼는데 이용한 것이 아니라, 현대의 물질주의와 기계문명이 박탈해 간 인간이 본래 지닌 피와 어둠의 참된 힘, 다시 말해 자아의 깊은 곳에 묻혀서 생동하는 따뜻하고 활기찬 생명력을 회복하고자 하는 휴머니즘에 그 목적을 두고 있는 것이다.

5. 결   론

피에 의해 수행되는 지각기능인 피의식은 두뇌나 신경에 의해 수행되는 지각기능인 지적 의식과는 구분되는 또다른 독립적인 의식기능이라는 것이 Lawrence의 견해이다.

그는 지적 의식을 현대문명의 소산인 과학적, 물질적, 기계적, 자동적 특성을 생성케 하고, 피의식를 상실케 한다고 보았다. 이와같은 지적 의식은 인간을 反生命적이고, 反人間적으로 만들기 때문에, Lawrence는 이 의식을 피의식과 대립시켜 배격하였다.

피는 활력성, 온화성, 작열성 등과 같이 생명을 완전히 살아 움직이게 하는 것으로서 생명의 원천이자 본질이 되는 것이다. 그것은 무한한 잠재

---

65) Anthony Beal, *D.H.Lawrence*(London: Oliver and Boyd, 1964), p.115.

66) Meyerhoff, op. cit., p.80.

력을 지니고 있기 때문에 인간 상호간의 관계나 인간과 우주와의 관계를 긴밀하게 친화시키고, 생명의 무한한 아름다움과 신비를 느끼게 함으로써 인간적이고 우주적인 유대기능이나 미적기능 등과 같은 다양한 기능을 수행한다.

Lawrence는 피로써 수행하는 지각기능인 피의식에 대해 이 의식이 독특한 기능을 한다는 사실을 일찌기 20세 때 쯤에 믿었고, 그 후에 다시 확신을 얻었으며, 27세 때 쯤에는 피의식을 참된 실재로 신봉하는 피의 종교를 확립했다. 그리하여 이 피의식은 그에게 종교적이고 시적인 영감과 예언의 원천이 됨으로써 그의 삶과 예술창작에서 창조적인 상상력의 기본이 되었다고 하겠다.

Lawrence의 피의식은 천부적으로 개발된 비상한 감성으로서 감각적이고 혈적인 아버지로부터 물려받은 것이라 하겠다. 여기에다 외적인 배경, 예컨대 병약한 신체, 혈적인 삶을 영위하는 광부사회에서의 성장, 붉은 색채와 거무스럼한 색채로 이루어진 향리의 자연환경 등과 같은 요인이 작용되어 있다.

그의 피의식은 어둠과 긴밀한 관계를 가지고 있다. 그의 문학에 묘사되고 있는 어두운 존재, 어두운 세계, 어두운 신 등은 이 피의식에서 지각되며, 어둠과 더불어 있는 그와같은 신비로운 세계를 느낄 수 있는 감각기능은 인간의 피의식에 있다고 보았다.

Lawrence에게 어두운 의식이 형성된 배경은 그의 신체의 병약함, 양친 사이의 가정불화, 지하탄광과 향리주변의 자연환경 등과 같은 조건이 그의 의식에 복합적으로 영향을 줌으로써 형성되었지만, 그의 타고난 생명주의적 기질과 예술적 재능 때문에 그것은 부정적인 성격에 머물지 않고 피의식와 결합됨으로써 어둠은 오히려 생명의 원천이나 본질로서 인지될 수 있었다고 생각된다.

Lawrence에게 어둠이라는 실재는 신성한 활력과 무한한 잠재력을 지니고 있는 실재이다. 그는 원시인들로부터 생명체 내부에서 활성을 띠고 있는 생명력을 내재신으로 감지하는 어두운 신에 대한 신앙을 발견하였다. 그리하여 이러한 발견은 그가 확신해 왔던 어둠의 신에 대한 종교를 재확인시켜 주었을 뿐만 아니라 계시적이고 영적인 힘의 원천으로 계속 지속되었다.

Lawrence가 죽음에 암박할수록 원시세계나 신화세계에 더욱 집착하고 특히 원시사상에 나타나는 Hades 여행을 그의 문학에 재현한 것은 그렇게 함으로써 자신의 육체를 부활시키고 생명의 영원성을 실현할 수 있었기 때문이다. 그는 피의식과 어둠의식을 원시세계와 신화세계에서 재발견하였고 그와같은 의식세계에서 인간은 생명의 영구회귀를 이루고 있음을 발견해 내었다.

생명체가 지적 사고의 개입이 없을 때 가질 수 있는 특성은 본능이나 무의식적인 것들이다. Lawrence에게 그러한 것들은 피의식에서 나오는 특성들로 파악되고 있다. 이와같이 순수하게 생명 자체에 관련된 가장 원초적인 의식이 피의식이다. 이 의식은 생리학적으로 보면 복부 뒤에 위치하는 거대한 신경센타인 태양신경총(solar plexus)에 위치해 있고 여기에서 통제되고 있다. Lawrence에게 있어 피의식은 무의식, 태양신경총, 본능, 감각, 어둠 등과 유기적으로 관련된 것이다. Lawrence가 자신의 심리학 이론에서 그의 작품에 표현된 모든 신비한 양태들은 그의 태양신경총에 바탕을 둔 의식집중에서 나온다고 밝힌 점으로 볼 때 그는 피의식을 태양신경총에다 정신생리학적으로 연결하는 예술 창조가임을 알 수 있다.

Lawrence가 시대문명을 통찰하고 비판함에 있어서 인간이 나아갈 참된 삶을 제시하여 주는 예언자적 역할을 수행할 수 있던 힘도 그의 피의식에 그 중요한 바탕을 두고 있다고 생각된다.

Lawrence에 대한 평가는 그가 지성과 관련된 문화를 反피의식적인 것이라고 하여 부정하고 지적 의식을 삶을 오도하는 것으로 강조하는 데서 볼 수 있듯이 문제성도 지니고 있지만, 현대인들에게 피의식이 수행하는 무한한 잠재력과 참된 중요성을 보여준 점에 두어야 할 것이다.

(부산대학교 석사학위 논문 1982, 2)

참 고 문 헌

I. Texts

(A) Primary

Lawrence, D.H. *Apocalypse.* Penguin, 1977.

__________. *Etruscan Places.* Penguin, 1975.

__________. *Fantasia of the Unconscious.* Penguin, 1977.

__________. *Mornings in Mexico.* Penguin, 1975.

__________. *St. Mawr.* Penguin, 1981.

__________. *Studies in Classic American Literature.* Penguin, 1977.

__________. *Tha Man Who Died.* Heinemann 1980.

__________. *Twilight in Italy.* Penguin, 1977.

(B) Secondary

Lawrence, D.H. *Selected Essays.* Penguin, 1972.

__________. *Sons and Lovers.* Penguin, 1970.

__________. *The Rainbow.* Penguin, 1977.

__________. *The Woman Who Rode Away and Other Stories* Penguin, 1975.

II. References

Aldington, Richard. *D.H.Lawrence: Selected Letters.* Penguin, 1954.

Atkins, John. *Aldous Huxley: A Literary Study.* London: Calder and Boyars, 1967.

Beal, Anthony. *D.H.Lawrence.* London: Oliver and Boyd, 1964.

__________. *D.H.Lawrence: Selected Literary Criticism.* Heinemann, 1955.

Bell, Michael. *Primitivism.* London: Methuen & Co., Ltd., 1972.

Bodkin, Maud. *Archypal Patterns in Poetry.* London: Oxford University Press, 1978.

Corke, Helen. *D.H.Lawrence: The Croydon Years.* Texas: The University of Texas Press, 1965.

Goodheart, Eugene. *The Utopian Vision of D.H.Lawrence*. Chicago: The University of Chicago Press, 1971.

Guerin, Wilfred L. *A Handbook of Critical Approaches to Literature*. New York: Harper and Row Publishers Inc., 1979.

Hamilton, Edith. *Mythology*. London: The English Liberary, 1969.

Meyerhoff, Hans. *Time in Literature*. Losangels: University of California Press, 1955.

Moynahan, Julian. *D.H.Lawrence: Sons and Lovers*. Penguin, 1977.

Moore, H.T. ed. *Collected Letters of D.H.Lawrence*(New York: The Viking Press Inc., 1962.

Roberts, Warren. and Moore, Harry T. ed. *Phoenix II*. Penguin, 1978.

Sagar, Keith. ed. *D.H.Lawrence: Selected Poems*. Penguin, 1979.

Trilling, Diana. *The Portable D.H.Lawrence*. New York: The Viking Press Inc., 1949.

__________. *The Indispensible D.H.Lawrence*. New York: The Viking Press Inc., 1947.

Vickery, John B. *The Literary Impact of the Golden Bough*. Princeton University Press, 1976.

__________. *Myth and Literature*. Lincoln: The University of Nebraska Press, 1965.

5. 性意識과 존재적 양식

〈목 차〉

1. 서   론

Lawrence는 현대 20세기 문명의 제반 국면을 物化, 脫생명화, 파편화로 치닫는 인류위기의 국면으로 인식한다. 유기적인 본래의 생명성과 총체성(totality)을 상실하도록 강박하는 현대의 제반 사회문화적, 지적 조건들이 지닌 비인간적이고 탈생명적인 원인들을 제거하고, 본래의 자연성으로서의 존재(being)와 그것의 본질인 "fourth dimensional quality of perfection and eternity"[1]를 회복하고자 하는 것이 Lawrence문학의 전반적인 주제이다.

이러한 Lawrence의 문학은 인간 구원의 열망을 내포하고 있으며, 그 실현 방법 중의 하나가 性의 탐색이다. Lawrence에게 성은 창조적 과정이며, 존재가 대립과 투쟁으로부터 총체화되고 우주적 원천으로 합일되는 형식이다. 그래서 그는 "The great relationship, for humanity, will always be the relation between man and woman. The relationship between man and man, woman and woman, parent and child, will

---

1) A.A.H.Inglis ed., *D.H.Lawrence : A Selection from Pheonix*(Penguin, 1979) p.176.

always be subsidiary. And the relation between man and woman will change for ever, and will for ever be the new central clue to human life."[2] 라고 말한다.

그는 남녀 양성 사이의 사랑과 성 문제의 의의와 중요성을 여러 평론에서 언명한다. 'Love', 'The Birth of Sex', 'Sex versus Loveliness', 'Pornography and Obscenity' 등이 그 대표적인 예에 속한다. 이러한 Lawrence의 성사상과 성철학은 소설에서 여러 작중인물이 벌이는 양성 관계의 다양한 형태를 통해 추구되고 있다.

Lawrence의 성에 대한 개념은 성이 지적, 의지적, 정신적, 희생주의적, 쾌락지향적, 욕망해소적인 부류의 형식이라면 그것의 'being'(실재)에서 이탈하여 왜곡된다는 것이다. 그에게 성은 생명의 근원이며, 생명 본래의 자연적 흐름에 원천하는 美이고, 인간존재의 살아있는 동적 에너지이다.

Lawrence소설의 性愛 묘사에서 성공적인 경우에는 그가 말하는 이른 바 '피의식'(blood-consciousness)이 초고조에 달하며, 불교 에로티시즘이라 불리는 密敎적 신비주의와 합치된다.

본 논문에서 필자는 Lawrence문학의 성사상의 본질을 정리 검토할 것이며, 性愛장면을 통해 나타나는 동적 생명력, 우주생명과의 연결, 신비적 미학 등을 함의하는 성 이미저리와 피의식, 어두운 앎(dark knowledge)에 관한 것을 고찰하고, 특이한 성적 신비주의의 요소를 밀교와 대비 검토해 보고자 한다. 그리하여 그의 문학에서 중요한 동기를 구성하고 특별한 비중과 비상한 의미를 내포한 것이 性意識(sex-consciousness)임을 밝히고자 한다.

---

2) Anothony Beal ed., 'Morality and The Novel', *D.H.Lawrence: Selected Literary Criticism*(William Heinemann Ltd., 1955), pp.112-13. 이하에서 이 책은 DSLC 로 약기하고 본문 안에 페이지만 표시한다.

2. 性의 존재적 양식 : 반지성, 반소유

Lawrence의 경우, 다른 영역의 의식에서도 그렇듯이 성은 역시 '자발적인 생명의 흐름'(spontaneous life-flow'의 형식이라야 한다. 만약 성이 기계적, 의도적, 의지적, 지적인 작용을 받는다면 왜곡된다. 따라서 그는 현대문명의 왜곡된 특질에 따라 성이 과학화, 지성화, 관념화, 물질주의화 되어진 상황을 개탄한다.[3]

Lawrence는 성의 본질을 인간존재의 원초적인 것, 자연적인 것이라고 생각한다. 성은 피(blood)와 살(flesh)에 기원을 둔 것이며, 존재에서 가장 순수한 면과 깊고 심오한 면의 반영이다. 이 점에서 Lawrence의 성관은 Freud의 성관, 즉 인간존재에서 제일의적 동기이자 욕망의 궁극적인 에너지로서의 libido를 중심적인 사상으로 삼는 범성욕주의(pan-sexualism)와는 상당부분에 있어 다르다. 인류학자 Malinowski박사는 저서 *Sex and Repression in Savage Society*의 서문에서 Freud의 범성욕주의는 많은 암시와 진리를 내포하고 있지만 성적 충동에 대한 그의 취급방법에는 많은 비난이 뒤따르고 있고, 그의 정신분석학적 성관은 상당한 면에서 성을 잘못 다루었다고 비판한 바 있다.[4]

Lawrence 역시 'Birth of Sex'에서 Freud가 주장한 일체의 인간행위를 성적인 것으로 환원하는 논리는 왜곡이고 허위라고 비판한다.

---

3) Lawrence가 이러한 성사상에 관해 집약적으로 기술한 논문에는 'The Birth of Sex', *Fantasis of the Unconscious*(William Heinemann, 1977) 그리고 'Pornography and Obscenity', Anthony Beal ed., *D.H.Lawrence: Selected Literary Criticism* 등이 있다. 이 장은 이 두 논문을 중심으로 하고, Lawrence의 소설에 반영된 성사상도 일부분 포함시킨다. *Fantasis of the Unconscious*는 이하에서 FOU로 약기하고 본문 안에 페이지만 표시한다.

4) Bronislaw K. Malinowski, *Sex and Repression in Savage Society*(London: Kegan Paul, Trench, Trubner & Co., Ltd., 1927), Preface vii—xii.[韓完相 역,「未開社會의 性과 抑壓」(서울 : 삼성출판사, 1977), pp.15—18 참조]

Is this new polarity, this new circuit of passion between comrades and co-workers, is this also sexual? It is a vivid circuit of polarized passion. Is it hence sex? It is not.…

The psychoanalysts, driving us back to the sexual consummation always, do us infinite damage. We have to break away, back to the great unision of manhood in some passionate purpose. Now this is not like sex. So that to make sex a general affair is just a perversion and a lie. You can't get people and talk to them about their sex, as if it were a common interest.…

But what if he believes that his sexual consummation is his supreme consummation?… With sex as the one accepted prime motive, the world drifts into despair and anarchy.…

Perhaps we can see now a little better—to go back to the child— where Freud is wrong in attributing a sexual motive to all human activity.(FOU pp.108—11)

Lawrence는 인간 존재와 생에 대한 성의 중대성을 강조하면서도 성이 제일의적 동기라고는 보지 않는다. 그는 모든 인간행위가 성에 귀속된다고 보는 Freud적 관점의 시정을 촉구하고 있다. 오늘날에 와서 Freud의 이론은 이미 여러 사상가들의 비판을 받았고 부당한 부분에 대해서는 수정론이 많이 제시되었다.

Lawrence에 의하면 성이 삶의 목적의 유일한 것이 될 수 없고, 존재의 목적자체가 될 수 없지만, 그러나 성은 이른바 낮의 원리로서 위대한 창조적 사회 건설이라는 제일의적 목적에 없어서는 안될 기초로 본다. 남녀 양성간의 성은 그러한 창조적 사회를 완성할 수 있는 힘을 개인에게 부여하는 밤의 원리로서 그러한 사회활동을 위한 봉사적이고 종속적인 제2의 동기이며 삶에 없어서는 안될 필수적 실체임을 강조한다. 그리하여 Lawrence는 성을 무시한 남성들의 창조적 목적과 활동만을 至上 至純의 인생활동이라고 한다면 그 삶은 황폐하고 만다고 말한다.

No great motive or ideal or social principle can endure for any length of time unless based upon the sexual fulfilment of the vast majority of individuals concerned.⋯

You have got to base your great purposive activity upon the intense sexual fulfillment of all your individuals. That was how Egypt endured. But you have to keep your sexual fulfillment even then subordinate, just subordinate to the great passion of purpose: subordinate by a hair's breadth only: but still, by that hair's breadth, subordinate. (FOU p.111)

Lawrence는 어떠한 지적 관념도 배격하는데, 그 이유는 지적 관념이 개입하였을 때 심오하고 자연스럽고 신비로운 생명의 흐름을 형성하는 성을 왜곡시킨다고 보기 때문이다. 이에 따라 Lawrence는 성에 대해 "지적 관념으로 해석한다는 것은 악이다"[5] "우리는 '이해력'으로써 대다수 인간을 거의 중독시켜 버렸다. ⋯우리는 '지식'과 '이해력'을 추방해야 한다"[6] 그리고 "성에서 과학적 사실을 추출해 낸다는 것은 죽음이다"[7]라고 선언한다. 그리하여 Lawrence는 인류의 대다수는 성에 대해 과학적인 여러 사실을 알아서는 안되며, 성을 시험관 속의 혼합물이라고 생각하여 화학적으로 논증할 수 있는 열쇠와 열쇠구멍의 얄궂은 상징으로 돌려버리는 따위는 정말로 성에 대한 모독이 된다(FOU p.114)고 말한다. 과학적인 시험관적 방식을 취한다면 그것은 "kills the great effective dynamism of life, and substitutes the more ash of mental ideas and tricks."(FOU p.114)와 같이 타락하거나 파멸된다고 지적하면서 "The scientific fact of sex is no more sex than a skeleton is a man."(FOU p.114)이라고 Lawrence는 비유하고 있다.

Lawrence가 도달한 성의 실상은 어둡고 비밀스럽고 강렬하며, 신비적인 동력이다. 그것은 영혼의 위대한 동적인 진동이며, 창조적이고 결정적

---

5) "To translate sex into mental ideas is vile" (FOU p.113)

6) "We have almost poisoned the mass of humanity to death with understanding.⋯ And then we shall take away 'knowledge' and 'understanding'." (FOU p.115)

7) "to make a scientific fact of it is death" (FOU p.113)

인 위대한 영혼의 습격으로 이해되지 않으면 안되는 것이다.[8]

　이와같은 점에서 Lawrence는 성을 작고 귀여운 애기를 낳도록 하나님이 내리신 것이라거나, 'dear-darling-love smarm'의 일부로서 정신적 사랑으로 취급하는 식의 정신주의적, 종교주의적, 이상주의적인 태도를 배격한다. 그렇지 않게 되면 'great dynamism of life'를 죽이기 때문이다(FOU p.114).

　Lawrence가 이처럼 지적 관념의 개입에 대해 신랄한 냉소를 보내는 것은 달리보면 그러한 지적 형식이 인간의 근원적이고 구체적 실재인 피(blood)와 살(flesh)를 압사시켜 인간에 있어서 살아움직이는 자발성과 원초성을 상태로서의 'being'을 죽여 버리기 때문이다. 그와같은 관점에서 Lawrence는 인류의 지적, 정신적 지도자들은 인류를 사랑하지 않았으며, 오히려 잿빛 관념을 강요함으로써 피가 약동하는(blood-pulse) 인간존재를 희생시킨 것이라고 비난한다. 대통령 Wilson, Karl Marx, Bernard Shaw 등이 그러한 예의 인물에 속한다는 것이다. Lawrence는 자신의 열망은 인간을 산채로 구제하고 싶은 것에 있다고 밝힌다.

> Our leaders have not loved men: they have loved ideas, and have been willing to sacrifice passionate men on the altars of the blood-drinking, ever-ash-thirsty ideal. Has president Wilson, or Karl Marx, or Bernard Shaw ever felt one hot blood-pulse of love for the working man, the half-conscious, deluded working man? Never. Each of these leaders has wanted to abstract him away from his own blood and being into some foul Methuselah or abstraction of a man.
> …But oh, I would like to save him alive, in his living, spontaneous, original being. I can't help it. It is my passionate instinct.(FOU p.115)

　'Brith of Sex'에 논의된 내용은 단순한 Lawrence 개인의 사변이 아

---

8) "The mystery must remain in its dark secrecy, and its dark, powerful dynamism. The reality of sex lies in the great dynamic convulsions in the soul. And as much it should be realized, a gerat creative conclusive seizure upon the soul."(FOU pp.113－14)

니라 Lawrence 자신의 성적 명상체험의 심오한 심층부분이나 영혼의 탐험적 체험의 기술로 간주되어져야 한다. 이러한 성체험의 기술은 신경정신 생리학을 바탕으로 한 것이며, Lawrence나름의 생명에 대한 체험과학에 기반을 두고 있다. Lawrence가 강조하는 것은 자신의 이러한 생명과학적 체계는 고대·원시·신화시대의 의식체계와 그 맥을 함께 한다[9]는 사실이다.

한편 Lawrence는 에세이 'Pornography and Obscenity'에서 성과 예술의 관계 및 의의를 이렇게 규정한다.

Half the great poems, pictures, music, stories of the whole world are great by virtue of the beauty of their sex appeal. Titian or Renoir, the Song of Solomon or Fane Eyre, Mozart or "Annie Laurie", the loveliness is all interwoven with sex appeal, sex stimulus, call it what you will. Even Michelangelo, who rather hated sex, can't help filling the Cornucopia with phallic acorns. Sex is a very powerful, beneficial and necessary stimulus in human life, and we are all grateful when we feel its warm, natural flow through us, like a form of sunshine.

So we can dismiss the idea that sex appeal in art is pornography. (DSCL p.36)

美이자 생명의 원천이며 신비적인 우주 에너지의 현시이어야 하는 성이 현대인에 의해 타락되고 모독되는 현실을 개탄하면서 Lawrence는 그와 같은 예를 다음과 같이 열거하고, 생명있는 인간관계로서의 성이 추악화되는 것으로부터 그 본래의 자리로 복원하고자 한다.

Pornography is the attempt to insult sex, to do dirt on it. This is unpardonable. Take the very lowest instance, the picture postcard

---

9) Lawrence는 *Fantasia of the Unconscious*의 서문에서 고대 이집트, 그리이스 및 신화시대의 문화를 "a vast and perhaps perfect science of its own, a science in terms of life"(p.12)라고 주목하면서, "In our era this science crumbled into magic and charlatanry. But even wisdom crumbles."(p.12)라고 지적하고 고대의 "old vision"을 복원해야만 인류의 미래가 있다고 역설한다.

sold underhand, by the underworld, in most cities. What I have seen of them have been of an ugliness to make you cry. The insult to the human body, the insult to a vital human relationship! Ugly and cheap they make the human nudity, ugly and degraded they make the sexual act, trivial and cheap and nasty.

It is the same with the books they sell in the underworld.
They are either so ugly they make you ill, or so fatuous you can't imagine anybody but a cretin or a moron reading them, or writing them.(DSLC pp.37－38)

Lawrence는 현대에서 유행하는 신문, 영화, 통속문학 등의 호색문화에 대해 그것은 남녀를 흥분시켜 남몰래 따로 따로 자위행위로 끌고가는 추하고 해악스러운 호색문학이라고 규정한다. 이러한 호색류는 인간의식의 완성에 필요한 건전한 성충동을 자극하는 창조적 작품과는 구별된다. 이러한 작품의 예를 Boccaccio나 희랍의 병화(vase-painting), Pompei의 벽화 등을 들고 있다(DSLC p.51).

Lawrence는 남녀의 애정관계를 묘사한 작품들 가운데, 비록 그 묘사가 표면적으로는 순결을 강조한다고 할지라도, 심층의식의 바닥에서는 비밀적 자위행위(sneaking masturbation)를 조장하는 은밀한 작품들이 있다는 사실을 지적하면서, 순수사랑의 수준있는 참문학인가, 아니면 거짓으로 위장된 자위적 호색성 문학인가의 판별기준에 대한 예로 Robert Burns의 연애시와 독일시 'Du bist wie eine Blume'를 대비시킨다.

But if it is a question of the sound love lyric, *My love is like a red, red rose*—! then we are on other ground. My love is like a red, red rose only when she's not like a pure, pure lily. And nowadays the pure, pure lilies are mostly festering, anyhow. Away with them and their lyrics. Away with the pure, pure lily lyric, alone with the smoking-room story. They are counterparts, and the one is as pornographic as the other. *Du bist wie eine Blume* is really as pornographic as a dirty story: tickling the dirty little secret and rolling the eyes to heaven.

But oh, if only Robert Burns had been accepted for what he is, then love might still have been like a red, red rose.(DSLC p.44)

따라서 독자가 어리석게도 기만당할 수 있는 위험성을 경계하면서 Lawrence는 이렇게 말한다.

It is we can only repeat, a condition of idiocy. And if the purity-with-a-dirty-little-secret lie is kept up much longer, the mass of society will really be an idiot, and a dangerous idiot at that.(DSLC p.51)

이처럼 '소비밀을 감춘 순결'의 허위에 대해 현대의 대중은 판별력이 어리둥절해 있고 흐려있으며 그만큼 대중은 호색문학에 대한 기준에 무지하다는 점을 Lawrence는 조소하고 있다. 이러한 무지함과 관련하여 그는 자기가 개최한 그림 전시회의 일화를 이렇게 소개한다. 경찰이 그의 그림 전시회를 단속했을 때, 그들은 성기의 편린만 나타나 있어도 그 그림을 가지고 가버렸으며, 畵題나 의미, 기타 모든 것에는 무관심했다는 것이다. 그는 이 사건에 대해 "They would allow anything, these deinty policemen in a picture show, except the actual sight of a fragment of the human *pudenda*. This was the police test."(DSLC p.51)라고 풍자한다.

성이란 누구도 그것을 無로 만들고자 해도 소용없는 것이다. 성에 대한 부당한 비하관념에 기초하여 현대의 성인들이 성을 사회적으로 억압한다면 인간존재를 더욱 비밀적 자위행위로 내몰게 되며, 더 심각한 해악을 끼친다고 Lawrence는 본다. 각 개인은 모두 성을 가지고 있는 것이며, 성을 축으로 한다.[10] Lawrence에게 성은 인간존재에 있어 자연적인 흐름인 것이고, 왜곡되어서는 안 될 실재로 파악된다. 그러나 만약 현대인이 보헤미안적인 성적 자유와 해방이라는 태도를 가진다면 그 또한 해악이 된다고 본다. 왜냐하면 그들 보헤미안이 성의 더러운 비밀을 죽였다고 상상하고 있지만, 그들의 관념 속에는 추악한 어떤 것이 아직도 붙어있고,

---

10) "And each individual has sex, and is pivoted on sex."(DSCL p.51)

그 행위의 뒤에는 생명의 결핍과 무기력만 남을 뿐이기 때문이다.

Lawrence에게 있어 성은 자아와 자의식의 순수탐험이다. 그것은 자아의 지적 관념 일체를 초월할 때 실현이 가능해 진다. 그렇게 되면 비로소 성이 순수한 생명상태인 '존재'(being)의 양식이 될 수 있다. 그는 이러한 성의 기능을 다음과 같이 말한다.

… in his adventure of self-consciousness a man must come to the limits of himself and become aware of something beyond him. A man must be self-conscious enough to know his own limits, and to be aware of that which surpasses him. What surpasses me is the very urge of life that is within me, and this life urges me to forget myself and to yield to the stirring half-born impulse to smash up the vast lie of the world, and make a new world.(DSLC p.48)

이처럼 Lawrence에게 지적 통제나 억압이 배제된 성은 "a new world"의 창조이며 통상적 자아를 넘어서서 현시되는 새 우주의 계시인 것이다. 양성관계를 통해 전인격적인 순수무의식 안에서 깊고 적나라하게 교류되는 성의식은 Erich Fromm이 분류한 'being mode'[11]인 것이며, 현상학이 제시하는 역동적이고 원초적인 지향성에 의해 성취되는 '순수의식[12] 바로 그것이며, 밀교(Tantric Buddhism)에서 도달하는 '禪的 意識'[13]의 경지라고 할 수 있다. Lawrence는 성공적인 성의식(sex-consciousness)에서 관념적, 지적인 왜곡이 중단된 가운데 강요당함이 없는 초월적 상태, 그리고 자아의 내부에 홀로 남겨진 그 신비적인 경지가 곧 '자유'라고 말한다.

We have to be sufficiently conscious, and self-conscious, to know our own limits and be aware of the greater urge within us and beyond

---

11) Erich Fromm, *To Have or To Be*(N.Y.: Harper & Row Publishers, 1976) 참조.
12) 조일제, 'D.H.Lawrence: 생명적 실재의 추구'에서 '현상학적 창조'와 '선적 인식' 참조 [한국영어영문학회 부산지회, 「영미어문학」 제21집(1987, 12)]
13) Ibid.

us. Then we cease to be primarily interested in ourselves. Then we learn to leave ourselves alone, in all the affective centres: not to force our feelings in any way, and never to force our sex. Then we make the great onslaught on to the outside lie, the inside lie being settled. And that is freedom and the fight for freedom.(DSLC p.49)

Lawrence는 그의 소설에서 남녀 양성간에 일어나는 성 결렬의 사례를 많이 제시하고 있는데, 그 원인은 지금까지 고찰한 그의 성사상에서 검토된 바 있는 이상적인 性意識과 대비하면 해명된다. 그의 소설에 묘사된 성 실패의 대표적인 예를 이하의 글에서 고찰하고자 한다.

단편소설 'The Man Who Loved Islands'에서 남자 주인공은 Flora라는 여인을 어떤 연민의 정에 의해 애인으로 하게 되고 그리하여 애를 낳게 되자 마지못해 결혼한다. 그러나 그것은 참된 성에 출발의 동기를 둔 결합이 아니었고, 그녀와의 성은 새롭고 신선한 것이 못되며, 인간 혼의 섬세한 교류가 이루어지지도 않는다. 그녀가 그를 사로잡는 것은 '성의 자동주의'이며, 그 성은 기계적일 뿐이다. 또한 그것은 '의지'(will)에 의한 충동일 따름이다. Flora가 지닌 성의 태도는 "당신을 위해서라면 무슨 짓이라도 하겠어요."(You know I would do anything on earth for you.)[14]라는 식이다. Lawrence에게 이러한 성관은 참된 것이 못되며, 이기적인 소유욕에 지나지 않는다. Flora의 이 말에 대해 주인공은 다음과 같이 생각하고 울화와 분노에 찬다. "Why should she pretend to do this for him? Why not for herself?"(p.472) 그리하여 그는 그의 마음 속에 비참함을 느끼면서 이렇게 중얼거린다. "We didn't want it. We didn't really want it."(p.472)

주인공이 소망한 이상적인 성은 "이미 욕망과는 거리가 있는 새로운 고요 속에 도달"[15]하는 것이며, 어쩌면 "이것을 초월한 곳에 새롭고 신선한

---

14) D.H.Lawrence, 'The Man Who Loved Islands', *D.H.Lawrence: Selected Short Stories*(Penguin, 1983), p.472. 이하에서 이 단편소설은 MWLI로 약기하고 페이지만 표시한다.

15) "He thought he had come through, to a new stillness of desire."(MWLI p. 471)

욕망의 맛이 전인미답의 토지에서 마주친 두 인간의 이제껏 기록된 적이 없는 것 같은 섬세한 혼의 교류"[16)]인 것이다. 작중 주인공이 소망하는 성관계는 두 사람 사이가 진실로 섬세한 욕망으로 이어져 있는 "a delicate meeting on the third rare place"(p.472)이다. 이럴 때 비로소 성은 그들 사이에 "the frail, sensitive, crocus flame of desire"(p.472)로 피어날 수 있다. 주인공은 이러한 이상적 소망에 실패함으로써 그의 심정은 모욕과 자학적인 수치감에 빠진다.

> He deemed it, as the Chinese do, one of the great life-mysteries. But it had become mechanical, automatic, and he wanted to escape that. Automatic sex shattered him, and filled him with a sort of death.…
>
> But be that as it might, this was not it. This was nothing new or fresh. It was automatic, and driven from the will. Even she, in her true self, hadn't wanted it. It was automatic in her.…
>
> Now he was shattered and full of self-contempt. But it had been no such thing : automatic, an act of will, not of true desire, it left him feeling humiliated.(MWLI pp.471−72)

이렇게 되자 주인공은 자기가 이상향으로 건설하고자 꿈꾸던 섬은 망가지고 더러워졌다고 생각하면서, 이제 겨우 성취했다고 믿었던 "the rare, desireless levels of Time"(p.472)를 상실했다는 좌절감으로 하여, 부인이 된 Flora와 출생한 아이의 생활보장 정리를 한 뒤 그 섬을 떠나 버린다.

'England, My England'의 경우, 여성이 지닌 성적 관념의 문제성이 암시적으로 나타난다. 이 단편은 남성주인공 Egbert의 내면적 의식과 지각을 중심으로 하여 그의 부인인 여성주인공 Winifred가 지닌 사고방식과 성관의 문제점을 지적하고 있다. 작가는 이러한 모티브 외에도 Egbert

---

16) "Perhaps beyond that, there was a new fresh dilicacy of desire, anunentered frail communion of two people meeting on untrodden ground. "(MWLI p. 471)

의 의식을 통해 당대의 영국이라는 사회와 국가, 나아가 유럽세계가 지니고 있는 역사적 현실에서 'being'과 'reality'로 부터의 탈선이라는 주제를 복합시키고 있다. Winifred는 세계대전에 참전하는 결정을 하지만 그러한 선택은 독일군에 대항하는 조국 영국에의 충정에 기인한 것도 아니고, 전쟁 자체에 대해 그가 지닌 혐오감을 명료하게 소화시킨 사상적 체계도 세우지 못하고 있다. 그리고 장인 Godfrey Marshall과의 참전문제에 대한 상의에 있어 확실한 신념에도 이르지 못하는 유보적인 입장에 머물수밖에 없음에도 불구하고 참전으로 방향을 정한다. 이것은 주인공의 현실적 한계와 무력감의 표현인 것이다. Winifred의 마지막 장면은 포탄에 맞아 죽음을 죽어가는 의식의 흐름으로 이어가는 긴 과정으로 끝맺고 있다.

Egbert는 생명력과 "고대적 피의 권력"(old blood-power)[17]과 "the old smoky torch of parternal godhead"(p.241)이 내부에 불탄다. 또한 그에게는 "the old red glow of his authority"(p.241)가 부활되곤 하며, "the old dark magic of parental authority"(p.243)가 내재하고 있다. 그리하여 Egbert는 부인과 아이들에게 알 수 없는 힘과 신비적인 생명력, 불가사의한 원시적 건강과 권력으로 압도한다.

Winifred도 역시 생명력에 충만되어 있고 젊고 건강하며, "a ruddy hard flower of the field"(p.249)처럼 보인다. 그녀는 강렬한 "full-blooded body"(p.249)를 가지고 있다. 그리하여 이들 두 남녀는 결혼 초반에는 "피의 욕망"(blood-desire)에 따르면서 상호간의 성적 호응은 행복의 절정으로 인도한다. 그들의 저택 Crockham Cottage는 꿈같은 나날인 것이며, 어둡고 조용하며 열렬한 비밀과 이해하기 어려운 화염과 주문(spell)이 그들을 감싸는 신혼생활이 계속되어 진다.

Wonderful then, those days at Crockham Cottage, the first days, all alone save for the woman who came to work in the mornings. Mar-

---

17) D.H.Lawrence, 'England, My England', *D.H.Lawrence: Selected Short Stories,* edited by Brain Finney(Penguin, 1983), p.242. 이하에서 이 단편소설의 인용은 EME로 약기하고 페이지를 표시한다.

vellous days, when she had all his tall, supple, fine-fleshed youth to
herself, for herself, and he had her like a ruddy fire into which he
could cast himself for rejuvenation. Ah, that it might never end, this
passion, this marriage! The flame of their two bodies burnt again
into that old cottage, that was haunted already by so much by-gone,
physical desire. You could not be in the dark room for an hour with-
out the influences coming over you. The hot blood-desire of by-gone
yeomen, there in this old den where they had lusted and bred for so
many generations. The silent house, dark, with thick, timbered walls
and the big black chimney-place, and the sense of secrecy. Dark,
with low, little windows, sunk into the earth. Dark, like a lair where
strong beasts had lurked and mated, lonely at night and lonely by
day, left to themselves and their own intensity for so many genera-
tion. It seemed to cast a spell on the two young people. They became
different. There was a curious secret glow about them, a certain
slumbering flame hard to understand, that enveloped them both. They
too felt that they did not belong to the London world any more.
Crockham had changed their blood.(p.234)

그런데 문제가 발생하는 계기는 아이가 태어난 후로부터이다. Winifred
는 현대의 어머니가 종종 "자연적인 애정"(spontaneous love) 대신에 아
이에 대한 깊은 의무감을 갖게 된다. Egbert는 부인이 이처럼 "모성애적
책임감"(responsibility of motherhood)을 일차적 책임으로 하고, "부인
으로서의 책임감"(the responsibility of wifehood)을 이차적인 책임으로
하여 멀리하는 것을 이상스럽게 생각한다(p.237). 둘째 아이가 태어났을
때 부인은 남편을 여전히 사랑한다. 그러나 그에 대한 그녀의 육체적인
사랑은 그녀에게는 이차적인 중요성이 되고 만다. 그리하여 Egbert는 마
음 속에 "항상 되돌아 오는 '그러나'"(ever-recurring but)를 가지게 된
다. Lawrence는 여기서 Winifred의 잘못된 태도를 비난하고 있는 것이
다. 부부간의 성은 인간의 삶에 있어 절대적으로 중요한 근원적인 것이다.
이것이 잘못될 때 양성간에 분열이 생기고 부부간에 괴리와 결렬이 초래

되는 것이다. Winifred는 결국 이러한 과오를 범하고 있기 때문에 Egbert에게 무언중에 괴리감, 분열감, 불만감을 싹트게 한 것이다. Lawrece에 의하면 인간이 두뇌에 의한 어떤 정신적, 지적 관념이 앞설 때는 남녀 양성간의 원초적인 성은 타락된다고 생각하는 점을 상기하면, Egbert와 Winifred의 부부관계가 나타내는 이러한 괴리는 자명해 진다. 그런데도 Winifred는 성이 지니는 우선순위의 중요성을 잘못 설정하고 있는 것이며, 그 때문에 육체적 열정은 가지지만 그것은 결코 'being'의 차원에 이르지 못하고 마는 것이다.

His wife still loved him. But - and now the but had grown enormous - her physical love for him was of secondary importance to her. It became ever less important. After all, she had it, this physical passion, for two years now. It was not this that one lived from. No, no - something sterner, realer.(p.237)

*Sons and Lovers*에서도 정신적 편중이 참된 부부애와 양성간의 진실된 性愛를 그르친다. Morel부인은 남편에게 육체적인 면을 무시하고, 정신적 영적인 결합만을 이상적인 부부애로서 갈망한다. 이러한 태도는 그들 부부를 분열시키며, 생명의 깊고 순결한 흐름 속에 하나로 합일한다는 Lawrence의 이상적인 양성관계론에 배치되는 것이다. Miriam 역시 육체적인 부분을 무시하고 정신적인 면을 갈구하는 여자이다. Paul은 Miriam이 그녀의 육체를 희생정신으로 제공하는 태도에 대해 그의 피가 싹 식어 내려앉아 버린다. Lawrence에게 있어서 성에 희생주의라는 정신과 관념이 개입한다면 그들 양성간의 성은 참된 원초적 실재를 드러내지 못하고 아무런 의미가 없는 형태로 전락된다.

Her big brown eyes were watching him, still and resigned and loving; she lay as if she had given herself up to sacrifice: there was her body for him; but the look at the back of her eyes, like a creature awaiting immolation, arrested him, and all his blood fell back.

'You are sure you want me?' he asked, as if a cold shadow had come over him.

　'Yes, quite sure.'

　She was very quiet, very calm. She only realized that she was doing something for him. He could hardly bear it. She lay to be sacrificed for him because she loved him so much. And he had to sacrifice her. For a second, he wished he were sexless or dead. Then he shut his eyes again to her, and his blood beat back again.[18]

　Miriam의 이러한 성관이 잘못된 것임은 Lawrence가 논문형식을 통해 직접적인 표현으로 밝힌 'The Birth of Sex', 'Pornography and Obscenity'에 잘 명시된 바 있었다. Lawrence가 "It is wrong to make sex appear as if it were part of the dear-darling-love swarm: the spiritual love."(FOU p.114)라고 한 발언이 그 일례이다. 이와같은 정신적 사랑의 일부로서 표현되어 나타난 Miriam의 태도에 대해 보여주는 Paul의 반작용은 "'You are sure you want me?' he asked, as if a cold shadow had come over him." "For a second, he wished he were sexless or dead."라는 표현 속에 심각하게 반영되고 있다. 물론 Paul은 Miriam을 그의 연인으로서 사랑하며, "그의 마지막 세포에 이르기까지 사랑한다"(loved her to the last fibre of his being)(p.354). 그러나 Paul의 의식 속에는 그녀에게 참지 못할 무엇인가가 남는 것이다.

　Paul이 그후 일주일 동안 Miriam과 너불어 지속한 육체 관계에서 그 행위 뒤에 항상 "죽음과 실패의 감정"(the sense of failure and death)(p.354)이 남게 되는 원인은 Miriam의 마음이 성에 대해 왜곡된 사회적 통념에 오염되었음을 느끼기 때문이다. 다시 말하면 성은 무서워해야 할 어떤 것이며, 죄악이고, 거부해야 할 형태로서 인간이 마지못해 받아들여야 하는 크나큰 충격으로서 이해된다. 그리하여 현대의 영국 여인은 성이란 결혼하여 부부가 아이를 낳는 수단과 과정 정도로만 생각하고 있다. Lawrence는 이것을 다음과 같은 Paul과 Miriam의 대화에 투영하고 있다.

---

18) D.H.Lawrence, *Sons and Lovers*(Penguin, 1970), pp.353－54.

'You mean, now it is always too much shock?'
'Yes-and—'
'You are always clenched against me'
She was trembling with agitation.
'You see', she said, 'I'm not used to the thought—'
'You are lately', he said.
'But all my life. Mother said to me,' "There is one thing in marriage that is always dreadful, but you have to bear it." 'And I believed it.'
'And still believed', he said.
'No!' she cried hastily. 'I believe, as you do, that loving, even in that way, is the high-water mark of living.'
'That doesn't alter the fact that you never want it.'
'No,' she said, taking his head in her arms and rocking in despair. 'Don't I want your children?'
'But not me.'
'How can you say so? But we must be married to have children—'
'Shall we be married, then? I want you to have my children.' He kissed her hand reverently. She pondered sadly, watching him.
'We are too young', she said at length.
'Twenty-four and twenty-three—'
'Not yet', she pleaded, as she rocked herself in distress.
'When you will', he said.(p.355)

성을 아이를 낳는 수단으로 생각하는 잘못된 성관에 대한 Lawrence의 비판은 'The Birth of Sex'에서 찾을 수 있는데, 다음의 발언이 그것이다.

And the ideal, lovey-dovey 'explanation' of sex as something wonderful and extra lovey-dovey, a bill-and-coo process of obtaining a sweet little baby—or else, 'God made us so that we must do this, to bring another, dear little baby to life'—well, it just makes one sick. It is disastrous to the deep sexual life.(FOU p. 114)

따라서 Paul과 Miriam 양자간의 성은 Paul의 일방적인 욕망의 발산이 될 뿐이며, 그녀도 역시 무언 중에 Paul이 그렇게 느낀 바에 동의한다.

"It had always been a failure between them. Tacitly, she acquiesced in what he felt"(p.355). 이리하여 마침내 Paul은 육체를 무시하는 Miriam의 정신주의에 절망하여 그녀와의 관계를 끊기로 결심하고 그녀와 결별하게 된다. 이미 앞에서 언급했듯이 Lawrence가 'The Birth of Sex'에서 "Our leaders have not loved men: they have loved ideas."(FOU p. 115)라고 말한 바 있고, "I would like to save him alive, in his living, spontaneous, original being, I can't help it. It is my passionate instinct."(FOU p.115)라고 말한 발언은 Paul이 Miriam과 결별하는 근거가 되고 있다. Lawrence가 성에 대해 지니고 있는 이와같은 신념은 너무나도 사무치고 절박한 것이어서 양보하지 못할 삶의 철학과 종교가 되고 있다.

Paul과 Miriam의 性愛가 성공적인 것이 되려면, Paul은 이기적인 육체적 욕망을 순수한 것으로 전환해야 할 것이며, Miriam은 그녀의 두뇌 안에 담아놓고 있는 잘못된 관념형태를 버려야 할 것이다. Lawrence는 이러한 장애물의 제거와 순수한 'being'으로의 환원에 대한 필요성을 작중 화자의 해설형식을 통해 이렇게 표현하고 있다.

He spent the week with Miriam, and wore her out with his passion before it was gone. IIe had always, almost wilfully, to put her out of count, and act from the brute strength of his own feelings. And he could not do it often, and there remained afterwards always the sense of failure and of death. If he were really with her, he had to put aside himself and his desire. If he would have her, he had to put her aside.(p.354)

"put aside himself and his desire"와 "put her aside"가 완벽하게 실현될 때, 성의 존재양식은 어떠한 관념이나 욕망 안에도 유폐되지 않는 자유와 개방의 상태가 될 것이며 'living, spontaneous, original being'의 역동주의(dynamism)와 신비주의의 秘境이 될 수 있는 것이다.

*Women in Love*에서도 Gerald와 Gudrun의 성관계는 양자가 창조성을 결한 욕망을 위한 어떤 것을 추구함으로써 결국 파멸의 길을 걷는다. 두 남녀는 소유욕과 파괴적 의지를 각기 서로를 향해 작용시키고 대결과 투쟁으로 시종하며, 그렇게 함으로써 깊고 순수한 생명의 흐름 안에서 합일하는 대신, 상호파괴의 비극적 결렬로 내몰리고 마는 것이다.

이와같이 타자를 자신의 의지 속에 매몰시켜 소유하려고 할 때, 그러한 양성관계는 불화와 결렬로 종말나며, 성은 그 본래의 창조적 흐름 대신에 자동화, 기계화되어 한낱 동물적이고 사물적인 형태로 타락한다는 것은 Lawrence가 여러 소설에서 제시되는 모델인 것이다. 요컨대 그에게 성은 창조적 흐름이며, 지성, 과학, 도덕의 관념이나 소유욕망, 동물욕 등은 파괴적 요소로 작용한다. 그리하여 성은 자연과 원초적 존재(original being)의 국면으로 복귀되어야 한다는 것이 Lawrence가 지닌 성사상의 기본원리이다.

3. 性 imagery: 피의식, 어두운 앎

Lawrence의 성은 인간의식에서 가장 깊은 형식이다. 그것은 비관념적이고 비지적이다. 그래서 그 성은 순수한 피의식(pure blood-consciousness)이며 남성과 여성은 비자의식적(unself-conscious)이게 된다. 최종의 목적은 '아는 것'(to know)이 아니라, '존재하는 것'(to be)이다. 인간의식의 최고교훈은 'how not to know', 'how nor to interfere'이다.[19]

---

19) Ethel F. Cornwell, *The Still Point*(New Jersey: Rutgers University Press, 1962), p.223 참조. 저자는 제26장에서 'The Sex Mysticism of D.H.Lawrence'라는 논제 하에 Lawrence가 추구하는 성의 창조적 경지의 심적 상태의 성격에 대한 종합적인 검토를 시도하고 있다. Cornwell의 이 저서는 자신의 박사학위 논문이며, Lawrence 작품의 성에 대한 양상과 성격의 고찰로서는 좋은 참고문헌일 것이다. Lawrence는 '지성 mind'를 비판하고 'being'을 강조하는 그의 사상을 여러 에세이에 피력한다. 인용된 부분의 직접적 출처는 '6 First Glimmerings of Mind', *Fantasia of the Unconscious*, pp.68－77.

모든 관계 중에서 가장 활력있고, 모든 접촉 중에서 가장 응집력있는 형식이 곧 성이다. 이 때문에 Lawrence는 성을 통해서 세계의 재생을 추구할 수 있다고 생각한 것이다. 인간은 성의 내부에서 '성령'(The Holy Ghost)[20]과 '내재신'(God within)[21]을 만날 수 있고, 생명의 불(life-flame)과 재생을 경험할 수 있다. 개인은 그 성을 통해서 무시간적인 영원함이나 '정점'(still point)[22]에 도달하며, '영속하는 생명'(Ever-lasting Life)[23]과 접촉하게 된다.

Lawrence가 추구하는 이와같은 이상적인 성의 세계는 머리에서는 감지가 불가능한 '위대한 어두운 앎'(great dark knoweledge), '어두운 무의식적 존재'(the dark involuntary being)이다. 그는 어둠을 신비(mystery), 타자(otherness), 비개성(impersonality), 또는 무의식(the unconscious)과 연결지운다. 그래서 그는 'the nervous, personal, disintegrative'한 성을 'white sex'라고 하여 저주하는 대신에 'creative, impersonal'한 성을 'dark sex'라고 말하면서 양자를 대비한다.[24]

Lawrence에 의하면 현대인이 지적 의식을 발달시켜 왔기 때문에 피의식을 파괴하였고, 그리하여 단지 반존재(half being)로 되었다고 생각한다. 현대인의 여러 질병을 치료하기 위해서는 피의 지혜(blood-wisdom)에 기초한 과거시대의 참된 종교에 복귀해야 하며, 피의식을 회복해야 하

---

20) 'The Holy Ghost'라는 개념과 용어는 Lawrence의 여러 essay와 소설에 사용된다. 특히 집약된 논의는 'Reflection on the Death of Procupine', *D.H.Lawrence: Selected Essays*(Penguin, 1972), pp.55—72에 수록되어 있다.

21) 'The Holy Ghost'와 'God within'이란 말은 장편소설 *The Plumed Serpent* (Penguin, 1977)에서 많이 등장한다.

22) 성에 있어 'still point'라는 말은 중편소설 'The Man Who Died'(William Heinemann, 1980)에서 많이 사용되고 있다.

23) Lawrence는 essay 'The Real Thing'에서 이렇게 말한다. "Out of the great world comes my strength and my reassurance. One could say "God", but the word "God" is somehow tained. But there is a flame or a Life with it." Edward D.McDonald ed., *D.H.Lawrence: Phoenix*(Penguin, 1978), p.202.

24) Cornwell, *op.cit.*, p.217.

고, 그럴 때 참 자아(true self)와 全人(the whole man)을 개발하게 된
다는 것이다.

1913년 Ernest Collings에게 쓴 편지에서 Lawrence는 그의 인생과
창작이 지속해 나갈 신념과 입장을 밝힌 글에서 '피'와 '살'에의 신앙을
언명하고 있다.

> My great religion is a belief in the blood, the flesh, as being wiser
> than the intellect, We can go wrong in our minds. But what our
> blood feels and believes and says, is always true. The intellect is only
> a bit and a bridle. What do I care about knowledge. All I want is to
> answer to my blood, direct, without fribbling intervention of mind, or
> moral, or what-not. I conceive a man's body as a kind of flame, like
> a candle flame, forever upright and yet flowing: and the intellect is
> just the light that is shed on to the things around. And I am not so
> much concerned with the things around—which is really mind—but
> with the mystery of the flame forever flowing, coming God knows
> how from out of practically nowhere, and being itself, whatever there
> is around it, that it lights up.[25]

그런데 Lawrence는 이러한 피의식은 성관계에서 최고조에 도달한다
고 다음과 같이 말하고 있다.

> ⋯But in seeing, the blood-percept is perhaps not strong. On the
> other hand, when I take a woman, then the blood-percept is supreme,
> my blood-knowing is overwhelming. There is a transmission, I don't
> know of what, between her blood and mine in act of connection. So that
> afterwards, even if she goes away, the blood-consciousness persists
> between us.[26]

---

25) H.T. Moore ed., *The Collected Letters of D.H.Lawrence*(New York: Viking
 Press, 1962), p.180.
26) Diana Trilling, *The Portable D.H.Lawrence*(New York: Viking Press, 1949) p.
 7.

　Cornwell은 Lawrence의 작품이 전존재(the whole being)인 영혼의 개발이나 그 자신의 참된 목적의 완수에 있어서 성의 역활을 과도하게 강조하는 것처럼 여겨진다면, 그것은 다음과 같은 두가지 믿음 때문이다고 피력한다 : "first, his belief that the sexual role is the one most abused, or most neglected, by modern man; and second, his belief that the sexual relationship is itself symbolic of the balance and unity he seeks."[27] (italics은 필자)

　이와같이 하여 균형과 통일을 이루는데 성공한 성은 양성 모두를 초월한 어떤 것이 되며, 비개성적이고 무의식적인 'dark mystery'의 어떤 실재로 변환되기 때문에 Lawrence는 이 신비적 실재를 표현할 때 다양한 생명적 이미지들을 metaphor나 상징으로서 사용한다.[28]

　이와같은 성 이미지들은 이미 앞에서 인용하여 고찰한 텍스트에 반영되어 있다. 이 성 이미지들에 대해 Lawrence의 몇몇 에세이와 소설을 통해 좀 더 고찰하고자 한다.

　성이 생명의 美이며 불같이 삶을 따뜻하게 지펴주어 생활에 활력을 불어 넣는 것은 피의식 속에서 감각되이 지기 때문이다. Lawrence는 'Sex versus Loveliness'에서 이렇게 말하고 있다.

> Now sex and beauty are one thing, like flame and fire. If you hate sex you hate beauty. If you love living beauty, you have a reverence for sex··· but must be some sort of fire. For it always communicates a sense of warmth, of glow. And when the glow becomes a pure shine, then we feel the sense of beauty.[29]

　피의식에 의해 성이 생성하는 이러한 불의 이미지 외에도 우주와 자연의 다양한 이미지가 형상화된다. 즉 sun, dawn, evening, twilight, star 나 여러 가지 꽃(rose, lotus) 등의 심상이 그것이다. 피의식을 통해 이루

---

27) Cornwell, *op.cit.,* p.225.
28) Cornwell, *op.cit.,* p.225.
29) D.H.Lawrence, *Selected Essays*(Penguin, 1972), *op.cit.,* pp.14－16.

어지게 되는 이러한 이미지들은 이른바 'dark knowledge'인 것이며, 양성이 완전한 무의식에 이르러 두 자아가 개인성을 상실하고 확장되어져서 우주와 합일될 때 형성된다. 이 때 인간의식은 분화 이전의 전일성(singleness, oneness)의 원형으로 환원되는 것이다.

'The Man Who Died'는 이러한 성적 이상경이 가장 완전하게 실현된 작품이다. The Man은 Girl of Isis와 사원에서 마지막으로 가지는 육체결합 후에 밤의 어둠을 통해 빛나고 있는 별들을 보고 자기 자신이 우주의 일부분이 되고 있음을 느낀다. 의식은 이제 완전히 변화되어 우주는 아름답고 신비로운 장미가 되는가 하면 그들은 우주장미 향기의 일부가 되어 버린다.

> But the man looked at the vivid stars before dawn, as they rained down to the sea, and the dog-star green towards the sea's rim. And he thought: How plastic it is, how full of curves and folds like an invisible rose of dark-petalled openness that shows where the dew touches its darkness! How full it is, and great beyond all gods. How it leans around me, and I am part of it, the great rose of Space. I am like a grain of the perfume, and the women is a grain of its beauty.
>
> Now the world is one flower of many petalled darkness, and I am in its perfume as in a touch.[30]

살아있는 인간(the man alive)은 우주와의 고립이 아닌 합일로써 성취될 수 있다. *Apocalypse*에서 Lawrence는 이러한 점을 역설하고 있는데, "no man is or can be a pure individual."[31] "We and the cosmos are one. The cosmos is a vast living body, of which we are still parts"[32]라고 말한다. 뿐만 아니라 이렇게 말한다.

---

30) D.H.Lawrence, 'The Man Who Died'(William Heinemann Ltd., 1980), pp. 448−49.

31) D.H.Lawrence, *Apocalypse*(Penguin, 1977), p.122.

32) *Ibid.*, p.29.

We ought to dance with rapture that we should be alive and in the flesh, and part of the living incarnate cosmos. I am part of the sun as my eye is part of me. That I am part of the earth my feet know perfectly, and my blood is part of the sea. My soul knows that I am part of the human race, my soul is an organic part of the great human soul, as my spirit is part of my nation. In my own self I am part of my family. There is nothing of me that is alone and absolute except my mind, and we shall find that the mind has no existence by itself, it is only the glitter of the sun on the surface of the waters. (p.126)

앞에서 인용된 The Man이 Girl of Isis를 포용하는 장면 뿐만 아니라 다음에 인용하는 장면을 통해서도 불과 태양의 성 이미지들을 볼 수 있으며, 이들은 우주적 재생의 이미지로서 기능하고 있다.

He crouched to her, and he felt the blaze of his manhood and his power rise up in his loins, magnificent. "I am risen!" Magnificent, blazing indomitable in the depths of his loins, his own sun dawned, and sent its fire running alone his limbs, so that his face shone unconsciously. (p.448)

이처럼 Lawrence에게 성은 인간의 영혼과 생명을 구원하는 종교적 차원으로 그 영역을 확대한다. 이와같은 맥락에서 Lawrence는 각 개개인들 간의 성적 관계를 통해 사회변혁의 가능성을 믿게 된다. Lawrence는 Russell에게 이러한 개혁법을 설파했는데 그의 원리는 Russell과는 달리 정신적(spiritual) 지적(intellectual, mental) 의식이 아닌 피의식에 있고, '창조주 신'(God the Creator)의 개념이 아닌 '내재신'(God within) 의 개념에 있다는 것이다. 즉 Lawrence의 신에 대한 개념은 우주 전체를 작용시키는 '창조적 원리'(creative principle)이다.[33] 그것은 각자가 내면에 지니고 있는 생명력인 'the flame of life Everlasting'에 지나지 않는다.

---

33) Cornwell, pp.232－33 참조.

그런데 Lawrence는 1916년 7월 16일자에 Catherine Carswell에게 보낸 서한에서 'God in me is my desire', 'It is a new desire'라고 말한다.

> Because, you see, what intimation of immortality have we, save our spontaneous wishes? God works in me (if I use the term God) as my desire… I can also frustrate or deny any desire so much for me, I have a 'free will,' in so far as I am an entity. But God in me is my desire. Suddenly, God moves afresh in me, a new motion. It is a new desire. So a plant unfolds leaf after leaf, and then buds, till it blossoms. So do we, under the unknown impulse of desires, which arrive in us from the unknown.[34]

즉, 성의 결합이 최고의 완전한 상태에 도달할 때의 극치가 곧 God이며, 그 때 'flame of Life Everlasting'이 구현되는 순간이 된다. Lawrence가 말하는 성령(Holy Ghost)도 이러한 것과 맥락을 함께 한다. 생명력과 의식이 최고 극치에서 만개되었을 때의 '4차원적 성질', 달리말해 'the fourth dimensional quality of perfection and eternity'가 'God within'이고 'Holy Ghost'인 것이다.

Lawrence의 시대에 신에 대한 비젼은 시들어 가고 있었으며 대체해야 할 비젼으로서 필요로 한 것이 곧 이와같은 새로운 비젼이었던 것이다. Lawrence는 이 새로운 비젼을 통해서 유기적 사회를 창조하고자 했으며, 그 매체를 남녀의 살아있는 육체에 의해 개발하는 각 개인들의 완전한 성의식에 둔다.

*The Plumed Serpent*에서 Lawrence가 시도하는 사회 변혁은 정치적 방법이 아닌 새로운 종교의 부활에 의한 방법, 즉 인간이 우주 자연과 연대를 맺고 남녀가 피와 살을 바탕으로 삼는 Quetzalcoatl교를 통해 영혼과 의식을 새롭게 개혁하는 방법에 의한다. 남녀 주인공들 중에서 Ramon은 이 종교의 교주이며 Cipriano와 Kate는 이 종교의 사제들인

---

34) Moore, *op. cit.*, p.467.

데, 각각 신의 화신으로 존재 변환을 한다. 여기서 Quetzalcoatl은 '두가 지 길'(both ways)이 융합되어진 우주원리의 구현이다. 이러한 심상은 남성과 여성을 이원적인 우주적 원천으로보고 양자가 복합되어 하나의 몸 으로 구현된 상징이자 비견이다. 이와같은 이원요소의 화합은 'Morning Star' 'Evening Star'의 이미지로 형상화되는가 하면, '미지의 동인'(Un-known Mover)으로 표현되기도 한다. 이러한 상징이나 비견이 지향하는 목적은 양성이 만나서 이룩하는 찬란한 합치이다.

The Morning Star and Evening Star shine together.
For Man is the Morning Star.
And Woman is the Star of Evening.[35]

위에서 Morning Star와 Evening Star는 밤과 낮의 접합지대이며, 결 국 남성과 여성이 가장 이상적으로 결합한 상태를 상징한다. 그리하여 모 든 대립자가 화해된 '형언할 수 없는 생명의 신비'(unfathomable life-mystery)이며 극성을 이룬(polarized) 유기적 통일의 경지이다. Law-rence가 의도한 것은 남녀 양성관계를 기반으로 하여 그들이 완전한 합일 을 이룩하는 영혼의 완수이다. 성이 도달해야 할 참된 궁극목표도 이것이 다. 이와같은 목표는 Don Ramon의 주례 하에 거행되는 Kate와 Cipriano의 결혼의식에 설정된 시간과 공간에서 알 수 있듯이 어둠과 관 련되겠끔 기획되어 있다는 점이 이 작품의 또다른 특징이다. Lawrence 가 비오는 날이나 저녁 황혼녘을 설정해 놓은 것은 이 때문이다.

David J. Gordon은 논문 'Sex and Language in D.H.Lawrence'에 서 Lawrence가 도달한 성의식의 그 미묘한 상태를 언어로 표현할 때 일 어나는 언어적 한계의 문제를 제기하고 있다. 그의 이러한 언어학적 관점 은 Lawrence의 성언어가 지닌 본질이나 언어와 의식과의 관계를 분석한 점에서 중요한 의의를 지녔다. Gordon은 Freud의 저서 *An Outline of*

---

35) D.H.Lawrence, *The Plumed Serpent*(Penguin: 1977), *op.cit.*, p.355. 이 Que-tzalcoatl Hymn은 전편에 걸쳐 배경음악(Song)으로 배치되어 있다.

*Psychoanalysis*에서 Freud가 주장한 언어의 실재자체에의 도달불가론[36] 을 소개하면서 다음과 같은 Lawrence의 발언을 예시하여, Lawrence도 역시 언어표현의 불완전성과 한계를 예민하게 의식한 작가임을 지적한다 : "Poetry, they say, is a matter of words… it is such a long way from being the whole truth that it is slightly silly if uttered sententiously." (p.362) "Books are not life,… they are tremulations upon the ether… which can make the whole man alive tremble.(p.362)

Jordon에 의하면 Lawrence 작품에서 심리학적으로 중요하고 실제적 육체기능에 해당되는 성현상의 언어적인 표현문제에 있어서 작가의 의식 에는 Fredric Jameson이 논한 'the prison house of language'[37]라는 언어덫에 걸리는 위험성을 피하려고 애써는 어떤 희망이 있다. Lawrence 는 현대문명인이 지닌 단절과 소외의 경험으로서는 도달이 불가능한 것이 성의 순수의식이며 이와같은 언어를 초월하는 의식의 세계(a world beyond or below words)를 표현함에 있어 매체로서 언어를 빌리지 않을 수 없는 불가피한 역설에 갇혀있음을 잘 이해하고 있다. 그리하여 문명의 정교한 자원(the sophisticated resources of civilization)을 통해서 초언 어적인 성의식의 세계를 표현할 수 밖에 없는 불완전한 운명에 처해 있는 것이 Lawrence였다.[38]

그러나 Jordon은 Lawrence가 "human heart must ramain in conflict between nature and culture"[39]의 명제를 인식하고 있지마는, 언어

---

36) William McBrien ed., *Twentieth Century Literature,* Vol.27, Fall(New York : Hofsrta University Press, 1981), p.362 참조. Freud는 이렇게 주장한다 : "We have no hope of being able to reach [reality itself], since it is evident that everything now that we have inferred must nevertheless be translated back into the language of our perceptions, from which it is simply impossible to free ourselves."

37) Fredric Jameson, *The Prison-House of Language*(Princeton N.J. : Princeton University Press, 1974) 참조.

38) McBrien, *op.cit.,* pp.363 — 64.

39) McBrien, *op.cit.,* p.374.

취급의 유연성에 있어 놀라운 재능을 발휘함으로써 우리에게 비극적 전망을 극복시켜 주고 있다고 결론짓는다.[40]

이러한 언어의 한계성을 극복하기 위하여 Lawrence가 고안해 낸 훌륭한 장치의 하나가 이른바 구성적 상징(constitutive symbol)이며 이것은 어떤 장면을 통해서 나타나는 중심적인 이미지로써 관계된 어떤 긴장(a relational tension)의 국면을 극화하는 기법이다.[41]

George Levine은 언어와 실재의 관계에 놓인 딜레마를 극복하는 작업에 대해 희망을 포기하지 않고 있는 Lawrence의 입장을 이렇게 지적한다.

> Lawrence heard the drums of the heart of darkness beating in his own breast, felt the dissociation of language from being.··· He never gave up the hope in his fiction and out of it rebuilding a knowable community.[42]

이상에서 살펴본 것처럼 Lawrence는 그의 비상한 피의식과 'dark knowledge'라는 원초적 의식에 의해 그가 도달한 성의 순수경지를 감지하고, 그 신비적인 'fourth dimensional quality of perfection and eternity'를 언어화하는 작업에 있어 여러가지 다양한 우주 자연의 이미지들이나 구성적 상징들을 도입함으로써 언어장벽의 초월에 성공을 거두고 있다고 하겠다.

---

40) Cf. McBrien, *op.cit.,* p.374: "The marvelous plasticity if Lawrence's language and the brilliant treatises on dreams, jokes, and takes us beyond a tragic vision. They show us that, in the endless play of the mind, the physical and verbal aspects of consciousness, though never identical, cannot be seperated."

41) McBrien, *op.cit.,* p.366.

42) George Levine, *The Realistic Imagination: The English Fiction from Frankenstein to Lady Chatterley*(Chicago: The University of Chicago Press, 1981), p.320.

4. 밀교적 에로티시즘 : 우주적 합일, 에로틱 symbolism

釋 智賢 禪師는 저서 「密敎」에서 Lawrence를 "이 시대에 있어서 가장 창조적인 사람"[43]이라고 평가한다. 그것은 Lawrence가 "무의식적으로 딴뜨라를 이용"(p.102)하고 있다는 사실에 기초를 둔 논평이다 제I장 I절 '밀교란 무엇인가'에서 Lawrence의 Tantrism(밀교)을 석 지현은 다음과 같이 언급하고 있다.

> D.H.로렌스는 原初的 본능과 성의 마력을 통해서 생의 궁극적인 실재를 늘 추구하였다. 그는 관념의 생이 아니라 살아있는 생이 문제라고 이렇게 말한다. …로렌스는 悟性의 明證으로써 생을 '설명'하기를 싫어하고, 생명의 근원에 투사된 우주적인 힘에 부딪히는 환희를 노래하는 것이다. 적나라한 육체와 정신으로써 여자를 맹목적으로 사랑하여 삶의 깊은 흐름 속으로 뛰어들 것을 주장한다. 로렌스가 추구한 근원적 힘은… 이성적인 의미로 파악할 수 없는 신비의 영역이다… 이 어둠의 신, 본능의 신, 맹목적인 신을 여러 각도에서 여러가지 방법으로 추구하였다.(pp.24-25)

석지현에 의하면, Lawrence는 성을 육체 안에 흐르는 우주에너지나 순수하게 흐르는 생명으로 인식하며, 인간이 이 에너지를 저주하고 억압한다면 그것은 곧 우주를 배반하는 것임을 주창한다(「密敎」 p.102)고 지적한다. Lawrence의 이러한 성철학은 밀교와 그 맥을 같이 하는 것이다. 석지현은 밀교의 길을 다음처럼 밝힌다:

> 본능 그 자체를 본질화하고 탐험하는 길이다. 우리는 인간이다. 그 이상도 이하도 될 수 없다. 때문에 우리가 염원하는 모든 이상은 인간을 통하여 이루어져야 한다. 인간은 악도 아니며 선도 아니다. 선과 악이 갈라지기 이전의 순수한 에너지, 그 동작화, 형상화가 바로 인간인 것이다. 영원의 저

---

43) 釋 智玄, 「密敎」(서울: 玄岩社, 1981), p.102. 이하의 인용은 「密敎」로 표시하고 본문 안에 페이지를 표시한다.

Nirbana세계는 우리의 피와 살을 통해서만이 가능하다. 이것 이외의 길은 위선, 거짓, 허깨비의 길이다.(「密敎」 pp.7－8. '머릿말')

이것이 밀교의 길이라고 할 때, 앞에서 고찰한 Lawrence의 성철학은 바로 이 밀교의 길이 된다. Lawrence의 성의식을 구성한 요소들, 예컨대 'still', 'dark', 우주적인 합일, 'God within'이라는 본능神, 뿐만 아니라 성적 冥合에서 형상화된 불, 태양, 별, 새벽, 꽃 등과 같은 초언어적 심상과 상징은 밀교와 그 특성을 공유한다.

밀교의 Shiva신은 정의할 수 없고 불가지한 우주정신의 浮人化로서, 장엄하고 전능하며 부동적이고 초월적 존재이다.[44] Shiva는 원초 에너지의 남성화, 또는 남성화된 우주 에너지이다. 그리하여 남녀 양성간의 성에서 남성은 Shiva신의 변용이며 그 화신화가 된다. 한편 Shakti신은 Shiva신과 짝을 이루는 우주의 정신 에너지이며, 원초 에너지의 여성화, 또는 여성화된 우주 에너지이다. 이 Shakti여신은 성에서 여성 파트너에게 구현된다(「密敎」 p.28). 밀교도(tantrika)는 여성을 인간 에너지의 흐름을 우주정신으로 환원시켜 주는 스승(guru)으로 생각하며, 따라서 여성은 원초적 존재로 복귀하는 길의 안내자이다. 남성 밀교도는 이러한 여성과 성관계를 함으로써 Shakti와 하나가 되며, 그 일부가 되고, 뿐만 아니라 우주정신 자체와 합일된다고 믿는다. 이와같이 볼 때 밀교에 진정으로 정통한다는 것은 양성적 특성이 기초가 되어 있는 우주정신과 하나가 되는 것이다. 이와같은 점에서 밀교적 성은 영혼의 우주적 확장이기도 하다.

이와같은 우주론적이고 범신론적인 밀교적 성은 Lawrence의 여러 소설에서 구현되고 있다. 'The Man Who Died'의 남성주인공 The Man과 Girl of Isis 여사제의 육체관계에서 보면, 이 인물들은 피와 살로 된 육체의 완전성을 성에 의해 성취할 때 그것이 신으로의 환원임을 믿고 있다. The Man은 성적 치유를 통하여 앞에서 살펴본 바처럼, "How full it is, and great beyond all gods.⋯ I am part of it, the great rose

---

44) 徐京保 편집, 「禪思想」(서울 : 禪사상사, 1983) 여름호, p.64. 이것은 Reay Tannahill 著, *Sex in History* 인도편을 편집자가 발췌한 것이다.

of Space. I am like a grain of the perfume and the woman is a grain of its beauty."라고 느끼는 것이다.

한편 Girl of Isis는 그녀의 감각이 Osiris God로 충만된 비젼이 형성됨을 느끼게 된다: "I am full of Osiris, I am full of the risen Osiris!" (p.448). 이것은 인간의 의식이 밀교에서와 같이 신적이고 聖적인 존재 변환을 한 것과 일치하는 것이다.

밀교儀式에서 여성은 붉은 색의 상징으로 심상화한다. 이러한 의식에서 강렬한 성의식이 이루어지게 된다. 여신의 붉은색의 성 이미지가 최고조에 도달할 때 여성은 연꽃의 심상으로 환원된다(「密敎」 p.154). Lawrence의 'The Man Who Died'에서 성명상의 심상은 장미라는 붉은 색의 꽃으로 형상화되고 있다. *Lady Chatterley's Lover*에서 15장에 제시된 Connie와 Mellors간에 수행하는 일종의 성의식에서 Connie의 알몸에 꽃을 꽂아주는 Mellors의 행위[45]는 성이 꽃과 연결되는 상징적 의미를 함축한 것이다.

한편 밀교는 불의 儀式을 성에 도입하고 있다. 불은 살아있는 생명체의 근원으로서 불의 의식은 삶의 불꽃을 충전시키는 비밀 형식이기 때문이다. 양성은 불의 뜨거움으로 만나서 불의 신으로 몸바꾼 法神이 되며, 불과 더불어 불 속의 신과 冥合함으로써 하나의 실재로 융합된다. 뿐만 아니라 불이란 순수한 정화를 의미하기 때문에 존재의 본모습으로 복귀시키는 상징적 기능을 가진다.[46] 그리하여 장작이 쌓인 화장터에서 비밀의식이 수행되기도 하며(「密敎」, p.154), 비밀행자가 火神이 되어 火力을 부채질하는 비밀주문을 낭송하면서 불기운을 고조시키고 화로에 불을 점화한다(「密敎」 p.304). Lawrence의 경우 이러한 불의 의식은 *Lady Chatterley's Lover*의 15장에 묘사된 Mellors와 Connie가 원두막에 모닥불을 지핀 가운데 알몸으로 둘러 앉아 性愛하는 장면(pp.231−34)에 나

---

45) D.H.Lawrence, *Lady Chatterley's Lover*(Penguin, 1974), p.233.

46) 「密敎」, pp.298−305 참조. '불의 儀式 護摩'의 유래, 의미, 의식 형태 등이 상술되어 있다.

타나고 있다. 이것은 상징적 의미를 띤 밀교적인 의식의 일환이라 할 수
있다.

밀교의 Chakrapuja 儀式은 성의 상징으로서 뱀(naga)을 등장시키는
데 다이아몬드(linga)주위에 또아리를 튼 뱀의 형상畵를 사용한다(「密
敎」pp.154—55).

밀교에서 사용하는 이러한 뱀의 상징은 *Lady Chatterley's Lover*에서
Mellors가 Connie에게 그의 소년시절의 첫 애인 얘기를 들려주는 부분에
등장하고 있다.

> We were the most literary-cultured couple in ten counties. I held
> forth with rapture to her, positively with rapture. I simply went up
> in smoke. And she adored me. The serpent in the grass was sex. She
> somehow didn't have any; at least, not where it's supposed to be. I
> got thinner and crazier.[47](italics은 필자)

*The Plumed Serpent*에 사용된 '날개달린 뱀'의 성적 상징도 역시 밀교
의 naga라는 성의 상징과 대응하는 것이다.

다음에 인용한 성명상 장면은 밀교성자 Rajneesh의 언어인데, 여기에
나타난 내용은 Lawrence의 성사상과 성의식을 그대로 반향해 주고 있음
을 우리는 알 수 있게 된다.

> "그 만남은 머리로서의 만남이 아니다. 그것은 너 자신과의 근원적 만남이
> 다. 큰 바람이 불어온다. 나무는 떨기 시작한다. 성은 하나의 큰 바람이다. 거
> 대한 에너지가 너 자신 속에 불어온다. 흔들려라, 진동하라, 너의 전 세포는
> 일어나 춤추기 시작한다. 이 떨림에 들어가라.… 결코 방관자가 되어서는 안
> 된다. 머리는 방관자이기 때문이다. 이 써클(圓) 속에서 무엇이 일어나고 있
> 는가. 단 한번 너는 본질적인 에너지 그 자체가 될 것이다. 사회적인 머리가
> 아니라 본질적인 에너지가 될 것이다. 너는 우주의 일부가 될 것이다. 아니
> 저 떨림 속에서 너는 전우주 그 자체가 될 것이다. 이 순간은 위대한 창조다.
> 우리들 육체는, 그 견고한 에고는 여기 용해되어 버린다. 너는 액체가 된다.
> 서로가 서로 속으로 흐른다. 머리는 여기 없다. 너는 속으로 흐른다. 머리는

---

47) *op.cit.*, p.209.

여기 없다. 너는 이제 한 개의 일치 그 자체일 뿐이다."[48]

이러한 발언과 내용은 앞에서 고찰한 Lawrence의 에세이와 소설의 묘사 장면에 이미 잘 나타나 있었다.

밀교가 성결합에서 설정하고 있는 儀式이나 冥合이라는 차원을 Lawrence의 경우를 통해 잠깐 더 살펴보겠다. The Man과 Girl of Isis의 性愛儀式에서 기름 맛사지 의식이 동반되고 있다. 이 때 The Man은 그의 의식세계와 영혼을 통해서 어둠 속에서 점차 소생하는 생명의 생성과정을 명상차원에서 느끼고 있다.

And the wailing died out altogether, and there was a stillness, and darkness in his soul, unbroken, dark stillness, wholeness.

Then slowly, slowly, in the perfect darkness of his inner man, he felt the stir of something coming.

A dawn, a new sun. A new sun was coming up in the perfect inner darkness of himself. He waited for it breathless, quivering with a fearful hope.⋯ "Now I am not myself. I am something new."
(MWD pp.67－68)

'The Man Who Died'는 Lawrence소설 중에서 儀式적 성과 冥合적 성을 통해 밀교적인 성이 가장 성공하는 작품이라 할 수 있다.

밀교에 등장하는 심상들 가운데는 검은 이미지가 있는데, 파괴의 여신 깔리가 그 예이다. 이 사랑의 여신은 창조 외에도 또 하나의 얼굴을 가지고 있다. 그리하여 창조와 사랑의 이 깔리 여신은 시간의 세계로부터 인간을 파괴시킨다. 그러한 파괴는 본질적이고 불가피한 그녀의 역할이라 할 수 있다. 그래야만 참된 실상에 도달하는 성을 실현할 수 있기 때문이다(「密敎」 pp.134－44). 이러한 검은 심상의 양가성은 Lawrence의 *The*

---

48) 「密敎」, pp.64－65. 석지현 선사는 그의 저술을 제1장의 2절－8절까지의 부분을 세계적인 밀교성자 Rajnesh의 언어를 토대로 삼았다고 밝히고 있다. Rajnesh의 Tantrism 저술로 다음과 같은 것이 있다: ① *Tantra : Supreme Understanding* ② *The Book of the Secrets* vols. 1－5 ③ *The Tantra Vision* vols. 1－2. (「禪思想」, *op.cit.*, p. 35. 라즈니쉬 저서 총목록편 참조)

*Plumed Serpent*에서 날개 돋힌 뱀에 내포되어 있는 파괴적·악마적·생명적인 성질에 대응된다고 할 수 있다. 다만 Lawrence의 Dark God는 남성신을 중심으로 하여 구현되는 점이 차이점이다.

밀교의 창조적 형태인 만달라는 Lawrence의 경우에도 그 대응물을 찾을 수 있다. 만달라의 원의는 眞言, 呪文의 뜻이지만 구체적으로는 주문을 포함하여 다양한 상징적 형상들을 포함한다. 이 만달라는 구석기 시대까지 거슬러 올라가 그 예를 찾을 수 있을 만큼 가장 오래된 인류의 무의식의 반영인 종교적 상징이다. 불교나 밀교도들의 만달라는 특히 심오하고 예술적 완성미를 구현한 것들인데, 이것은 인간의 의식에 있어서 가장 원초적인 우주적 원형의 심상이다.[49]

C.G.Jung에 의하면 이와같은 만달라는 종교의식에서 대단히 중요하다. "The mandalas used in ceremonial are of great significance because their centres usually contain one of the highest religious figures."[50] 참된 만달라는 항상 내면적 심상(an inner image)이며 적극적인 상상력에 의해 점진적으로 생성되고 심령적 균형이 붕괴되었을 때 간절한 추구에 의해 형성된다고 한다.[51]

Lawrence소설 *The Plumed Serpent*에서 Quetzalcoatl교의 찬송가(Hymn)는 곧 眞言과 呪文의 만달라이다. 뿐만 아니라 Quetzalcoatl 記章에 그려진 뱀과 독수리가 태양 가운데서 한 몸체로 결합된 형태는 Lawrence자신의 영혼이 오랫동안 간절히 갈구해 왔던 자아상의 만달라

---

49) 이것에 관해 참고한 책은: ① 李符永, 「分析心理學—C.G.Jung의 人間心性論」(서울:일조각, 1982), 특히 '자기원형' '자기실현'의 부분. pp.97—112, p.278. p.285. ② 李泰東 역, 「칼 융의 심리학」(서울:성문각, 1982) [Jolande Jacobi, *The Psychology of C.G.Jung: An Introduction with Illustrations*]특히 '만달라 심볼' 부분. pp.224—242. ③ 「密敎」, *op. cit.*, '護摩行法時의 만트라', '眞言暗誦法'. pp.305—309. ④ C.G.Jung, *Dreams.* trans. R.F.C.Hull(New Jersey: Princeton University Press, 1974), 'Symbolism of the Mandala'. pp.169—297.

50) Jung, *Dreams, op.cit.,* p.170.

51) Jung, *Dreams, op.cit.,* p.170.

라고 할 수 있다. Lawrence는 인디언족의 고대종교에 구현된 원초적인 인간의 소망을 반영한 이러한 종교적 상징을 통해서 그가 갈망해 왔던 자아의 실현을 성취할 수 있게 되기 때문이다. 이것은 '초월적인 면에서의 인간재생'이라고 부를 수 있는 존재의 통일(unity of being)을 실현하는 것이다.[52]

Jung은 만달라에 대해 불교의 밀교, 도교, 고대의 연금술사 등이 사용한 여러 형태를 분석하면서 Pueblo 인디언들의 만달라 문화유형이 지닌 심오성을 언급한 바 있다.[53]

태양원 안에 뱀과 독수리가 합일된 Quetzalcoatl교의 상징에서 서로 상반되는 모든 것이 하나로 융합된 이러한 형태는 밀교 에로티시즘이 성의 양극성을 통합하여 하나의 우주적 합일에 복귀하는 상징성을 내포하는 것과 같다. Lawrence가 이러한 Quetzalcoatl 상징에 부여한 여러가지 복합적인 의미들 중에서 가장 핵심적인 한가지를 찾는다면 Jung이 언급한 "the Monogenes is called the 'dark light', a reminder of the sol niger, the black sun of alchemy"[54] "the dorje, symbol of all the divine forces together, whether creative or destructive"[55]에서 찾을 수 있다. 이와같은 점에서 Lawrence는 *The Plumed Serpent*를 자기 작품들 가운데서 가장 중요한 작품[56]이라고 부른 것이다. 달리말해 Quetzalcoatl 상징은 Lawrence 자신이 갈구하는 만달라의 구현像으로 기능하는 것이다. 이것은 Lawrence의 에세이 'New Mexico'의 다음 귀절에 의해 시사되고 있다.

---

52) 李泰東, *op.cit.*, p.242.

53) 李泰東, *op.cit.*, p.224.

54) Jung, *Dreams, op.cit.*, p.184.

55) Jung, *Dreams, op.cit.*, p.172.

56) Anthony Beal, *D.H.Lawrence*(London: Oliver and Boyd Ltd., 1964) : "In *Kangaroo* the dark gods had been symbols. In *The Plumed Serpent* Lawrence attempts to make them manifest. It is a major undertaking: and he himself called the book my most important novel, so far."(p.77)라고 Anthony Beal은 논평하고 있다.

I had looked over all the world for something that would strike me as religious.··· All this had seemed religious all right, as far as the parties corcerned were involved, but it didn't involve me.··· But this experience was fleeting, gone in the curious turmoil of the Pera-hera, and I had no permanent feeling of religion till I came to New Mexico and penetrated into the old human race experience there.[57]

5. 결   론

Lawrence에게 성이란 창조적인 생명의 실재이며 존재의 근원이다. 성은 이질적인 이원적 개체를 하나로 융해하고, 각 개체의 의지, 개성을 소멸시켜 분열이나 분화 전의 원초적 단일성의 의식세계로 환원해 주는 초월적 계기가 된다. 이러한 성의 세계는 절대적인 생명의 자유와 해탈의 장으로 변용된다.

Lawrence가 탐구하고 발견해 낸 성은 그 실재의 본래 모습인 'being'을 그대로 드러낼 때는 일상적 세계를 뛰어 넘는 것이다. 그리하여 성자체마저 의식에서 소멸됨으로써 우주 에너지 자체로 복귀하여 우주 原相과 합일한 신비적인 비젼을 계시하게 된다. 이러한 의식 세계는 순수의식이나 무의식을 통해 이루어 지는 어두운 암흑세계이며, 현실의 시간과 지적 의식, 그리고 자기중심적이고 소유적인 에고가 멸각된 세계이다. Lawrence가 말한 무시간과 영원과 완전이라는 4차원적 성질은 그의 성의식의 세계에서 가장 잘 구현되고 있으며, 이 때 원초적인 실상세계로 환원된 순수의식의 場에서 남녀 양성은 자아를 성취한다.

Lawrence가 도달한 성의 이와같은 신비세계는 현대 20세기 유럽문명의 조건들인 물질주의적, 과학주의적, 기계주의적, 정신주의적인 의식의 성향에 의해서는 불가능하다. 그래서 Lawrence는 이러한 유럽문명이 지닌 현대적 의식을 피와 살을 상실한 창백한 문명이라 규탄한다. 그에게

---

57) Lawrence, *A Selection from Phoenix, op.cit.*, p.128.

있어 참된 실재는 'white knowledge'가 아닌 피의식에 바탕을 두는 'dark knowledge'이기 때문이다. 이러한 앎을 확보해 주는 가장 강력한 계기가 곧 성인 것이다.

밀교(Tantric Buddhism)에서 성은 두 원초 에너지의 결합이며, 양성의 결합은 前분화 단계인 우주적 단일성의 근원으로 복귀하는 형식이다. 여기에서 두 남녀는 이러한 우주 에너지의 화신으로 간주된다. 시바신과 삭티신의 결합은 달리 말해 우주적 원천으로의 환원이다. 그리하여 육욕을 초월한 신비적인 본질로의 귀의가 다름아닌 니르바나, 佛國土, 부처의 세계로 상정된 것이다. 다시 말하면 밀교는 초월적이고 추상적인 대상을 부정하고, 구체적이고 현실적인 실체인 인간의 피와 살 바로 그것으로 이루어진 육체를 통해서 본질적 진리, 즉 실재의 세계에 도달하는 길을 택한다. Lawrence의 성관은 밀교가 추구하는 목표와 합치한다. 양자는 똑같이 구체적 현상인 인간 육체가 지닌 피와 살의 감각을 통해서 유토피아적인 비젼을 실현하는 공통성을 가진다. 이러한 성의 길은 현상의 본질화임과 동시에 본질의 현상화인 것이다.

Lawrence와 밀교에서 다함께 나타나는 특징은 범신론적 성격을 구현하고 있는 점이다. 'The Man Who Died'에서 남성 주인공은 사실상 그리스도로서 육신으로 부활된 신이며, Girl of Isis와의 육체적 결합과정을 통해서 비로소 생명을 완성하고 신으로 부활된다. 이들은 성을 통해 자신이 우주의 일부이고 우주가 곧 자기이며, 자기가 곧 우주임을 느끼고 있고, 성을 통해 동터는 새벽과 솟아오르는 태양이라는 생명을 소생시키는 구원의 심상을 본다. 이 때 밤의 세계는 'great rose of Space'로 모습을 바꾸어 새로운 창조세계를 계시하고 있다. *The Plumed Serpent*에서 복원되고 있는 고대 멕시코 인디언의 Quetzalcoalt God는 Don Ramon과 Don Cipriano라는 남성 주인공들에게 실제로 구현되고 있다. 이러한 남성신의 세계에 Kate는 Don Ramon의 주례 하에 Don Cipriano와 Quetzalcoalt 결혼의식에 따라 결혼하여 여신 Malintzi의 화신으로 변용된다. 여기에 사용된 Quetzalcoatl 상징은 양성이 태양원 안에서 하나로 결합하여 태초의 단일성으로 환원되는 성적 만달라의 의미를 내포한다.
*Lady Chatterley's Lover*에서 Mellors와 Connie를 통해 묘사된 성적 儀
式의 차원이라는 장면에 제시된 모닥불의 등장, 꽃꽂는 행위, 비 내림 등
은 모두다 성을 암시하는 심상과 상징인 것이다. 이러한 심상과 상징은
가장 순수한 원형질 상태로서 'spontaneous life flow'의 상태를 표현한
초언어적인 성질을 가진 것이다.

Lawrence가 성을 인간을 구제하는 종교적 위상으로까지 끌어올린 뜻
에는 성의식이 내포한 초월적 효과가 강조되고 확대된 것이다. 그리하여
성의식에서 유출되는 의식상의 효과를 통해 현대인 개개인의 의식을 변화
시킬 수 있고, 나아가 사회 전반에 걸친 변혁을 유도할 수 있다고 기대한
것이다.

(부산대학교 사대 논문집 제 16집 1988, 6)

참 고 문 헌

I. Texts

Lawrence, D.H. "England, My England", Brian Finney ed. *D.H.Lawrence: Selected Short Stories*. 1983.
__________. *Lady Chatterley's Lover*. Penguin, 1974.
__________. *Sons and Lovers*. Penguin, 1970.
__________. 'The Man Who Died' William Heinemann Ltd, 1980.
__________. 'The Man Who Loved Islands', *D.H.Lawrence: Selected Short Stories*. Penguin, 1983.
__________. *The Plumed Serpent*. Penguin, 1977.
__________. *Women in Love*. Penguin, 1979.

II. Reference

Beal, Anthony. *D.H.Lawrence*. London: Oliver and Boyd, 1964.
__________. *D.H.Lawrence: Selected Literary Criticism*. William Heinemann Ltd, 1955.
Cornwell, Ethel F. *The Still Point*. New Jersey: Rutgers University Press, 1962.
Fromm, Erich. *To Have or To Be*. New York: Harper & Row Publishers, 1976.
Hull, R.F.C. trans. C.G.Jung, *Dreams*. New Jersey: Princeton University Press, 1974.
Inglis, A.A.H. *D.H.Lawrence: A Selection from Phoenix*. Penguin, 1979.
Jameson, Fredric. *The Prison-House of Language*. Princeton, N.J.: Princeton University Press, 1974.
Lawrence, D.H. *Apocalypse*. Penguin, 1977.
__________. *D.H.Lawrence: Selected Essays*. Penguin, 1972.
__________. *Fantasia of the Unconscious*. William Heinemann Ltd., 1977.
Levine, George. *The Realistic Imagination*. Chicago: The University of

Chicago Press, 1981.

Bronislaw K. Malinowski. *Sex and Repression in Savage Society.* London:
　　Kegan Paul, Trench, Trubner & Co., Ltd., 1927.

McBrien William ed. *Twentieth Century Literature,* Vol.27, Fall. New York:
　　Hofstra University Press, 1981.

McDonald Edward D. *D.H. Lawrence: Phoenix.* Penguin, 1978.

Moore, Harry T. ed. *The Collected Letters of D.H.Lawrence.* New York:
　　Viking Press, 1962.

Trilling, Diana. *The Portable D.H.Lawrence.* New York: The Viking Press,
　　1949.

徐京保 편집. 「禪思想」. 서울: 禪思想社, 1983, 여름호.

釋智賢. 「密敎」. 서울: 玄岩社, 1981.

李符永. 「分析心理學 — C.G.Jung의 人間心性論」. 서울: 일조각, 1982.

李泰東　역. 「칼융의 심리학」. 서울: 성문각, 1982. [*Jolande Jacobi, The Psy-
　　chology of C.G.Jung: An Introduction with Illustrations*].

조일제. 'D.H.Lawrence: 생명적　실재의　추구', 한국영어영문학회　부산지회,
　　「영미어문학」제21집, 1987.

韓完相 역. 「未開社會의 性과 抑壓」. 서울: 삼성출판사, 1977.

6. 인디언 종교

〈목　차〉

1. 서　　론

Lawrence는 1928년에 쓴 여행기 'New Mexico'에서 뉴멕시코의 인디언 보호 구역인 Apache지방에 사는 Red Indians(홍인종)를 보고, 그들의 종교로 부터 깊은 감명을 받았다고 말하고 있다. 그들 인디언들의 종교는 다른 종교들과는 달리 태고적 신비를 내포한 것으로서 Lawrence의 굳어 있던 감정을 무한히 해방시켜 주는 것이었다. 그는 그들의 종교가 그에게 '제 2의 계시'(second revelation) 였다고 진술한다.

> That was the second revelation out there… the simple piety of some English people, the semi-pagan mystery of some Catholics in southern Italy, the intensity of some Bavarian peasants, the semi-ecstasy of Buddhists or Brahmin: all this had seemed religious all right…but it didn't involve me… It is curious that one should get a sense of living religion from that Red Indians, having failed to get it from Hindus or Sicilian Catholics or Cingalese.[1]

Graham Hough는 Lawrence가 받은 계시에 주목하여, Lawrence의 제 1계시와 제2계시를 다음과 같이 설명한다.

---

1) D.H. Lawrence, *Selected Essays*(Penguin, 1972), pp.183−84.

He(Lawrence: 필자) describes the proud beauty of the landscape, so much more satisfying to him than any he had seen before. This was the first revelation. The second was that for the first time Lawrence experienced what to him was fundamental religion.[2]

그런데 인디언들의 종교에 대한 Lawrence의 감정은 일관된 것은 아니고, 경우에 따라 변하여 이중감정이 공존한다.

인디언들의 종교는 인간의식의 원초적 뿌리라고 할 수 있는 피(blood)와 살(flesh)에 근원을 둔 것으로, 인간과 우주와의 생명교감과 진실한 소망이 내포되어 있지만, Lawrence에게 저항감을 주는 잔인한 악마주의적 일면도 동시에 내포되어 있다.

인디언들이 신봉하는 신은 가장 강력한 생명체인 태양, 뱀, 독수리 등의 자연주의적이고 우주주의적인 신이다. 인디언들이 지닌 특유의 힘, 열정, 관능, 생명력 등은 그들과 우주자연과의 직접적인 교감을 통한 동화에서 유래한다고 Lawrence는 파악한다. 그는 이러한 자연주의적 종교를 현대인에게 부활시키고자 하였고, 그것이 곧 현대를 구원하는 핵심이 된다고 확신했다.

Lawrence는 기독교를 거짓된 예언을 행하는 종교라고 선언하고, 그가 찾고 있었던 이 세계를 위한 새로운 신을 기독교나 유태교 이전의 원시문명에 속하는 어둠의 신(dark god)에서 찾고 있다.[3] 인디언들의 신들은 곧 이러한 어두운 신이다.

The Plumed Serpent(1926)와 'The Woman Who Rode Away'는 Lawrence가 가장 이상적으로 여겼던 종족인 고대 아즈텍족과 뉴멕시코 지방의 Red Indians의 고유한 신앙에 대한 이해와 체험을 기초로 하여 창작한 신화적 종교소설이다.

---

2) Graham Hough, *The Dark Sun*(New York: Capricorn Books, 1959), p.120.

3) Diana Trilling, *The Portable D.H. Lawrence*(New York: The Viking Press, 1949), p.8. Trilling은 Lawrence의 원시의 암흑신 추구에 대해 "Seeking a new revelation for the world, Lawrence finds it in the religion of the pre-Christian, pre-Judaic mysteries, in an invocation of the 'dark gods' of certain primitive civilizations"라고 하고 있다.

Lawrence는 작가로서의 모토를 "art for my sake"[4]라 했고, 문학창작은 "experimental self-testing"[5]과 "thought-adventure"[6]가 그 존재이유가 되고 있다고 했다. 그는 두 작품에서 자신의 개인적 문제를 시대적 문제와 하나로 결합하여 그의 꿈, 이상, 욕구를 상상의 세계를 통해 실현한다. 여성은 남성에게 복종해야 하며, 열세한 남성은 우세한 남성에게 심신을 신탁하고 협력해야 한다는 그의 권력사상이 표현되어 있고, 나아가 현대문명의 몰락에 대한 예언과 구원사상이 인디언족의 祭儀와 신앙의 기본요소와 결부되어 전개되고 있으며, 여기에는 다양한 암시성과 상징성을 내포시키고 있다.

필자는 *The Plumed Serpent*와 'The Woman Who Rode Away'에 묘출된 인디언 종교에 대한 Lawrence의 관점을 우주적 연대(cosmic connection), 피의 제물(blood-sacrifice), 남근숭배(phallicism)라는 세가지로 집약하여 그 성격을 고찰하고자 한다.

2. 우주적 연대

*The Plumed Serpent*에서 여주인공 Kate는 이미 그녀가 사는 영국 땅에서는 생명의 고갈성만을 느낄 뿐이다. 이 백인여인이 멕시코에 여행온 것은 유럽에서 끊어져 버린 생명의 원천을 찾아 보려는 것이며 그리하여 그녀의 정지당한 생명력을 재생하기 위해서이다.[7] 그녀에게 멕시코는 오래된 태고의 종족인 인디언들이 살고 있는 신세계였고 태초의 인류가 지

---

4) Richard Aldington ed., *D.H. Lawrence: Selected Letters* (Penguin, 1954), p.5.
5) F.R. Leavis, *Novelist*(London: Chatto & Windus, 1962), p.36.
6) J.M.Murry, *D.H. Lawrence: Son of Woman*(London: Jonathan Cape, 1954), p.143.
7) Kate는 Mexico의 낯설고 이상스럽게 공포스러운 원주민들과 그 나라 풍토에 일면 회의를 느끼면서 이렇게 생각한다. "What had she come to America for? Because the flow of her life had broken, and she knew she could not restart it in Europe, These handsome natives!⋯" [D.H. Lawrence, *The Plumed Serpent*(Penguin, 1977), p.85.]

녔던 생명에 관한 온갖 신비가 전수 보존된 나라로 여겨져 왔던 것이다.

그러나 Kate가 멕시코에서 보고 알게 된 것은 마음 속에서 기대하고 있었던 것들과는 달리 야만의 가공할 폭력과 미국화된 반생명적이고 비인간적인 형태들 뿐이다. 그녀가 멕시코 시티에서 벌어진 투우경기 장면을 두 미국인 남자 친구인 Owen, Villers와 함께 구경할 때, 기사가 탄 늙은 말이 거센 투우의 뿔에 배를 찔려 창자가 튀어나온 채 피를 흘리면서 고통스러워하는 광경을 목격한다. 관중들은 일제히 투우들의 피비린내 나는 폭력장면을 열광하며 즐긴다. 그녀는 이에 대해 구토감과 공포를 느끼면서 나와 버린다. Kate가 멕시코에 와서 최초로 목격한 경험이 바로 이 끔찍한 광경이었다.

그러나 Kate는 나중에 멕시코 장군인 Don Cipriano가 동지적 관계로서 협력하고 있는 신종교 운동의 지도자 Don Ramon을 만나게 되고, 그가 주도하는 인디언족 고유의 Quetzalcoatl 종교운동을 알게 된다. 그녀는 조금씩 이 인디언 종교 운동에 매료되어 가며, 그리하여 마침내는 Quetzalcoatl 儀式에 따라 Ramon의 주례 하에, '살아있는 Huitzilo-pochtli God'가 된 Cipriano와 여신 Malintzi의 자격으로 결혼하게 된다.

Ramon이 목표로 하는 이 운동의 핵심은 현대의 멕시코인을 그들이 상실해 버린 우주의 신비와 연결한다는 것이다.

> He says he wants to make a new connection between the people and God.⋯ But man loses his connection with God. And then he can never recover it again, unless some new Saviour comes to give him new connection. And every new connection is different from the last⋯ Ramon says, the people have lost God⋯ There must be a new Saviour with a new vision.[8]

현대의 멕시코인들은 그들을 정복한 백인들에 의해, 특히 인접한 미국 문명의 영향력에 의해, 우주 자연과의 신비로운 생명적 연대나 교감을 이

---

8) Dona Carlota가 Kat에게 남편인 Don Ramon의 신종교 창설운동을 냉소하여 하는 말이다.(p.178)

루었던 고대의 옛 意識을 상실해 있다. 대신에 멕시코는 물질, 기계, 자본, 산업 등을 중심으로 삼는 백인문명을 모방하여 기계적이고 맹목적인 탐욕의 의지가 전 지역과 각 분야를 휩쓸고 있고, 국민들은 피(blood)와 살(flesh)의 참된 생명력을 잃고 한낱 회색재의 물질인간으로 타락해 있다. Kate는 Ramon으로부터 그가 고대의 意識에 따르는 우주와의 신비적인 연결을 시도하고 있다는 것을 알고 다음과 같이 그를 옹호하고 싶은 충동을 느낀다.

> No! It's not a helpless, panic reversal. It is conscious, carefully chosen. We must go back to pick up old threads. We must take up the old, broken impulse that will connect us with the mystery of the cosmos again, now we are at the end of our own tether.(p.147)

Lawrence는 앞에서 언급한 'New Mexico'에서, Apache지방에 사는 Red Indian들의 우주종교(cosmic religion)로부터 무한한 감명을 받은 점을 기술했는데, 그것은 그들 종족이 우주와의 유대관계를 잃지 않고 그러한 유대를 통해 무한한 활력을 얻고 있다는 사실에 있다.

> Everything was alive, There were only deeper and deeper streams of life, vibrations of life more and more vast. So rocks were alive… the whole life-effort of man was to get his life into contact with the elemental life of the cosmos, mountain-life, cloud-life, thunder-life, air-life, sun-life. To come into immediate felt contact, and so derive energy, power, and a dark sort of joy…[9]

Lawrence는 우주를 "the cosmic source of vitality"[10]로 보면서, Red Indian들은 우주와의 이러한 접촉을 통해 "strength, power, energy"[11]를 제공받고 있고, 현대의 백인이 이 힘을 잃고 있는데 반해 오늘날의 Red Indian들은 "adding up it's male energy and exerting it to the

---

9) *Selected Essays,* pp.186—87.
10) *Selected Essays,* p.186.
11) *Selected Essays,* p.186.

utmost"[12] 하고 있다고 말한다.

*The Plumed Serpent*에서 Lawrence는 Ramon이 이들 북방 Red Indi-an들을 Quetzalcoatl 종교운동에 鼓手로 불러 들이게 하고 있다.

*The Plumed Serpent*와 'The Woman Who Rode Away'에서 백인들은 우주와의 접촉을 끊김으로써 점점 파멸하고 있고, 인디언들은 현재로서는 백인들의 과학 기계문명의 힘에 정복되고 있지만 우주와의 유대와 교감을 보존하고 있음으로써 백인들로부터 지배권을 되돌려 받을 것이라고 예언되고 있는데, 이러한 사상은 작품의 중요한 주제의 하나이다.

Lawrence는 우주와의 이러한 유대와 교감에 바탕을 둠으로써 유래되는 힘을 *The Plumed Serpent*의 XXII, 'The Living Huitzilopochtli'에서 Cipriano의 부하 병정들에 대한 훈시를 통해 '제2의 힘'이라고 명명하고, "이 힘을 얻어라, 그러면 정복당하지 않고 지배자가 될 수 있다."고 말한다. '제1의 힘'은 과학이나 기계의 물리적인 힘이다. 그러나 Cipriano는 제1의 힘이 아닌 제2의 힘의 중요성을 역설한다.

'I found the other strength.
'There are two strengths: the strength which is the strength of oxen and mules and iron, of machines and guns, and of men who cannot get the second strength.
'Then there is the second strength. It is the strenth you want. And you can get it, whether you are small or big. It is the strenth that comes from behind the sun. And you can get it; you can get it here!'—he struck his breast— 'and here!'—he struck his belly—'and here!'—he struck his loins. 'The strenth that comes from back of the sun.'
When Cipriano was roused, his eyes flashed, and it was as if dark feathers, like pinions, were starting out of him, out of his shoulders and back, as if these dark pinions clashed and flashed like a roused eagle. His men seemed to see him, as by second sight, with the demonish clashing and dashing of wings, like an old god. And they murmured, their eyes flashing.(p.378)

---

12) *Selected Essays,* p.186.

지구의 심장과 태양의 배후에서 나오는 이 '제 2의 힘'을 획득할 수 있는 방법의 하나로서 Cipriano는 인디언의 춤을 들고 있다. 이 춤은 외부로 부터 나오는 기계적인 힘이 아니라 내부로 부터 나오고 내부로 향하는 생명적 활력인 것이다.

Cipriano는 병사들로 하여금 이 춤을 부활시키기 위해 훈련시킨다. "북부 출신의 인디언들로 하여금 북을 치게 하고 고대의 춤을 부활시켰다. 춤이라는 것은 그것 자체로서 훌륭한 훈련이다. 북부지방의 늙은 인디언들은 아직도 물활론적인 춤의 비밀을 알고 있다. 그들은 힘을 얻고자 춤을 춘다. 살아 있는 힘, 또는 대지의 여러 잠재력을 얻고자 춤을 춘다. 그와 같은 춤은 강렬하고도 껌껌한 집중력과 한없는 인내가 필요하다."(p. 380)

Lawrence는 이러한 인디언 춤을 우주 자연과의 교감을 가능케 하는 신통력을 가진 마술적인 힘으로 보는데, 작품 전체에서 이 춤은 Quetzalcoatl 儀式의 중심적인 요소로서 반복되고 있다. Kate는 Quetzalcoatl 신도들이 치는 북소리를 듣고 그녀가 잃어 버렸고 그녀의 의식에 깊숙이 잠들어 있었던 생명이 박명의 새벽을 타고 고동쳐 오는 것을 느끼게 된다. Sayula 호반의 광장에서 Quetzalcoatl 신도들의 춤에 참여해 봄으로써 이제까지 체험하지 못한 대지의 중심으로부터 전달되어 오는 껌껌한 생명의 활력에 불가사의하게 교감된다.

'The Woman Who Rode Away'에도 Chilchui족이 추는 이러한 인디언 춤이 묘사되고 있는데, 제물이 되어 기다리는 백인 여주인공은 때때로 자신의 의식이 깨어나 도망치고 싶은 마음이 불현듯 들었을 때, 광장에서 추는 인디언들의 춤과 북소리와 노래소리를 듣고 어둡고 무서운 태고의 음향과 힘에 압도되어 도망칠 의지를 꺾여 버리고 만다. Kate에게도 이러한 인디언 의식들은 공포의 전율로 내몰리게 하는데, 이처럼 가공할 힘을 잠재한 것이 인디언 춤과 의식이며 바로 이것이 '제 2의 힘'인 것이다. Lawrence는 멕시코 여행기 *Mornings in Mexico*의 제7장, 'The Hopi

Snake Dance'[13]에서 Hopi족이 추는 'Snake Dance'를 보고 유럽과 미국의 기계적인 춤과는 달리 완전히 살아있는 이 춤의 어두운 **활력**에 대해 느낀 감동을 기술하고 있다. Hopi 인디언들은 지하에 살고 있는 어두운 태양(dark sun)이라고 믿는 뱀과 영적 교신을 통한다. 이 때 하계에 있는 어두운 태양으로부터 방사되어 나오는 어두운 광선들(dark rays)을 그들은 받아 들이면서 뱀에게 뱀의 말(snake language)로써 Hah-ha, Hah-ha하고 소리지르면서 춤을 춘다.

The Plumed Srpent, 'The Woman Who Rode Away'에서 묘사되고 있는 여러 종류의 다양한 의식들이 우주 자연과의 연결과 교감을 터게 하는 방식이 되고 있는 점에 대해 좀더 자세히 살펴보자.

'The Woman Who Rode Away'에서 백인 여주인공인 The Woman은 Chilchui 인디언들이 주는 약초술의 효과에 의해 우주와 신비롭고 불가사의한 교감을 이룬다. 그녀는 그 약초술을 마신 후 감각이 몽환에 잠기면서 개인으로서의 의지는 소멸하고 우주 속의 신비로운 생명의 여러 음향을 듣는다. 연기와 꽃향기, 저녁이 다가오는 것을 예리하게 느끼고, 저녁 무렵에 꽃이 피는 소리를 듣게 되고, 공중으로 올라가는 수분이 비파소리처럼 울려 퍼지는 듯한 느낌을 받으며 자그마한 태 안에 작은 개가 새끼를 배기 시작하는 소리를 듣는 것처럼 느끼고, 거대한 활이 소리를 내는 것처럼 지구가 회전하는 신비로운 음향을 듣는다.[14]

3장에서 제물의식이 집행될 눈내리는 겨울이 왔을 때, 백인 여주인공의 의식이 경험하는 약초술에 의한 우주교감은 더욱 심화되며, 우주 속에 마치 혈액을 부어 넣는 듯한 감각에 빠져든다.

그러면서 그녀는 계곡의 토인들이 지니고 있는 심오하게 금욕적인 종교적 깊이를 깨닫는다. 이 때 이루어 지는 우주적 교감을 Lawrence는 다음과 같이 묘사하고 있다.

---

13) Cf. D.H. Lawrence, *Mornings in Mexico*(Penguin, 1975), pp.71−90.

14) D.H. Lawrence, *The Woman Who Rode Away and Other Stories*(Penguin, 1975), pp.65−68.

…the sweetened herb drink would numb her mind altogether, and release her senses into a sort of heightened, mystic acuteness and a feeling as if she were diffusing out deliciously into the harmony of things. This at length became the only state of consciousness she really recognized:this exquisite sense of bleeding out into the higher beauty and harmony of things. Then she could actually hear the great stars in heaven, which she saw through her door, speaking from their motion and brightness, saying things perfectly to the cosmos, as they trod in perfect ripples, like bells on the floor of heaven, passing one another and grouping in the timeless dance, with the spaces of dark between. And she could hear the snow on a cold, cloudy day twittering and faintly whistling in the sky, like birds that flock and fly away in autumn, suddenly calling farewell to the invisible moon, and slipping out of the plains of the air, releasing peaceful warmth. She herself would call to the arrested snow to fall from the upper air. She would call to the unseen moon to cease to be angry, to make peace again with the unseen sun like a woman who ceases to be angry in her house. And she would smell the sweetness of the moon relaxing to the sun in the wintry heaven, when the snow fell in a faint, cold-perfumed relaxation, as the peace of the sun mingled again in a sort of unison with the peace of the moon.(p.72)

*The Plumed Serpent*의 XX장, 'Marriage by Quetzalcoatl'에서 Ramon 의 집전 하에 이루어 지는 Kate와 Cipriano의 Quetzalcoatl 결혼식도 우주적인 연결 형식으로 이루어진다. Lawrence가 이 세 사람에게 의식을 집행시킬 때의 시공적 특징은 비오는 날 어두운 저녁 무렵을 선택하고 비를 맞으면서 뜰에 선 채로 의식을 수행하는 것이다. 작품에서 '비'는 중요한 의미를 함축한 상징이 되고 있고 전체를 통해 주기적으로 등장하는 중요한 모티프로 작용하고 있다. 이미 제1장에서 Kate가 투우장을 나섰을 때 소낙비가 쏟아 지고 있고, 그 외의 여러 장에서도 역시 중요한 부분, 특히 그 장의 마지막 부분에는 비가 내린다. Kate와 Cipriano의 결혼식에서 비는 두 사람을 우주적인 합일체로 결합되게 해 주는 신성한 생명력

이라는 의미를 내포하고 있다. 뿐만 아니라 비는 생식이나 새로운 생명세계의 태동이라는 의미가 암시되고 있다.

동시에 황혼(twilight)도 역시 복합적인 의미를 함축한 일종의 상징이 되고 있는데, 밤(여자)과 낮(남자)이 합일하고 새 생명이 시작되는 출발점이라는 의미가 내포되어 있다. 이와같은 의미에서 Lawrence는 이 황혼을 '새벽'이라는 말과 동일한 의미로 사용하기도 한다. 그에게 있어 창조적이고 신비적인 요소는 항상 어두운 것과 된다.[15] 이와같은 점에서 그는 밤과 낮이 서로 합일하는 황혼과 새벽을 선택하여 Kate는 Malintzi(달의 여신)로서, Cipriano는 Hutzilopochtli(무사의 남신)로서 서로를 하나로 결합시키는 것이다. 비가 내리는 가운데 하늘과 대지, 그리고 밤과 낮이 결합하는 우주적인 연결형식을 통하여 두 남녀를 하나로 연결시키는 Romon의 주례를 Lawrence는 다음과 같이 묘사하고 있다.

They stood barefoot on the earth, that still threw back a white smoke of waters. The rain drenched them in a moment.

'Barefoot on the living earth, with faces to the living rain', said Romon in Spanish, quietly: 'at twilight, between the night and the day; man, and woman, in presence of the unfading star, meet to be perfect in one another. Lift your face, Caterina, and say: *This man is my rain from heaven*'.

Kate lifted her face and shut her eyes in the downpour.

'This man is my rain from heaven', she said.

'This woman is the earth to me — say that, Cipriano,' said Romon, kneeling on one knee and laying his hand flat on the earth.

Cipriano kneeled and laid his hand on the earth.

'This woman is the earth to me,' he said.

'I, woman, kiss the feet and the heels of this man, for I will be strength to him, throughout the long twilight of the Morning Star'.

Kate kneeled and kissed the feet and heels of Cipriano, and said

---

15) Elizabeth Drew, *The Novel: A Modern Guide to Fifteen English Masterpieces* (New York: Dell Publishing Co., 1969), p.214.

her say.

'I, man, kiss the brow and the breast of this woman, for I will be her peace and her increase, through the long twilight of the Morning Star.'

Cipriano kissed her, and said his say.

Then Ramon put Cipriano's hand over the rain-wet eyes of Kate, and Kate's hand over the rain-wet eyes of Cipriano.

'I, a woman, beneath the darkness of this covering hand, pray to this man to meet me in the heart of the night, and never deny me,' said Kate. 'But let it be an abiding place between us, for ever.'

'I, a man, beneath the darkness of this covering hand, pray to this woman to receive me in the heart of the night, in the abiding place that is between us for ever.'

'Man shall betray a woman, and woman shall betray a man,' said Ramon, 'and it shall be forgiven them, each of them. But if they have met as earth and rain, between day and night, in the hour of the Star; if the man has met the woman with his body and the star of his hope, and the woman has met the man with her body and the star of her yearning, so that a meeting has come to pass, and an abiding place for the two where they are as one star, then shall neither of them betray the abiding place where the meeting lives like an unsetting star. For if either betray the abiding place of the two, it shall not be forgiven, neither by day nor by night nor in the twilight of the star.'(pp.344－45)

두 남녀의 결혼은 작품 전체를 통해 반복적으로 묘사되면서 총체적인 주제와 비젼을 표상하고 있는 형태인 뱀과 독수리가 하나로 결합된 Quet-zalcoatl 상징의 구현이다. 이 상징은 "인간과 인간을 둘러 싸고 있는 우주가 상호간에 생명적인 교감관계를 갖는 것"[16]의 표현이다.

Quetzalcoatl 記章은 뱀과 독수리가 태양원 가운데서 한 몸뚱이로 결합한 형태이다. Lawrence는 이러한 인디언족의 종교적 상징으로부터 대지

---

16) D.H. Lawrence, 'Morality and the Novel' in Anthony Beal ed., *D.H. Lawrence: Selected Literary Criticism*(William Heinemann, 1955), p.108.

와 하늘과 천체가 하나의 우주로 연결된 가운데, 생명적인 유대를 맺고 상호간에 교감하고 있다는 사실을 파악했던 것이다.

Romon과 Cipriano는 다른 어떤 존재들 보다도 강력한 생명력을 지닌 뱀과 독수리와 태양을 그들의 신으로 신봉하면서, 거대한 생명력의 원천이 되는 이 신들과의 교감을 통하여 다른 인간들이 가지지 못하는 강력한 힘을 획득한다. 그리하여 그들은 그들의 신인 뱀과 독수리와 태양의 현현이기도 한다. 신의 현현으로서 그들은 보다 열세한 인간들에게 그들이 내부에 지니고 있는 거대한 생명력을 교감시켜 줌으로써 그들로 하여금 힘을 얻게 한다.

멕시코의 고대 신화에서 뱀은 거대한 생명력의 원천이 되는 존재이며, 대지의 깊은 곳으로부터 지상의 인간과 생물체들에게 자신이 지닌 거대한 생명력을 교감시켜 그들이 활력과 힘을 얻게 해 준다. Lawrence는 감동적인 이 사실을 다음과 같이 말하고 있다.

> In the old world the center of all power was at the depths of the earth, and at the depths of the sea… the serpent represented the vivid powers of the inner earth, not only such powers as volcanic and earthquake, but the quick powers that run up the roots of plants and establish the heart.[17]

> It is this which surges in us to make us move, to make us act, to make us bring forth something : to make us spring up and live.… His coils within the sun make the sun glad, till the sun dances in radiance. For in his good aspect, the dragon is the great vivifier, the great enhancer of the whole universe.[18]

아즈텍 신화에서 뱀이 대지의 깊은 땅 속으로부터 식물의 뿌리나 사람과 동물의 발에 그의 생명력을 교감시켜 주듯이 독수리는 하늘의 태양으로부터 태양이 지닌 거대한 생명력을 지상에 살고 있는 인간과 생물들에게 가져다 준다. 그렇게 함으로써 인간과 모든 생물들은 태양과의 생명력

---

17) D.H. Lawerence, *Etruscan Places*(Penguin, 1975), p.207.
18) D.H. Lawrence, *Apocalypse*(Penguin, 1977), pp.91－92.

교감을 통해 힘을 얻는다. Lawrence는 이 사실을 그의 에세이에서 아래와 같이 진술하고 있는데, 이것은 고대 인디언들이 지닌 우주적 생명의식에 대한 통찰인 것이다.

The eagle flies nearest to the sun, no other bird files so near. So he brings down the life of the sun, in his wings, and men who see him wheeling are filled with the elation of the sun.[19]

Lawrence는 이와같이 인간, 동식물, 우주자연 사이의 생명 교감을 바탕으로 하고 있는 인디언 종교를 그의 멕시코 소설에서 중요한 주제로서 구현시키고 있는 것이다. 이것은 Lawrence가 그의 소설론 'Why the Novel Matters'에서 천명한 살아있는 全人相(whole man alive)을 인디언의 종교가 가장 이상적으로 구현하고 있음을 발견했기 때문이라 할 수 있다.

Being a novelist, I consider myself superior to the saint, the scientist, the philosopher, and the poet, who are all great masters of different bits of man alive, but never get the whole hog.
The novel is the one bright book of life. Books are not life. They are only tremulations on the ether. But the novel as a tremulation can make the whole man alive tremble.[20]

3. 피의 제물

Lawrence는 인디언들이 거행하는 종교의식 중에서 인신제물(human sacrifice)은 악마적인 것이면서도 생명의 영원성에 대한 신비적 관념이 내포된 특이한 형태로 보았다. Edith Hamilton에 의하면 인신제물이나 동물제물(animal sacrifice)은 원시인들이 신의 공포스러운 분노를 달

---

19) Edward D. McDonald ed., *D.H. Lawrence: Phoenix*(Penguin, 1978), p. 67.
20) Anthony Beal ed., *D.H. Lawrence:Selected Literary Criticism*(London: William Heinemann, 1955), p.105.

래기 위해서 신비로운 주술을 집례하는 종교행사[21]라고 말하고 있다.

Lawrence는 인디언들이 태양신(Sun)에게 제물을 바칠 때 사용했던 돌칼을 보면서, 잔인했을 그들의 행위에 대한 그의 상상을 *Mornings in Mexico*의 'The Mozo'에서 다음과 같이 기록하고 있다.

It is the sacrificial knife with which the priest makes a gash in his victim's breast, before he tears out the heart, to hold it smoking to the sun. And the Sun, the Sun behind the sun, is supposed to suck the smoking heart greedily with insatiable appetite. This, is, then, a pretty Christmas Eve.[22]

이 돌칼은 단편 'The Woman Who Rode Away'에서 사용되고 있다. 토인들은 백인여인을 동굴 안쪽의 평평한 돌위에 눕혀놓고 넘어가는 석양이 동굴 속의 맨 구석에 까지 깊이 비쳐들 순간을 기다리면서 이 찰라에 그녀의 심장을 두 개의 돌칼로 찌르려 한다.

Behind him came another robeless priest, with two flint knives. When she was fumigated, they laid her on a large flat stone, the four powerful men holding her by the outstretched arms and legs. Behind stood the aged man, like a skeleton covered with dark glass, holding a knife and transfixedly watching the sun; and behind him again was another naked priest, with a knife.(p.80)

이러한 제물의식의 잔인성을 생각할 때 인디언들은 문명화된 백인들에게 악마로 느껴질 것이 분명하다. 아메리카 대륙에 처음 건너간 순례선조들(Pilgrim Fathers)이나 스페인인들에게 인디언들은 악마 숭배자들로 보였다. Lawrence는 'America, Listen to Your Own'에서 인디언들의 야만적인 악마성에 대해 다음과 같이 말하고 있다.

That which was abhorrent to the Pilgrim Father and to the Spaniards, that which was called the Devil, the black Demon of savage

---

21) Edith Hamilton *Mythology*(London:The English Liberty, 1969), pp.13－14
22) *Mornings in Mexico,* pp 32－33.

America, this great aboriginal spirit the Americans must recognise again, recognise and embrace.[23]

그리고 Lawrence는 여러가지 인디언 신화를 읽고 아즈텍의 남신들과 여신들에 대해서도 우아성, 사랑스러움, 시적 아름다움, 매혹적인 멋 등이 전혀 없고 오직 악의, 원한, 더러움만이 있을 뿐이라고 보았다.

The Aztec gods and goddesses are, as far as we have known anything about them, an unlovely and unlovable lot. In their myths there is no grace or charm, no poetry. Only this perpetual grudge, grudge, grudging, one god grudging another, the gods grudging men their existence, and men grudging the animals. The goddess of love is a goddess of dirt and prostitution, a dirt-eater, a horror, without a touch of tenderness.[24]

그러나 Lawrence에게 있어서 인디언들의 제물의식은 단순히 외부에 나타난 폭력적이고 악마적인 사악성에만 그 관점이 한정되는 것이 아니라 생명세계 내부에 관한 신비에로 그 관점이 심화되고 있다. 따라서 실제로 작품에 있어서는 그의 태도가 복합적이고 미묘한 불가사의한 신비주의로 나타나고 있다.

'The Woman Who Rode Away'에서 Lawrenc는 백인 여주인공의 남편을 찾아오는 백인 방문객의 입을 통해 "But surely they have old, old religions and mysteries—it must be wonderful, surely it must." (p.48)라고 말하고 있다.

백인 여주인공은 남방고지의 산골짜기에 살고있는 Chilchui라는 인디언 종족 중에는 고대의 Montezma왕이라든가 아즈텍이나 Totonac왕들의 자손들이 아직도 존재하고 있고, 나이 늙은 승려들이 고대의 종교를 보존하면서 인신을 봉헌하는 행사를 행하고 있다(p.49)는 말을 듣는다. 이와 함께 미지의 아메리카 인디언에 대한 여러가지 이야기를 듣고는 소녀들 보

---

23) Hough, p.119.
24) *Mornings in Mexico,* p.32.

다도 더욱 비현실적인 낭만주의에 압도당한다. 그리하여 그녀는 "it was her desteny to wander into the secret haunts of these timeless, mysterious, marvellous Indians of the mountains."(p.48)라고 느낀다. 고대 인디언족이 살고 있는 산속 오지의 마을로 찾아 들어 갔을 때 그 동기를 밝힘에 있어 그녀는 "나는 백인의 신으로부터 스스로 도망쳐 온 것입니다. Chilchui의 신을 찾으러 온 것입니다.… 백인의 신에게는 진절머리가 납니다"(p.59)라고 밝히고 있다. 그리고 추장이 그녀에게 인디언들의 신에게 마음을 바치겠느냐고 물을 때 그렇게 하겠다고 주저하지 않고 말하며, 그리하여 그녀는 자신을 이 인디언들의 태양신에게 피의 제물로 바치는 것을 반쯤은 기꺼이 받아들인다.

Lawrence가 죽음의 문제에 대한 관심의 일환으로서 인디언 종교에 나타난 태양신에게 피의 제물로 바쳐지는 것을 선택한 데에는 매우 중요한 암시성이 내포되어 있다고 생각된다. 그의 병약함 때문에 언제나 죽음의 임박성을 의식 속에 지녔던 그가 머지않아 닥칠 것으로 예감되는 자신의 죽음과 내세에 대한 비젼을 일찌기 그가 비난하고 배척해 왔던 기독교 세계에서 구하지 않고 그 대신에 피와 살의 영원성이 암시된 인디언족의 태양신 신앙을 통하여 구현하고자 하고 있음을 보여주기 때문이다.

Graham Hough는 Lawrence의 죽음에 대한 비젼에 대해, 죽음은 곧 삶이며 새로운 힘과 생명력을 가져오는 재생의 형식이 되는 것임에 주목하고 있다.

So the revelation of life received in New Mexico and the revelation of death in Old Mexico are to be the same. How is this to be accomplished? Of course by a quite traditional religious transformation. Death is to be a sacrifice, bringing new power and new life.[25]

Lawrence는 인디언이 고대신앙에서 태양신에게 피를 바치는 제물의 죽음이 태양으로 하여금 힘을 얻게 하는 것임을 인식했다. 그의 절친한

---

25) Hough, p.140.

친구인 Richard Aldington은 Lawrence가 산 제물의 심장을 짤라내어 살아서 고동치는 채로 피에 젖어 있는 붉은 태양에게 봉헌함으로써 인간이 태양으로부터 힘을 얻을 수 있다는 고대 멕시코 인디언들의 제물신앙에 대해 경악을 금하지 못하면서도 한편으로는 크게 매혹되었다[26]고 술회하고 있다.

Lawrence는 멕시코 신화에서 태양이 지상의 생물들에게 그의 생명력인 피를 너무 많이 증발시켜 마시게 함으로써 영원히 갈증에 차있기 때문에 태양에서 태어난 독수리는 그의 아버지인 태양에게 바칠 피의 제물들을 요구한다는 이야기에 대해 큰 감동을 받았다.[27]

The eagle flies nearest to the sun, no other bird flies so near. So he brings down the life of the sun, and the power of the sun, in his wings, and men who see him wheeling are filled with the elation of the sun. But all creatures of the sun must dip their mouths in blood, the sun is for ever thirsty, thirsting for the brightest exhalation of blood.[28]

여기서 제물로서의 죽음은 불사신인 태양에게 힘을 회복케 하는 신성한 것으로 생각되었고, 그렇게 함으로써 인디언들은 자신들의 태양신으로 부터 다시 힘을 제공받아 세상의 지배권을 장악할 수 있다고 믿었다. 'The Woman Who Rode Away'는 바로 이러한 인디언 신앙에 기초를 둔 신화작품이다.

이 작품에서 Lawrence는 Chilchui 인디언들이 그들의 태양신에게 제물로 바쳐지는 백인 여주인공에게 나타내 보이는 적대의식과 악의, 기대에 부푼 승리의 황홀감과 광희 등을 통해 현대의 백인문명은 몰락하고 생명문화인 원시문명이 승리할 것에 대한 예언을 상징적으로 표현하고 있다.

젊은 Chilchui 토인과 백인 여주인공과의 다음 대화는 백인문명이 몰락

---

26) Hough, p.140.

27) Keith Sagar, *The Art of D.H. Lawrence*(London: University Press, Camberidge, 1978), p.162.

28) *Phoenix,* p.67.

하게 되고 원시문명이 승리하게 되는데 대한 Lawrence의 원인분석이다.

'White people,' he said, 'they know nothing. They are like children,
always with toys. We know the sun, and we know the moon. And
we say, When a white woman sacrifice herself to our gods, then our
gods will begin to make the world again, and the white man's gods
will fall to pieces.'
'How sacrifice herself?' she asked quickly.
And he, as quickly covered, covered himself with a subtle smile.
'She sacrifice her own gods and come to our gods, I mean that,' he
said, soothingly.
But she was not reassured. An icy pang of fear and certainty was
at her heart.(p.70)

백인들이 태양을 얻었지만 진정으로 태양을 다룰 줄도 모르고, 태양에
대해서도 잘 알지 못하고 있다는 말은 현대 백인들의 물질이나 기계주의
의식이 지닌 반생명적이고 반자연적인 문제점에 대한 Lawrence의 비판
을 나타낸 것이라 할 수 있다. 그는 *Apocalypse*에서 현대의 백인이 메마
른 물질주의, 기계주의에 빠짐으로써 우주자연과의 생명적인 유대를 상실
하여 파멸해가고 있다면서, 태양을 혈적 생명체로 인식할 수 있을 때 인
간은 참된 힘을 얻을 수 있다고 피력하고 있다.

We have lost the sun.··· And we have lost the moon, the cool, bright,
ever-varying moon.··· There is an eternal vital correspondence between
our blood and the sun: there is an eternal vital corresponence between
our nerves and the moon. If we get out of contact and harmony with
the sun and moon, then both turn into great dragon of destruction
against us. The sun is a great source of blood-vitality, it streams
strength to us.[29]

위의 지적처럼 현대 백인은 태양이나 달과의 유대를 상실하였다. 이에
반해 Chichui 인디언들은 태양과 달을 잘 알고 있고, 태양과 달과의 생명

---

29) Lawrence, *Apocalypse* pp.28−29.

적 유대와 교감을 여전히 보존하고 있는 것이다. 이와같은 Chilchui 인디언들은 백인여인을 그들의 태양신에게 성서러운 피의 제물로 바침으로써, 약화된 지배권을 다시 탈환하게 되고, 그들의 신이 이 세상을 새롭게 재창조해 줄 것이라고 믿으면서 승리의 기대감으로 광분한다. 그들이 여인을 칼로 찌르기 바로 직전에 승리의 개가에 뛰어들 태세를 갖추면서 광적 희열로 홍분하는 장면이 다음과 같이 묘사되고 있다.

> They were anxious, terribly anxious, and fierce. Their ferocity wanted something, and they were waiting the moment. And their ferocity was ready to leap out into a mystic exultance, of triumph. But still they were anxious.
>
> Only the eyes of that oldest man were not anxious. Black, and fixed, and as if sightless, they watched the sun, seeing beyond the sun. And in their black, empty concentration there was power, power intensely abstract and remote, but deep, deep to the heart of the earth, and the heart of the sun. In absolute motionlessness he watched till the red sun should send his ray through the column of ice. Then the old man would strike, and strike home, accomplish the sacrifice and achieve power.
>
> The mastery that man must hold, and that passes from race to race.(p.81)

그런데 여기서 특기할 점은 피의 봉헌이 새로운 힘을 획득하게 하고, 새로운 세계를 다시 창조하게 한다는 제물신앙이 제물의식을 집행하는 집단을 위해서 뿐만 아니라 피를 제공하는 제물을 위한 것이 되기도 한다는 사실이다. 제물로서 죽는 형식의 죽음이 그 제물에게도 새로운 생명의 탄생으로 바뀌게 된다는 사상의 발견은 Lawrence에게 중요한 발견이 되고 있다.

*The Plumed Serpent*에서 Quetzalcoatl신의 현현으로서 '제1의 살아있는 Quetzalcoatl'인 Ramon은 예수와 성모 마리아를 모시는 Sayula교회에서 모든 성상과 성물들을 제거하여 배에 싣고 섬으로 가져가서 불태워

버린다. XVIII, 'Auto Da Fe'의 마지막 부분에서 길게 묘사되는 이러한 불태우는 장면은 Lawrence가 지닌 기독교에 대한 증오감이 폭력적인 방화소각의 극렬한 방식으로써 해소되는 것이라 할 수 있다. 그러나 이것은 예수와 마리아를 피의 제물로서 Quetzalcoatl신에게 바치게 하여 새롭고 참된 존재 양식으로 부활시키는 형식이 되기도 한다. 그리하여 이것을 지켜보는 Ramon과 Quetzalcoatl 신도들은 황홀경 속에서 한편으론 당황하고 다른 한편으론 파괴를 즐기면서 흥분하여 바라본다.

···flaming crucifix slipped aside, and fell. A man seized it and pushed it into the fire, under the images. Men in a sort of ecstasy threw on more of the heavy, resinous wood, that almost exploded into flame. Rocks cracked and exploded like guns. Everybody drew back from that roaring tree of flame, which rose ever higher and higher, its dark smoke and its sparks unflooding into heaven.

One of the supporting stones burst with a bang, bars of iron and blazing stumps of images tumbled in a confused roar. The glass case had disappeared, but ribbons of iron waved, then curled over red, into the torrent of the sudden fire. Strange rods of iron appeared out of nowhere, protruding from solid red coals.

And soon, all that was left was a fierce glow of red coals of wood, with a medley of half-fused iron.

Ramon stood aside and watched in silence, his dark brow quite expressionless.

Then, when only the last bluish flames flickered out of a tumble of red fire, from the eminence above rockets began to shoot into the air with a swish, exploding high in the sightless hot blue, with a glimmer of bluish showers, and of gold.

The people from the shore had seen the tree of smoke with its trunk of flame. Now they heard the heavy firing of the rockets, they looked again, exclaiming, half in dismay, half in the joyful lust of destruction.(p.300)

XXI, 'The Opening the Church'에서 Ramon은 이처럼 예수와 마리

아를 불태우는 피의 제물의식이 갱생의 나라인 '새벽별'(Morning Star)로 복귀시키는 것이라고 표현하고 있다. Ramon은 예수와 마리아가 제거된 Sayula 교회를 Quetzalcoatl 교회로 개조하고 제단 앞의 높은 단상에 앉아 'living Quetzalcoatl God'가 되어 장엄하고 장중한 음성으로 신도들에게 예수와 마리아는 그들의 생명이 태어난 '새벽별'의 나라로 갱생을 위해 돌아간 것이라고 말한다.

> 'But the Sons of God come and go.
> They come from beyond the Morning Star;
> And thither they return, from the land of men'
> ....
> 'Mary and Jesus have left you, and gone to the place of renewal.
> And Quetzalcoatl has come. He is here.
> He is your lord.'(p.352)

이와같이 Lawrence에게 있어 태양신에게 바쳐지는 피의 제물의식은 파괴와 종말을 의미하는 것이 아니라 새로운 생명으로의 갱생을 의미한다. 그리하여 제물로서 죽는것은 새삶에 도달하는 여행의 과정에서 첫 관문을 상징한다.

Lawrence는 죽음을 통해 삶을 발견하는 길을 이렇게 인디언 종교의 태양신 신앙인 Quetzalcoatl 신화를 통해 포착함으로써 영생의 생명적 비젼을 획득했다고 할 수 있다. 이처럼 피를 바치는 제물의 죽음이 죽음 자체로 종말되지 않고 낡은 삶의 소멸과 새로운 삶의 갱생이 되는 것으로 인식하는 인디언의 생명사상에 대해 우리는 Ramon을 살해하려고 음모를 꾸민 배반자 네명을 Cipriano가 처형하는 재판장면의 예를 통해서도 찾아볼 수 있다. '살아있는 Huitzilopochtli'가 된 Cipriano는 군중들에게 "The Lords of Life are the, Masters of Death.··· Red is Huitzilopochtli's blood. But the grey dog belongs to the ash of the world." (p.394)과 같이 말하면서 칼을 들고 배반자들을 처단한다. 그러면서 "전진하라, 새벽별로 들어갈 때 까지 쉬지말고 전진하라. Quetzalcoatl이 길을 가르쳐 주리라. 샘에 도달하여 눕고, 샘이 영원히 너희들의 낯을 가리는 날, 너희들은 영원히 떠나리라.… 그리고 너희들 속에 있는 인간 이상의 인간은, 마침내 맑은 망각으로부터 깨어나, 일어나서 두리번 거리고는 다시 인간이 될 일에 착수하리라"(p.235)와 같이 말하는 것이다. 이것은 태양신 Quetzalcoatl에게 피의 제물로 보냄으로써 제물 자신이 생명의 거대한 원천인 태양신으로부터 새롭게 새생명체로 재생되는 것임을 말해주고 있다.

아메리카 인디언들이 태양신과 아울러 지구 내부에 있는 뱀의 신을 신봉하면서 그들의 종교에 피의 제물이라는 요소를 내포시키게게 된 배경을 Lawrence는 'the spirit of place'(地靈)와의 관련구조에서 찾아내고 있다. 그는 *Studies in Classic American Literature*의 제1장 'The Spirit of Place'에서 "the spirit of place is a great reality."[30] "Every continent has its own great spirit of place."[31]라고 말하면서 아메리카 대륙에 깃들어 있는 'spirit of place'를 강조하고 있다. 뉴멕시코와 멕시코는 열대지역으로서 열대의 태양은 이글거리는 열을 대지에 내리 쏟고, 대지는 태양열을 받아 뜨거울 뿐만 아니라 지구 속의 뜨거운 용암이 대지의 열을 높이고 있고 화산과 지진으로 분출되기도 한다. 인디언들에게 이러한 대자연의 거대한 힘은 마치 半악마적이고, 半신성한 신의 의지로 여겨졌을 것이며, 한편으로는 피의 제물을 요구하는 공포스럽고도 준엄한 신의 목소리로 들렸을지도 모른다.

Lawrence는 앞에서 언급한 에세이 'New Mexico'를 통하여 열대지방인 뉴멕시코 인디언들에게 태양신 종교와 피의 제물의식이 발생하게 된 것은 쉬운 이치였다고 기술하고 있는데 이것은 그의 地靈적 해석인 것이다.

It is so easy to understand that the Aztecs gave hearts of men to the sun. For the sun is not merely hot or scorching, not at all. It is of a brilliant and unchallengeable purity and haughty serenity which

---

30) D.H. Lawrence, *Studies in Classic American Literature*(Penguin, 1977), p.12
31) *Ibid.*, p.12.

would make one sacrifice the heart to it. Ah, yes, in New Mexico the heart is sacrificed to the sun, the human being is left stark, heartless, but undauntedly religious.[32]

　이와같이 地靈에 바탕을 둔 피의 제물의식은 *The Plumed Serpent*에서 여주인공인 Kate의 의식을 통해서도 나타나고 있다. 그녀는 멕시코의 압박하는 열대적 열기에 짓눌리고 있고, 대지로부터는 어둡고 육중하며 그 중심으로 끌어당기는 이상스러운 힘을 느끼고 있다. 이러한 멕시코의 열대 풍토에 대해 그녀는 멕시코의 대지 자체를 마치 불가사의한 마력을 지닌 악마신으로 느낄 때가 많다. 그리하여 그녀는 여러번 반복하여 이러한 멕시코에 공포와 혐오를 느끼곤 하면서 도망치려 하지만, 최면술에 걸린 듯 다시 끌려들고 만다. 멕시코의 대자연 자체를 비롯하여 그곳에 동화하여 살아가는 검붉고 무서우며, 이상스러운 원시적 생명력을 지닌, 그리고 악마적 신성과 신비를 지닌 Ramon과 Cipriano에 대해서도 Kate는 몇번이나 반복해서 자기가 그들에게 제물이 되어버린 것이 아닌가 하는 생각이 든다.

　그런데 *The Plumed Serpent*와 'The Woman Who Rode Away'에 묘사된 제물의식에서 Lawrence가 보여주는 의식형태의 중요한 특징의 하나는 개인의식, 자아의식, 독립의식의 말살과 그리고 이것과 대체되는 우주의식, 즉 대자연이나 대우주에 전체로서 참여하는 의식형태를 들 수 있다. Kate는 Ramon과 Cipriano로부터 그녀 자신이 지녀온 강한 개인의식이나 자아의식의 포기를 끊임없이 강요당하면서 개인의식 대신에 우주의식, 즉 Quetzalcoatl신과 새롭게 결합하는 의식상태가 참된 길임을 암시받는다. 그리고 백인여인 The Woman도 역시 Chilcui 인디언들을 통해 자신의 고고하고 독립된 여성으로서의 개성과 자아의식을 말살당할 때 그러한 의식상태에서 우주자연과의 생명적 교감을 얻게 된다.

　백인 여주인공 The Woman은 Chilchui 인디언들이 벌이는 숨막힐 듯한 북소리며 심오한 돌풍과도 같은 원시적 합창, 그리고 여우 꼬리를 단

---

32) *Selected Essays*, p.183.

남자들의 끊임없는 발놀림, 검은 속옷을 입고 새처럼 우뚝선 중후한 여자
들의 발박자 등과 같은 거대한 울림과 흐름 속에서 마침내 자기자신의 죽
음과 자기자신의 상실을 느낀다. 이것은 개인적 존재성을 죽이고 거대한
대우주를 위해 죽는 피의 제물의식과 동일한 과정임이 Lawrence에 의해
암시된 것이라 할 수 있다. 그녀는 이러한 개인적 자아의 말살 위에서 거
대하고 원초적인 우주생명의 흐름에 하나로서 참여하게 되는 것이다.

> She seemed at last to feel her own death; her own obliteration. As if
> she were to be obliterated from the field of life again. In the strange
> towering symbols on the heads of the changeless, absorbed women she
> seemed to read once more the Mene Mene Tekel Upharsin. Her kind of
> womanhood, intensely personal and individual, was to be obliterated
> again, and the great primeval symbols were to tower once more over
> the fallen individual independence of woman. The sharpness and the
> quivering nervous consciousness of the highly-bred white woman was
> to be destroyed again, womanhood was to be cast once more into the
> great stream of impersonal sex and impersonal passion. Strangely, as
> if clairvoyant, she saw the immense sacrifice prepared. (p.69)

Lawrence는 여기에서 개인의식이나 자아의식의 말살을 죽음과 일치시
키고 그러한 죽음이란 곧 우주생명으로의 환원과 재생의 형태가 된다는
사실을 보여주고자 하고 있다.

4. 남근숭배

열대 멕시코를 배경으로 삼는 *The Plumed Serpent*에서 Lawrence는
모든 생명체들을 검붉게 태우는 태양, 무겁게 억압하는 기상과 풍토 등과
같은 자연환경적 요소를 원시신앙의 남근숭배와 관련시키고 있다. 즉 질
식할듯 생명을 검게 태우는 태양, 이 태양의 화신인 거대한 부리와 발톱
과 날개를 가진 독수리, 이글거리는 검붉은 용암, 치솟아 나오는 화산의

불덩어리, 이러한 것들의 화신인 어둡게 사리를 틀고 지하에 살고 있는 뱀, 그리고 독수리와 뱀이 하나로 합친 Qutzalcoatl 형상 등은 신비적인 남근의 상징이 되고 있다.

Lawrence는 이와같은 열대 멕시코의 자연풍토적인 원시적 마력을 남성 주인공 Ramon과 Cipriano에게 남근적 상징으로서 내재화시켜 놓고, 여성 주인공 Kate로 하여금 그들의 육체 내부로부터 위력에 찬 半神적이며 半악마적인 남근의 신비를 환영의 형태로서 보게 하고 있다.

'Marriage by Quetzalcoatl'에서 무기력과 절망감과 공허감에 빠져 지루한 하루 하루를 보내고 Kate는 그녀를 찾아온 인디언 장군 Cipriano로부터 남근신인 Pan신의 환영을 보게 된다. Lawrence는 Kate의 이러한 환영을, "Cipriano는 별안간 신세계를 Kate에게 열어 보여 주었다. 神魔 (god-demon) Pan의 낯을 가진 어두운 세계를 열어 보여 주었다. Pan신은 사멸될 줄 모르고, 언제나 그림자로부터 인류 위에 되돌아 온다. 그림자와 껌껌한 굴복의 세계, 남근숭배의 바람이 암흑을 휩쓰는 세계"(p. 331)라고 묘사하고 있다.

Kate가 Cipriano를 바라다 볼 때 그녀는 그가 발산하는 피의 시커먼 열기를 박명 속에서 두 눈으로 보는 것처럼 느낀다. 암담하고 둔중한 피의 진동과 그 피 속에 내재된 무거운 의지와 힘에서 나오는 열을 받고 있는 것 같다. Lawrence는 그녀에게 전달되는 이와같은 혈적인 생명력을 하늘과 대지를 꿰뚫는 남근의 환영으로 느끼게 만들고 있다. 이 환영은 위에서 뒤덮고 있는 하늘과 그 밑에 엎드린 대지를 배경으로 그 사이를 휘몰아 치면서 오르내리는 시커먼 먹구름 기둥, 회오리 바람 기둥, 그리고 Pan신의 얼굴 등과 같은 이미지로 나타난다.

She could feel the curious tingling heat of his blood, and the heavy power of the will that lay unemerged in his blood. She could see again the skies go dark, and the phallic mystery rearing itself like a whirling dark cloud, to the zenith, till it pierced the sombre, twilit zenith; the old, supreme phallic mystery. And herself in the everlasting twilight, a sky above where the sun ran smokily, an earth below where the trees and creatures rose up in blackness, and man strode along naked, dark, half-visible, and suddenly whirled in supreme power, towering like a dark whirlwind column, whirling to pierce the very zenith.

The mystery of the primeval world!… In his black, glinting eyes the power was limitless, and it was as if, from him, from his body of blood could rise up that pillar of cloud which swayed and swung, like a rearing serpent on a rising tree, till it swept the zenith, and all the earth below was dark and prone, and consummated.… A face like Cipriano's is the face at once of a god and a devil, the undying Pan face. The bygone mystery, that has indeed gone by, but has not passed away. Never shall pass away.(pp.324—25)

나아가 Lawrence는 Kate로 하여금 Cipriano에게 절대적인 굴복감정, 완벽하게 수동적인 감정, 지고하고 경건하게 느끼는 신비감정, 그리고 자아를 포기하고 싶은 절대적인 복종심 등을 느끼게 하고 있다. 이것은 Lawrence가 여성에 대해 가지고 있는 남근숭배 사상의 강요라고 할 수 있다.

Ah! and what a mystery of prone submission, on her part, this huge erection would imply! Submission absolute, like the earth under the sky. Beneath an over-arching absolute.

Ah! what a marriage! How terrible! and how complete! With the finality of death, and yet more than death. The arms of the twilit Pan. And the awful, half-intelligible voice from the cloud.

She could conceive now her marriage with Cipriano; the supreme passivity, like the earth below the twilight, consummate in living life-lessness, the sheer solid mystery of passivity. Ah, what an abandon, what an abandon, what an abandon!—of so many things she wanted to abandon.(p.325)

Ramon은 자신이 'the First Man of Quetzalcoalt', 'Quetzalcoalt him-self', 'Manifestation of Quetzalcoalt'임을 Kate에게 강조하면서 자신과 Cipriano의 영혼 속에 가장 오래된 Pan신이 들어 있다고 말한다. 그러면

서 그녀가 Cipriano와 결혼하여 Quetzalcoatl 교회에서 여신 Itzpapalotli 가 되어줄 것을 요청한다. 이 여신은 부드러운 달의 신을 암시한다. Itzpapalotli 여신이란 이름은 Spence가 지은 *Gods of Mexico*에서 나온 것이다. 이 여신은 작품의 후반에 가면 고쳐서 Malintzi라는 이름으로 고 쳐진다. Prescott는 *Conquest of Mexico*란 저서에서 달을 Metzli라 하고 Cortes부인을 Malinche라고 기재했는데 Lawrence는 이 두 명칭을 합하 여 Malintzi라고 한 것 같다.[33] 'The Woman Who Rode Away'에서 태 양은 남성, 달은 여성을 상징하면서 남자는 끊임없이 태양의 기쁨에 충실 해야 하고 여자는 항상 달의 고요함에 충실하지 않으면 안된다[34]고 묘사 되고 있다.

우리는 Lawrence의 남근숭배 사상을 통하여 그가 남성우위론과 권력사 상을 정당화시키고 있다는 것을 알 수 있다. 그의 이러한 독재적인 권력지배 사상은 많은 비평가들로부터 비난을 면치 못하고 있지만 그 자신은 그것이 옳은 것으로 신앙했다. 그는 Nitzsche의 권력의지는 정신적인데 반해 자신 의 권력의지는 가장 진실한 것으로서 육체와 생명에 기초를 두고 있다[35]고 주장하고 있다. 그만큼 자신의 권력사상을 이상화하고 있는 것이다.

*The Plumed Serpent*에서 Quetzalcoatl신의 현현인 Rommon과 Huitz-ilopochtli신의 현현인 Cipriano와 같은 어둠의 신들은 Lawrence가 *Kangaroo*에서 말한 하복부에 있는 남근신이 내부로부터 표출하여 실제로 형 상화된 것이라 할 수 있다. 이 어둠의 신들은 Kate에게 고대의 남근신인 Pan신으로 나타나서 그녀가 자신들에게 복종하여 Quetzalcoatl 교회에서 여신 Malintzi가 되어주기를 바란다. 이에 Kate는 Ramon이 주재하는 Quetzalcoatl 의식에 따라 Cipriano와 결혼하는 것이다. 여기서 여성이

---

33) Frederick J. Hoffman and Harry T. Moore, *The Achievement of D.H. Lawrence*(New York: Farrar, Straus and Girous, 1974), pp.181－82.

34) Chilchui 인디언 젊은이는 백인 여주인공에게 "the man all the time have to keep the sun happy in his side of the sky, and the woman have to keep the moon quiet at her side of the sky. All the time she have to work at this"(p.70)라고 말한다.

35) D.H. Lawrence, *Aaron's Rod*(Penguin, 1976), pp.345－46.

남성에게 순응하고 복종하는 것은 그것이 절대적으로 수동적이어야 하면서도 생명력에 넘쳐야 하고 달과 같이 부드러우면서도 살아서 약동하는 힘을 가져야 한다.

Larence가 이와같이 복종과 함께 여성의 활력성을 동시에 강조한 점으로 볼 때 그의 여성복종론은 T.E. Apter가 지적하고 있듯이, 그 몇가지 태도는 '남성 배타주의'(male chauvinism)로 비난받을 수 있지마는 그의 접근에는 현대 여권운동이 종종 결하고 있는 "건전성과 깊이"(sanity and depth)[36]를 가지고 있다. Apter에 의하면 여성관점에는 여성의 "감수성과 생명력"(sensibility and vitality)이 전제가 되는 점에서 그의 사상을 현대의 여권운동가들이 참고해야 할 부분을 가지고 있다.

> Lawrence's purpose is to preserve the substance of these concepts; sensibility and vitality must re-forge them and renew their vitality, and such processes depend upon criticism of current conceptions; but unlike those offered by the women's movements. Lawrence's criticisms treat the traditional concepts with respect; they are geared towards a discovery of powerful and elemental differences and conflicts whose meeting and resolution provide, as he sees it, the richest source of meaning.[37]

Goodheart도 Lawrence의 바로 이러한 여성관점을 평가해주고 있다. Lawrence의 권력개념이 "voluntary connections with other vital beings"[38], "voluntary submission"[39]에 기반을 둔다는 것이다.

Lawrence는 마침내 *The Plumed Serpent*를 통하여 남성우위론과 여성의 절대복종론 사상에 대해 강렬하게 저항하는 Kate를 Ramon과 Cipriano의 신비주의적인 남근력에 굴복하게 만든다. 그녀는 Ramon이 말한 남자는 '피의 기둥'(column of blood)이요 여자는 '피의 계곡'(pool of blood)이

---

36) Anne Smith ed, *Lawrence and Women*(London: Vivion and Barnes and Noble, 1980), p.156.

37) *Ibid,* pp.156−57.

38) Eugene Goodheart, *The Utopian Vision of D.H.Lawrence*(Chiaco: The University of Chicago Press, 1971), p.142.

39) *Ibid.,* p.142.

며 두 남녀는 하나의 피로서 결합될 수 있다는 사실을 마지막에 가서 인정하게 된다. Cipriano가 계곡물에 들어가서 목욕할 때 그의 육체가 아침햇살을 받아 붉은 피의 기둥으로 화하는 감동적인 광경에 이어 이 때 바위로부터 구멍으로 기어들어 가는 뱀의 영광스러운 모습을 Kate는 보게 되고 Cipriano와 자신 사이에 어떤 평화의 화해를 느끼게 되는 것이다.

> He dropped off the edge of masonry and waded out in the dim, soft, uncanny water. And at that moment the light tipped over the edge of the mountain and spilled gold upon the surface of the lake. And instantly he was red as fire. The sunshine was not red, the sun was too high for that. It was golden with morning. But as it flushed along the surface of the lake it caught the body of Cipriano and he was red as fire, as a piece of pure fire.
>
> The Sons of the Morning! The column of blood! A Red Indian. She looked at him in wonder, as he moved pure red and luminous further into the lake, unconscious. As if on fire!
>
> The Sons of the Morning! She let her effort at knowing slip away from her once more, and remained without effort, within the communion.(p.441)

위에서 Lawrence가 묘사한 '피의 기둥'은 어떤 의미에서 Cipriano의 남근을 상징하고 '계곡물'은 Kate의 여성성기를 상징한다. 여기에서 강렬한 생명력은 '피'로서 상징되고 있다. Lawrence의 남근숭배 사상은 생명주의를 기반으로 하고 있는 것이다.

5. 결 론

The Plumed Serpent에서 인간과 신과의 새로운 관계는 주인공들이 직접 고대 멕시코 신들의 살아있는 현현의 형태로 등장한다. Lawrence는 종교부활 운동의 지도자 Ramon을 살아있는 Quetzalcoatl 신, 그리고 그를 추종 협력하는 Cipriano장군을 살아있는 Hutzilopochtli 신, 나아가 영국 여인 Kate를 살아있는 Malintzi 여신 등과 같이 인간을 신적 존재로 각각 승화시키고 있다. 이들은 물질주의와 기계문명으로 타락된 멕시코인들로 하여금 그들이 상실한 우주자연과의 새로운 생명적 교류를 회복하게 하며 그럼으로써 권력과 활력을 획득하게 한다.

Lawrence는 'The Woman Who Rode Away'에서 Lawrence는 Chil-chui 인디언들이 고대의 신앙을 보존하고 있고, 태양신과의 완전한 생명적 교감을 이룰 수 있음으로써 지배권을 회복할 수 있음을 보여주려고 한다. 그리고 백인의 신은 인디언들의 태양신에게 멸망하고, 태양, 달, 별과 같은 우주자연을 알지 못하는 백인들은 현재 장악하고 있는 그들의 지배권을 상실하고 종국에 이르러 몰락할 것임을 Lawrence는 예언하려고 한다.

Lawrence는 그가 반인간적이고 반생명적이라고 생각한 현대문명의 체재와 인간 유형들을 해체하여 새로운 체재와 인간 유형들로 대체시키려 한다. *The Plumed Serpent*와 'The Woman Who Rode Away'에서 복원된 고대인의 세계는 강력하고 거대한 힘의 원천을 피에 두고 있다. 그들은 피에서 솟아나오는 무의식적인 성질의 어두운 힘이나 권력 앞에 서구의 문명인을 굴복시켜 제물이 되게 한다. 그들의 힘은 신성하면서도 악마적인 兩價性을 보여주고 있다.

*The Plumed Serpent*에서 Ramon과 Cipriano는 증오하는 예수와 마리아 그리고 성도들의 모든 聖像과 聖物들을 불살라서 Quetzalcoatl신의 제물로 바쳐지게 한다. 그리고 Ramon을 배반한 기독교 신도들은 피의 제물로서 Quetzalcoatl신에게 바쳐진다. Lawrence는 이들의 죽음을 삶의 종말로 처리하지 않고 태양신에게 새로운 생명의 재생을 얻게 함으로써 현대문명들의 개조를 시도하려고 하고 있다. 여기에 나타나는 Lawrence 의 살인과 폭력행위의 묘출은 작가 자신이 그러한 폭력과 살인을 즐기는 악마주의의 신봉자라는 형태로 이해해서는 안된다. 그러한 행위는 반생명적이고 비인간적인 현대인들을 극렬히 증오하는 Lawrence의 정신이 상징적이고 신화적인 비젼으로 나타난 것으로서 이해해야 할 것이다.

'The Woman Who Rode Away'에서 Lawrence는 백인 여주인공으

로 하여금 백인신과 가정을 버리고 Chilchui 인디언 부락에 찾아 들어가서 그들의 태양신에게 스스로를 제물로 바치게 하고 있다. 이 백인여인이 제물로서 죽는 죽음은 우주생명의 흐름에 참여하여 새롭게 재생되는 행위가 된다. Lawrence는 태양을 알지 못하고 우주자연과의 생명적인 교감관계를 끊어버린 백인문명은 파멸하고 말며, 반면에 태양을 알고 태양과의 생명적인 교감을 유지하는 종족만이 힘을 얻어서 궁극적으로 지배권을 획득할 수 있게 된다는 진리를 보여주고자 한다.

인디언 종교는 그 체재에 있어서 남성이 절대적인 권력을 행사하고 있고 여성은 그러한 남성권력 앞에 절대적인 순종과 숭배를 바치고 있다. 그러한 종교 세계에서는 남성은 태양이고 여성은 달이며, 달인 여성은 부드러운 활력으로서 절대지고의 태양에게 순종한다. Lawrence는 이와같이 남성의 절대지고권 앞에 여성이 부드러운 여성다움으로서 복종하는 고대세계의 신권체재를 신비주의적인 남근숭배 사상의 형태로서 제시하고 있다. 이와같은 남녀의 양성관계에서 Lawrence는 Kate의 경우 마침내 Cipriano에게 복종하여 그의 아내가 되고 Quetzalcoatl 교회의 여신 Malintzi로서의 길을 선택하게 하고 있다. 그리고 'The Woman Who Rode Away'의 여주인공은 그녀가 지녔던 강한 개성과 의지를 Chilchui 인디언 남성의 원시적이고 우주적인 힘 앞에 굴복하게 한다. 그러나 Lawrence가 보여주고자 하는 궁극목표는 우주의식과 우주생명에의 동참인 것이다.

(부산대학교 인문논총 제 26집 1984, 12)

참 고 문 헌

I. Texts

Lawrence, D.H. *The Plumed Serpent*. Penguin, 1977.

__________. *The Woman Who Rode Away and Other Stories* Penguin, 1975.

II. References

Aldington, Richard ed. *D.H. Lawrence: Selected Letters*. Penguin, 1954.

Beal, Anthony ed. *D.H. Lawrence: Selected Literary Criticism*. London: William Heinemann, 1955.

Drew, Elizabeth. *The Novel: A Modern Guide to Fifteen English Masterpieces*. New York: Dell Publishing Co. 1969.

Goodheart, Eugene. *The Utopian Vision of D.H. Lawrence*. Chicago: The University of Chicago Press, 1971.

Hamilton, Edith. *Mythology*. London: The English Library, 1969.

Hough, Graham. *The Dark Sun*. New York: Capricorn Books, 1959.

Lawrence, D.H. *Apocalypse*. Penguin, 1977.

__________. *Etruscan Places*. Penguin, 1975.

__________. *Mornings in Mexico*. Penguin, 1975.

__________. *Selected Essays*. Penguin, 1972.

__________. *Studies in Classic American Literature*. Penguin, 1977.

Leavis, F.R. *Novelist*. London: Chatto & Windus, 1962.

McDonald, Edward D. ed. *D.H. Lawrence: Phoenix*. Penguin, 1978.

Murry, J.M. *D.H. Lawrence: Son of Woman*. London Gonathan Cape, 1954.

Sagar, Keith. *The Art of D.H. Lawrence*. London: University Press, Cambridge, 1978.

Smith, Anne ed. *Lawrence and Women*. London: Vivion and Barnes & Noble, 1980.

Trilling, Diana. *The Portable D.H. Lawrence*. New York The Viking Press, 1949.

7. 어둠의 미학

1. 서　론

　Lawrence 작품을 읽을 때 우리가 알 수 있는 특징은 그의 전 작품에 걸쳐, 초기에서 말기에 이르기까지 어둠이라는 말과 심상이 끊임없이 반복된다는 점이다. 이런 점에서 어둠의 요소는 그의 문학에서 전형적인 하나의 상표라고 말할만 하다. 그는 어둠이라는 실재(reality)로부터 풍부한 잠재력과 의미를 발견한 작가이다. 영미의 작가들 가운데서 그만큼 어둠이라는 실재로부터 풍부하고 다층적인 잠재력과 상징적 의미를 작품에 구현시킨 작가는 없다.

　Lawrence는 그의 작품에 살(flesh)과 피(blood)의 내부 깊은 곳에 흐르는 살아있는 생명력이나 동적 에너지의 형태를 검고 어두운 심상이나 비젼으로 형상화한다. 이런 암흑의 심상과 비젼은 피와 살의 의식이 극도로 예리하게 개발된 사람이 느낄 수 있는 것이라고 생각된다. 이러한 유형의 인지형태는 순수하게 직관적인 감각에 의한 것이며 선(Zen)적 명상과도 합치되는 인지법이라 할 수 있다. 이렇게 특이하고 비상한 감각이 발달된 Lawrence에게 있어서 타인, 자연, 우주와의 관계에서 이루는 앎은 신비적인 검은(dark) 심상들로 형상화되는 계기가 많다.

　이와같은 Lawrence 특유의 검은 생명력과 그것의 심상은 그의 고향인 탄광촌 Eastwood에서 살아가는 광부들의 세계, 즉 아버지의 세계로부터 깊은 영향을 받고 형성되었다. 뿐만 아니라 Lawrence 자신의 타고난 정령적 감수성(animistic sensibility)에 기인되기도 한다.

　Lawrence 문학에서 어둠이라는 말이나 심상은 여러가지 다양한 의미를 표현하고 있지만 흔히 말하는 부정적이거나 단순히 수사학적인 뜻을 의도하는 경우는 드물다. 필자는 본 논문을 통해 우주론적인 존재론이나 생명론으로서의 실재에 관련되어 나타나고 있는 Lawrence의 어둠에 대한 사상을 초기소설 *Sons and Lovers*를 중심으로 하여 살펴보고자 한다.

2. 삶의 '위대한 절반'과 어둠

　어둠이라는 실재를 좀 더 깊이 조사해 본다면, 그것이 Lawrence가 심오하게 감각한 만큼의 의의를 부여할 수 있는 실재임을 인정할 수 있게 된다. 달리말해 어둠이라는 실재가 우주 자연과 인간을 포괄한 일체의 생명체에 있어서 원초성을 형성하고 있다는 사실이 드러난다면 그것의 존재론적인 의의는 크다고 할 것이다. 이런 것의 근거가 될 예로서 성경의 창세기와 Carl Jung의 심리학적 진술을 들 수 있다. 먼저 창세기는 다음과 같이 기술하고 있다.

In the beginning God created the heaven and the earth. And the earth was without form, and void; and darkness was upon the face of the deep. And the Spirit of God moved upon the face of the waters. And God said, let there be light; and there was light. And God saw the light, that it was good; and God divided the light from the darkness.[1)

　여기서 성경 창세기의 진술이 표현하고자 의도한 신의 우주창조라는 종교 신학적 의미는 별개로 하고, 이 글을 쓴 개인의 심리적인 측면을 중심

---

1) The King James Version, *The Holy Bible*(New York: American Bible Socity 1972), p.1.

으로 볼 때 도출할 수 있는 사실은 우주의 존재론적인 인식에 있어 인간 의식에 개입되어 있는 어둠의 원초성이다. 이처럼 먼저 어둠이 근원이 되며, 그 어둠으로부터 빛이 분리하는 것은 차후에 있게되는 것이다. 인간심리에 있어 어두운 근원으로 지향하는 성격은 집단의식, 원형심리, 무의식의 심리학자로서 유명한 Jung에 의해서도 간과되지 않고 깊이 통찰되었다. Jung은 Lapis성전이 어둠이 지니고 있는 근원성을 통찰하고 있다는 점에 주목한다.

> The idea of the *lapis* has serveral points of contact with all this. In the *Rosarium* the *lapis* says, quoting Hermes;"I beget the light, but the darkness too is of my nature… therefore nothing better or more worthy of veneration can come to pass in the world than the conjunction of myself and my son." Similarly, the Monogenes is called the "dark light", a reminder of the *sol niger,* the black sun of alchemy.[2]

어둠이 지니고 있는 원초적인 특성은 여타의 여러 종교, 특히 묵상과 같은 영적 체험을 기본요소로 삼고 있는 원시종교나 동양종교에도 잘 표출되고 있다. 예컨대 인디언의 자연종교 [3], 인도의 요가, 힌두교, 불교, 티벳의 밀교[4], 페르샤의 마니교, 조로아스터교[5] 등이 그런 류에 속한다.

Lawrence의 작품이 보여주는 어두운 심상, 상징, 비젼은 이러한 계통의 종교나 Jung의 심리학이 심도있게 포착하고 있는 어두운 의식의 영역과 상통한다. Lawrence는 한 서한을 통해 다음과 같이 진술하고 있다.

> One lives, knows, and has one's being in the blood, without any

---

2) C.G.Jung, *Dreams,* trans. R.F.C. Hull(New York: Princeton University Press 1974), pp.183−84.

3) 조일제, 'D.H.Lawrence의 인디언 종교 − *The Plumed Serpent, The Woman Who Rode Away*를 중심으로' 참조. 부산대학교 인문논총 제26집 1984, 12.

4) 조일제, 'D.H.Lawrence: 생명적 실재의 추구', 한국영어 영문학회 부산지부 「영미어문학」 제21집, 1987. 그리고 'D.H.Lawrence의 性意識 − 그 존재적 양식의 계시', 부산대학교 사대 논문집 제16집(1988, 6)참조.

5) Harry Levin, *The Power of Blackness*(London: Faber and Farber, 1958), p. 35.

reference to nerves and brain. This is one half of life, belonging to the darkness.··· Now it is necessary for us to realise that there is this other great half of life active in the darkness, the blood-relationship: that when I see, there is a connection between my mental-consciousness and an outside body, forming a percept; but at the same time, there is a transmission through the darkness which is never absent from the light, into my blood consciousness; but in seeing, the blood-percept is perhaps not strong.[6]

Lawrence의 이 서한은 그의 특이한 어둠의식을 밝힌 언명 중의 하나이다. Frazer의 *Golden Bough*와 *Totemism and Exogmy*를 읽고 난 후에 그가 쓴 이 글은 직접적인 경험보다는 연구로부터 나온 Frazer의 이론적인 방법을 인정하는 것으로서 다만 Lawrence 자신의 독립된 성찰을 확인하기 위한 것 일 뿐이다.[7] Lawrence의 darkness라는 심상의 출처와 깊이 관련된 것이 그의 고향인 Eastwood의 검은 탄광이다.[8] 자서전적 소설인 *Sons and Lovers*에 묘사된 Lawrence의 아버지인 Mr. Morel은 매일 탄광 속으로 내려갔다가 저녁 무렵에 검게된 채 밖으로 올라오는 상승과 하강의 율동운동을 되풀이한다. 이것은 일종의 "a symbol of rhythmic descent and ascent"이며, 마치 성적 율동, 잠과 깨어남, 죽음과 삶 등과 같은 율동양식으로 Lawrence에게 암시된다.[9] 뿐만 아니라 탄광은 내적인 사랑, 어머니 자궁으로의 복귀, 증오·사랑·생명이라는 세가지 요소의 동시적인 상징으로서의 아버지가 탄광에 들어가는 행동 등과 관계되는 심상을 형상화 한 것이다.[10] 그리하여 Lawrence에게 탄광은 인간의식

---

6) H.T.Moore ed., *The Collected Letters of D.H.Lawrence*(New York: Viking Press, 1962), pp.393—94.

7) Michael Bell, *Primitivism*(London:Methuen & Co. Ltd., 1972), p.72.

8) Horace Greogory, *D.H.Lawrence: Pilgrim of the Apocalypse*(New York: Grove Press, INC., 1975), pp.32—33.

9) Dorothy Van Ghent, 'On Sons and Lovers' in D.H.*Lawrence and 'Sons and Lovers'* edited by E.W. Tedlock, Jr.(New York University Press, 1965), p. 178.

10) Gregory, p.183.

에서 우주적인 중심이 되며 자아의 깊은 곳에 있는 무의식과 생명의 우주적인 뿌리로서 작용한다.

Dorothy Van Ghent는 *Sons and Lovers*에서 Paul의 의식에 표현된 어둠의 실재에 관한 논평에서

Darkness — as the darkness of this night in the garden — has in Lawrence a special symbolic potency. It is a natural and universal symbol, but it offers itself with special richness to Lawrence because of the character of his governing vision. Darkness is half of the rhythm of the mind, and the darkness of death is half of the rhythm of life.[11]

라고 말하면서, 인간은 어둠의 이러한 우주론적인 존재리듬을 부정하게 되면 대죄(great sin)를 범하게 될 것이고, 수용할 때 자기자신에게로 갱생될 수 있고, 이성과 빛과 형제애로 돌아갈 수 있다. 이 리듬의 수용을 거부할 때 인간은 무기력해지고 이성은 파괴적으로 되며 형제애에 본질적인 타자가 지니는 독립성의 인식을 상실되게 된다[12]는 말로써 Lawrence의 어둠의식이 지닌 의의를 정의하고 있다. 이 논평은 Lawrence문학의 본질을 지적한 매우 적절한 표현이라 하겠다.

Lawrence에 의해서 "great half of life"라고 정의된 어둠이지만 실제로 작품에서의 기능을 보면 건설적인 면과 파괴적인 면을 동시에 내포하는 것으로 표현됨으로써 "self-contradictory meaning"[13]을 지니고 있다. Lawrence가 구현시킨 어둠의 신(dark god)은 파괴적인 힘과 창조적인 힘을 함께 지니고 있고, 파괴적인 힘도 궁극적으로는 새생명과 새자아를 위한 창조의 조건이 됨으로써 역설성을 띤다. 여기서 Lawrence가 탐구하는 어둠의 신에 대해서는 부정적인 관점이나 오해가 나온다. T.S. Eliot은 이에 속한다. Eliot는 *After Strange Gods*를 통해서 Lawrence를 현대의 경향에 있어서 악마적이고 병적인 원리의 완전한 전형이나 악

---

11) Ghent, p.183.
12) Ghent, p.183.
13) Gregory, p.183.

마적인 힘의 도구로 보는 견해를 천명하고 있다.[14] 이와같은 부정적인 입장은 Lawrence의 작품이 상당한 논쟁과 오해의 여지를 내포하고 있음을 말해주지만, 어두운 실재나 어두운 생명력에 대해 Lawrence가 지닌 비상한 감수성에 대해서는 높이 평가하지 않을 수 없다. Lawrence의 친구인 Aldous Huxley는 Lawrence가 지닌 어둠의 존재에 대한 인식능력이나 감수성이 특별한 차원에 도달해 있다는 점을 다음과 같이 강조하고 있다:

> Lawrence's special and characteristic gift was an extraordinary sensitiveness to what Wordsworth calls unknown modes of being. He was always aware of the mystery of the world, and the mystery was always for him numen, divine. Lawrence could never forget, as most of us continually forget, the dark presence of the otherness that lies beyond man's conscious mind. This special sensibility was accomanied by a prodigious power of rendering this immediately experienced otherness in terms of conscious literary art.[15]

보통사람인 우리들 대부분이 잊고 있지만 Lawrence가 결코 잊을 수 없었던 것이 의식의 저 깊은 곳에 놓인 채 알려져 있지 않은 신비의 존재 양식이라고 Huxley가 평한 이 '어두운 타자'는 Lawrence가 피나 살이라고 부른 것과 불가분의 관계가 있다. Lawrence는 유럽에서 친구에게 보낸 한 서한에서 다음과 같이 말한 바 있다.

> My great religion is a belief in the blood, the flesh, as being wiser than the intellect. We can go wrong in our minds. But what our blood feels and believes and says, is always true. The intellect is only a bit and a bridle. What do I care about knowledge? All I want is to answer to my blood, direct, without fribbling intervention of mind, or moral, or what-not.[16]

---

14) T.S.Eliot, *After Strange Gods* (New York: Harcourt, Brace and Company, 1933), pp.62—63 참조.
15) Graham Hough, *The Dark Sun*(New York: Capricorn Books, 1959), p.15.
16) Richard Aldinghton, *D.H.Lawrence: Selected Letters*(Penguin, 1954), p.94.

또한 Lawrence는 앞에서 인용한 바 있듯이 "One lives, knows, and has one's being in the blood,… This is one half of life, belonging to darkness.… Now it is necessary for us realize that there is this other great half of life active in the darkness, the blood-relationship"이라고 진술함으로써 피와 어둠과의 깊은 관련성을 밝히고 있다. 피의 관계가 바탕이 되는 이러한 어두운 앎(dark knowledge)은 Lawrence가 그의 소설의 작중 인물들을 통해서 표현하고자 원하는 중심적인 이상이 되고 있다. 인간관계나 우주 자연과의 관계에 있어서 가장 창조적이고 순수한 앎은 어둠과 관련된다.[17] 이 경우 어둠은 부드러움, 충만감, 무한성, 안식, 평화 등으로서 기능하며 인간을 '완전히 살아있는 전인"[18] (whole man alive)으로 발전시킨다.

그러나 Lawrence의 정신에는 대립적인 두개의 요소가 때로는 충돌하고 때로는 화합한다. 이러한 이원적 요소는 부단한 운동을 하면서 화합과 안정을 성취하기 위해 무한으로 열려진 궁극적인 실재를 향해 변증법적인 통합운동을 부단히 진행한다. 그리하여 Lawrence의 이원론 사상에서 어둠과 빛의 두 대립자는 통합된 심상으로 구현되기도 한다. Graham Hough는 *The Dark Sun*이라는 이름을 붙인 그의 저서에서 Lawrence의 이원론을 다음과 같이 말하고 있다.

> Lawrence's naturalism is radically *dualistic*. Reality exists only as a pair of opposites. "If there is universal, infinite darkness, then there is universal, infinite light, for there cannot exist a specific infinite save by virtue of the opposite equivalent specific infinite." *"Life itself*

---

17) Elizabeth Drew, *The Novel: A Modern Guide to Fiften English Masterpieces* (New York: Dell Publishing Co., Inc., 1969), p.214.

18) D.H.Lawrence, 'Why the Novel Matters', in Anthony Beal ed., *Selected Literary Criticisim*(London: William Heinemann, 1955), pp.104—07 참조. Lawrence는 멕시코 인디언이 추는 'The Hopi Snake Dance'를 보고 '살아있는 검은 춤'으로 느껴 커다란 감동을 받았다고 술회하기도 한다.—D.H.Lawrence *Mornings in Mexico* (Penguin, 1975), pp.71—90 참조.

is dual." And this is a part of the doctrine that Lawrence has considerable difficulty in expressing.[19]

인간의 삶이나 우주자연의 현상에서 이원적인 기본질서는 단순히 이분 상태로 정체되어 있거나 단순히 대립과 투쟁으로 일관하는 것이 아니라, 마치 중국의 음양이원론[20]과 유사하게 양자를 통일과 화합으로 지향하게 한다. 이원론적 통일에 대한 인식이 Lawrence의 신의 주관적 실현이며, 이 때 존재의 완성(Fulness of Being)이 구현된다. 이러한 이원론적인 통일이란 것도 Lawrence의 현실적인 삶에서는 그 굴곡에 따라서 자아보존적이거나 타자 포용적인 형태로 나타남으로써 시기에 따라서 실제로는 상당히 다른 양상을 보인다. 그 일례로 Lawrence의 상징주의에 표현된 The Crown이나 Twilight라는 두 심상에서 전자는 Frieda와의 사이에 자아의 대립과 투쟁이 심했던 시기에 형상화된 것이고, 후자는 Lawrence 가 자아투쟁을 철회하고 남녀간의 부드럽고 따뜻한 화합을 내세운 만년의 시기에 형상화된 것이다. "The Crown"에서 사자와 일각수가 왕관을 떠받치는 투쟁적 균형을 Lawrence는 다음과 같이 진술한다.

And there is no rest, no cessation from the conflict. For we are two opposites which exist by virtue of our inter-opposition. Remove the opposition and there is collapse, a sudden crumbling into universal nothingness.

The darkness, this has nourished us. The darkness, this is a vast infinite, an origin, a Source. The beginning, this is the great sphere of darkness, the womb wherein the universe is begotten.

But this universal, infinite darkness conceives of its own opposite. If there is universal, infinite darkness, then there is universal, infinite

19) Hough, p.224. 인용문 안에 인용된 " " 안의 두 글은 전자는 Lawrence의 에세이 'The Crown' [Warren Robert and Harry T.Moore ed., *D.H.Lawrence: Phoenix II*(Penguin, 1978), p.368)이고, 후자는 D.H.Lawrence의 *Fantasia of the Unconscious* (Penguin, 1977)의 '13 Cosmological'(p.150)에 수록된 것이다.]

20) Hough, p.229.

light, for there cannot exist a specific infinite save by virtue of the opposite and equivalent specific infinite. So that if there be universal, infinite darkness in the beginning, there must be universal, infinite light in the end. And these are two relative halves.[21]

한편 Lawrence는 만년의 여행문집 *Twilight in Italy*에서 빛과 어둠이 만나는 지점인 Twilight의 심상을 일방적인 자아만의 주장을 버리고 수용적이며 화합적인 합일의 이상을 상징하는 것이라고 주장한다.

It is all so strange varied; the dark-skinned Italians ecstatic in the night and the moon, the blue-eyed old woman ecstatic in the busy sunshine, the monks in the garden below, who are supposed to unite both, passing only in the neutrality of the average. Where, then, is the meeting-point: where in mankind is the ecstasy of light and dark together, the supreme transcendence of the afterglow, day hovering in the embrace of the coming night like two angels ambracing the heavens, like Eurydice in the arms of Orpheus, or Persephone embraced by Pluto?

Where is the supreme ecstasy in mankind, which makes day a delight and night a delight, purpose an ecstasy and a concourse in ecstasy, and single abandon of the single body and soul an ecstasy under the moon? Where is the transcendent knowledge in our hearts, uniting sun and darkness, day and night, spirit and sense? Who do we not know that the two in consummation are one;⋯ but that the two in consummation are perfect, beyond the range of loneliness or solitude?[22]

그러나 이와같이 Lawrence가 빛과 어둠의 통합을 이상으로 삼는다고 그의 에세이에서 단편적으로 진술하지만, 실제로 그의 작품은 빛에 대해서는 거부적이거나 부정적인 경우가 많고 어둠 쪽으로 훨씬 더 심도있게 지향하고 있다. 그리고 물론 Lawrence가 구현하고 있는 빛과 어둠의 심

---

21) Lawrence, *Phoenix II,* p.368.
22) D.H.Lawrence, *Twilight in Italy*(Penguin, 1977), pp.37−38.

상이 표현하는 의미는 물리적인 색상의 차원을 넘어서 상징적인 의미를 다층적으로 복합해 있는 것이다.

넓은 의미에서 본다면 빛이 가미된 어둠의 심상은 어두운 심상이라고 분류할 수 있다. 그것은 어둠을 배경으로 하고 있는 것처럼 느껴진다는 점에서 그러하다. Jung이 말한 "시간과 공간을 넘어서는 심령현상에서 볼 수 있는 동시성 현상 Synchronizitat"이나 또는 "분명히 나타내 보일 수 없는 무의식적 실체인 原型"[23)에 해당하는 부분을 Lawrence의 어두운 심상은 내포하고 있다고 생각된다. Graham Hough도 *The Dark Sun* 에서 Lawrence의 이원론 사상의 성격이 Jung의 인성심리학과 근접한다는 점을 지적하고 있다. "What Lawrence is trying to express is so close to the widely known integration concept of Jung… the closing words of Jung's *Integration of the Personality* are an apt comment on the role for which Lawrence cast himself."[24)

Lawrence가 구현시킨 어둠의 심상은 무수히 많다. rainbow, star-equilibrium, plumed serpent, twilight, morning star, evening star 등을 예로서 들 수 있다. 그것들은 무의식이나 생명력에 결부되어 있으며 어두운 활력을 암시하는 것들이다.

다음의 3장, "Paul의 성장과 어두운 생명력"은 Lawrence가 초기의 자서전적 소설인 *Sons and Lovers*에다 어둠의 심상과 힘을 어떻게 투영하고 있는지를 간략하게 살펴보고자 하는 것이다.

3. Paul의 성장과 어두운 생명력

Lawrence의 문학적 상상력의 원천을 이루는 것들 중의 하나가 그의 고향 Eastwood의 탄광이다. Eastwood는 *Sons and Lovers*의 초두에 누구라도 알아볼 수 있게 Bestwood로 바뀌어 이 소설의 사회적이며 역사적

---

23) 이부영, 「分析心理學 — C.G.Jung의 人間心性論」(서울 : 일조각, 1982), p.312.
24) Hough, p.230.

인 배경을 제공하고 있다.[25] 이 소설에서의 Bestwood는 아직도 옛날의 영국이 지닌 전원풍경을 간직하고 있다. 기계공업화의 물결이 들어와 있지만 주민이나 자연은 물질주의에 변모되어 있지 않다. 탄광은 자연현상의 일부로 존재하고, 광부들은 낮의 세계에 맞지 않은 존재들로 나타나 있다. Lawrence의 아버지와 어머니가 결혼 전에 파티자리에서 만나 서로 매력을 느끼는 사건을 통해서 부모의 기본적인 성격이 잘 드러나고 있다. 여인은 청교도적이며 고매하고 교육이 있는 소시민 계급의 출신이지만, 그녀에게 Morel이라는 청년광부는 매혹적인 인물로 느껴진다. 까만 곱슬머리, 정열적으로 보이는 까만 턱수염, 불그스럼한 뺨, 빨갛고 습기도는 입, 부드럽고 따뜻하며 무식하고 친절한 유우머 등이 그녀의 가슴을 때린다. Morel은 순수하게 감각적이다. 영국소설에서는 아직 그와같은 유형을 찾을 수 없을 만큼 특이한 성격의 소유자이다.[26] 이러한 Morel의 본성은 Lawrence에게 유전된 뿌리인 것이다. Morel을 특징지우고 있는 것을 달리 말하면 원시적인 감수성이다. 그는 원시적인 암흑에 가득찬 생명의 세계를 동화한 인물이라 할 수 있다. 광부는 매일같이 탄광의 암흑 속에 들어가서 일하고, 매일같이 자연의 세계로부터 다시 태어나는 감정을 가슴에 지니는 원시인이나 고대인과 닮았다. 그의 모습은 거무스럼하고 혈적이며 부드럽고 감각적이다. 어두운 금빛을 육체로부터 발산하고 피와 살의 따뜻함과 활력을 지니고 있다. Morel의 이러한 원시적이고 고대적인 모습은 Lawrence의 어머니를 모델로 삼고 있는 처녀 Gertrude Coppard를 사로 잡는다. 사색적이고 정신적이며 종교적인 이 여인에게 청년 광부는 경이로운 존재로 느껴지고, 그녀로 하여금 마치 포도주를 마신듯 취하게 만든다. 이에 반해 그녀는 백열처럼 창백한 흰빛을 내는 여인의 심상으로 그려진다. Lawrence는 대립적인 두 남녀의 모습을 다음과 같이 감각적으로 묘사한다.

---

25) Anthony Beal, *D.H.Lawrence*(London: Oliver and Boyd Ltd., 1964), p.15.
26) Ibid., p.15.

The dusky, golden softness of this man's sensuous flame of life, that flowed off his flesh like the flame from a candle, not baffled and gripped into incondescence by thought and spirit as her life was, seemes to her something wonderful, beyond her. He came and bowed above her. A warmth radiated her as if she had drunk wine.[27]

소설의 초반부에서 광부들의 원시적인 세계가 박진감있게 묘사된다. 그들은 본능적이고 부드럽고 따뜻하며 순수하게 직관적이고 낙천적이며 생명력에 넘친다. 그들의 이와같은 성향은 어두운 지하인 탄광 생활에서 나온 것이다. Paul은 지하적인 원시세계를 의식의 깊은 곳으로부터 강렬하게 공감하고 있고, 그것을 그 자신에게 동화하고 있다. Lawrence가 창조적이고 인간주의적인 것으로서 날이 더해 갈수록 끊임없이 강조하는 부드럽고 따뜻한 어둠세계는 피와 살의 신앙과 그가 생장한 Eastwood 탄광촌 사회에 기초를 둔다. 그곳의 하층계급이자 노동서민인 광부들은 상류계급이 지닌 사상이나 관념 그리고 물질, 과학, 기계 등의 현대문명에 물들지 않았고 본능적인 감각에 따르는 생활을 한다. 그들의 생활태도는 직관적, 관능적, 육체적이다. 그리고 자발적인 생명력으로 충만된 활력있는 삶을 영위한다. *Sons and Lovers*에 묘사된 광부들은 이러한 면을 반영하고 있다. 광부들은 돈과 물질에 신경을 쓰지 않고 있으며, 거의 알몸으로 탄광에서 함께 홍얼거리며 어울려 일하고, 또 일이 끝나면 주점에 가서 함께 담소하며 술을 마신다. 남성들은 이렇게 하여 깊은 피의 유대와 생명적 연대를 맺는다. Lawrence는 'Autobiographical Sketch'에서 그가 소설가로서 중상류 계급과 교제하고 사교생활을 하면서도, 결코 고향의 서민이 가지고 있는 혈적 친밀성을 상류계급의 지적 자만과 대체할 수 없었다고 토로하고 있다.

I cannot make the transfer from my own class into the middle class. I cannot, not for anything in the world, forfeit my passional

---

27) D.H.Lawrence, *Sons and Lovers*(Penguin, 1970), p.18. 이하에서 이 책은 SL 로 약기하고 본문 안에 페이지를 표시한다.

consciousness and my old blood-affinity with my fellowmen and the animals and the land, for that other thin, spurious mental conceit which is all that is left of the mental consciousness once it has made itself exclusive.[28]

Lawrence는 만년인 1929년에 쓴 에세이 'Nottingham and the Mining Country'에서 기계문명에 때묻지 않은 청소년 시절의 Eastwood탄광이 지닌 기능을 밝히면서 원시적인 전원에서 살아가던 아버지의 어두운 지하적인 자아를 깊은 동정심으로 회상하고 있다.

The people lived almost entirely by instinct, men of father's age could not really read. And the pit did not mechanize men. On the contrary under the butty system, the miners worked underground as a sort of intimate community, they knew each other practically naked, and with curious close intimacy, and the darkness and the underground remoteness of the pit 'stall', and the continual presence of danger, made the physical, instinctive, and intuitional contact between men very highly developed, a contact almost as close as touch, very real and very powerful.

This physical awareness and intimate togetherness was at its strongest down pit. When the men came up into the light, they blinked. They had, in a measure, to change their flow. Nevertheless, they brought with them above ground the curious dark intimacy of the mine, the naked sort of contact, and if I think of my childhood, it is always as if there was a lustrous sort of inner darkness, like the gloss of coal, in which we moved and had our real being.

My father loved the pit. He was hurt badly, more than once, but he would never stay away. He loved the contact, the intimacy, as men in the war loved the intense male comradeship of the dark days.[29]

*Sons and Lovers*에서 본능적인 Morel은 자신의 자유분방함과 구속을

---

28) Lawrence, *Phoenix II,* p.596.

29) D.H.Lawrence, *Selected Essays*(Penguin, 1972), p.117. 이하에서 이 책에 있는 이 에세이는 NMC로 약기하고 본문 안에 페이지를 표시한다.

싫어하는 본성 때문에 책임감이 없는 약점을 지닌 것도 사실이다. 이것은 부부관계와 가정생활을 불화, 갈등, 파탄으로 이끌어 간다. 두 사람이 결혼한지 1년 동안 부인은 결혼에서 진정한 기쁨과 행복을 맛보지만 서로간에 대극적인 개성은 결혼생활에 파멸을 초래한다. 부인은 남편에게 등을 돌리고 아이들을 그녀의 분신처럼, 남편처럼 생각하고 보상적인 사랑을 쏟으면서 정신적으로 일체가 된다. 그런데 Paul은 어머니와 깊은 애정의 유대를 맺고 어머니와 한편이 되어 아버지를 증오하고 배척하지만, 그의 마음 깊은 곳에는 아버지가 지하세계에서 이룬 어두운 혈적 생명력의 자아를 동경하는 심리가 잠재해 있다.

아이들과 아버지가 잠시나마 함께 어울리는 시간은 아버지가 행복하게 구두를 고치거나 주전자를 수선할 때다. 어머니의 문명된 생활방식이라는 것은 아버지에게는 심적으로 아무런 영향을 주지 못한다. Morel은 주머니 칼을 꺼내어 식사를 하고 찻잔보다는 접시에 차를 부어 마시는 생활양식을 더 좋아한다. 어머니에게 이러한 태도는 거칠고 천해 보이며, 더군다나 주정이 보태어짐으로써 어머니의 신경을 더욱 날카롭게 한다. 그리하여 아이들은 자라면서 어머니로부터 아버지를 경멸하는 것을 배우게 된다. 어머니는 아이들이 자라서 절대로 광부가 되어서는 안된다는 결심을 굳게 하며, 그들이 고등교육을 받고 서기나 이와 비슷한 직장을 얻어 훌륭한 지성인이 되어야 한다는 계획을 세우지만 이러한 계획은 아버지의 조롱을 받는다. 그러나 만연의 Lawrence는 어머니가 집착한 낮의 밝은 지상세계, 바꿔말해 물질과 지성이 지배하는 문명세계를 잘못된 것이라고 경멸하는 반면에, 광부인 아버지가 일깨운 본능적이고 생동적인 삶의 지하세계, 즉 脫物질적이고 脫문명적인 삶이 기초가 되고 피와 살의 유대가 지배하는 어두운 탄광의 지하세계를 옹호하고 있다.

Now the colliers had also an instinct of beauty. The collier's wives had not. The colliers were deeply alive, instinctively. But they had no daytime ambition, and no daytime intellect. They avoided, really, the rational aspect of life. They preferred to take life instinctively and intuitively.

They didn't even care very profoundly about wages. It was the women, naturally, who nagged on this score. There was a big discrepancy, when I was a boy, between the collier who saw, at the best, only a brief few hours of daylight—often no daylight at all during the winter weeks—and the collier's wife, who had all the day to herself when the man down pit.(NMC p.117−18)

Lawrence는 뒤이어 "The great fallacy is to pity the man. He didn't dream of pitying himself, till agitators and sentimentalists taught him to. He was happy; or more than happy, he was fulfilled."(NMC p. 118)라고 덧붙인다. Lawrence가 후기에 가서 본격적으로 추구하게 되는 원시적인 미학적 감각은 그의 아버지로부터 이어받은 유전적인 면이라고 하겠다. 아버지의 어두운 미적 자아의 형성에 끼친 지하탄광의 역할을 Lawrence는 이렇게 천명하고 있다.

I know that the ordinary collier, when I was a boy, had a peculiar sense of beauty, coming from his intuitive and instinctive consciousness, which was awakened down pit. And the fact that he met with just cold ugliness and raw materialism when he came up into daylight, and particularly when he came to the Square or the Breach, and to his own table, killed something in him, and in a sense spoiled him as a man.(NMC p.119)

Paul은 점차 청년기로 성장해 가면서 자아 내부에 있는 지하적인 암흑의 생명력에 대한 감각을 갖는다. 그에게 있어 어머니나 Miriam은 지성, 도덕, 종교, 정신, 문명을 상징하는 빛의 세계이다. Paul은 이 여인들로부터 자신의 지하적인 어둠의 자아를 한사코 억압당한다. 여기서 갈수록 육체 내부의 지하적인 생명력을 발산하려는 Paul은 빛의 세계를 상징하는 여인들과 갈등을 빚고 증오한다. 그의 자아는 전원에서 내재된 생명의 흐름에 따라서 풍요롭고 자유분방하게 살아가는 동식물의 세계를 동화해 간다. 그리하여 Miriam과의 사랑이 싹트고 새로운 삶이 시작된 곳은 바로 전원생활을 하는 그녀의 농원이다. 뒤에 Lawrence는 옛 애인이었던 Jessie Chambers에게 이렇게 편지를 쓴 일이 있다 : "Whatever I forget, I shall never forget the Haggs…it really was a new life began in me there."[30] Jessie Chambers는 Miriam의 모델이다. 전원생활은 Paul에게 항상 동경과 향수를 근원적으로 불러 일으키지만 Miriam은 그러한 전원의 자연스러운 생활과는 조화를 못 이룬다. 전원생활의 자연스러움은 오히려 그녀의 정신적인 면을 부자연스럽게 고양시켜 준다. 과도한 순결주의 때문에 형성된 그녀의 이와같은 反자연적인 관념이 지닌 문제점을 Lawrence는 다음과 같이 기술한다.

> But, perhaps, because of the continual business of birth and of begetting which goes on upon every farm was the more hypersensitive to the matter, and her blood was chastened almost to disgust of the faintest suggestion of such intercourse. Paul took his pitch from her, and their intimacy went on in an blached and chaste fashion. It could never be mentioned that the more was in foal.(SL p.201)

Miriam이나 그녀의 어머니는 종교적이고, 도덕적, 정신적이어서 심지어 집안일조차도 종교적인 테두리 밖에서는 생각할 수가 없다. 그것은 종교에서 절대적인 순수성을 주장하는 전통에 기인한다. 이들 여인과 Eastwood 광부들을 대비해 본다면 대립적이다. 광부들은 자연을 지적으로 받아들임으로써 자아의 내부와 단절시키는 것이 아니라 있는 그대로 받아들임으로써 무분별하고 자연스러운 깊은 흐름으로서 수용할 수 있다. 다음은 광부들이 자연을 수용하는 방식이다.

> The collier didn't know and care very deeply — his life was otherwise. So he escaped. He roved the countryside with his dog, prowing for a rabbit, for nests, for mushrooms, anything. He loved the countryside, just the indiscriminating feel of it. Or he loved just to sit on his heels and watch anything or nothing. He was not intellectually interested. Life for him did not consist in facts, but in a flow. Very often, he loved

---

30) Beal, *D.H.Lawrence,* p.18.

his garden. And very often he had a genuine love of the beauty of
flowers. I have known it often and often, in colliers(NMC p.118)

Lawrence에 의하면 Eastwood의 광부들이 꽃을 바라보는 태도는 미의
존재를 참으로 인식하는 심오한 것이며 원초적인 일종의 예술적 명상이
다. 그것은 소유욕에 뿌리박은 것도 아니고 그렇다고 감탄이나 즐거움이
나 기쁨도 아니며, 깊은 내적 자아와 연관된 그 무엇이라고 본다.

> Yet I've seen many a collier stand in his back garden looking
> down at a flower with that odd, remote sort of contemplation which
> shows a real awareness of the presence of beauty. It would not even
> be admiration, or joy, or delight, or any of those things which so
> often have a root in the possessive instinct. It would be a sort of
> contemplation: Which shows the incipient artist.(NMC p.119)

Paul이 원하고 지향하는 앎도 바로 이런 것이다. 광부의 이처럼 순수한
태도는 Miriam의 정신적인 것과는 다른 것이다. 영혼의 깊은 지하인 순
수한 무의식으로부터 나오며 일종의 禪명상에 근접된다. 이러한 인식태도
는 피의식과 살의식에 바탕을 둘 때 생성되는 것이다. 그리고 내면의 깊
은 어둠과 연관될 때 이러한 방식이 가능하다.

Paul은 공간과 시간을 가득 채우며 찾아드는 어둠을 좋아한다. 그리하
여 그는 어둠을 통해서 활력을 얻고, 어둠 속에서 영혼의 내부로부터 광
활하고 원초적인 생명과 관련된 어떤 신비를 구해 낸다. Paul이 Miriam
을 찾아간 어느날이다. 그는 어두워지는 저녁 시간에 그녀와 함께 산보를
하다가 나무가 우거진 숲속을 들어가 보자고 제안하여 숲속의 어둠에서
두 사람이 사랑을 교환하는 장면이 있다. 어둠 속에서 그는 말이 없고 태
도가 약간 이상하고 신비스럽게 변한다. 이 때 Miriam에게 "I like the
darkness, I wish it were thicker — good, thick darkness."(SL p.349)
라고 말한다. 여기서 숲속은 지하세계와 동일하고 어둠은 영혼을 심오하
게 감싸고 묻어주는 힘을 준다고 하겠다. 어둠 속에서 Paul이 이처럼 신
비적인 존재로 변화되자 Miriam은 그에게서 뭔가 괴이하고 무서운 감정

을 느끼게 된다. 그는 그녀에게 이제 낯설고 이방적 존재로 느껴지고 만다. 어둠에 묻혀있는 숲에서 Paul의 영혼은 자연과의 합일감정이나 정적, 망각, 해탈 등과 같은 무엇이라고 표현할 수 없는 신비적인 심리변화를 겪는다. 이와같은 변화를 가져다 주는 숲은 Paul에게 영적 공간이 된다고 하겠다.

> It was very dark among the fires, and the sharp spines pricked her face. She was afraid. Paul was silent and strange.… He seemed to be almost unaware of her as a person: she was only to him then a woman. She was afraid. He stood against a pine-tree trunk and took her in his arms. She relinquished herself to him, but it was a sacrifice in which she felt something of horror. This thick-voiced, oblivious man was a stranger to her.(SL pp.349−50)

얼마 후에 내리는 비는 Paul의 영혼 깊은 곳에 고스란히 적셔진다. 어둠과 비에 의해 Paul의 마음은 몹시도 적적하고 부드러워진다. 누워서 한없이 고요한 기분을 느끼면서 빗방울이 몸위로 떨어져도 상관없다. 흠뻑 젖어보고 싶은 것이다. 이제 그에게는 아무것도 문제가 아닌성 싶다. 그의 생명은 가깝고도 사랑스러운 저 세상으로 밀려나 있는 것 같다. 그에게 이러한 기분은 "strange, gentle reaching-out to death"(p.356)로 느껴진다. Paul의 내적 심리는 선불교적인 명상상태, 달리 말하면 寂靜滅空 상태와 상통한다. 이러한 명상상태로 이끌어 가는 실재가 어둠이다. 지하와 상응한다고 할수 있는 이러한 숲과 어둠은 Paul에게 영혼의 친숙한 근원으로 느껴지고 있다고 하겠다. 그러나 Miriam에게는 숲이 낯설고 무서운 공간일 뿐이다. Miriam이 가야한다고 말할 때 Paul은 움직이지 않으면서 더 머물러 있고 싶어한다. 이제 그에게는 숲의 어둠 속에서 삶의 평상적인 질서의 전도가 일어나고 존재와 비존재가 그 자리를 바꾼다. Paul에게 무엇보다도 고귀한 것은 어둠 속에 녹아들고 어둠의 위대한 실재와 하나가 되는 것이다. 점점 더 시간이 흐르자 그는 어두운 숲속의 나무들이 제각기 신비한 존재로 바뀌어짐을 느낀다. 숲에서 어둠은 무한의

신비를 전해주는 실체와 연결된다. 이런 Paul을 Miriam은 신비가라고 느
낀다:

> To him now, life seemed a shadow, day a white shadow; night, and
> death, and stillness, and inaction, this seemed like being. To be alive,
> to be urgent and insistent — that was not-to be. The highest of all was
> to melt out into the darkness and sway there, identified with the great
> Being.⋯ 'To have to go. I feel so still.' 'Still!' she repeated. 'Stiller than I
> have ever been in my life.'⋯ Now he seemed beyond her.⋯ 'The fire-
> trees are like presences on the darkness: each one only a presence.'⋯ 'A
> sort of hush:the whole night wondering and asleep: I suppose that's
> what we do in death-sleep in wonder.' She had been afraid before of
> the brute in him: now of the mystic.(SL pp.350−51)

Paul을 이러한 신비적 경지로 이끌어 가는 조건을 만들어 주는 숲은
광부들의 생활무대인 지하공간과 같다. 이러한 자연조건과의 만남은 원초
적인 것과의 합일을 가져다 준다. Paul에게 존재의 원초적인 근원으로 복
귀시키는 명상적 매개자로서 작용하는 것이 어둠이다. Bell이 Lawrence
의 인생에 대해 "어떤 면에서는 무의식적으로 즐겼던 것처럼 보이는 파악
할 수 없는 본질에 대한 고도로 자의적인 철학적 추구를 한 것 같은 인상
을 준다"[31]고 한 논평은 어두운 숲속에서 일어나고 있는 Paul의 태도에
잘 적용된다. 그에게 어두운 숲은 초월적이고 신비적인 실체와 만나 교감
할 수 있는 공간인 것이다.

그런데 Clara는 Miriam과는 달리 여성다운 관능적 요소를 지니고 있
다. 그녀는 육체관계에서 Paul로 하여금 그의 의식에 깊숙히 묻혀 있던
원시적 생명과 관능을 충족시켜 준다. Clara와 가진 육체관계에서 Paul은
어떠한 정신적 관념과도 절연하고 몰아의 상태에 빠져 어둠의 한가운데서
신비스럽게 약동하는 야생적인 생명세계를 맛본다. 이렇게 인간의 내면에
서 신비스럽게 약동하는 어두운 관능은 Paul에게 외계의 우주 자연의 힘과
동일하게 느껴지는 신비한 체험이 된다.

---

31) Bell, pp.59−60.

And soon the struggle went down in his soul, and he forgot. But then Clara was not there for him, only a woman, warm, something he loved and almost worshipped, there in the dark. But it was not Clara, and she submitted to him. The naked hunger and inevitability of his loving her, something strong and blind and ruthless in its primitiveness, made the hour almost terrible to her. She knew how stark and alone he was, and she felt it was great that he came to her; and she took him simply because his need was bigger either than her or him, and her soul was still within her. She did this for him in his need, even if he left her, for she loved him.

And the while the peewits were screaming in the field. When he came to, he wondered what was near his eyes, curving and strong with life in the dark, and what voice it was speaking. Then he realized it was the grass, and the peewit was calling. The warmth was Clara's breathing heaving. He lifted his head, and looked into her eyes. They were dark and shining and strange, life wild at the source staring into his life, stranger to him, yet meeting him: and he put his face down on her throat, afraid. What was she? A strong, strange, wild life, that breathed with his in the darkness through this hour. It was all so much bigger than themselves that he was hushed. They had met, and included in their meeting the thrust of the manifold grass-stems, the cry of the peewit, the wheel of the stars.(SL pp.429 − 30)

Paul은 Clara로부터 경험한 이러한 사랑의 정렬이 있은 후로 관능세계 광대함을 안다. 위의 장면에서 어둠은 광대한 관능세계의 근원이나 배경을 이루며, 야생적인 생명, 적나라한 욕구, 원시성 등과 관련되고 있다. 또한 풀대, 새, 별 등의 자태나 울음이나 회전 등과 관련되어 있다. 이처럼 자연세계나 우주세계가 관능이라는 어두운 매개자에 의해 인간과 동일한 존재로 환원되고 있다. 여기서 근원적이고 원초적인 생명력과 관련되고 어떤 상징적인 힘을 지니고 있는 실재가 어둠임을 알 수 있다.

그러나 Paul이 Miriam과 성적 관계를 가질 때는 Clara에 대한 것과는 전혀 대조적이다.

Her big brown eyes were watching him, still and resigned and loving; she lay as if she had given herself up to sacrifice:there was her body for him: but the look at the back of her eyes, like a creature awaiting immolation, arrested him, and all his blood fell back.

'You are sure you want me? he asked, as if a cold shadow had come over him.'

'Yes, quite sure.'

She was very quiet, very calm. She only realized that she was donig something for him. He could hardly bear it. She lay to be sacrificed for him because she loved him so much. And he had to sacrifice her. For a second, he wished he were sexless or dead. Then he shut his eyes again to her, and his blood beat back again.(SL pp.353-54)

실제로 Miriam은 Paul을 "그의 마지막 세포에 이르기 까지"(to the last fibre of his being)(SL p.354)사랑한다고 말한다. 그러나 Paul을 위해서 육체를 희생한다고 생각하는 한 그녀의 성은 성이 아니며 죽음인 것이다. 그러한 생각에는 지적 의식이 개입된 것이기 때문이다. 그래서 Paul의 피는 뒤로 물러나 앉고(all his blood fell back) 식어버릴 수 밖에 없는 것이다. Paul에게는 깊고 순수한 생명의 흐름이 성인 것이다. 이러한 형식의 성은 '어두운 성'(dark sex)이며 피의식과 관련을 가져야만 한다. Lawrence는 이러한 사실을 Clara와 Miriam의 두 대조적인 경우로써 드러내 주고 있다고 하겠다. Miriam의 자아를 지배하는 것은 정신적, 도덕적, 종교적인 눈이다. 이러한 눈을 가지고 사물을 재단하며 타자와의 인간관계를 가지려 한다. 그리하여 Paul을 정신적으로만 소유하려 할 때 그녀의 이러한 태도는 파괴적일 수 밖에 없다. 양성간의 순수하고 참된 관계가 이루어 지려면 자아의 내면에서 약동하는 생명의 어두운 흐름을 그대로 따르는 어둡고 깊은 결합을 필요로 한다. 만약 Miriam이 Paul과 그녀 자신의 본능적이고 원시적인 내적 생명의 흐름에 순수하게 순응했더라면 그들은 결혼에 도달했을 것이다.

한편 Paul과 Clara의 육체적 관계에서는 순수하게 '어두운 앎'을 성취하는 계기를 가졌음에도 불구하고 두 사람의 사랑이 완전한 결합으로 이어지지 못하는 것은 무엇 때문인가? Clara는 Paul을 육체적으로나 정신적으로 그녀의 지배에 묶어 두려하는 강렬한 소유적 자아를 가지고 있다. 그녀의 이와같은 강한 자아와 역시 이에 못지 않은 강한 Paul의 자아가 충돌하여 양자는 균형을 찾지 못함으로써 헤어지는 것이다. Paul은 그의 정신을 끝까지 지배하여 왔던 어머니가 세상을 떠나자 방황을 계속하다가 분열된 자아에서 마침내 해방되며 새로운 독립된 자아를 확립한다. 그리하여 그는 새로운 결의를 가지고 새로운 삶을 향해 전진할 결의를 굳힌다.

4. 결 론

필자는 *Sons and Lovers*를 Lawrence의 자서전적인 소설이라는 점을 기본 전제로 하여 그가 어둠에 대한 감각을 어떻게 하여 형성하게 되었고 나아가 어떻게 그의 미학으로 발전시키게 되었는가를 논술하려 했다. 그리고 그의 이러한 어둠에 대한 감각과 미학은 본질면에서 원시적인 감수성에 귀속된다는 점을 강조하고자 했다. Lawrence는 어둠의 요소가 원시문화와 불가분의 관계를 가진 것임을 알았다. 그가 원시문명을 동경하여 현대에 존속하고 있는 원시종족 사회를 탐방하고 원시인의 자아에 내포된 신비로운 의식을 관찰하여 기술한 기행문집이나 아니면 그것을 재창조한 소설과 시, 예컨대 *Mornings in Mexico, Twilight in Italy, The Plumed Serpent,* 'The Woman Who Rode Away', 'The Ship of Death', 'Bavarian Gentians' 등과 같은 작품들을 창작한 것은 후기에 본격화한다. 그러나 그의 원시적 감수성과 그것을 뒷받침하는 어둠의 세계는 이미 초기 작품에서부터 투사되었다. Lawrence의 아버지 Morel을 특징지우고 있는 원시적인 본능과 생명력에는 어둠의 요소가 결부되어 있다. 광부가 품고 있는 감정은 자연 그대로의 살아있는 생명과 활력에 넘친다. 이러한 감정은 피의식에 바탕을 둔 어두운 생명력에서 생성되고 지하탄광 안의 어두운 세계에서 얻어진 것이다. Paul의 경우 Miriam이나 Clara와의 관계를 통해서 보여주는 바처럼 본능, 자연, 원시 등과 같은 어둠의 영역을 아버지 Morel로부터 이어 받았음을 보여준다.

Lawrence가 보여주는 원초성을 지닌 어두운 앎은 지적, 도덕적, 문명적인 입장에서 본다면 저항감을 불러일으킬지 모르지만[32], 그는 그것을 "우주적 차원과 새로운 심리적 심오성으로 개인의 감정생활을 풍부하게 해주고 확장시켜 주는 것"[33]으로 만들었다. Morel의 검고 어두운 지하적 생명력과 본능적 삶은 바로 Paul이 그의 마음 깊은 곳으로부터 희구하는 것이다. Miriam은 신비적인 어둠세계에 반하는 지성주의를 고집함으로써 Paul을 균형잃은 정서적 불안상태로 몰고간 것이다. 이와같은 점에서 "어둠의 우주적이고 존재적인 리듬을 부정하면 대죄이며, 수용할 때 자기 자신에게로 갱생되고 이성, 빛, 형재애로 돌아갈 수 있지만, 이 어둠의 절반을 거부할 때 인간은 무기력해지고 이성은 파괴적으로 되며 형제애의 본질이 되는 타자의 독립성을 상실한다"는 앞에서 인용한 Van Ghent의 논평은 아주 적절하다고 하겠다.

(한국영어영문학회 부산지회「영미어문학」제 24권 1990, 12)

---

32) George A. Panichas, '10 F.M. Dostoevsky and D.H. Lawrence: Their Visions of Evil', *The Reverent Discipline*(Knoxville: The University of Tennessee Press, 1974) pp.205－28 참조.

33) Bell, p.38.

참 고 문 헌

Aldington, Richard ed. *D.H.Lawrence: Selected Letters.* Penguin, 1961.

Beal, Anthony. *D.H.Lawrence.* London: Oliver and Boyd, 1964.

__________ . *Selected Literary Criticism.* London: William Heinemann, 1955.

Bell, Michael. *Primitivism.* London: Methuen & Co., 1972.

Drew, Elizabeth. *The Novel: A Modern Guide to Fifteen English Master-pieces.* New York: Dell Publishing, 1969.

Eliot, T.S. *After Strange Gods.* New York: Harcourt, Brace and Company, 1933.

Gregory, Horace. *D.H.Lawrence: Pilgrim of the Apocalypse.* New York: Grove Press, 1957.

Hough, Graham. *The Dark Sun.* New York: Capricorn Books, 1959.

Huxley, Aldous ed. *The Letters of D.H.Lawrence.* New York: The Viking Press, 1932.

Jung, C.G. *Dreams.* trans. Hull. R.F.C. New Jersey: Princeton University Press, 1974.

Lawrence, D.H. *Fantasia of the Unconscious.* Penguin, 1977.

__________ . *Mornings in Mexico.* Penguin, 1975.

__________ . *Selected Essays.* Penguin, 1972.

__________ . *Sons and Lovers.* Penguin, 1970.

__________ . *Twilight in Italy.* Penguin, 1977.

Levin, Harry. *The Power of Blackness.* London: Farber and Farber,1958.

Moore, H.T. *The Collected Letters of D.H.Lawrence.* London: Methuen & Co. Ltd., 1972.

Panichas, George A. *The Reverent Discipline.* Knoxville: The University of Tennessee, 1974.

Roberts, Warren and Harry T. Moore ed. *D.H.Lawrence: Phoenix II.* Penguin, 1974.

Tedlock, Jr., E.W. ed. *D.H.Lawrence and 'Sons and Lovers'.* New York: New York University Press, 1965.

The King James Version, *The Holy Bible.* New York: American Bible

Society, 1972.

이부영. 「分析心理學 — C.G.Jung의 人間心性論」. 서울: 일조각, 1982.

조일제. 'D.H.Lawrence: 생명적 실재의 추구'. 한국영어영문학회 부산지부, 「영미어문학」 제21집, 1987.

______. 'D.H.Lawrence의 性意識 — 그 존재적 양식의 계시'. 부산대학교 사대 논문집 제16집, 1988.

______. 'D.H.Lawrence의 인디언 종교 — *The Plumed Serpent,* 'The Woman Who Rode Away'를 중심으로'. 부산대학교 인문논총 제26집, 1984.

8. 어둠의 신의 현현

〈목　　차〉

1. 서　　론

Lawrence가 *Kangaroo*를 통해 언명한 '어둠의 신'이 실제로 인간에게
현현하는 소설이 *The Plumed Serpent*이다. 이 작품이 Lawrence에 의해
자기 작품들 가운데 가장 중요한 작품이라고 공언된 것은 인간이 신으로
현현하는 종교형태를 그가 재현했다는 데에 있다. Beal은 이 작품에 대해
"In *Kangaroo* the dark gods had been symbols. In *The Plumed Serpent*
Lawrence attempts to make them manifest. It is a major undertaking;
and he himself called the book my most important novel, so far"[1]
라고 말하고 있다.

　일반적으로 아메리카 인디언은 신비적이고 역동적인 감각과 심오한 우
주적 영혼을 지닌 종교적 인간이라고 말해진다. Lawrence가 인디언 종교
사회 탐방에 의해 현현형태의 종교를 발견한 것은 그에게 새롭고도 충격
적인 계시의 의미를 띤다. 그는 아메리카 인디언의 정령적 범신론 신앙으
로부터 그가 지금까지 탐구해오던 어둠의 신의 신앙을 발견하였고, *The
Plumed Serpent*에서 그것을 세계를 위한 새로운 계시로서 재창조하고 있
다. Diana Trilling은 Lawrence의 이와같은 원시적인 어둠의 신에 대한

---

1) Anthony Beal, *D.H.Lawrence*(London: Oliver and Boyd, 1964), p.7.

신앙에 대해 다음과 같이 지적하고 있다:

> Seeking a new revelation for the world, Lawrence finds it in the religion of the pre-Christian, pre-Judaic mysteries, in an invocation of the 'dark gods' of certain primitive civilizations.[2]

*The Plumed Serpent*의 구성은 백인 여주인공인 Kate가 멕시코 사회에 와서 겪는 일련의 경험이 기술되는 일종의 여행담으로 꾸며진다. 그래서 멕시코의 정치, 사회, 역사 등의 여러가지 현실과 사건들이 고대의 환상적인 신화와 혼합되고 있다. Lawrence가 이 작품에서 의도하는 목표는 어둠의 신을 인간 자신에게 현현시킨다는 것이다. 이것은 인간신(Man-God)의 종교사상을 창조하고 있는 것이다. 이러한 목표는 인간이 자아의 내부로부터 우주적 생명력을 활성화하고 외계로부터 살아있는 우주적 자연력을 자아에다 교감시키고 합일시킴으로써 실현된다.

Lawrence는 인간의 자아를 살아있는 신, 달리 말하면 어둠의 신의 현현체가 되게 한다는 작품의 목표를 작중 주인공들이 성취해 가는 과정을 그려 나간다. Lawrence의 이러한 현현사상은 멕시코의 열대영혼과 인디언의 고대의식을 동화한 남자 주인공 Ramon과 Cipriano를 통해 주도되고 있다. 여기에 백인 여주인공인 Kate는 그들의 신종교 운동에 동참함으로써 유럽에서 상실해 버린 자신의 근원적인 자아와 신성을 되찾게 된다. 그녀는 어둡고 검은 생명력을 지닌 이들 두 남성에게 점점 매료되어 가면서 살아있는 어둠의 신으로 현현하는 목표에 성공하는 두 남성들 중의 한 사람인 Cipriano와 결혼한다. 그리하여 그녀 자신도 살아있는 여신이 되어 멕시코에 남기로 결심하는 것이 이 작품의 주된 흐름이다. 이 논문은 세명의 주인공들이 고대 멕시코의 어둠의 신들인 "living Quetzalcoatl", "living Hutzilopochtli", "living Malinzi"로 현현되는 과정과 어둠의 신의 특성, 그리고 현현이 가지는 의의 등을 고찰하고자 한다.

---

2) Diana Trilling, *The Portable D.H.Lawrence*(New York: The Viking Press, 1949), p.8.

2. 고대적 어둠과 아메리카 인디언 신

먼저 신의 기초를 이루는 인디언 특유의 고대적 어둠에 대해 알아 볼 필요가 있다. Lawrence는 에세이 "Indians and Englishman"에서 자신이 Red Indian들을 처음 만났을 때 그들이 지닌 비상한 고대적인 어둠의 힘에 의해 깊고 강한 충격을 받았던 심리적 경험에 대해 다음과 같이 진술하고 있다:

I shall never forget that first evening when I first came into contact with Red Men, away in the Apache country. It was not what I had thought it should be. It was something of a shock. Again something in my soul broke down, letting in a bitterer dark, a pungent awaken-ing to the lost past, old darkness, new terror, new root-richnesses.[3]

인디언의 어둠의 힘이 공포와 함께 새롭고도 근원적인 풍성함과 쓰라림 등의 기묘한 감정을 자신에게 일깨워 주었다는 Lawrence의 고백은 인디언의 강렬한 생명력이 그의 무의식 밑바닥까지 깊이 침투하여 감각되었음을 말해 준다. Lawrence에게 인디언의 신 개념은 관념성이 배제되고 생생하게 살아있는 생명력에 바탕을 둔 것으로 인식된다. 그리하여 그는 인디언의 종교에 대해 "There was only deeper and deeper stream of life, vibrations of life more and more vast. All is god."[4]라고 말한다. 그리고 바로 이러한 것이 인디언에게 "energy", "power", 그리고 "a dark sort of joy"[5]를 불어 넣어 주는 것이라고 보면서 인디언의 종교적 비견을 다음과 같이 기술하고 있다:

There is⋯ no conception of a god. All is god. But it is not the pan-theism we are accustomed to, which expresses itself as 'God is every-

---

3) Edward D.McDonald ed. *D.H.Lawrence: Phoenix*(Penguin, 1978), p.95.
4) D.H.Lawrence, *Selected Essays*(Penguin, 1972), p.187.
5) Ibid., p.187.

where, God is in everything.' In the oldest religion, everything was alive, not super-naturally but naturally alive.⋯ For the whole life-effort of man was to get his life into contact with the elemental life of the cosmos, mountain-life.[6]

위 진술에서 처럼 인디언의 종교는 비초월적인 성격을 지니고 있다. 인디언은 신의 개념을 우주자연 자체에 바탕을 두고 있으며, 자아내부의 심층으로부터 우주자연력과 심혼을 통한 교감과 동화를 행함으로써 인간이 그 우주자연력과 일체를 이루어 살아 있는 신 자체로 환원된 존재 양식을 정립해 있다. 이것은 달리말하면 범신론적인 생명신 신앙이다. Lawrence에게 인디언의 범신론 신앙의 대상물인 산, 호수, 바람, 구름, 흙, 대지, 뱀, 독수리, 태양, 별, 달 등은 열대 멕시코 특유의 'spirit of place'가 투영되어 있다. 그리하여 강렬하고 짙은 어두운 생명력이 그 내부에 들어있음으로써 어둠의 신의 현현체로서 인식된다. 인디언은 이러한 신과의 교감과 합일을 통해 어둠의 신으로 존재할 수 있게 된다.

백인 여주인공 Kate가 멕시코에서 전개되고 있는 신종교 운동에 동참하고 있는 Quetzalcoatl 인디언 교도들로부터 받은 전단에 그려진, 하나로 엉퀴어진 형상을 하고 있는 뱀과 독수리는 어둠의 신을 상징한다. 이 종교적 표상은 멕시코의 건국신화를 상징하는 형상을 기묘하게 변형한 것인데[7] 이 그림형상은 고대 Aztec의 Quetzalcoatl신이 지닌 우주자연의 진리와 어두운 생명력에 대한 Lawrence의 상상력을 재현한 것이다. 독수리가 부리와 발톱으로 뱀을 누르고 있고, 꿈틀거리는 뱀은 독수리의 꼬리를 물고서 커다란 넓은 잎이 달린 선인장 위에 있다. 뱀의 등은 검은 줄이 내부로 향하고 있으며 그것은 짧은 검은 광선 모양처럼 번득인다.[8] 이러한 어둠의 신들이 지닌 강렬한 생명력은 인간이 자아에다 동화하고 현현해야 할 진리를 상징한다. 고대 멕시코의 신화나 현대 인디언의 종교에

---

6) Ibid., p.187.

7) L.D. Clark, *Dark Night of the Body*(Austin : University of Texas Press, 1964), p.135.

8) D.H.Lawrence, *The Plumed Serpent*(Penguin, 1977), pp.127−28.

서 뱀은 거대한 생명력을 지닌 신적 존재이다. 이 존재는 대지의 깊은 곳으로부터 지상의 모든 생명체들에게 자신이 지닌 생명력을 교감시켜 힘을 얻게 해주는 신성한 신이다. 그리하여 인디언에게 뱀의 지하적 힘은 밤의 힘, 우주의 힘, 신의 힘과 동일시된다. Lawrence는 뱀을 용과 혼용하고 있고 인디언을 뱀이나 용과 결부시켜 동일시하고 있다. 이 점을 *Apocalypse*에서 살펴보면 다음과 같이 언급하고 있다:

> The usual vision of the dragon is, however, not personal but cosmic. It is in the vast cosmos of the stars that the dragon writhes and lashes.··· It is he who makes the wonder of the night, it is the full rich coiling of his folds which makes the heavens sumputuously serene,··· the dragon is the great vivifier, the great enhancer of the whole universe.··· life-bringer, life-giver, life-maker, vivifier.[9]
>
> Ah, the dark vistas of time in the Pueblos of New Mexico, when the men come out with faces glistening scarlet! Gods! They look like gods! It is the red dragon, the beautiful red dragon.[10]

한편 인디언 신화에서 독수리는 하늘의 태양으로부터 태양이 지닌 거대한 생명력을 지상에 살고 있는 인간과 생물들에게 가져다 주며, 그렇게 함으로써 인간과 생물들은 태양생명력의 교감을 통해 다시 새 힘을 얻는다. Lawrence는 그의 에세이 "Birds"를 통해 인디언 신화에 나타난 독수리의 태양생명력 전달에 대해 깊은 감명을 표현하고 있다:

> The eagle flies nearest to the sun, no other bird flies so near. So he brings down the life of the sun, and the power of the sun, in his wings, and men who see him wheeling are filled with the elation of the sun.[11]

*The Plumed Serpent*에서 고대 Aztec 신들의 현현체인 인디언 주인공들뿐만 아니라 이들의 여러가지 종교적인 儀式을 구현함에 있어 Lawrence

---

9) D.H.Lawrence, *Apocalypse*(Penguin, 1977), p.92.
10) Ibid., p.97.
11) *Phoenix,* p.67.

는 어둠을 중심적인 요소로 삼고 있다. 인디언들이나 이들을 둘러싸고 있는 자연과 우주는 신비적인 어둠의 비젼으로 가득차 있고 어두운 힘이나 생명력을 체현하여 신 자체로 변용되어 있다. 바로 이러한 어둠의 요소에 의해 인디언들이 나타내는 비상한 열정, 관능, 생명력, 권력 등은 신성의 차원으로 발전되어 있다.

Lawrence는 작품의 처음부터 인디언들의 눈, 머리, 피부, 몸체 등의 묘사에서 "darkness" 또는 "blackness"를 끊임없이 강조한다. Cipriano의 "Dark", 또는 "Black Eyes"로부터 발산하는 응시의 빛을 받을 때 Kate는 공포의 감정과 매력을 느끼지 않을 수 없다. Cipriano의 어두운 생명력은 반야만적이고 동물적인 힘의 심상으로 나타나기도 한다. 그것은 악마적인 신성이라는 양가감정을 불러일어키는 역설적 심상이다. Cipriano의 이 힘은 이제까지 죽음을 지니고 있었던 Kate의 백인 자아의 그것과는 대비되는 "life-issue"(p.73)이다. 그것은 그녀가 지금까지 알아 왔던 백인 자아의 힘과는 다른 것으로서 그녀를 훨씬 초월하는 어떤 근원적인 생명력이다. Lawrence는 여기서 Cipriano를 Kate에게 뱀 신, 독수리 신 그리고 이 양자가 복합된 Quetzalcoatl신의 현현임을 암시하면서 그 힘을 신비화시킨다.

> Cipriano, his rather short but intensely black, curved eye-lashes lowering over his dark eyes,⋯ sometimes looking up with a black, brilliant glance,⋯ There was something undeveloped and intense in him, the intensity and the crudity of the semi-savage. She could well understand the potency of the snake upon the Aztec and Maya imagination. Something smooth, undeveloped, yet vital in this man suggested the heavy-ebbing blood of reptiles in his veins. That was what it was, the heavy-ebbing blood of powerful reptiles, the dragon of Mexico. So that unconsciously she shrank when his black, big, glittering eyes turned on her for a moment.⋯ They were black, as black as jewels into which one could not look without a sensation of fear. And her fascination was tinged with fear. She felt somewhat as the bird feels when the snake is watching it.(pp.73—74)

작품 내부에서 원의 심상이나 상징은 남성과 여성, 인간과 우주자연 그리고 인간과 신 사이의 생명적인 교감 및 합일관계를 나타낸다. 이러한 원은 작품이 의도하는 참된 삶과 우주적 진리를 표현하는 핵심적 모티프이며, 인간이 구현해야 할 원초적인 신적 실체의 상징이다. Lawrence는 Quetzalcoatl교의 이러한 종교적 상징에 의해 남성과 여성, 대지와 하늘, 밤과 낮, 삶과 죽음, 빛과 어둠 등의 이원적인 대립자가 하나로 통합된 원초적 생명상과 그리고 그러한 생명은 영원하고 순환·재생된다는 우주적 진리를 내포시키고 있다. Quetzalcoatl 記章에 새겨진 태양원 안에서 뱀과 독수리가 둥근 형태로서 하나로 결합되어 있는 형상은 바로 이 원의 진리를 나타낸다. 끊임없이 반복되는 "Dark Eye", "Black Eye"는 Lawrence의 중요한 상징주의를 내포하면서 원의 심상을 반영하고 있는데, 태양, 별, 호수, 자궁, 뱀, 독수리, 나아가 우주 자체와 동일시되고 신의 현현체로서 작용하고 있다. Kate가 Sayula 호수를 건널 때 대화를 나누는 Quetzalcoatl 교도 뱃사공의 검은 눈은 그녀에게 생명과 희망을 상징하는 새벽별을 연상시켜 준다. 이 검은 눈은 Quetzalcoatl 찬송가와 기장, 종이 전단 등에서 묘사되고 있는 뱀의 검은 눈과 동일시되는 어둠의 신의 상징이다. Lawrence의 이와같은 상징주의가 다음과 같이 묘사되고 있다:

'What does he mean,' said Kate, 'by "We will wait till the Morning Star rises"?' The man smiled slowly. 'It is a name,' he said. And he seemed to know no more. But the symbolism had evidently the power to soothe and sustain him.… 'He is one of those of the god Quetzalcoatl, Senorita.'… He watched Kate's face with that gleaming, intense semi-abstraction, a gleam that hung unwavering in his black eyes, and which suddenly reminded Kate of the morning star, or the evening star,… 'You have the morning star in your eyes,' she said to the man.(p.100)

이와 같은 점에서 보면 Lawrence가 Dark(or Blake) Eye에 부과한 내적 의미는 사실상 신비주의와 연관되어 있다. 그가 반복하여 강조하고 있는 인디언 남성들의 Dark(or Black) Eye는 사실상 신지학자 Madame Blavatsky와 그녀의 제자인 J.M. Prye가 주장한 송과선 눈(pineal eye)론과 부합되는데 정신물리학적이고 신지학적인 개념을 반영하고 있다.[12] 이들에 의하면 이러한 송과선 눈이 현대에 와서 물질이 영혼을 압도하는 시대로 변하게 됨으로써 쇠퇴하였다고 보면서 신지학의 과업은 눈에다 과거시대의 영적인 인지능력을 회복시켜주는 것[13] 이라고 말하고 있다. Blavatsky와 Prye 두 사람은 만약 수행자가 적절한 정신적 훈련을 한다면 송과선 눈으로 이어지는 척추의 일곱개의 chakra가 하나씩 각성되어질 수 있고, 송과선 눈의 개안에 의해 최고상태의 내적 비젼을 얻을 수 있다는 사실을 Lawrence에게 확인시켜 주었다.[14] Lawrence가 Bertrand Russell의 이성주의를 치유하려는 목적에서 그에게 써 보낸 편지에서 언명한 피의식과 눈과의 연관은 이러한 송과선 눈론에 기초를 두고 있다고 할 수 있다. 눈은 지적 기관(mental organ)이 아니라 감각기관(sense organ)이라는 것이다. Lawrence는 이 편지에서 "There is a blood-consciousness which exists in us independently of the ordinary mental consciousness, which depends on the eye as its source or connector."[15]와 같이 말하고 있다. 이와 같은 맥락에서 현대 서구 문명인을 대변하는 백인 여주인공이 지닌 현대적 의식이나 자아의 파괴에 뒤따라 형성되는 원초적인 의식이나 자아의 갱생이라는 작품의 중요 모티프는 원시 인디언들의 검은 눈과 연결되고 나아가 다시 검은 태양과 연결되고 있다. Lawrence가 검고 어두운 눈에 대해 부여하는 이와같은 특별한 의미는 *Fanfasia of the Unconscious*에서 눈이 내적 자아를 표현하는 영혼의 창문이며 자아 내부의 살아있는 어둠을 나타내는 "제3의 위대한 관문"[16] 이라고 말한 진술에서도 나타나고 있다.

---

12) Clark, p.132.

13) Clark, p.132.

14) Clark, p.132.

15) Harry T. Moore ed *The Collected Letters of D.H.Lawrence*(New York: The Viking Press, 1962), p.394. 이하에서 이 책은 CP로 약기한다.

16) D.H.Lawrence, *Fantasia of the Unconscious*(Penguin, 1976), p.63.

3. 儀式과 어둠의 신의 현현

어둠은 *The Plumed Serpent*에서 살아있는 신을 위한 활력소로서 기능한다. 그러기에 신은 생명력에 가득찬 어둠의 신이다. 인간 자체가 그러한 신으로 현현할 수 있는 길은 우주 자연과 연결되어 깊은 교감과 합일을 이루는데 있다는 점은 이미 말했다. 그런데 *Lawrence*는 이것을 구체적으로 실현할 수 있게 해 주는 매체를 여러가지 儀式에서 찾고 있다. 이 의식들에는 다양한 상징적인 의미가 부과되어 있다. 이하에서 인디언 춤을 비롯한 중요한 의식들에 대해 그 의미와 기능을 살펴보고자 한다.

VII장 "The Plaza"에서 춤을 추기 위해 모인 Quetzalcoatl 교도들이 둥글게 앉아 만드는 상징적인 원의 대열이나 그들이 추는 원무는 지하에 있는 어둠의 신인 뱀신과의 영적, 생명적 교감과 합일을 추구하는 형태인 점을 보여주고 있다. Quetzalcoatl 사제들의 이러한 행동은 밤의 어둠 가운데서 이루어 지는데 춤의 대열을 둥근 원으로 만들어 앉아 있을 때 강조되는 것은 그들의 자아 내부에 바로 어둠이 신비롭게 충만되어 있다는 점이다. 앉아있는 인디언들의 검고 어두운 모습은 밤의 어두운 횃불과 결합됨으로써 더욱 신비롭고 불가사의한 실체들로 변화된다. 인디언의 북소리와 야생적인 노래소리는 백인여인 Kate에게 선사시대 민속에게서 시간을 초월한 원시적인 정열과 강력하고 복잡한 종교적 의미를 전해오는 것 같은 기분을 당장 느끼게 한다. Kate에게 인디언들은 새로운 생명의 불같이 신비롭게 타오르는 것 같고, 그들의 신비한 무게가 지닌 육중함은 대지 내부로 향해 靈이 어두운 물처럼 가라앉는 것 같다. 그들은 횃불로부터 불길을 받으면서 횃불처럼 불타는 검붉은 존재들의 형상으로 변용되어 느껴진다. 나아가 그들은 살아있는 생명의 "핵"을 가지고 어둡게 빛나는 존재들로 여겨진다. Kate에게 주는 이러한 느낌은 인디언들이 그녀에게 신적 실체의 계시라는 새로운 의미로서 받아들여지고 있음을 암시한다. 여기서 원이나 핵은 Lawrence의 중요한 상징주의를 나타내는 심상으로서 "태양원"과도 연결되어 있다. 일반적으로 우주만물은 힘의 중심을 내부의 중심핵에 두고 있다고 말할 수 있다. 여기서 Lawrence는 원 안에 있는 핵의 힘은 가장 강력한 생명력이 된다고 생각하고 있음을 보여준다. 뿐만 아니라 원은 우주적 통합의 원리로서 기능한다. 그리하여 앉아서 무언중에 신비롭게 우주적인 교감을 수행하는 인디언들의 모습에서 느끼는 힘은 Kate가 지금까지 지녀 왔던 백인적 창백성의 그것과는 대조된다:

> She was attracted, almost fascinated by the strange *nuclear* power of the men in the circle. It was like a darkly glowing, vivid nucleus of new life. Repellent the strange heaviness, the sinking of the spirit into the earth, like dark water. Repellent the silent, dense opposition to the pale-faced spiritual direction. Yet here, and here alone, it seemed to her, life burned with a deep, new fire. The rest of life, as she knew it, seemed wan, bleached and sterile. The pallid wanness and weariness of her world! And here, the dark ruddy figures in the glare of a torch, like the centre of the everlasting fire, surely this was a new kindling of mankind!(p.131)

어둡고 검은 Quetzalcoatl 교도들이 추는 원무는 바깥 원은 남자, 안쪽 원은 여자가 대열을 이루어서 상호 반대방향으로 도는 것이다. 이들은 의식을 집중하고 맨발로 대지를 밟는 춤을 끊임없이 추면서 지구의 중심에 있다고 여기는 어둠의 신과의 영적인 교감을 한다. 남자들이건 여자들이건 껌껌한 의식의 집중 가운데서 대지를 부드럽고 느리게 율동적으로 밟는다. 춤을 출 때 개체로서의 자아를 잃고 몰아적인 상태가 된다. 이들은 발박자를 맞추면서 끊임없이 발의 무게를 대지의 어두운 육체에다 쏟아 넣는다. 이 때 Kate에게는 남자의 컴컴한 하늘이 내리덮으면서 맴도는 것 같다. 뿐만 아니라 남성의 대양이 여성의 대양 위를, 또는 남성의 독수리와 수탉이 여성의 그것을 밟는 것처럼 느껴진다. 그녀는 대열에 끼어 계속하여 대지를 밟는다. 여기서 Lawrence가 부각하고자 하는 것은 Kate가 인디언들과 함께 영혼의 어두운 집중과 교감에 바탕을 두는 이 원무를 춤으로써 자아의 변화를 일으킨다는 점이다. 그녀의 자아는 개인

적 자아를 초월하여 보다 위대한 자아인 신적 자아로 변화하게 되는 것이
다.

Men, dark, collective men, non-individual.… Men and women alike
danced with faces lowered and expressionless, abstract, gone in the
deep absorption of men into the greater manhood, women into the
great womanhood.… Herself gone into her greater self, her woman-
hood consummated in the greater womanhood.… How strange, to be
merged in desire beyond desire, to be gone in the body beyond the
individualism of the body, with the spark of contact lingering like a
morning star between her and the man, her woman's greater self,
and the greater self of man.… She was beginning to learn softly to
loosen her weight, to loosen the uplift of all her life, and let it pour
slowly, darkly, with an ebbing gush, rhythmical in soft, rhythmic
gushes from her feet into the dark body of the earth… to loosen all
the sap of her strength and let it flow down into the roots of the
earth.(pp.140－41)

위 장면에서 맨발로 어둠의 대지를 밟고 춤을 추는 인디언들이나 Kate
는 이 순간 모두다 지하의 생명신인 어두운 뱀의 신들이다. 그렇게 된 것
은 춤을 통해 이들 신과의 교감과 합일을 이룩했기 때문이다. 백인 여인
Kate가 Quetzalcoatl 춤에 참여해 봄으로써 얻게 된 것은 이제까지 체험
하지 못한 힘, 대지의 중심으로부터 불가사의하게 전달되어 오는 활력에
찬 껌껌한 생명력에의 각성이다. 이것은 잠깐이지만 이 춤에 의해 그녀가
백인적 자아로부터 원시자아로 환원되었고 그리하여 위대한 신적 생명으
로 갱생되어진 것임을 의미한다. 여기서 심오한 정령적 감성을 지닌 원시
자아의 내면이나 그것의 어두운 핵 또는 중심에 도달하는 Lawrence의
탁월한 능력이 인디언의 춤 묘사를 통해서 잘 드러나고 있다.

어둠의 신과 교감하고 합일함으로써 얻어내는 진리는 Sayula 호수에서
거의 알몸으로 걸어나온 노사제의 설법에서 다음과 같은 말로 언명되고
있다:

I am the wind that whirls from the heart of the earth, the little winds that whirl like snakes round your feet and your legs and your thighs, lifting up the head of the snake of your body, in whom is your power. When the snake of your body lifts its head, beware! It is I, Quetzalcoatl, rearing up in you, rearing up and reaching beyond the bright day, to the sun of darkness beyond, where is your home at last.⋯ Save for the dark sun at the back of the day-sun, save for the four dark arms in the heavens, you were bone, and the stars were bone, and the moon an empty sea-shell on a dry beach, and the yellow sun were an empty cup, like the dry thin bone of a dead coyote's head.⋯ 'Without me you are nothing.(pp.132−33)

Quetzalcoatal 춤은 Cipriano장군이 부하병사들에게 가르쳐 주는 Red Indian춤의 장면에서도 나타난다. 여기서도 이 춤은 어두운 춤이다. Cipriano는 이 춤이 지구의 심장과 태양의 배후에서 나오는 "제2의 힘" 을 획득하게 하는 방법이라고 말한다. 이 춤의 힘은 외부로부터 나오는 기계적인 힘이 아니라 내부로부터 나오고 내부로 향하는 어두운 활력이 다. Cipriano장군이 이 춤을 출 때는 어둠이 깃든 밤이며 또한 불옆에서 춘다. 밤과 불은 정열적인 생명력과 신비를 자아내기 때문이다. Cipriano 가 그의 병사들에게 이 춤을 부활시킬 목적으로 훈련시킬 때 그는 그것을 물활론적인 춤이라고 말한다. 다음에 인용한 부분은 이 춤의 성격과 기능 에 대해 진술한 것이다.

The dance which has meaning, is a deep discipline in itself. The old Indians of the north still have the secret of animistic dancing. They dance to gain power; power over the living forces or potencies of the earth. And these dances need intense dark concentration, and im-mense endurance.(p.380)

Lawrence가 간파한 인디언의 이 어두운 물활론적 춤은 어둠의 신이 되 도록 만드는 주술적 의미와 기능을 가지고 있는 것이다. 이것은 태양, 지 구, 뱀, 독수리, 하늘, 구름, 비 등을 인간의 의지에다 일치시키고 조절하는 특성을 가지고 있다는 점에서 Frazer가 종교와 주술과의 관계를 설명할 때 사용한 용어인 "the magical control"의 개념[17]에 일치한다.

Lawrence는 멕시코 여행기인 *Mornings in Mexico*의 제7장 "The Hopi Snake Dance"를 통해서도 Hopi 인디언족이 추는 뱀춤을 묘사하면서 이것이 지닌 어두운 활력을 언급한 바 있다. 여기서 그는 이 춤이 유럽과 미국에서 기계적인 서구인들이 추는 춤과는 달리 "완전히 살아있는 춤"임을 강조하고 있다. Hopi 인디언들은 뱀을 몸과 팔다리에 감고서 지하에 살고 있다고 믿는 어두운 태양과 뱀에게 영적 교신을 하는 가운데 지하계의 그들로부터 방사되어 나오는 어두운 광선들을 받아들인다. 이때 뱀에게 깊고, 거의 침묵에 가까운 뱀의 말로써 Hah—ha, Hah—ha하고 소리 지르면서 춤을 춘다. 원래 이 춤은 비를 내리게 해달라고 기원할 때 사용되었던 춤이다. 지하의 중심에 살고 있다고 여기는 비의 왕인 어두운 태양의 使者가 곧 어두운 뱀이다. 이들은 어두운 태양과 뱀에게 영적 통신을 하면서 비를 내려달라는 소망을 심혼의 중심과 심층으로부터 간구한다. 인디언들이 추는 이 뱀춤은 지구의 어두운 중심과 무희자신의 자아의 어두운 중심이 하나의 회로로 연결되어 영적인 생명력이 교류되는 구조를 가진다. 그리하여 이 춤의 힘의 원천은 영혼이나 의식의 어두운 지하로부터 무의식적으로 흘러나오는 데 있다. 물활론적인 영혼에 따라 추는 이 춤은 상부적 두뇌가 바탕이 되는 백인의 춤이 가질 수 없는 활력을 가진다. 이 춤에 대한 긴 묘사의 일부를 다음에 인용한다.

The destiny of the animistic soul of man, instead of our destiny of Mind and Spirit.··· The snakes lie nearer to the source of potency, the dark, lurking, intense sun at the centre of the earth. For the cultured animist, and the Pueblo Indian is such, the earth's dark centre holds its dark sun, our source of isolated being, round which our world coils its folds like a great snake. The snake is nearer the dark sun, and cunning of it. They lean from right to left, two seed-like shakes

---

17) Sir James George Frazer, *The Golden Bough*(Macmillan, 1969), pp.69—96.

of the rattle each time and the heavy rhythmic stamp of the foot, and the low, sombre, secretive chant-call each time. It is a strange low sound, such as we never hear, and it reveals how deep, how deep the men are in the mystery they are practising, how sunk deep below our world, to the world of snakes, and dark ways in the earth, where the roots of corn, and where the little rivers of unchannelled, uncreated life-passion run like dark, trickling lightening, to the roots of the corn and to the feet and loins of men, from the earth's innermost dark sun. They are calling in the deep, almost silent snake-language, to the snakes and the rays of dark emission from the earth's inward 'Sun'.(pp.76 − 80)

어둠의 활력을 지닌 이 춤은 서구 문명인의 특성인 기계성으로부터 해방되어 있다는 점이 Lawrence에 의해 주목되어진 것이다. 이 춤은 자아의 내부로부터 무의식적 영혼에 의해 도취적이고 몰아적으로 어둡게 춘다는 점에서 "Dionysian dance"[18]와 일치한다고 하겠다.

인류학자 Ruth Benedict는 Lawrence만큼 인디언족의 춤에 대해서 정확하게 전하는 사람은 없다[19]고 평가하면서 단조로운 반복과 집적된 힘에 의해 자연력을 강요하고 자연의 힘이 그들의 의도대로 움직여 주도록 자연과의 완전무결한 동화를 열심히 추구함으로써 하늘에 운무를 만들고 땅에 비를 뿌리게 한다는 것이 그것의 본래 목적이었다고 지적하고 있다.[20] Lawrence는 이러한 기능을 *The Plumed Serpent*에서는 인간이 신으로 현현하는데 연결하고 있다.

기계, 과학, 유물적인 사고양식에만 습관지워진 현대 서구 문명인들에게는 정령주의자들에게 가능한 이러한 양식의 춤은 불가능하다고 할 것이다. 이 춤은 생명감정을 상실한 현대인에게 주목을 끌기에 충분하고 그만한 가치와 의의를 가진다고 하겠다. Lawrence가 인디언들의 정령적인 춤

---

18) Ruth Benedict, *Patterns of Culture*(London: Routledge & Kegan Paul, 1961), pp.56 − 57.
19) Ibid., p.66.
20) Ibid., p.66 − 67.

의 내부구조를 날카로운 직관적 통찰력으로 포착하여 탁월한 언어로써 재현한 점은 사실 그와 같은 천재가 아니면 창조하기 힘든 문예학적 작업일 것이다. 이와같은 점에서 Lawrence는 Clark의 지적처럼 원시 인디언들의 "living core of experience"[21]를 꿰뚫어 본 천재라고 하겠다. Clark가 원시자아 내부에 대한 Lawrence의 통찰력에 대해 다음과 같이 높이 평가한 점은 주목할 만한 논평이라고 하겠다.

> 살아 있는 핵에 도달할 때 인간과 공간은 모두 신화적 질료(stuff of myth)로 변형된다. 이러한 심오한 직관이 가능하게 될 수 있으려면 인간이 살아있는 만큼 자연과 우주도 살아있다는 믿음에 오랫동안 몰입할 때이다. 대부분의 현대인은 이것이 불가능하지만 분명히 원시인들에게는 그렇지 않았다고 Lawrence는 파악하고 있다. 시인들은 정령주의자가 되고자 시도했지만, 무의식의 정령주의적 핵의 둘레에 구축해 놓은 껍질을 꿰뚫는데 성공한 사람은 천년문명에 있어서 그리 많지 않았다. 영문학사에 있어 Wordsworth와 Lawrence만이 이에 해당된다.[22]

Kate가 신으로 현현되는 과정은 원시적인 Quetzalcotal 결혼의식으로 이어져 간다. Ramon은 Quetzalcoatl 의식에 따라 Kate와 Cipriano 두 사람의 결혼식을 집전하는데, 이 장면은 어둠의 신, 즉 신적 자아로 현현되게 하는 儀式작업의 형태이다. 이 의식의 특징은 두 사람이 박명의 어둠 한가운데서 하늘로부터 떨어지는 어두운 비를 맞으면서 대지에 맨발로 선 채 거행한다는 점이다. 이 儀式에 의해 살아있는 어둠과의 교감과 합일을 이룬다. Ramon은 "living rain", "living earth"를 강조하고, "All was dark twilight"(p.344)가 되어진 시공적 특수환경 가운데서 두 남녀가 살아있는 우주자연과 동화 합일하도록 이끌어 나가는데, 이것은 달리 말하면 우주 자체를 신으로 느끼면서 그러한 우주신으로 현현한다는 것임을 의미한다.

The rain drenched them in a moment. 'Barefoot on the living earth, with faces to the living rain,' said Ramon in Spainsh, quietly; 'at twilight,

---

21) Clark, p.142.
22) Clark, p.142.

between the night and the day; man, and woman, in presence of the unfading star, meet to be perfect in one another. Life your face, Caterina, and say: This man is my rain from heaven.' Kate lifted her face and shut her eyes in the downpour. 'This man is my rain from heaven,' she said.⋯ 'This woman is the earth to me-say that, Cipriano,' said Ramon, kneeling on one knee and laying his hand flat on the earth. Cipriano kneeled and laid his hand on the earth. 'This woman is the earth to me,' he said. 'I, woman, kiss the feet and the heels of this man, for I will be strength to him, throughout the long twilight of the Morning Star.' Kate kneeled and kissed the feet and heels of Cipriano, and said her say. 'I, man, kiss the brow and the breast of this woman, for I will be her peace and her increase, through the long twilight of the Morning Star.' Cipriano kissed her, and said his say. Then Ramon put Cipriano's hand over the rain-wet eyes of Kate, and Kate's hand over the rain-wet eyes of Cipriano.'I, a man, beneath the darkness of this covering hand, pray to this man to meet me in the heart of the night, and never deny me,' said Kate. 'But let it be an abiding place between us, forever.'⋯ 'I, a man, beneath the darkness of this covering hand, pray to this woman to receive me in the heart of the night, in the abiding place that is between us for ever.'(pp.344−45)

"throughout the long twilight of the Morning Star", "beneath the darkness of covering hand", "in the heart of the night" 등의 어귀에 표현된 바처럼 두 남녀가 깊은 어둠 안에서 "living rain"과 "living earth"로서 만나는 결혼을 할 때, 그러한 결혼은 배반될 수 없고 영원해 진다고 Ramon은 선언한다. 이러한 결혼은 Sarah Urang이 말한 바처럼 "Marriage with the Living Dark"[23]이다. 여기서 어둠은 초월적 성격을 지니고 있다. 어둠의 결혼은 곧 우주자연과의 결혼인 동시에 어둠의 신과 합일하는 결혼이다. 이와같은 어둠이나 우주 자연과의 합일,

---

23) Sarah Urang. *Kindled in the Flame*(Ann Arbor, Michigan: UMI Research Press, 1983), p.123.

즉 결혼을 통해 Kate와 Cipriano는 살아있는 신으로 현현하는 과업에 접
근해 간다.

이 결혼의식이 수행되기 전에 인간신의 현현에 대한 Ramon의 사상이
언명된다. Cipriano가 Kate와의 결혼식 거행을 위해 Ramon의 저택에
오기 직전에 Ramon은 Kate에게 Cipriano가 머지않아 멕시코의 고대신
Huitzilopochtli가 될 것이라고 말하면서 그녀가 여신 Itzpapalotl이 되어
그들의 종교대열에 동참해 줄 것을 간청한다. Itzpapalotl이라는 여신의
이름은 작품의 후반에 가면 달의 여신을 의미하는 Malintzi로 바뀌어 진
다. 신으로의 현현은 인간에게 반드시 도래되어야 할 의무이자 "the vi-
sion of the living cosmos"에 복귀하는 것이 된다고 Ramon은 강조한
다. 여기서 Lawrence가 좋아하는 고대 신들의 이름이 Ramon을 통해서
거명된다. Pan, Quetzalcoatl, Huitzilopochtli, Itzpapalotl 등이 그것이다.

There must be manifestations. We *must* change back to the vision of
the living cosmos; we *must*. The oldest Pan is in us, and he will not
be denied. In cold blood and in hot blood both, we must make the change.
That is how man is made. I accept the must from the oldest Pan in my
soul, and from the newest *me*. Once a man gathers his whole soul to-
gether and arrives at a conclusion, the time of alternatives has gone. I
must. No more than that. I *am* the First Man of Quetzalcoatl. I am
Quetzalcoatl himself, if you like. A manifestation, as well as a man. I
accept myself entire, and proceed to make destiny. Why, what else
can I do?(p.330)

Cipriano가 살아있는 어둠의 신으로 되게 하는 또다른 儀式이 XXII장
"The Living Huitzilopochtli"에서 신비주의적인 형태로 등장한다. Cipr-
iano를 그처럼 살아있는 신으로 만드는 신비적인 儀式에서 다시한번 어둠
의 기능과 잠재력이 잘 나타난다. Ramon은 방안을 완전히 어둡게 해 놓
고 Cipriano의 눈을 검은 붕대로 가린 상태에서 Cipriano로 하여금 그의
특이한 맛사지 작법에 맞추어서 의식 내부의 중심을 향해 어둠을 깊숙히
내재화시키는 작업에 따르도록 한다. Ramon은 이러한 의식의 상황을

"within the womb of the undisturbed creation"(p.385)에서 일어나고 있는 것이라고 말한다. 깊은 어둠을 매체로 하여 인간을 신적 자아로 변용시키는 이와같은 장면은 Lawrence가 영혼의 연금술사(또는 마술사, 주술사)임을 극명하게 보여주는 일례이다. 그가 살아있는 신으로 환원되게 만드는 이러한 신비스러운 의식은 일종의 입문식이 되고 있다.

 Ramon은 Cipriano에게 신체의 여러 부위를 차례로 누르고 문지르면서 신비적인 생명파(waves of life)를 자아의 밑바닥 없는 어두운 심연과 중심을 향해 마치 잠처럼 주입시키면서 "waking and sleeping are one thing"(p.386), "death sleep", "perfect unconsciousness"(p.385)라는 신비적인 심리상태로 인도해 간다. 여기서 Lawrence가 시도하는 어둠의 신을 현현시키는 작업은 단순한 환상이 아니라 그의 절실하고 근원적인 종교적 열망과 영혼을 표현하는 의미를 내포하고 있음을 간과해서는 안된다.

> …remained motionless in the warm dark, his consciousness reeling in strange concentric waves, towards a centre where it suddenly plunges into the bottomless deeps, like sleep.… 'Is it dark?' 'Is it alive?' 'Is the darkness alive?'… Cripriano stood in profound darkness.… 'Is it dark in your heart?' 'It is coming dark.'…In Cipriano, another circle of darkness had started slowly to revolve, from his heart. It swung in widening rounds, like a greater sleep. 'Is it dark?'… 'No, my Lord.'… Cipriano began to feel as if his mind, his head were melting away in the darkness; like a pearl in black wine,… And he was a man without a head, moving like a dark wind over the face of the dark waters.… He felt them dark and asleep like two living stones, or two eggs.… And both men passed into perfect unconsciousness,… Ramon in the death sleep.(pp.383−85)

 이러한 儀式작업이 끝났을 때 두 사람은 비오는 호수에 나가 수영을 한다. Sayula 호수물 속의 깊은 어둠에 들어가서 목욕하고 나오는 것과 위에 인용된 儀式은 등가적인 것이다. 이러한 수영은 앞서의 儀式작업의 효과를 높이기 위한 것과 연관되어 있다. 집에 돌아온 Cipriano는 Kate에게 "'I am going to be the living Huitzilopochtli.'… 'And I have come back. But I belong there,…Where there is no beyond, and the darkness sinks into the water, and waking and sleeping are one thing.'"(p. 386)라고 말하는데 이것은 신의 현현에 대한 "mystical thing"(p.386)의 예언이다. Kate는 그러한 신비적인 일에 대해 불안해 하면서 자신은 이해하지 못한다고 말한다. 이러한 대목에서 어둠이라는 실체는 생명의 원초 또는 근원이며, 얼마만큼이나 무한한 잠재력을 가진 신적 실체로서 Lawrence에게 인식되고 있는가를 알 수 있다. 그리하여 Sayula 호숫물은 그 깊은 어둠과 더불어 태초에 인간이 living Dark God로서 태어난 곳이며 또다시 현대인도 그 곳을 통해 새로운 신으로서 갱생해야 한다는 것이 작품의 모티프가 되고 있다. 이와같은 점에서 이 호수는 "womb of refreshment"(p.128)로 설정되어 있다. Kate의 공허한 백인의식에다 새롭고 의미있는 각성을 불러일으키며 그녀의 심리와 영혼에 중대한 변화를 가져다 주는 많은 일들은 이 Sayula 호수와 연관된다. 이 상징적인 "Dark Lake"는 Beal의 말처럼 새로운 종교를 위한 Galilee 바다[24]와 같을 뿐만 아니라, Eliade가 정립시킨 개념인 "second birth and spiritual generation"[25](197-201)의 개념을 잘 투영하고 있다. Jung의 원형심리학적 관점에서 보면 이 호수는 만달라적인 자아의 투영체이고, 인간 존재에 있어서 가장 원초적인 자아의 원형상이라고 말할 수 있다. 낡은 자아를 파멸시켜 새로운 자아로 부활시키는 우주적 생명의 원천이 바로 이 호수이다. 이러한 "Dark Womb of Waters"는 Kate, Cipriano에게 있어 자아의 신적 변환에 중대한 의미를 가진다. 그것은 Cipriano가 Kate에게 이 Sayula 호수에 대해 말하는 다음의 진술에서 잘 나타나고 있다:

---

24) Beal, p.78.
25) Mircea Elide, *The Sacred & The Profane: The Nature of Religion.* Trans. Willard R.Trask(San Diego: Harcourt Brace Jovanovich, 1959), pp.197-201.

'It is beautiful here!' said Kate. 'One could almost live here.' 'Ramon says he will make the lake the centre of a new world,' said Cipriano. 'We will be the gods of the lake.' 'I am afraid I am just a woman,' said Kate.(p.340)

Ramon의 아내인 Carlota가 남편의 새종교 운동에 대한 정신적 불만과 저항감을 이기지 못해 병원에서 죽어갈 때, 문병을 마치고 돌아가는 Kate와 Cipriano가 Sayula 호수를 건너는 장면에서 이 어둠의 호수는 Carlota의 죽음과 대립된다. 영혼과 생명을 부활시키는 상징적인 실체가 이 호수임이 암시되고 있다. "deep darkness of the lake"는 그 자체가 살아있는 신의 현현체 바로 그것이다. 다음 대목에서 Kate가 호수에 대해 느끼는 감정은 신에 대한 그것과 같다:

Kate felt she wanted to be covered with deep and living darkness, the deeps where Cipriano could lay her.

Put sleep as black as beauty in the secret of my belly, Put star-oil over me.

And Cipriano, as he sat in the boat with her, felt the inward sun rise darkly in him, diffusing through him; and felt the mysterious flower of her woman's femaleness slowly opening to him, as a sea-anemone opens deep under the sea, with infinite soft fleshliness. The hardness of self-will was gone, and the soft anemone of her deeps blossomed for him of itself, far down under the tides.(p.367)

XXIII장 "Huitzilopochtli's Night"에서 Cipriano는 그의 병사들과 Huitzilopochtli ceremony를 가지고 난 후 실제로 living Huitzilopochtli God가 되었음을 선언한다. 그가 이처럼 어둠의 신으로 자아변환을 실현하는 것은 역시 어둠, 즉 여기서는 밤의 어둠을 통해서 된다. Quetzalcoatl 교회 뜰 앞에서 병사들은 불을 지펴 놓고 북을 울리면서 Cipriano를 living Huitzilopochtli God라고 찬송한다. 이 장면에서도 마찬가지로 어둠, 불, 흙 등은 우주적인 원형적 요소가 되고 있는데, Lawrence는 이 요소에 의해 신적인 새생명으로 탄생되어질 수 있음을 상징적이고 극적인 방법으로써 보여준다. 그는 Huitzilopochtli신의 현현을 찬송하는 "First Song of Huitzilopochtli" 찬송가에서 Cipriano를 다음과 같은 생명의 뱀신으로 묘사하고 있다:

'I am Huitzilopochtli,

…

I am Huitzilopochtli, sitting in the dark.
With my redness staining the body of the dark.
I watch by the fire. I wait behind men.
In the stillness of my night.
The cactus sharpens his thorn.
The grass feels with his roots for the other sun.
Deeper than the roots of the mango tree.
Down in the centre of the earth.

…

I am the leaping and quaking
of fire bent back again.'

…

'He is Huitzilopochtli,

…

He is Huitzilopochtli, sleeping or waking
Serpent in the bellies of men.
Huitzilopochtli, leaping and quaking
Fire of the passion of men.'(p.389－90)

Cipriano는 지하의 우주자연력의 화신인 뱀의 힘을 교감시켜 강력한 어둠의 생명신으로 현현되어 있는 것이다.

Cipriano가 획득하는 신적인 어두운 생명력은 우주, 태양, 지구, 별, 그리고 인간의 배후와 중심에 있는 힘이다. 그는 그것을 "제2의 힘"이라고 명명한다. 다음에 인용한 글은 그가 부하 병정들에게 이러한 신적인 힘의 성격과 획득 방법을 설명하는 부분이다:

'I found the other strength. 'There are two strengths; the strength which is the strength of oxen and mules and iron, of machines and guns, and of men who cannot get the second strength. 'Then there is the second strength. It is the strength you want.··· It is the strength that comes from behind the sun. And you can get it; you can get it here!' — he struck his breast — 'and here!' — he struck his belly — 'and here!' — he struck his loins. 'The strength that comes from back of the sun.' ···

His men seemed to see him, as by second sight, with the demonish clashing and dashing of wings, like an old god.(p.378)

'I am not of myself,' he would say to them. 'I am of the red Huitzilopochtli and the power from behind the sun. And you are not of yourselves. Of yourselves you are nothing. You are of me, my men.' He encouraged them to dance naked, with the breech-cloth, to rub themselves with the red earth-powder, over the oil. 'This is the oil of the stars. Rub it well into your limbs and you will be strong as the starry sky. This is the red blood of volcanoes. Rub yourselves with it, you will have the power of the fire of the volcanoes, from the centre of the earth.' He encouraged them to dance the silent, concentrated dances to the drum, to dance for hours, gathering power and strength. 'If you know how to tread the dance, you can tread deeper and deeper, till you touch the middle of the earth with your foot. And when you touch the middle of the earth, you will have such power in your belly and your breast, no man will be able to overcome you. Get the second strength. Get it, get it out of the earth, get it from behind the sun. Get the second strength.'(pp.381−82)

And always he reiterated: 'If you can get the power from the heart of the earth, and the power from behind the sun; if you can summon the power of the red Huitzilopochtli into you, nobody can conquer you. Get the second strength.'(pp.381−82)

인체에다 발르고 문질러서 힘을 얻게 한다는 흙이나 기름, 나아가 배후의 중심에서 힘을 보내준다는 태양, 지구, 별 등은 Clark가 말한 "stuff of myth"[26]이며 생명의 우주적 원형질을 의미한다. 이 힘을 인체 내부의

---

26) Clark, p.142.

중심으로 깊숙이 흡입하고 침투시켜 동화할 때 그것은 지배의 힘이 되어 고대 멕시코의 Huitzilopochtli나 Quetzalcoatl과 같은 어느 누구도 정복할 수 없는 초인간적인 神人이 된다. 이러한 대목에서 Lawrence가 의미를 두는 것은 그러한 주술적 행위 자체라기보다 살아있는 생명의 신이 되게 하는 교감 양식의 우주적인 특성이다. 이 儀式에서 인체의 각 부분은 우주자연력의 동화에 의해 살아있는 신이 된다. 그리하여 살아있는 인간의 심장은 그 자체가 신이며 하늘의 중심이다. 死者가 다시 돌아와야 할 곳이 그러한 중심이다. 다음의 인용문은 이러한 사상에 대한 Cipriano의 언명이다:

'It is very far and very empty. But I believe, my son, that the hearts of living men are the very middle of the sky. And there God is; and Paradise; inside the hearts of living men and women. And there the souls of the dead come to rest, there, at the very centre, where the blood turns and returns; that is where the dead sleep best.'(p.370)

Lawrence가 인디언들을 통해서 묘사하고 있는 어두운 생명의 힘은 달리보면 "psychic force"에 속하는 것이며, 이 힘의 현현이 곧 Dark God인 것이다. 멕시코 인디언들이 지니고 있는 이러한 영적인 힘에 대해 Lawrence보다 앞서 Jorge Carrion은 "La ruta psicologica de Quetzalcoatl"이란 논문에서 "I have the deepest conviction that one day these old gods — these youthful psychic forces as yet unused — will become masters of Mexico."[27]라고 언명한 바 있다.

*The Plumed Serpent*의 후반으로 가면 Ramon은 인간이 신으로 현현하는 것은 "the greater responsibility of one's exitence"(p.450)라고 더욱 강도 높게 역설한다. 인간 각자는 보이지는 않지만 어둠 한가운데서 박동치고 있는 그 어둠의 신을 현현시켜야만 한다는 것이 그의 종교철학이다. 여기서 인간이 신의 현현이 된다 함은 "sacred self"(p.450)로 존재변환을 함을 의미한다. 그리하여 인간은 단지 인간에 지나지 않는 것이

---

27) Clark, p.136.

아니라 살아있는 우주생명력으로 이루어진 신이 되는 것이다. 마침내 Ramon은 XXI장 "The Opening of the Church"에서 자신이 살아있는 신 Quetzalcoatl God가 되었음을 회중 앞에 선포한다. 그는 인간의 육체가 살아있는 어둠의 신으로 현신함으로써 가공할 권력을 획득하게 된다는 사실을 회중들이 자신의 몸을 보고 감각적으로 느끼게 한다. 그러한 신의 모습은 위엄에 차 있고 살아있는 "unknowable God-mystery"로써 회중을 압도하는 목소리와 두 눈과 설법에서 나타난다. 이 점이 다음과 같이 묘사되고 있다:

> There fell a dead silence, in which Kate was aware of a forest of black eyes glistening with white fire.
> 'But the Sons of God come and go.
> They come from beyond the Morning Star; And thither they return, from the land of men.'
>
> It was again the solemn, powerful voice of Ramon.··· With his words, Ramon was able to put the power of his heavy, strong will over the people. The crowd began to fuse under his influence.··· his eyes seemed to have no expression, save that they seemed to be seeing the heart of all darkness in front of him, where his unknowable God-mystery lived and moved.(pp.352−53)

Frazer가 원시종교에 대한 연구보고에서 말한 "a god incarnate in human form"인 "a man-god"나 "a god-man"은 지금 고찰하고 있는 Lawrence의 현현사상과 일치하고 있다. Frazer는 다음과 같이 설명하고 있다:

> The notion of a man-god, or of a human being endowed with divine or supernatural powers, belongs essentially to that earlier period of religious history in which gods and men are still viewed as beings of much the same order, and before they are divided by the impassable gulf which, to later thought, opens out between them. Strange, therefore, as may seem

to us the idea of a god incarnate in human form, it has nothing very startling for early man, who sees in a man-god or a god-man only a higher degree of the same superatural powers which he arrogates in perfect good faith to himself.[28]

Frazer의 지적에 의하면 원시인이나 고대인들에게 보편화되었던 현현의 신관이 지성과 도덕의 진화에 따라 소멸되었다. 그리하여 현대인의 종교는 추상적인 개념종교로 발전했다.[29] Lawrence는 이러한 종교변화의 방향을 역전시키고자 시도하는 것이다. 그의 현현 사상은 인간과 신의 관계에서 볼 때 Frazer가 지적한 원시인이나 고대인들에게서 보여지는 "a great democracy"[30] 사상과도 일면 일치한다. 왜냐하면 Lawrence의 존재관은 인간 개체의 위상을 신과 동등한 위치에 두고 있고, 독립적인 신성을 각 개인에게 극대화하는 것을 이상으로 삼고 있기 때문이다.

그러나 Lawrence의 현현사상은 개인에게 있어 자율적인 신성과 생명성과 개체성의 확립이 중시된다는 점에서 커다란 민주주의적 가치가 있지만, 인간과 인간의 대인관계에 있어서는 우자-열자 차등론과 지배-복종의 권력론이 개입되어 있다는 점에서 비민주적인 요소가 복합되어 있다. 바로 이와같은 점 때문에 여성 인물들인 Kate와 Carlota의 저항감이 일어나고 있다. 살아있는 어둠의 신으로 현현된 Ramon과 Cipriano는 그들의 dark power에 의거하여 여성과의 관계에서 여성이 남성의 절대적인 지배-복종의 신권 체재에 따르는 것을 미덕으로 제시하면서 권력 탐미의 독재신으로서 군림하고자 한다. 여성의 역할은 남성을 보조하고 경배하며 절대적으로 복종하는 위치에 서야 한다는 것이 그들의 생각이다. 이와같은 남녀관계론은 완벽하게 불평등한 신학적 영웅주의 체재이다.

Lawrence의 이와같은 불평등한 권력신의 개념은 남근신의 형태로서 나타난다. Kate는 Ramon과 Cipriano가 "The black and magnificient

---

28) Frazer, p.106.
29) Frazer, p.107.
30) Frazer, p.107.

pride of will which comes out of the volcanic earth of Mexico"(p. 401)를 가지고 있고 이 점은 그녀의 전 남편인 백인 Joachim에게는 없었던 것이라고 느낀다. 그녀는 Cipriano와의 포옹에서 그가 뿜어내는 관능적인 권력에 대해 아래로 가라앉는 심원한 힘을 감각한다. 이러한 대목은 Lawrence자신의 심리에 맞추어 본다면 남근신으로 변신함으로써 신의 권력 앞에 개성이 강한 부인 Frieda를 복종시킨다는 정치적인 목적이 개입되어 있는 것이 아닌가 싶다.

Lawrence가 남근신으로서의 어둠의 신을 처음으로 언급했던 때는 *Kangroo*에서 이다. 이 때 그러한 신은 "the only exclusive force of mystery of living inspiration"[31]이었다. Lawrence는 주인공 Richard Lovat의 입을 통해서 Harriet에게 이 어둠의 남근신의 위력을 다음과 같이 예찬했다:

Let him once truly submit to the dark majesty, break open his doors to this fearful god who is master, and enters us from below, the lower doors; let himself once admit a Master, the unspeakable god: and the rest would happen.(p.196)

그러나 이 시기의 어둠의 신에 대한 개념은 육체 내부에 내재되어 있었을 뿐 현현의 형태로 외재화되지는 않았다: "The god you can never see or visualize who stands dark on the threshold of phallic me."(p.151) Lawrence의 이러한 어두운 남근신은 그 권력이 *The Plumed Serpent*에 와서 여성과의 관계에서 여성을 복종시키는 강력한 무기로 사용된다. 앞에서 살펴본 Quetzalcoatl 결혼식이 집전되기 전에 Cipriano가 Kate의 거처에 와서 그녀를 자동차에 태워 차를 몰고 갈 때 Lawrence는 태고의 어두운 남근신의 환영을 등장시킨다. 그녀는 Cipriano 옆에 앉아 있을 때 그가 육체에서 발산하는 열대적인 어둡고 검은 기류에 의해 갑자기 남근신의 환영에 휩싸인다. Cipriano에게서 그녀가 보게 되는 어두운 남근의

---

31) D.H.Lawrence, *Kangaroo*(Penguin, 1976), p.150.

심상들은 "dark cloud", "dark whirlwind column", "pillar of cloud", "a rearing serpent", "twilit pan" 등으로 나타난다. Cipriano의 이러한 남근적 신비를 보고 Kate가 느끼는 것은 외경심, 공포, 죽음, 악마성, 신성 등이 혼합된 이중감정이다. 이 때 Cipriano가 현시해 보이는 남근신의 절대 권력에 대해 Kate가 느끼는 굴복 감정이 다음과 같이 미화되고 있다:

> She could conceive now her marriage with Cipriano; the supreme passivity, like the earth below the twilight, consummate in living life-lessness, the sheer solid mystery of passivity. Ah, what an abandon, what an abandon, what an abandon! — of so many things she wanted to abandon.(p.325)

이러한 대목에서 Lawrence가 강조하는 것은 남근신의 현현으로 존재변용이 이루어진 남성에게 있어 그러한 남근신의 권력이 얼마나 큰 위력을 가지는가 하는 점이다. Kate에게 주는 Cipriano의 남근신의 어두운 권력이 지닌 위력에 대한 묘사를 좀더 인용한다:

> …a sky above where the sun ran smokily, an earth below where the trees and creatures rose up in blackness, and man strode along naked, dark, half-visible, and suddenly whirled in supreme power, towering like a dark whirlwind column, whirling to pierce the very zenith. The mystery of the primeval world!… In his black, glinting eyes the power was limitless, and it was as if, from him, from his body of blood cloud rise up that pillar of cloud which swayed and swung, like a rearing serpent or a rising tree, till it swept the zenith, and all the earth below was dark and prone, and consummated.… face like Cipriano's is the face at once of a god and a devil, the undying Pan face. The bygone mystery, that has indeed gone by, but has not passed away. Never shall pass away.… Ah! and What a mystery of prone submission, on her part, this huge erection would imply! Submission absolute, like the earth under the sky. Beneath an over-arching absolute. Ah! What a marriage! How terrible! and how complete! With the finality of death, and yet more than death. The

arms of the twilit Pan. And the awful, half-intelligible voice from the cloud.(pp.324−25)

열대 멕시코의 자연풍토에서 삶을 영위해 온 원시적인 마력을 지닌 Ramon과 Cipriano 뿐만 아니라 작중의 모든 남자 인디언들은 Kate에게 그들의 자아 내부에 원시의 남근신 symbol들이 내재화되어 있는 것 같이 느껴진다. 인디언들의 관능성을 띤 어두운 열정은 열대의 자연력과 동일시된다. 이것은 남근신 현현의 근원이 열대의 자연에 있음을 의미한다. 질식할 듯 검게 태우는 태양, 거대한 부리와 발톱과 날개를 가진 독수리, 검붉고 이글거리는 용암, 치솟는 화산의 불덩어리, 어두운 지구 속에서 사리를 틀고 숨어 있는 뱀, 그리고 독수리와 뱀이 하나로 합쳐서 된 Quetzal-coatl 표상, 이와같은 심상들은 작품의 도처에서 Kate에게 신비적인 남근신으로 환원된다.

앞의 장면에 앞서 Cipriano가 Kate의 거처에 들어왔을 때, 그의 관능적 열정은 그녀에게 다음과 같이 느껴진다: "Curious he was! With a sort of glaze of the ordinary world on top, and underneath a black volcano with hell knows what depths of lava."(p.323) Cipriano에게 구현된 이와같은 남근신의 어두운 권력은 멕시코 특유의 열대적인 spirit of place가 현현된 것임을 의미한다. Kate의 영혼이 죽음과도 같이 하얀 무기력과 무관심에 빠져들고 있었던 심리상태가 이 장면에 선행되어 있다. 장면의 이와같은 배열은 두가지 상반된 심리상태를 대비시키는 이원적인 구조이다. 이렇게 배열함으로써 남근 권력이 그 효과를 극대화할 수 있다. Lawrence는 Cipriano를 神魔 Pan과 일치시켜 놓고, 어두운 남근신으로서의 생명력에 충만된 그의 모습이 Kate가 모색해 오던 신세계의 계시라고 예찬한다:

Cipriano had suddenly opened a new world to her, a world of twilight, with the dark, half-visible face of the god-demon Pan, who can never perish, but ever returns upon mankind from the shadows. The world of shadows and dark prostration, with the phallic wind rushing through the dark.(p.331)

Cipriano에게 남근력의 화신으로 구현되어 나타나는 어두운 Pan신은 Lawrence가 특히 좋아하는 신이고 즐겨 사용하는 심상이다. 이 Pan신은 중편소설 *St. Mawr*에서는 말에 현현되어 나타나며, 여주인공인 Lou에게 그녀의 잠자던 생명력을 신비롭게 일깨워 준 바 있다. 이 단편에서 Lawrence는 어두운 Pan신에 대해서 "you may see with your third eye, which is darkness."[32]라고 말하고 있다.

이제까지 살펴본 바처럼 남근신을 통해서 Cipriano는 Kate를 생명력에 찬 어두운 그의 권력 앞에 무력화시키고 굴복시킬 뿐만 아니라 그를 예찬하게 하는 권력의 효과를 마음껏 발휘하였다. 여기서 그는 Lawrence가 말한 바 있는 "a dark sort of joy"를 내심으로 즐기고 있는 것이다.

Lawrence에게서 나타나는 권력사상은 *Kangroo*에서 Lawrence의 분신인 Somers의 생각을 통해 나타난 바 있는데 그에 의하면 암흑의 종족이나 인도인의 경우 현대의 민주주의나 평등주의가 부정하고자 하는 권력체제가 완벽하게 구축되고 있을 것이며 그것은 신비롭고 생득적이며 신성한 책임일 것(p.120)이라고 동경하고 있다. 이와같은 Lawrence의 권력사상에 대한 동경은 *The Plumed Serpent* 시기에 이르러 아메리카 인디언들로부터 그 직접적인 형태를 발견하였던 것이다. 여기서 Lawrence는 인디언들을 자신의 분신으로 하여 작중에 주인공으로 등장시켜 그의 권력충동과 권력의지를 실현하고 있는 것이다. Lawrence의 권력사상은 그 목적이 다소 애매하고 복합성을 지닌 부분도 있지만 보다 근본적인 목적은 정치적인 것에 있다기 보다는 물질주의 문명에 지배되고 있는 각 개인들의 무기력해진 자아와 의식을 생명주의의 차원으로 변화시킨다는 점에 있다. 인간은 살아있는 신 자체가 될 때 최고의 삶의 양식으로 살아갈 수 있기 때문이다. Lawrence는 이와같은 보다 근원적인 목적에서 Ramon이나 Cipriano나 Kate에 대해 어둠의 신인 Quetzalcoatl, Huitzilopochti, Malintzi라는 고대 멕시코 신들의 현현체들로 존재의 변용이 이루어지게

---

32) D.H.Lawrence, *St. Mawr*(Penguin, 1981), p.62.

하는 과정을 창조하고 있는 것이다.

*Aaron's Rod*에서 Lawrence는 "dark power-urge"는 위대한 것이며 이집트인들로 하여금 오랜 세월에 걸쳐 그토록 강력하게 살아가게 한 것은 바로 dark power-urge라고 Lilly의 입을 통해 Aaron에게 말하고 있다.[33] 뿐만 아니라 Lilly는 자신이 말하는 권력개념은 Nietzsche의 그것과도 달리 지적능력도 의식적 의지도 생식력도 심지어 지혜도 아니며, 삶에 위대한 참 동기를 부여하는 실체라고 밝힌다(p.345). 그리고 그의 권력은 "a dark, living, fructifying power"(p.345), "a vast dark source of life and strength in us now, waiting either to issue into true action, or to burst into catalysm"(p.345)이며, 이러한 권력에 대한 동기나 권력양식은 깊은 책임 속에서 받아들여져야만 한다(p.345)고 역설한다. 만약 Lily의 이러한 언명에서 인간 상호관계에 있어서 지배와 복종의 관계를 정당화하는 정치적 차원이 배제되고, 인간 개체가 생명주의적인 자아로 갱생되는 것에 바탕을 두는 관점에서 보면 Lawrence의 권력사상은 커다란 의의가 있다고 할 수 있다. 이와 마찬가지로 Lawrence의 권력사상이 *The Plumed Serpent*에서 어두운 힘을 바탕으로 하여 원시의 야만적인 동물이나 열대의 자연력을 매개자로 하여 신의 현현으로 구현될 때, Ramon이나 Cipriano의 권력이념은 인간이 신으로 된다는 생명주의적 차원에 있어서는 값진 것이 되지만, 타자와의 인간관계에서 지배관계를 내포하는 측면을 두고 볼 때는 권위주의적인 형태를 포함함으로써 그 값어치를 떨어뜨리고 있다고 하겠다. Ramon이나 Cipriano가 여성과의 관계에서 남근신의 모습으로 여성을 지배하는 신권적인 가부장의 모습을 보이는 점은 민주주의적인 인간관을 기본도덕으로 하는 현대 시민사회에 비난과 혐오감을 불러일으킬 여지를 내포하고 있음을 부인할 수 없다고 하겠다.

그리하여 어두운 신의 현현사상이 남녀관계론에 적용될 때, 그것이 지배-복종의 수직선적인 절대신권이 기초를 이루고 있고 다소의 새디즘적인

---

33) D.H.Lawrence, *Aaron's Rod*(Penguin, 1976), p.345.

측면이 암시되고 있다는 점에서 Lawrence에게 의심의 눈길이 있고 특히
여권주의자들의 비난이 그에게 쏟아 지기도 한다. Millet가 그 대표자이
다. 그녀는 Lawrence가 창안한 남근숭배에 대해 그것은 종교적인 분위기
에 의존하여 음경에 마력을 투입함으로써 여성지배의 목적을 달성하게 하
고 있다[34]고 신랄하게 비난한다. 그러나 지배의 이면에 여성 생명의 활력
성을 강조한 점으로 볼 때, Apter가 지적하고 있듯이 Lawrence의 몇가
지 태도는 남성적 배타주의로 비난받을 수 있지만, 그의 접근에는 현대
여권운동이 종종 결하고 있는 "sanity and depth"[35]를 가지고 있다.
Apter는 현대 여권운동과 구분되는 Lawrence의 평가할 만한 점으로서
그의 여성 관점에 여성의 감수성과 생동력이 전제가 된다는 점을 간과할
수 없다(p.156)고 지적하고 있다. 이처럼 Lawrence가 *The Plumed Ser-
pent*에서 다양한 신화적 심상들을 통해 구현시키고 있는 어둠의 신들은
단순히 새디즘적이거나 파시즘적인 차원에 의존하여 창작한 작업의 산물
이 아니며 인간의 생명력을 완전하게 살아있는 신적 차원으로 끌어올리는
데 그것의 궁극적인 목적이 주어져 있음에 주목해야 할 것이다.

4. 결   론

Lawrence가 Ramon이나 Cipriano와 같은 원시적인 인물들을 통해서
우주자연력을 신의 현현으로 구현하는 것은 Frye가 말한 "현현에 대한
예언적 정신의 강력한 노출에 기초를 둔 Dionysian Culture"[36]의 반영이
다. Dionysus 문화는 자연을 신탁의 원천으로 삼는 것이 특징[37]이며 Nie-
tzsche가 *The Birth of Tragedy*에서 그러한 문화의 특징을 극명하게 묘
사한 바처럼 자아의 내부에서 약동하는 어두운 열정과 생명력을 바탕으로

---

34) Kate Millet, *Sexual Politics*(London: Virago Press, 1985), p. 283.
35) Anne Smith ed., *Lawrence and Women*(London: Vision Press, 1980), p.156.
36) Graham Hough, *The Dark Sun*(New York: Capricorn Books, 1959), p.254.
37) Ibid., p.430.

한다. Ramon이 어둠의 한가운데에서 영원히 살아있는 "living incar-
nate cosmos"를 느꼈고, 그 자신이 그러한 우주의 일부임을 느끼면서 그
자신을 신의 현현이라고 느꼈던 점[38]은 Lawrence가 심오하게 생명주의
적인 종교적 인물이라는 점을 말해 준다. Stephen Spender가 말한 논평
처럼 Lawrence가 그러한 어둠의 신들을 볼 수 있는 감각능력을 가졌다
는 점에서 그는 "the most hopeful modern writer"[39]라고 할 것이다.

사실 *The Plumed Serpent*에서 자연주의적, 우주주의적인 범신론 형태로
구현되고 있는 Lawrence의 현현의 종교는 Hough의 지적처럼 현대인의
사고나 철학으로는 수용될 수 없는 것이지만 그런만큼 새로운 것이다. 그
리고 만약 현대인에게 이러한 종교가 발견될 수 있다고 한다면 발견의 흥
분이 수반될 것이다.[40] Hough에 의하면 Lawrence에게 있어 이러한 종
교는 참된 재발견이었으며 그 자신의 산 경험과 근원적인 감정에 바탕을
두고 성취되어진 것이었다.[41]

Lawrence가 *The Plumed Serpent*에서 현현시키고 있는 어둠의 신들이
지니고 있는 의의는 참된 내적 자아를 상실함으로써 생명이 고갈되고 인
간성이 황폐된 현대문명인의 자아회복을 강도높게 실현한 점에 있다고 하
겠다. 이 점에서 Lawrence의 현현사상은 현대 물질주의에 의해 몰락의
위기로 치닫고 있는 서구인의 자아문명에 대해 구원의 실마리가 될 수 있
는 하나의 길임에 틀림없다.

(부산대학교 사대논문집 제 7집 1994, 6)

---

38) Cf. Lawrence, *Apocalypse,* p.126. "We ought to dance with rapture that we
　　should be alive and in the flesh, and part of the living, incarnate cosmos.
　　I am part of the sun as my eye is part of me. That I am part of the
　　earth my feet know perfectly, and my blood is part of the sea."

39) Julian Moynahan ed., *D.H.Lawrence: Sons and Lovers*(Penguin, 1977), p.
　　546.

40) Hough, p.254.

41) Hough, p.254.

참 고 문 헌

Beal, Anthony. *D.H.Lawrence.* London: Oliver and Boyd, 1964.

Benedict, Ruth. *Patterns of Culture.* London: Routledge & Kegan Paul, 1961.

Clark, L.D. *Dark Night of the Body.* Austin: University of Texas Press, 1964.

Elide, Mircea. *The Sacred & The Profane: The Nature of Religion.* trans. Willard R.Trask, San Diego: Harcourt Brace Jovanovich, 1959.

Frazer, Sir James George. *The Golden Bough.* Macmillan, 1969.

Hough, Graham. *The Dark Sun.* New York: Capricorn Books, 1959.

Lawrence, D.H. *Aaron's Rod.* Penguin, 1976.

__________. *Apocalypse.* Penguin, 1977.

__________. *Fantasia of the Unconscious.* Penguin, 1976.

__________. *Kangaroo.* Penguin, 1976.

__________. *Mornings in Mexico.* Penguin, 1975.

__________. *Selected Essays.* Penguin, 1972.

__________. *St. Mawr.* Penguin, 1981.

__________. *The Plumed Serpent.* Penguin, 1977.

Lodge, David ed. *20th Century Literary Criticism.* London: Longman, 1972.

McDonald, Edward D. ed. *D.H.Lawrence: Phoenix.* Penguin, 1978.

Millet, Kate. *Sexual Politics.* London: Virago Press, 1985.

Moore, Harry T. ed *The Collected Letters of D.H.Lawrence.* New York: The Viking Press, 1962.

Moynahan, Julian ed. *D.H.Lawrence: Sons and Lovers.* Penguin, 1977.

Smith, Anne ed. *Lawrence and Women.* London: Vision Press, 1980.

Trilling, Diana. *The Portable D.H.Lawrence.* New York: The Viking Press, 1949.

Urang, Sarah. *Kindled in the Flame.* Ann Arbor, Michigan: UMI Research Press, 1983.

9. 양성관계의 권력적 구조

〈목 차〉

1. 서 론

Lawrence가 그의 소설에서 가장 중요하게 다룬 것은 남성과 여성간의 양성관계이다. 한편 그의 문학에서 또다른 한가지 중요한 특징은 생명주의적 도덕을 기반으로 한 강력한 힘이다. 이 강력한 생명적 힘은 양성관계를 통해 권력적인 성격으로 표출되기도 한다. Lawrence가 권력에 관심을 가지고 그것을 강력하게 추구한 시기는 그보다도 못지 않게 강한 자아와 개성을 소유한 Frieda와 부부생활에서 투쟁이 극렬했던 때이다. *Kangaroo, Aaron's Rod, The Plumed Serpent*, ‘The Fox’, ‘The Woman Who Rode Away’ 등은 남성우위, 남근숭배(phallicism) 사상을 기본으로 하여 권력을 추구하는 작품들이며, 거기서 양성관계는 권력체제로 특징화되고 있다.

이러한 작품에서 양성관계에 나타난 지배권 확립의 의지, 굴종하고 싶은 여성의 욕구, 굴복을 거부하는 의지력, 갈등, 투쟁 등과 같은 요소는 Lawrence자신과 Frieda 사이에 있었던 실제생활의 경험을 반영한 것이거나 Frieda에 대해 Lawrence가 가지고 있는 상상적 소망의 암시이다. Lawrence예술에 있어서 작가로서의 그의 모토는 “art for my sake"[1]이고, 문학창작은 "experimental self-testing"[2]이며, 그것의 궁극적인 목적이 자아완성에 있다는 점은 주목해야 할 Lawrence 예술의 기본 철학이다.

강한 자아와 병약한 육신의 소유자인 Lawrence는 Frieda에게 자신의 고유한 자아와 권위를 굴복할 수 없었고, 열등감을 용인할 수 없었던 것이다. 이 때문에 소설에서 남성 주인공들은 여성 주인공들에 대해서 권력 표상적 존재인 암흑신(Dark God)으로 묘출되고 있고, 그러한 권력과 생명력을 상징하는 원시동물들, 예컨대 날개달린 뱀(Plumed Serpent), 성스럽고 신비로운 말(St. Mawr), 야생적인 신비의 힘을 지닌 숫여우(Fox)를 비롯하여 태양(Sun)이나 검은 인디언 등과 같은 권력적 생명체가 신으로 화신한 어둠의 신(Dark God)이 되고 있다. Lawrence는 소설이라는 예술적 상상세계를 통해 자신의 분신인 남성 주인공에게 불가사의하고 신비스러운 어둠의 신이 지닌 힘을 투입함으로써 Frieda의 분신인 여성 주인공들에 대해 우상적인 지배자로 군림하고 있는 것이다.

본 논문은 Lawrence의 권력의지를 개괄적으로 살펴보고, 세 편의 단편 'The Fox', 'St. Mawr', 'The Woman Who Rode Away'를 중심으로 하여 그러한 그의 권력의지가 양성관계를 통해 어떻게 나타나고 있는지, 그리고 권력적인 힘이 어떠한 상징체로 표상되고 있고, 그것이 어떠한 효과를 빌휘하고 있는지 등에 관해 고찰하고자 한다.

2. Lawrence의 권력의지

Lawrence의 사상이 지닌 복합적인 양상들 가운데 파시즘이나 권력주의적인 측면이 강하게 부각된 시기는, 그가 1919년 가을에 영국을 떠나 1925년 가을에 미국에서 유럽으로 복귀할 때 까지 세계를 탐방하였던 시기이다. Lawrence의 문학 중에서 이 시기는 '남성우위의 시기'로 규정된

---

1) Richard Aldington ed, *D.H.Lawrence: Selected Letters*(Penguin, 1954), p.5.
2) F.R.Leavis, *Novelist*(London: Chatto & Winds, 1962), p.36.

다. 그는 이 기간에 장편소설 *Aarons's Rod, Kangaroo, The Plumed Serpent,* 단편소설 'St. Mawr', 'The Fox', 'The Woman Who Rode Away', 그리고 논문집 *Fantasia of the Unconscious, Psychoanalysis and the Unconscious* 등과 같은 작품들을 통해서 영웅적인 힘을 강조하고 우월자의 지배에 대해 열등자의 절대복종을 미덕으로서 주장한다.

이 시기에 Lawrence의 권력사상은 결혼생활에서 여성이 남성에게 절대복종하는 것이 전제되는 남성우위론과 사회생활에서 남성 동료들간의 결합에 의해 새로운 사회를 건설한다고 하는 목표를 위해 남성 지도자가 전제되는 창조적이고 종교적인 사회활동론[3]으로 구분할 수 있다. 이것은 *Rainbow*와 *Women in Love*에서 제창한 바 있는 남성과 여성 사이의 평등하고 균형있는 애정론으로부터의 일대 전향인 것이다.

자아주의자인 Lawrence는 Frieda와의 결혼생활에서 자아와 개성이 강한 그녀에 대해 그의 지배권 장악을 위해 권력주의자로 변모할 필요가 있었고, 사회제도에 대해서도 1차 대전 중에 그가 증오한 자본주의와 민주주의 제도가 보여준 여러가지 모순과 결점을 위한 해결책으로서 권력의 필요성을 느낀 것이다. Kate Millett는 이 시기에 Lawrence 내부의 한결 같은 욕구는, "성적이든 사회적이든 간에 평등주의의 가능성을 지닌 일체의 제도를 비방하고 싶은 욕구"[4]였다고 지적한다. 그리하여 Lawrence가 원했던 인간관계는 지배에 대해 복종이 지니는 신성하고 신비로운 권력주의적 관계의 구현[5]이 되었다.

Lawrence는 권력충동에 사로잡히고 권력동기에 고무되어서, "Nie-

---

3) D.H.Lawrence, *Fantasia of the Unconscious*(Penguin, 1977), pp.18—19

4) Kate Millett, *Sexual Politics*(London: Virago Press Ltd., 1985), p.277.

5) D.H.Lawrence, *Kangaroo*(Penguin, 1954), p.120. Lawrence의 분신인 주인공 Somers는 그가 원하고 있는 관계를 다음과 같은 것이라고 말한다. "Perhaps the thing that the dark races know: that once still feel in India: the mystery of lordship.··· The other mystic relationship between men, which democracy and equality try to deny and obliterate.··· But the mystic recognition of difference and innate priority, the joy of obedience and the sacred responsibility of authority."

tzsche의 권력의지는 정신적인 것"[6]이지만 자기의 권력의지는 Nietzsche
의 그것과는 달리 "지적 능력도 아니고, 정신력도 아니며 의식적 의지력
도 심지어는 지혜도 아니며, 생동하는 열매를 맺는 어두운 힘"[7]이라고 하
여 그것의 생명성을 강조한다. 뿐만 아니라 그는 우리가 "권력의 동기를
깊은 책임감 속에서 받아들여야 한다. 그것은 위대한 삶의 동기이다"[8]라
고 그의 권력철학을 극력 설교한다.

　Lawrence는 현대에 와서 남성이 상실해 버린 남성지배권의 회복론을
펴면서 인간 생체에 있어서의 신경심리학을 전개한다. 그의 *Psychoanal-
ysis and the Unconscious*에 의하면 인간의 흉부와 복부에는 각각 2개의
신경중추가 있다. 그 4개의 신경중추는 타인과의 관계에 있어서, 다시말
해 8개의 중추에 있어서 균형을 유지하는 것이 참다운 사랑이다.[9] 나아가
Lawrence는 *Fantasia of the Unconscious*에서는 한층더 상세하게 이 신
경중추의 작용을 설명하고 있다. 이 이론에 의하면 남성은 행동에 있어서,
여성은 감정에 있어서 적극성을 보인다. 그러나 오늘날의 남녀관계에 있
어서는 이것이 거꾸로 되어 남성은 굽실거리며 여성에게 봉사하고, 여성
은 위세당당하게 남성에게 군림하고 있는 것이 현실이다. 이것은 반드시
시정되어 본래의 상태로 되돌려 놓아야 한다[10]고 Lawrence는 역설한다.

　Lawrence는 우세한 남성에게 여성은 물론이고, 모든 열세한 남성이 절
대복종해야 하고 심지어 생명과 재산까지도 신탁해야 한다는 식의 극단적
인 독재사상을 펴고 있다. *Aaron's Rod*에서 Lilly와 Aaron과의 마지막
대화장면에서 Lawrence는 Lilly가 Aaron에게 하는 말을 통해 성차별주
의적이고 능력차별주의적인 독재권력 사상을 피력하고 있다.

---

6) D.H.Lawrence, *Aaron's Rod*(William Heinemann, 1952), p.310. Lawrence
　　의 분신인 주인공 Lilly가 주장하는 것이다.

7) Ibid., p.310.

8) Ibid., p.310.

9) D.H.Lawrence, *Psychoanalysis and the Unconscious*(Penguin, 1977), p.233−
　　34.

10) Cf. *Fantasia of The Unconscious*, pp.96−100.

There will be profound, profound obedience in place of this love-crying, obedience to the incalculable power-urge. And men must submit to the greater soul in a man, for their guidance: and women must submit to the positive power-soul in man, for their being.⋯ It's the deep fathomless submission to the heroic soul in a greater man.(p. 347)

Lawrence의 이러한 권력지배 사상은 그 자신을 어둠의 신으로 신격화하는 종교적 경지에까지 발전된다. 이러한 사상이 Frieda에 의해 심한 반발을 받게 됨은 물론이다. Frieda가 그것에 대해 냉소를 보내는 일례를 *The Plumed Serpent*에서 Don Ramon의 아내 Dona Carlota의 말을 통해 발견할 수 있다.

He wants to exalt pride and vanity higher than God. Ah. it is terrible, terrible! And foolish like a little boy!⋯ Power! Just Power! Just follish, wicked power.⋯ But he-he-wants to be beyond them all. He-he-he wants to be worshipped. To be worshipped! A God! He, whom I've held, I've held, I've held in my arms![11]

Lawrence가 인간활동의 제 1동기로서 '종교적이고 창조적 동기'를 강조하고, 남성동지들의 협력에 의한 새로운 사회건설이라는 정치적 활동에다 의미를 부여하고 그것을 역설한 의도에는 어디까지나 자신을 중심으로 한 권력지배 체재가 전제된 것이었다. 그가 새로운 사회건설의 기초에 둔다고 한 남성동지들 사이의 우정은 그들간에 평등한 관계를 의미한 것이 아니라 상대방의 복종을 강요하는 것이었다. Lawrence는 1차대전 중에 Rananim이라는 유토피아 건설을 진지하게 생각하여 1925년까지 이 계획을 버리지 않고 J.M. Murry, Bertrand Russell, Aldous Huxley를 포함한 몇몇 친구들에게 이 계획에 참여하기를 종용하였다. 그러나 이 계획의 시도는 그가 그러한 친구들에게 자신의 의견과 주장을 맹목적으로 따르기를 강요함으로써 완전한 실패로 돌아갔다. 그의 Rananim은 미국

---

11) D.H.Lawrence, *The Plumed Serpent*(Penguin, 1955), p.176.

Florida주의 어느 곳을 의미한 것이었다.[12]

Richard Aldington은 이 유토피아 지원자들에 대한 논평에서 "Rana-nim을 진지하게 받아들인 지원자들은 그것이 자유롭고 살기좋은 문인들의 공화국이 아니라 유일무이한 다윗왕 통치하의 전제적 독재형태라는 사실을 늘 간과하고 있었다"[13]고 말하고 있다.

이와같이 당시의 Lawrence는 아내와 친구들이 자기에게 절대적으로 복종해 줄 것을 강요하고 남을 자신의 심복으로 만들려는 독재 심리의 사도가 됨으로써 자신의 권력에 대한 참다운 개념을 보다 낮은 차원으로 타락시켰고, 그의 이 권력사상을 개인적인 필요를 충족시키려는 허울 좋은 명분과 도구로 전락시켜 버렸다. Lawrence는 Frieda와의 결혼생활에서 그녀에 대해 그의 과도한 의존에도 불구하고 주도권을 잡기를 원했으며, 그 해결책으로 창안한 것이 남근숭배 사상(phallicism)이 내포된 어둠의 신이다. 이 어두운 존재는 "유일한 살아있는 영감의 신비력(the only ex-clusive force of mystery of living inspiration)"[14]이고, 이 신에 복귀할 때 나머지 모든 일들은 저절로 해결되며, 지배자가 되어야 할 선장(주인)은 남근적 힘의 화신인 이 두려운 어둠의 신을 회복하고 자신에게 받아들여야 한다고 Lawrence는 다음과 같이 역설한다.

> … before mankind would accept any man for a king, and before Harriet would ever accept him, Richard Lovat, as a Lord and master… must open the doors of his soul and let in a dark lord and Master for himself, the dark god he had sensed outside the door. Let him once truely submit to the dark majesty, break open his doors to this fearful god who is master, and enters up from below, the lower doors; let himself once admit a Master, the unspeakable god: and the rest would happen.[15]

---

12) Richard Aldington, *Portrait of A Genius But*… (William Heinemann, 1950), p.174.
13) Ibid., p.174.
14) *Kangaroo,* p.150.
15) *Kangaroo,* p.196.

요컨대 Lawrence의 권력의지 사상은 사회 정치적 활동의 영역에서는 좌절하며, 그리하여 그는 다시 그의 숙명적인 아내인 Frieda에게로 돌아와 그녀에게 의존할 수 밖에 없었다. 여기서 그는 의지와 자아를 꺾지 않고 그것을 계속 주장하는 Frieda에 대해 그의 우위를 확보할 수 있는 방도로서 어둠의 신을 계속 추구하게 되며, 이 때문에 그의 후기소설을 지배하는 것은 권력의지 추구의 지속으로 나타난다.

3. 권력표상과 양성간의 권력체제

남성권력의 화신인 어둠의 신은 *Kangaroo*의 단계에서는 "눈에 보이지도 않고, 마음 속에 그려볼 수도 없는 나의 하복부 입구의 어둠 속에 서 있는 신"(The god you can never see or visualize, who stands dark on the threshold of the phallic me)[16]이라고 언명된 바처럼 자아 내면에 존재하는 상징에 머물렀지만, *The Plumed Serpent*, 'The Fox', 'St. Mawr', 'The Woman Who Rode Away' 등에 와서는 바깥으로 나와서 실제로 구현된다.[17] 이러한 작품에 구현된 어둠의 신들은 여성 주인공을 절대적으로 복종하게 만드는 존재들이다. 그들은 가공할 마력과 신비력을 발휘하는 권력의 화신으로서 행동한다. 다음에 다룰 'The Fox'(1923), 'St. Mawr'(1925), 'The Woman Who Rode Away'(1928)에는 여성 주인공들이 어둠의 신들에게 최면술에 걸린듯이 매혹되고, 의지력을 상실하며, 독립된 자아와 개성을 마비당하거나 말살당한다. 이러한 장면에서 Lawrence가 의도한 것은 Frieda에 대한 지배권 확립이다.

---

16) *Kangaroo,* p.150.

17) Anthony Beal, *D.H.Lawrence*(Edinburgh: Oliver and Boyd Ltd., 1964), p. 77. "In *Kangaroo* the dark goks had been symbols. In *The Plumed Serpent* Lawrence attempts to make them manifest"

A. 'The Fox'

이 이야기에서 남성 주인공 Henry는 야생의 숫여우를 상징한다. 이 숫여우는 권력적인 마력과 신비한 힘으로 여성 주인공 March를 굴복시키지만, 완전한 의미에서의 지배에는 성공하지 못한다. 작품의 초, 중반부는 묘사의 중심이 실제의 여우, 그리고 이 여우와 동일시되고 있는 Henry 청년이 끼치는 March 처녀에 대한 신비의 지배력에 할애되어 있다. 이것은 Lawrence가 현실에서 좌절당한 Frieda에 대한 지배의 욕망을 상상세계에서 구현한 것이라 할 수 있다. 처음에 그녀의 농장에 침입한 여우의 두 눈이 그녀의 눈과 마주쳤을 때, 그녀는 여우에게 홀려버리고 여우의 두 눈에 의해 그녀의 영혼은 힘을 잃고 만다. 그녀가 어깨에 총을 대고 겨냥하여 쏘아보려고 하지만 우스꽝스럽다는 것을 알고 입을 오므려 버린다. 이제 다시 그녀가 여우를 찾아 나서는 행동은 이 여우를 죽이겠다는 애초의 의지에 있는 것이 아니라, 그를 보고싶은 최면술적인 그리움으로 변해버리는 것이다.

배낭을 짊어진 제복의 병사 Henry가 이 농가에 기거를 청하며 들어왔을 때 March의 눈에 이 병사는 그녀가 쫓고 있는 여우와 동일시된다. 그는 이 여인을 완전히 사로잡는다. 그의 야생적 마력에 빠져버리게 된 그녀는 동굴 속에 갇힌 어떤 소극적인 동물처럼 숨은 채 있고 싶어진다. 이러한 심리는 Lawrence가 Frieda에게 요구한 지배-복종의 심리를 암시한다.

He was identified with the fox - and he was here in full presence. She meed not go after him any more. There in the shadow of her corner she gave herself up to a warm, relaxed peace, almost like sleep, accepting the spell that was on her. But she wished to remain hidden. She was only fully at peace whilst he forgot her, talking with Banford. Hidden in the shadow of the corner, she need not any more be divided in herself, trying to keep up two planes of consciousness. She could fall at last into the ordour of the fox. For the youth··· send a faint but distinct ordour into the room, indefinable, but something, like a wild creature.····

　　She was still and soft in her corner like a passive creature in its cave.[18]

고집세고 자아를 꺾지 않으며 개성과 의지가 강한 여인 Frieda를 Lawrence에게 기꺼이 굴종하고 위압되도록 할 방도는 그가 여우(Henry)로 변신하는 것이다.

March가 이날 밤에 꾼 꿈의 에피소드는 Lawrence가 Frieda에 대해 지니고 있었던 적개심의 표현일 것이다. 꿈결에 그녀는 이해할 수 없는 노래소리가 밖에서 들려오는 것을 듣는다. 그 노래는 집둘레를, 들판을, 어둠 속을 떠돌고 그녀에게 "울고 싶을 만큼 감동적이었다."[19](p.236) 노래를 부르는 것은 여우였고, 그녀가 만지고 싶어 손을 내밀 때 그 여우는 그녀의 손목을 깨문다. 여우가 도망가면서 꼬리털로써 그녀의 얼굴을 스쳐 때렸을 때 그녀는 다음과 같이 느낀다. "It seemed his brush was on fire, for it seared and burned her mouth with a great pain. She awoke with the pain of it, and lay trembling as if she were really seared."(p.236) 이었던 것이다. 이와같은 복수적인 폭력심리의 묘사는 작품전체를 지배한다.

이 단편의 마지막 부분은 Henry가 끈질긴 투쟁 끝에 그토록 소망한 그의 목적인 결혼을 달성했음에도, 신부 March는 완전한 순종을 거부하고, 그와 의지의 투쟁을 포기하지 않는 것으로 되어 있다. 사랑하는 두 부부임에도 불구하고 종말 없는 자아투쟁이 마치 시지프스 신화처럼 이어지고 있는 것이다.

Henry(Lawrence)에게 March(Frieda)는 "지상의 천국이요 동시에 지옥"(heaven and hell on earth)(p.288)이다. Henry의 좌절은 심연과도 같고 그의 허무감은 삼켜버릴 것 같다. 그는 '무지개'를 구하려 하지만

---

18) D.H.Lawrence, 'The Fox', *The Portable D.H.Lawrence*, edited by Diana Trilling(New York: The Viking Press Inc, 1954), p.234.

19) "It moved her so, that she felt she must weep."

그것은 바닥없는 저 먼 심연에 있을 뿐이다.

> But the end of the rainbow is a bottomless gulf down which you can fall forever without arriving, and the blue distance is void pit which can swallow you and all your efforts into its emptiness, and still be no emptier. You and all your efforts. So the illusion of attainable happiness.(p.30)

Henry와 March 두 사람에게 있어 행복의 꽃에 대한 소망은 남성의 굴종강요와 여성의 독립성 주장 때문에 벗어나기만 한다. 그리하여 Henry는 "You pluck flower after flower—it is never the flower. The flower it-self—its calyx is a horrible gulf, it is the bottomless pit."(p.302), "That is the whole history of the search for happiness, whether it be your own or somebody else's that you want to win."(p.302)라고 선언한다.

Henry가 March에게 원하는 것은 이기주의적이고 권위적인 것 뿐이다. 그는 여인이 자기에게 아무런 저항없이 굴종하고 절대적인 남성의 권위를 인정하고 무조건 받아들이기를 원하는 사고의 소유자이다. "그녀는 자신의 운명을 그에게 맡겨야 할 것이었다. …그는 그녀가 아무런 저항없이 행복하기를, 자기 속에 빠져 침몰하기를 바라는 것이었다. …그는 그녀가 더 이상 살피고, 보고, 이해하는 것을 원치 않았다. 그는 동양인이 여자의 얼굴을 가리듯이, 그녀의 여성적 영혼을 베일로 가리고 싶어했다. 그는 그녀가 그에게 투신하기를, 그녀자신의 독자적인 정신을 잠재우기를 원했다. …그녀의 〈존재 이유〉와 같은 것 자체를 앗아가고 싶어했다. 그녀를 복종시키고 그녀의 정력적인 의식을 몰아내고 싶어 했다. …그녀의 의식을 빼앗아 그녀를 단순한 자신의 여자로 만들고 싶어 했다"(pp.303—04). 이처럼 부인의 절대복종을 강요하는 것이 Lawrence이다. 작품의 마지막 부분에 쏟아넣고 있는 화자의 여러가지 발언에서 우리는 Lawrence만큼 독재적인 성격을 지닌 인물을 발견할 수 있을지 의심하지 않을 수 없을 것 같다.

다음에 인용한 귀절은 굴종해야 할 여인의 심상을 '바다밑 해초'의 심상으로 Henry 상상하는 대목이다.

> She had to be passive, to acquiesce, and to be submerged under the sur-
> face of love. She had to be like the seaweed she saw as she peered down
> from the boat, swaying for ever delicately under water with all their
> delicate fibrils put tenderly out upon the flood, sensitive, ···receptive
> within the shadowy sea, and never, never rising and looking forth
> above water while they lived. Never. Never looking forth from the water
> until they died, only then washing, corpses, upon the surface.(p.300)

이와같은 대목에 대해 예리한 여권주의 심리분석 비평을 시도한 여성해
방론자 Kate Millett는 "결혼은 여자의 길들이기 뿐 아니라 여자의 사멸
까지도 나타내게 된다"[20]고 분석한다. Henry가 요구하는 March의 마비
된 이와같은 자기상실은 Lawrence가 요구하는 Frieda에 대한 절대적인
지배-복종 관계를 의미하는 것이다.

격렬했던 Lawrence와 Frieda 사이의 부부싸움에 관해 Frieda는 Law-
rence가 죽은 후에 증언한 기록에서, 격심한 싸움을 하던 중에 Law-
rence가 그녀를 벽에 밀어 붙이고 목을 누르면서 "내가 주인이다. 내가
주인이다"라고 이를 갈며 소리쳤던 사실을 담담하게 기술했다.[21] 'The
Fox'에서 Lawrence의 이러한 주인의식에 대한 강박관념이 표현된 장면
이 있다. March와 Banford의 대화 대목이 그것이다.

> If he can't get Bailey Farm out of us — and he's not giong to,
> while I live. While I live he's never going to set foot here.···
> He'd soon think he was master of both of us, as he thinks he's
> master of you already.··· that's what he wants: to come and be mas-
> ter here.··· We ought never to have lowered ourselves.(p.206)

Lawrence는 이 작품에서 그의 지배권과 권위에 저항하고 도전하는 행
위는 곧 죽음을 각오해야 한다는 사실을 직설적이거나 상징적인 형식으로

---

20) Millett, p.265.
21) Millett, p.281.

보여준다. 이 이야기에 내포되어 있는 무수한 살해의 심리가 그 예이다. 이 점에 대해 잠깐 살펴보자.

작품의 표제가 되고 있는 여우는 외관상 청년 Henry와 동일시되고 있지만, 깊이 살펴보면 두 여주인공 March나 Banford와도 동일시되고 있다. March와 Banford는 실제로는 다른 인물이 아니라 심층에서 보면 Frieda의 두개의 분신일 뿐이다. 여우가 우의적으로 지칭하는 것은 결국 Lawrence와 Frieda 두 사람 모두인 것이다. Lawrence와 Frieda 두 사람은 모두 교활하고 마력을 지닌 여우인 것이며, 서로가 상대방 여우를 살해하려 하고 있는 것이다. 처음에는 March가 그녀의 농장에 있는 가축의 생명을 잡아먹는 교활한 여우를 사살하려고 총을 들고 추격한다. 그러나 그녀는 그 여우를 죽이지 못하고, 오히려 그에게 최면술에 걸린듯 그녀의 의지와 영혼을 마비당하고 사살의지를 상실하고 만다. 이후에 이 농장에 등장한 병사 Henry는 그녀에게 여우와 동일시되고 평소 기력이 넘쳤던 그녀는 괴이하게도 그에게 그녀의 의지를 펴지 못하고, 집요하게 결혼을 강요하는 그 청년에게 수동적으로 침몰당해 간다. March가 이제 그의 청혼을 받아들이자 Frieda의 제2의 자아(alter ego)라 할 그녀의 친구인 Banford가 그들을 가로 막고 저항한다. 그러자 청년 Henry는 분노와 적의를 견디지 못하여 한 밤에 뛰쳐 나가 이 농장에 나타나는 여우를 사살한다. 여기서 여우사살은 곧 Banford의 사살인 것이다. 그날밤 March는 꿈 속에서 Banford가 죽는 꿈을 꾸게 되며, 죽은 여우의 털가죽으로 그녀의 시신을 감싸 관 속에 넣고 울부짖는다. 이 이야기를 쓰고 있는 작가의 심리적 입장에서 볼 때 이것은 Banford의 살해인 것이다. 여우의 사살과 그녀에 대한 살해심리가 연장선상에 있기 때문이다. 마지막에 Henry는 자기를 더욱 냉소하며 비난을 노골화하는 Banford가 쓰러지는 나무가지에 찔려 죽는 장면을 보고 영혼에 박힌 가시를 뽑아낸 희열[22]을 느낀다.

---

22) p.298. 피투성이로 죽은 Banford의 몸체를 보고 Henry가 느끼는 생각을 묘사한 이 부분에 Lawrence의 가공스러운 지배욕이 표현되고 있다— "The back of the neck and head was a mass of blood, of horror. He turned it over. The

이것은 그녀에 대한 살해심리의 대행인 것이다.

　권력학에 의하면 권력은 독선과 배타성을 지니고 "자기를 제한하거나 부정하려는 어떠한 외부적 시도에 대해서도 단호하게 반발하며", "타인의 자유를 억압함으로써 쾌감을 느낀다"[23]고 한다. 우리는 Lawrence를 자기의 지배권과 권력에 도전하거나 거부하는 사람을 결코 용납하지 않고, 살해로써 응벌하고 쾌감을 얻는 강권적 지배주의 심리의 포로가 된 시기를 이 단편에서 발견할 수 있다.

B. 'St. Mawr'

　본 논문이 '양성간의 권력적 관계'라는 주제를 'St. Mawr'와 관련지었다고 하여 이 작품의 주제가 곧 권력이라는 것은 아니다. 작품에 내포된 복합적이고 다양한 의미, 성격, 양상들 가운데서 분석의 관점을 선택적으로 '권력성'에 둔다는 뜻일 뿐이다. 이 작품의 중심적인 주제를 찾는다면 허식에 찬 反생명적인 현대 문명생활에 대한 비판과 인간이 본래 지니고 있는 근원적인 생명의 회복에 오히려 있다고 할 것이다.

　Lawrence는 처음부터 St. Mawr에다 '암흑의 신', 'Pan신', '악마' 등을 구현하고 있다. 작품의 전반부는 Witt여사가 Lou와 함께 마부 Lewis, Phoenix, 그리고 St. Mawr를 대동하고 대서양을 건너 미국대륙의 텍사스에 있는 Lou의 목장에 도착할 때까지 인데, 관심의 중심은 St. Mawr의 역할 묘사에 주어지고 있다. 이 숫말은 여주인공의 마음을 강력하게 끌어 들이고, 그녀의 여성적 영혼을 사정없이 무너뜨리며 지배한다. Lawrence가 이 숫말에 부여한 묘사 중에서 Lou에게 이 말이 준 중요한 심리 상태를 간추리면 다음과 같다. '그 곳으로 가고 싶다', '이 세상에 St.

---

　　body was quivering with little convulsions. But she was dead really.⋯ He knew it in his soul and in his blood. The inner necessity of his life was fulfilling itself, it was he who was to live. The thorn was drawn out of his bowels."

23) 沈允宗, '權力의 도덕성', 「月刊朝鮮」 8月號 特輯-權力(조선일보사, 1982.), p.108.

Mawr가 없다면 죽을 것이다', '울고 싶다', '숭배하지 않을 수 없다', '그리이스 영웅들이 살았던 세계의 영웅적 존재와 같다', '운명의 주관자와 같다', '신이다', '신비로운 힘의 화신이다'. 이러한 표현이나 심상들은 지배자에게 잠재한 심리의 표출이라 할 수 있다. 그리고 Lawrence 자신의 Frieda에 대한 심리와도 상응한다고 할 것이다. 이와같이 보면 숫말 St. Mawr는 그렇게 되었으면 하고 바라는 Lawrence 자신의 의식에서 형상화된 객관적 상관물이다.

St. Mawr가 Lou로 하여금 그 위력 앞에 지배되도록 하는 요인은 본질적으로는 존재의 근원에서 직접적으로 분출하는 강렬한 생명력에 있지만, Lawrence가 이 숫말에 가한 묘사에는 兩價性이 부여되어 있다. 즉 고귀성(nobility)과 비뚤어진 악마성(demons of perversity)을 St. Mawr는 동시에 소유하고 있는 것이다. '아름답다', '신과 같다', '신비롭다', '고귀하다' 등의 표현들에 대해 '위험하다', '사납다', '고집세다', '무섭다', '위협적이다', '칼날같다', '단도같다', '분노와 복수심에 불탄다', '신경질적이다', '악마같다' 등의 표현들이 동시에 대응되어 나타난다. St. Mawr는 이 양자가 혼합됨으로써 Lou에게 실로 신묘한 마력으로 그녀의 마음과 영혼을 사로잡고 지배하게 되는 것이다.

Lou는 마부가 데려온 St. Mawr를 처음 본 순간, 그녀의 나른한 젊은 영혼 속으로 그 옛날부터 이해하여 왔던 그 무엇이 아득히 밀물처럼 다가오는 것을 느끼면서 그 말을 사고 싶어진다. 이제까지 이 세상에서 양보나 굴복을 하지않고 버텨온 그녀가 이 말을 보고 나서는 울고 싶어진다. 그리하여 집에 오자 방안에 틀어박혀 하염없이 눈물을 흘린다. 그녀의 바위를 녹아내리게 하고, 두 귀는 단검같고, 무서운 신과 같고, 신비로운 힘의 화신같이 느껴지는 이 말을 Lou는 숭배하지 않을 수 없게 된다.

The sight of him, his power, his alive, alert intensity, his unyielding intensity, made her want to cry.··· You had to keep on holding on··· never give way, and never give in··· as if that mysterious fire of the horse's body had spilit some rock in her, she went home and hid herself in her room, and just cried. The wild, brilliant, alert head of St. Mawr seemed to look at her out of another world. He was as if she had had a vision, as if the walls of her own world had suddenly melted away, leaving her in a great darkness, in the midst of which the large, brilliant eyes of that horse looked at her with demonish question, while his naked ears stood up like daggers from the naked lines of his in human head, and his great body glowed red with power.

What was it? Almost like a god looking at her terribly out of the everlasting dark… containing a white blade of light like a threat.… He was some splendid demon, and she must worship him.[24]

Lawrence는 위에서 Frieda(Lou)로 하여금 "She must worship him"이라고 하여 자기를 'god'와 동일시 하고 있다. 그는 'demonish dark god'로 변신되고 있다. 이리하여 Lawrence는 그녀에게 위협적인 빛을 발사하며(gleaming a sort of menace) "Master of doom"(p.23) 이 된 듯이 느낀다. Lou는 St. Mawr의 무서운 혼돈의 눈속에서 무수한 악마를 보며(she saw demons upon demons in the chaos of his horrid eyes)(p.34), 그가 머리를 제끼고 히잉소리를 낼 때는 우리의 세계보다 더 어둡고, 더 광활하고, 더욱 찬란하며, 더욱 위험한, 그녀를 초월해 있는 다른 세계의 메아리(the echoes of another darker, more spacious, more dangerous, more splendid world than ours, that was beyond her)(p.22)를 듣는 듯하고, 그리하여 그 곳으로 가고 싶어진다. 그러나 이 숫말은 Lou에게 감히 이해해서는 안되고, 또한 이해할 수 없는 성역이며, 그녀에게 무서운 권위를 행사하는 것 같다.(pp.22−23)

Lou는 마침내 이 숫말 내부에서 위대한 신인 Pan을 볼 수 있게 된다. 그녀는 어두운 "제3의 눈"(third eye)이 열려, 이 숫말 내부에 있는 숨겨진 신비요 숨겨진 원인이며 모든 것(All)을 의미하는 Pan을 보는 것이다. Lou는 이 말의 내부에 있는 Pan이 자기를 두렵도록 만든다고 말한다.

---

24) D.H.Lawrence, 'St. Mawr'(Penguin, 1981), p.22.

"Pan was the hidden mystery — the hidden cause. That's how it was a Great God. He was Pan, All: what you see when you see in full. In the daytime you see the thing. But if your third eye is open, which sees only the things that can't be seen, you may see the Pan within the thing, hidden: you may see with your third eye, whitch is darkness."

"Do you think I might see Pan in a horse, for example?"

"Easily. In St. Mawr!"…

"In a horse! yes, I can see that. I know what you mean. It is in St. Mawr. It is! But in St. Mawr it makes me afraid.—"(p.62)

그런데 Lawrence는 '악마의자 바위'가 있는 곳에 산보갔을 때 일어난 사고 장면, 즉 이 숫말이 Rico과 Edward에게 가한 폭력 장면의 원고를 스스로 크게 읽고 그토록 쾌감을 느끼면서 킬킬 웃었다고 한다. Lawrence의 친구인 Dorothy Brett는 회고록 *Lawrence and Brett, A Friendship*에서 이 사실을 지적하면서 Frieda 여사가 Lawrence의 이러한 보복심을 공포스러워하였고 그를 잔인하다고 생각했다는 점과 함께 이 순간에 Lawrence는 말과 동일시 되고 있었다고 말하고 있다.[25] 이러한 진술은 Lawrence가 Frieda와의 부부싸움에서 쌓였던 감정을 이 작품을 통해 이 숫말에게 투영시키고 있다는 증거이다. 이와 같은 점에서 이 시기에 Lawrence가 의도한 Frieda에 대한 굴복강요와 그녀에 대한 지배권 확립의지가 이 작품을 통해서도 반영되고 있음을 알 수 있다.

C. 'The Woman Who Rode Away'

실제로 구현된 '어둠의 신' 앞에 Frieda를 굴종시키게 하는 장편소설 *The Plumed Serpent*의 속편인 단편 'The Woman Who Rode Away' (1928)는 여자의 종속적인 지위가 전자보다 더욱 참혹하게 표현되고 있다. 산악 오지에 사는 인디언 Chilchuis족의 태양신에게 백인 여주인공은

---

25) Julian Moynahan ed., *D.H.Lawrence — Sons and Lovers*(Penguin, 1977), pp. 583—84.

실제로 인신제물로 바쳐진다. 이 과정에서 Lawrence는 묘사의 중심을 인디언 남성들이 지닌 신비롭고 공포스럽고 악의에 찬 힘이나 생명력, 남성미 등에 두고 있다. 백인 여주인공은 신비와 공포와 위엄에 차 있으며 권위적이고 권력적인 인디언 남성들 앞에 매혹당하고 개성과 개인의지와 독립성을 말살당한다. 그리하여 개인의식에 대체되어지는 우주의식(cosmic conciousness)의 흐름에 자신을 내맡긴 채 죽음을 기꺼이 받아들인다. 제물의식의 집행과정에서 인디언 남성들이 이 여인에 대해 가지는 신비적인 승리의 황홀감이나 인디언들에 대해서 이 여인이 느끼는 공포의 위압감, 지배력, 최면술적인 秘力 등은 Lawrence 자신의 것이라 할 수 있다. 그는 Frieda와의 긴 투쟁에서 그녀를 압도하고 굴종시킬 수 있는 체재를 오랫동안 찾아왔기 때문이다. 그가 원하는 것은 이상적인 남성우위 체재이다. 그는 그것을 인디언의 秘敎적인 남성 중심의 문명체재로써 완수할 수 있게 된 것이다. 이 작품의 저변에 흐르는 핵심적 주제는 이 단편의 끝맺는 어귀로 압축될 수 있다. '남성권력'(man power)과 '남성지배권'(man mastery)이 그것이다: "The old man would strike, and strike home, accomplish the sacrifice and achieve power. The mastery that man must hold, and that passes from race to race."[26]

Kate Millett 여사는 Lawrence가 말년에 와서 원시 미개사회의 옹호자가 된 이유를 "그 사회에서는 남성우위주의가 계급의 차이에 의해서 너무나 자주 약하게 되는 단순한 하나의 사회적 현상이 아니라 종교적이고 완전한 생활방식이라는 신념을 재확인했기 때문이다"[27]라고 진단한다. 이러한 원시사회는 남성이 절대권위로써 여성을 지배하는 남성중심적인 秘敎사회이다.

Lawrence는 오랫동안 그가 찾아왔던 어떤 '秘敎的인 삶의 비밀'(esoteric life-secret)을 아메리카 원주민이 갖고 있다는 생각을 품었다. 이러

---

26) D.H.Lawrence, *The Woman Who Rode Away and Other Stories*(Penguin, 1975), p.81.
27) Millett, p.479.

한 생각의 편린을 *The Lost Girl*의 Natcha-Kee-Tawaras와 *Aaron's Rod*의 Lilly 등에서 보여준다. 특히 Aztecs족을 그 모범이라고 여겼다.[28] 'The Woman Who Rode Away'에서 Lawrence가 묘사한 것도 인디언족의 이러한 비교적 삶의 비밀이다. 그는 이 작품의 초반부에서 백인 여주인공의 남편을 찾아온 젊은 기사들의 대화를 통해 고대의 Aztec, Montezuma, Totonac왕들의 후예인 Chilchuis 인디언족이 고대인디언의 종교와 삶의 신비를 보존하고 있고, 아직도 인신제물 의식을 거행하고 있다고 서술하고 있다.

> But surely they have old, old religious and mysteries—it must be wonderful, surely it must.⋯ And his peculiar vague enthusiasm for unknown Indians found a full echo in the woman's heart. She was overcome by a foolish romanticism more unreal than a girl's. She felt it was her destiny to wander into the secret haunts of these timeless, mysterious, marvellous Indians of the mountains.⋯
>
> There was supposed to be one tribe, the Chilchuis, living in a high valley to the south, who were the sacred tribe of all the Indians. The descendants of Montezuma, and of the old Aztec or Totonac kings still lived among them, and the old priests still kept up the ancient religion, and offered human sacrifices — so it was said.(pp.48—49)

인디인족의 제물의식이 중심삽화인 이 단편에서 작가의 심층심리로 보면 제물은 Frieda로, 태양신 Sun은 Lawrence 자신으로 대입될 수 있다. 자아주장과 고집이 세며 개인으로서의 意識이 강한 Frieda를 Lawrence의 지배로 끌어들일 수 있는 길은 Sun신의 남성 사제인 검은 인디언들(dark Indians) 수중에 그녀를 두고 자신은 Sun 신으로 변신함으로써 가능할 수 있다. 그리하여 그녀를 태양신 앞에 제물로 기꺼이 바쳐지게 하는 것이다. Lawrence는 이러한 신화를 통해 Frieda지배에 대한 승리의 쾌감을 극대화고자 하는 심리를 갖는다.

1장에서 Lawrence는 인디언 세명이 백인여인을 인도하여 산길로 들어

---

28) Graham Hough, *The Dark Sun* (New York: Capricorn Books, 1959), p.118.

갈 때, 그들이 이 여인과 그녀가 탄 말에게 무자비하고 위협적이며 거만한 태도를 취하는 것을 보여준다. 인디언 남성들이 그녀에게 행하는 이러한 태도에서 강조되는 것은 신비롭고 불가항력적인 무서운 힘이다. 그리고 이 때 이 여인이 느끼는 것은 죽음이다.

'Don't do that!' she cried, looking round angrily at the fellow. She met his black, large, bright eyes, and for the first time her spirit really quailed. The man's eyes were not human to her, and they did not see her as a beautiful white woman. He looked at her with a black, bright inhuman look, and saw no woman in her at all. As if she were some strange, unaccountable thing, incomprehensible to him, but inimical. She sat in her saddle in woder, feeling once more as if she had died.⋯ She met the eyes of the young man, and in their bright black inscrutability she saw a fine spark, as in a snake's eye, of derision.⋯ The woman was powerless. And along with her supreme anger there came a slight thrill of exultation. She knew she was dead.(pp.54−55)

인디언 마을에 들어섰을 때 마중을 나온 세 사람의 나이든 인디언들이 이 여인에게 보여주는 것도 마찬가지로 비인간적이고 악마적인 무적의 힘 이다. 그들은 그녀에게 반항이나 도전이 무용지물임을 느끼게 한다. 그녀 는 마력에 찬 인디언 추장에게서 인간적인 정을 나누기를 바란다는 것이 불가능하다는 것을 깨닫게 된다.

They [his eyes: 필자] were black and of extraordinary piercing strength, without a qualm of misgiving in their demonish, dauntless power. He looked into the eyes of the white woman with a long, piercing look, at her as one human being looks at another. He never even perceived her resistance or her challenge,⋯(p.59)

묘사되고 있는 분위기에서 모든 것은 여성에게 위협적이고 공포적이며 신비적인 것들이다. 이것은 이 여인에게 지배와 복종을 얻어내는 것으로 서 기능한다. 여기서 창출되고 있는 분위기는 오래된 고대의 신비력에 의 해 여인의 의지와 자아를 빼앗고 독립된 개체로서의 의식을 마비시키는 것이며 죽음의 상태를 의도하고 있다. 인디언 추장들과 젊은 인디언들의 기묘하고 신비로운 의상이나 실내장식 등과 같은 모든 것들이 권위와 권력의 상징들이다.

젊은 토인이 알몸의 여인을 노추장의 침대 옆으로 데리고 갔을 때 이 노인이 그녀에게 행한 맛사지는 오직 "죽음 자체가 그녀를 건드리는 것 같이 느꼈다"고 진술되고 있다. 그리고 그들이 성적 표정을 짓지않는 냉혹한 무서움에 섬찟해 한다.

The white-haired, glassy-dark old man moistened his finger-tips at his mouth, and most delicately touched her on the breasts and on the body, then on the back.

And she winced strangely each time, as the finger-tips drew along her skin, as if Death itself were touching her.(p.63)

외견상 신비로운 금욕성으로 보이게 하는 위와 같은 묘사에 대해 Kate Millett 여사는 그녀의 'Sexual politics' 원리에 따라 위장된 강간심리로서 볼 뿐만 아니라 여성으로부터 성적 만족을 제거하고자 의도하는 이기적인 성적 지배 형태라고 분석한다.

인디언의 사회에서 성차별 체재는 여러가지로 나타난다. 예컨대 남성은 낮, 불, 별, 태양, 여성은 밤, 별사이의 공간, 달 등과 같이 비유됨으로써 남성우위가 확보된다. 제물이 된 백인여인과 한 인디언 남자와의 다음 대화에서 이 점을 찾아 볼 수 있다.

'Why do you all have the same colours?' she asked the young Indian. 'Why do you all have red and yellow and black, over your white shirts? and the women have black tunics?…'

'Because our men are the fire and the daytime, and our women are the spaces between the stars at night,' he said. 'Aren't the women even stars?' she said. 'No. We say they are the spaces between the stars, that keep the stars apart?…' White people,' he said, 'they know nothing. They are like children, always with toys. We know the sun, and we know the moon.'(p.70)

　3장에서는 약초술의 효과에 대한 묘사가 몇번씩이나 반복되고 있다. 인디언들이 주는 약초술을 마신 후에 발생하는 그녀의 의식변화에 대한 묘사를 통해 Lawrence가 의도한 것은 개인의식에 대한 우주의식의 대체라는 점이다. 자아가 강한 여성이 개인의지의 포기로써 우주생명에 복귀할 수 있다는 것이다. 이러한 약초술 효과에 의한 여인의 의식상태를 Lawrence는 다음과 같이 보여준다.

　　She felt always in the same relaxed, coufused, victimized state, unless the sweetened herb drink would numb her mind altogether, and release her senses into a sort of hightened, mystic acuteness and a feeling as if she were diffusing out deliciously into the harmony of things.··· this exquisite sense of bleeding out the higher beauty and harmony of things. Then she could actually hear the great stars in haven, which she saw through her door, speaking from their motion and brightness, saying things perfectly to the cosmos, as they trod in perfect ripples, like bells on the floor of heaven, passing one another and grouping in the timeless dance, with the spaces of dark between.(p.72)

　이 백인여인의 개인적인 독립이 짓밟히고 존재가 말살당하는 것은 인디언들이 거행하는 무도회 儀式의 장면에 가면 더욱더 극적으로 표현된다. 어느날 그녀를 감시하는 인디언에게 그녀가 밖으로 나가고 싶다고 말했을 때 그들은 그녀가 기거하고 있는 커다란 집 꼭대기의 지붕으로 올려 보내어 그곳에서 광장을 굽어보게 한다. 이 광장에서 벌어지는 것이 곧 무서운 신비의 무도회인 것이다. 큰 북이 높은 가락으로 울리기 시작하고, 영겁의 숲을 넘어가는 바람처럼 묵직한 야만인들이 노래를 부르기 시작한다. 이 노래는 심오하고도 강력한 목소리이다. 수많은 남자들이 목소리를 맞추어서 바람결처럼 노래하고 황금색을 띤 청동색의 육체를 드러낸 사나이들은 검은 머리를 나부끼면서 팔에는 빨강과 노란 깃털 장식을 늘어뜨리고 맨발로 대지를 구르며 춤을 춘다. 큰 집에서는 이상한 향내가 풍겨오고, 야릇한 정적이 깔리고 있으나 앞을 다투어 호응하는 비인간적인 남성의 합창이 울려 퍼진다. 종일토록 몇시간이고 지속되는 숨막힐 듯한 북소리며

심오한 돌풍과도 같은 원시적인 합창, 여우 꼬리를 단 남자들의 끊임없는
발놀림, 검은 속옷을 입고 새처럼 우뚝 선 중후한 여자들의 발박자, 이런
모든 것에서 그녀가 느끼는 것은 자기자신의 죽음이며 자기 자신의 상실
이다.(pp.68—69)

이러한 광경을 지켜보던 그녀는 인생의 들판에서 자신이 말살당함을 느
끼고 개인적인 독립이 짓밟힌 위에 위대한 원시적 상징이 솟으려 함을 느
끼면서 고민에 싸인 채 자신의 자그마한 집으로 결국 되돌아 오고 만다.

"As if she were to be obliterated from the field of life again. In the
strange towering symbols on the heads of the changeless, absorbed
women she seemed to read once more the *Mene Mene Tekel Upharsin*.
Her kind of womanhood, intensely personal and individual, was to be
obliterated again, and the great primeval symbols were to tower once
more over the fallen individual independence of woman. The sharpness
and the quivering nervous consciousness of the highly-bred white
woman was to be destroyed again, womanhood was to be cast once
more into the great stream of impersonal sex and impersonal passion.
Strangely, as if clairvoyant, she saw the immense sacrifice prepared.
And she went back to her little house in a trance of agony.(p.69)

마지막의 살해 장면에 오면 인디언들은 승리의 개가에 뛰어들 태세에
돌입한다. 이 단계에서 Lawrence가 선언하는 마지막 발언, "제물을 찔러
성취할 권력"(strike home, accomplish the sacrifice and achieve
power)과 "보존해야 할 지배권"(the mastery that man must hold)은
결국 이 여인을 위한 것이 아니라 검은 인디언이나 태양(Sun)을 위한 것
이다. 다시 말해서 Frieda를 위한 것이 아니라 Lawrence를 위한 것이다.
이와 같은 점에서 Keith Sagar는 이 작품에 대한 해석에서 여인이 상징
적인 죽음을 감수하고 자신의 길을 발견하며 우주와 결합으로써 재생을
이루는 부활의 신화가 아닌 사실을 강조한다.

Is this, then, a myth of resurrection, the woman finding the trail,
enduring the symbolic death, to be reborn into contact with the cosmos?

I can see no hope of this. She is to be cast into the melting-pot like Peer Gynt, a button without a loop.[29]

정신분석학에 의하면 儀式化(ritualization)는 강박신경증과 그 기전을 같이 한다. 儀式행위를 행하는 것은 끝없이 떠오르는 불안을 해소하기 위해서 이다. 이 儀式化 과정을 통해 공격적 충동은 합리적으로 만족된다.[30] 지금까지 살펴보았듯이 'The Woman Who Rode Away'는 이 시기의 Lawrence가 자아를 굽히지 않고 주장이 강한 부인 Frieda를 완전하게 지배하고 싶었으나 그렇게 하지 못했던 그의 콤플렉스 심리를 신화적으로 儀式化한 작품이라고 할 수 있다. 지배충동이 儀式化되어진 권력은 그를 가로막는 저항자의 죽음을 성취하겠금 만든다. 이와같은 점에서 이 단편은 권력에 의한 죽음의 신화이다.

4. 결 론

이상에서 Lawrence의 사상적 편력 중에서 1919—1925년 시기는 권력사상으로 특징됨을 개관하였다. 그의 권력의지와 권력철학은 그와 부인 Frieda와의 부부투쟁이 격렬하게 고조되었을 때, 그녀에 대한 지배권 확립을 성취하기 위한 권력심리에 있다는 사실을 조명해 보았다.

Lawrence는 신비스럽고 신격화된 야생동물인 숫여우, 숫말, 뿐만 아니라 秘敎적인 삶의 비밀을 보존하고 있는 검은 인디언(dark Indian)과 그들의 신인 태양(Sun)으로 변신함으로써 Frieda에 대한 지배권 쟁취를 성취하고 있다.

'The Fox'의 경우 Frieda의 alter ego인 Banford은 남성주인공 Henry에게 강경하게 저항함으로써 결과적으로 살해되었고, 또다른 Frieda의

---

29) Keith Sagar, *The Art of D.H.Lawrence*(London: Cambridge University Press, 1978), p.148.

30) 이규동, 「위대한 콤플렉스」(서울: 대학문화사, 1985), p.34 참조. 저자는 신경정신과 전문의이며 의학박사이다. 이 책의 부제는 '정신분석학적으로 본 역대인물 33인'으로 되어 있다.

alter ago인 여인 March는 Lawrence의 alter ego인 Henry에게 결혼한 다음에도 완전한 굴복은 거부한다. 이 두 여성들에게 남성 주인공이 지배를 쟁취하기 위해 행하는 권력행사는 실로 집요하고 잔인하며 악마주의적이다.

'St. Mawr'의 경우, 여주인공 Lou는 Pan신과 악마, 그리고 어둠의 신(Dark God)의 구현체인 권력적 聖馬 St.Mawr 앞에서 마치 최면술에 걸린듯 그녀의 의지가 녹여지며, 그를 찬미하고 굴종하는 여인으로 전락한다.

'The Woman Who Rode Away'의 경우, 백인 여주인공은 무섭고 신비로운 생명적 권력에 차 있는 검은 인디언 앞에서 그녀의 고유한 의식, 개성, 독립성, 자존심을 말살당하고 있고, 그들이 행하는 儀式에 의해 그들의 태양신 Sun에게 기꺼이 제물로 바쳐진다.

Lawrence의 상상력이 창조한 이와같은 권력표상적 존재들은 신화의 한 형태에 해당한다고 하겠다. 세 작품을 통해 이러한 신화적 형식이 지니는 권력의 실천력은 생명력과 심미적 마력을 지니고 있음으로 해서 무한한 힘을 발휘하고 있다. 남성우위권 확립과 여성지배를 목적으로 하는 Lawrence의 권력사상에 있어서 신화이용은 Frieda 지배의 효과적인 정치적 도구[31]인 것이다. Lawrence는 자아와 주장이 강하고 고집센 Frieda와의 부부투쟁에서 그녀에 대한 지배를 확립하기 위해 신화적인 카리스마적 지배자로 변신한 것이다. 그의 극단적인 이기주의는 모든 권력이 자기 합리화 수단과 정당성을 추구하듯이[32] Lawrence도 자신의 권력의지와 권력사상을 '생동하는 열매를 맺는 힘'이라고 미화하였다. 여러 권력표상과 '어둠의 신'의 구현은 그의 창조적 예술재능을 통해 권력충동과

---

31) Hans Meyerhoff, *Time in Literature*(Berkeley: California Press, 1974), p. 80 참조. 저자는 정치 이데올로기와 秘敎心理學에 있어서 신화는 파괴적 목적을 위해 인간의 反이성적 힘을 자유자재로 동원하고, 이를 정당화하는 강력한 도구로 사용되며, 그 일례가 Nazi의 신화숭배라는 점을 지적하면서 우리는 이것을 결코 간과해서는 안된다고 경고하고 있다.

32) 林種哲. '經濟權力과 그 非理'「月刊朝鮮」 8月號 特輯·權力.(조선일보사, 1982), p.102.

권력의지를 신비화 하였던 것이다. 그러나 Lawrence의 이러한 예술에는 참된 생명력과 심오한 종교성도 내포하고 있다. 이러한 사실 때문에 그의 권력사상은 비난과 동시에 예찬도 함께 받는 兩價性을 지니고 있는 것이다.

(東草 黃圭軾先生 華甲記念「英美文學論叢」1986, 6)

참 고 문 헌

1. Texts

Lawrence, D.H. *St. Mawr*. Penguin, 1981.
_________. 'The Fox', *The Portable D. H, Lawrence*. Diana Trilling ed.
  New York: The Viking Press Inc., 1954.
_________. *The Woman Who Rode Away and Other Stories*. Penguin, 1975.

2. References

Aldington, Richard ed. *D. H. Lawrence: Selected Letters*. Penguin, 1954.
_________. *Portrait of A Genius But⋯* William Heinemann, 1950.
Beal, Anthony. *D.H.Lawrence*. Edinburgh: Oliver and Boyd Ltd., 1964.
Hough, Graham. *The Dark Sun*. New York: Capricorn Bookes, 1964.
Lawrence, D.H. *Aaron's Rod*. London: William Heinemann Ltd., 1952.
_________. *Fantasia of the Unconscious*. Penguin, 1977.
_________. *Kangaroo*. Penguin, 1954.
_________. *Psychoanalysis and the Unconscious*, Penguin, 1977.
_________. *The Plumed Serpent*. Penguin, 1955.
Leavis, F.R. *Novelist*. London: Chatto & Winds, 1962.
Meyerhoff, Hans. *Time in Literature*. Berkeley: University of California
  Press, 1974.
Millett, Kate. *Sexual Politics*. London: Virago Press Ltd., 1977.
Moynahan, Julian ed. *D.H.Lawrence — Sons and Lovers*. Penguin, 1977.
Sagar, Keith. *The Art of D.H.Lawrence*. Cambridge University Press,
  1978.
沈允宗. '權力의 道德性',「月刊朝鮮] 8月號 特輯·權力. 조선일보사, 1982.
이규동.「위대한 콤플렉스」. 서울: 대학문화사, 1985.
林種哲. '經濟權力과 그 非理',「月刊朝鮮」8月號 特輯·權力. 조선일보사, 1982.

10. 원초적 자아와 禪불교 및 밀교

〈목 차〉

1. 서   론

20세기의 현대문단에 모더니즘 계열의 혁신적인 작가로 등장하여 인간 의식의 확장과 자아문명(culture of self)의 일대전환을 문학적으로 구현하는 작업에 있어서 비상한 감수성과 천재적인 재능을 발휘한 것으로 평가 되는 작가가 D.H. Lawrence이다. 그는 인간 각자의 깊숙한 근원에 자리잡고 있는 원초적 자아에 영원한 실재가 존재한다고 믿었고 그러한 자아의 구현을 통해서 삶의 완성과 영원한 진리에 도달할 수 있다고 생각했다. 이러한 Lawrence의 문학은 그 원초적 자아가 본질적으로 내포한 복합성, 난해성, 신비주의 등의 특성 때문에 여러가지 연구가 이루어져 왔음에도 불구하고 쉽게 이해될 수 없는 영역이 여전히 남아 있다. 이 점은 원초성을 탐구하는 신비주의 작가에게 있어서는 어쩌면 당연한지도 모른다.

원초적 자아의 구현에 중심을 둔 Lawrence의 작품이야말로 동양적인 자아를 짙게 내포하고 있음을 느끼게 하는데 특히 禪불교와 밀교적인 감각과 느낌을 많이 준다. 이와같은 점에서 Lawrence문학이 지니고 있는 신비적이고 난해한 부분의 이해를 돕는 연구의 하나는 禪불교, 밀교와의 비교연구를 하는 것이 될 수 있다.

  그런데 진작 禪불교, 밀교, 힌두교, 요가 등의 동양적 요소를 듬뿍 지니고 있는 Lawrence문학에 대해서 동양사상적 관점에서 체계적으로 연구한 논문이 국내에서는 아직 없다. 외국의 경우를 보면 인도인 C.L. Nahal은 힌두교 관점에서 Lawrence를 비교연구한 박사학위 논문 "D.H. Lawrence, An Eastern Interpretation"(1961, Univ. of Nottingham)을 내놓았다. 이 논문은 이미 단행본 저서로 출간되어 Lawrence연구가에게 세계적으로 인정받고 있다. Nahal 이전의 연구상황을 보면, 인도의 Martin Wickramasinghe교수는 *The Mysticism of Lawrence*(1951)에서, 그리고 Oxford대학 출신의 神知學者로서 나중에 Lawrence와 친구가 되었고 인도학에 조예가 깊었던 Frederic Carter는 *D.H.Lawrence and the Body Mystical* (1932)에서 Lawrence가 인도사상, 예컨대 불교, 밀교, 요가, 힌두교 등에 관한 저술들을 간접적으로 읽었다고 밝히고 있다.

  실제로 Lawrence자신은 인도의 불교 승려와 사원에 대해 고조된 관심으로 Ceylon을 탐방하였다. 그는 미국인으로서 친구가 되었던 불교도 E. Brewster와 함께 한달 동안 그 곳에 머물면서 불교 연구와 수행을 하였다. 그러나 Lawrence의 선불교적, 밀교적인 성향의 자아와 사상은 외부의 영향에 의한 것이 아니라 생득적인 것이었다고 판단된다.

  1990년 여름에 파리에서 개최된 D.H.Lawrence International Conference에 참석하여 주제 발표를 한 학자들 중에서 인도학자는 Lawrence를 Tantrika(밀교도), Guru(밀교 지도자나 스승), Yogi 등으로 보았다. 국내에서는 禪師이자 불교학의 석학인 석 지현이 저서 「密敎」(1977)를 통해 짧은 지면이지만, Lawrence가 밀교를 무의식적으로 이용한 위대한 작가[1]라고 지적하고 있다. 최근에 인도인으로서 세계적으로 유명해졌으며 禪불교, 밀교 등을 심오하게 내면화한 신비주의적인 사상가, 종교가인 B. S. Rajneesh는 Lawrence의 영향을 크게 받았다[2]고 그의 제자 Bob

---

1) 釋智賢, 「密敎」(서울: 玄岩社,1981), 102. 이후부터 이 책의 인용은 「密敎」로 표시하고 본문 안에 페이지만 명시한다.
2) Bob Mullan, *Life as Laughter: Following Bhagwan Shree Rajneesh.*(London: Routledge & Kegan Paul, 1983), 43.

Mullan이 저서 *Life as Laughter: Following Bhagwan Shree Rajneesh* (1983)에서 밝히고 있다.

Lawrence가 동양의 불교, 밀교, 힌두교, 요가 등에 대해 명시적인 언어 표현이나 아니면 암시적인 표현 형태로 언급하는 대목들은 그의 소설 *Lady Chatterley's Lover,* 에세이 *Fantasia of the Unconscious, Psychoanalysis and the Unconscious, Apocalypse, Etruscan Places* 등에 단편적으로 나타나고 있다. 여기서 Lawrence는 불교 교리면에 대해 그 이해가 빈약하고 왜곡되어 있지만 선불교의 심리적 태도에 대해서는 공감을 보이고 있다.

Lawrence가 그의 소설과 에세이에서 불교에 대해 언급한 대목을 잠깐 살펴보면 다음과 같이 극히 부분적으로 발견된다. *Lady Chatterley's Lovers*에서 Connie가 Mellors에게 장차 모든 것이 tenderness의 능력에 좌우된다고 할 때, Mellors가 전쟁 중의 체험을 Connie에게 하는 말에서: "You're right,… I had to be in touch with them, physically, and not go back on it. I had to be bodily aware of them and a bit tender to them, even if I put 'em through hell. It's a question of awareness, as Buddha said."[3] 그리고 *Apocalypse*에서: "Only when he is alone, can man be a Christian, a Buddhist, or a Platonist. The Christ statues and *Buddha statues* witness to this… as soon as he is with other men. Jesus is an aristocrat, a master, *Buddha* is always the *Lord Buddha*."[4] 라고 언급하고 있다. 그러나 禪을 직접 언급한 대목은 발견되지 않는다. Lawrence가 동양의 禪에 관한 견문이나 독서가 있었는지 알 수 없지만, 그의 문학에 반영된 의식과 정신에 禪적인 면이 많은 것은 실로 의미있다.

Dallas Kenmare에 의하면 Lawrence의 생애와 작품은 실재(reality)와 현상(actuality), 심층자아(deep self)와 표층자아(surface self), 이

---

3) D.H.Lawrence, *Lady Chatterley's Lover*(Penguin, 1974), 290. 이후부터 이 책은 LCL로 약기하고 본문 안에 페이지만 표시한다.

4) D.H.Lawrence, *Apocalypse*(Penguin, 1977), 16. 이후부터 이 책의 인용은 Ap로 약기하고 본문 안에 페이지만 표시한다.

상적 내면세계(inner world of the ideal)와 현상적 외면세계(external world of actuality)의 양자 사이에 보통 사람들이 이해할 수 없는 혼돈 상황을 창출하는 것 같지만, 실재에 대한 직관적 통찰력과 비상한 재능을 가진 시인이다.[5] Lawrence가 묘출하는 현대의 문명적 자아에 대응되는 내적 자아는 보통 사람에게는 익숙하지 못한 원초적이고 원형적인 것이지만 이미 동양철학이나 고대 원시종족의 문화에 있어서는 보편적인 것이다. 현대인의 위기와 불행한 삶의 초래는 이와 같은 내적 자아세계와의 단절에 있다는 것이 Kenmare의 지적이다.[6] Lawrence에게 있어서 인간의 참된 자아는 언제나 내면성과 결부된다. 이러한 지적에서 Lawrence가 동양적 정신을 반영하고 있음이 뒷받침된다.

Lawrence는 *Fantasia of the Unconscious*의 서문에서 Yoga, Herakleitos, Frazer 등과 같은 책들에서 암시를 받은 바 있다[7]고 말하는가 하면, "This pseudo-philosophy of mine—'pollyanalytics', …is deduced from the novels and poems, not the reverse. The novels and poems come unwatched out of one's pen.… The novels and poems are pure passionate experience. These 'pollyanalytics' are inferences made afterwards, from the experience."(FU 15)라고 밝히는 언명에서 단적으로 드러나듯이, 그가 무의식을 문학창조의 원천으로 삼았다는 점에서 禪師와 상통함을 보여준다. *Zen Buddhism and Psychoanalysis*에서 말하는 Erich Fromm의 禪論에 의하면 禪은 자기자신의 내부의 가장 깊은 근원으로서의 全人(the whole man)의 실현이며, 거기에는 억압이 제거되어서 오직 직접적인 경험만이 있을 뿐, 어느 누구도 어떠한 사물도 자기에 대하여 타인이 아니다.[8] 그리고 이 책의 공동저자인 Suzuki박사

---

5) Dallas Kenmare, *Fire-Bird*(London: James Barrie, 1951), 1−4.

6) Kenmare, 1−3.

7) D.H.Lawrence, *Fantasia of the Unconscious*(Penguin, 1977), 11−12. 이후부터 이 책의 인용은 FU로 약기하고 본문 안에 페이지만 표시한다.

8) Erich Fromm, *Zen Buddhism and Pshchoanalysis*(New York: Harper & Row, 1970) 130−31. 이후부터 이 책의 인용은 ZBP로 약기하고 본문 안에 페이지만 표시한다.

의 禪論에 의하면 禪은 우주의식과 통하는 무의식 내부에 있는 창조의 근원이며, 禪師는 이러한 무의식과 직접 통하는 위대한 사람이다(ZBP 130 −31).

Lawrence가 지속적으로 역설하고 형상화시킨 우주생명(cosmic life)의 의미는 만물이 하나의 생명체로 연관되어 있다는 깨달음이다. 그가 믿었던 것은 무생물까지 포함하여 자연의 모든 사물은 피를 가진 존재라고 보았고, 그들 사이에는 내면적으로 피의식(blood-consciousness)에 의한 영원한 생명의 교류가 있다고 믿었다. Lawrence의 피는 우주적 생명을 의미한다. Lawrence는 *Apocalypse*에서 이러한 우주생명, 즉 피의 교감을 다음과 같이 말하고 있다:

There is an eternal vital correspondence between our blood and the sun: there is an eternal vital correspondence between our nerves and the moon.··· We and the cosmos are one. The cosmos is a vast living body, of which we are still parts. The sun is a great heart whose tremors run through our smallest veins. The moon is a great gleaming nerve centre from which we quiver forever.(Ap 29)

We ought to dance with rapture that we should be alive and in the flesh, and part of the living, incarnate cosmos. I am part of the sun as my eye is part of me. That I am part of the earth my feet know perfectly, and my blood is part of the sea. My soul knows that I am part of the human race, my soul is an organic part of the great human soul, as my spirit is part of my nation.··· and we shall find that the mind has no existence by itself, it is only the glitter of the sun on the surface of the waters.(Ap 126)

Lawrence는 이러한 인식에 이르렀기 때문에 그가 구현한 세계에서는 어느 사물 하나도 살아 있지 않은 것이 없다. 그의 이러한 우주적 생명사상은 총체적 생명관임을 말해준다는 점에서 불교, 도교, 힌두교, 요가 등을 포함한 동양의 종교사상과 일치함을 명백히 보여준다. 인간이 이러한 총체적 생명관에다 마음을 위치시킬 때 인간-유기물-무기물은 모두다 동일한 생명체로서 유기적으로 연대되어 둘이 아닌 하나임을 느끼게 되고

우주와 자아의 무한성, 영원불멸성을 느끼게 되는 의식확대가 이루어지게
된다고 보는 것이 선불교의 不二法門이다. 그리고 이른바 "발길에 차이는
돌부리 하나에도 생명이 있고 우주적인 뜻이 담겨져 있다"는 동양의 말은
Lawrence의 우주생명 사상과 다르지 않다고 하겠다. Lawrence의 우주
생명론에 나타나는 분열과 대극성이 소멸된 비이원적 일원 사상을 달리
보면, 석가가 깨달음을 얻고 난 후 맨 처음 말한 中道法, 또는 반야심경에
압축되어 표현된 空의 개념과 상통하는 것이다. 인도의 Tagore는 우주적
인 생명의 연대성에 대한 깨달음을 그의 저서 SADHANA에서 강조하여
그것을, "the essential unity of the world with the conscious soul of
man", "a consciousness that moves and exists in unbroken continuity
with the outer world."[9], 또는 "a perception of the soul by the soul"[10]
이라고 표현하고 있다. 여기서 Tagore가 강조한 용어 SADHANA는 삶
의 본성(Dharma)과 하나가 되려는 끝없는 노력, 달리말해 완전성을 성
취하려는 노력[11]을 의미한다. 인도의 P.R. Sarkar에 의하면 이것을 회피
하려는 사람은 죽은 사람이며 사회도 역시 죽은 사회가 될 수 밖에 없다.[12]
이러한 우주생명과의 합일은 생명과 자아의 완성을 위한 것이며 禪의 목
표이다. 여기서 Lawrence가 현대 서구 문명에 대해 비판한 내용의 하나
가, 이러한 진리를 인위적으로 끊음으로써 생명의 우주적 연대성의 파괴
를 야기하는 주지주의, 합리주의, 물질주의 사상에 관한 것이다. 그가 서
구 문명사를 통해 본 것은 서구의 지식인들은 지금까지 그러한 사상에 의
해 생명을 억압해옴으로써 자아와 우주와의 연대성을 끊어 사회적 위기와
파탄을 몰고 왔다는 것이다. 서구 문명사의 기반을 이루는 합리, 주지, 물
질 주의 사고방식으로부터 인간을 해방시키고 생명의 우주적인 연대와 합
일을 회복하도록 역설한 것이 Lawrence문학의 중심적인 메세지이다.

---

9) Rabindranath Tagore, *SADHANA*(London: Macmillan, 1914), 9.

10) Tagore, 8.

11) 오문환 옮김, 「빛이 온다」[P.R.Sarkar, *Light Comes, The Thought of P.R.
   Sarkar*](서울: 아난다마르가, 1992), 58.

12) 오문환, 60.

본래 禪이라는 용어는 어원적으로 볼 때 중국어 챤(參, Chan)의 일본어 역이며 챤은 본래 인도어 디야나(Dhyana)의 중국어 역이다. 이 용어들은 모두 현재의 바로 이 순간을 진지하고 분명하게 살아야 한다는 명상법을 의미한다.[13] 禪의 목적은 순수의식의 상태에 도달하는 것이며, 이것은 자아가 무한한 실재와 일치될 때 비로소 가능해 진다고 본다.「능가경」(Lankavatara Sutra)에 의하면 고귀한 지혜가 자체의 본성을 깨닫게 되는 의식 상태가 覺의 체험이다. 이것은 분석과 논리에 의한 일상적인 이해로써가 아니라 직접적인 직관을 통하여 존재의 본성을 바라보는 것을 의미한다. 실천적인 면에서 禪은 혼동 투성이의 이원론적인 사고방식에 의해 가려져 있던 전혀 새롭고 변화된 세계를 보여주고자 한다.[14] 이 점에서 禪은 自覺聖智의 체험이다. 주체와 객체의 일상적인 이원론을 새롭고 높은 존재의 차원으로 변용시키는 禪의 이러한 존재변환의 체험은 Lawrence가 그의 문학에서 핵심적인 모티프로서 나타내고자 하는 것이다.

본 논문에서 필자는 禪이라는 용어를 불교의 한 종파로서의 선불교와 밀교에 똑같이 통용되는 개념으로 사용한다. 그것은 禪의 의미에는 명상을 비롯하여 다양한 뜻을 포함하고 있지만, 핵심적인 한가지는 인간이 태어나기 전부터 가지고 있었던 원초적이고 우주적인 본래의 자아를 되찾아 가는 정신적이고 영적인 수행과정과 관련하여 사용되는 방법이나 매체의 의미가 양자 모두에게 공통적으로 있기 때문이다.

Lawrence의 작품에서 선불교나 밀교적인 자아의 형상화는 전체에 걸쳐 있다. 그러한 禪적 자아는 동물, 식물, 천체 등과 같은 자연과의 순수교감, 내면에의 침잠과 靜觀, 죽음에 대한 명상, 양성간의 이상적인 성교감의 묘사장면 등에서 잘 나타난다. 필자는 그러한 장면 중에서 가장 인상적인 장면들을 선택하여 거기에 나타난 禪불교와 밀교의 양상, 본질, 원리를 고찰하고자 한다.

---

13) Anne Bankroft, *Zen, Direct Pointing to Reality*(Illinois: Thames and Hudson, 1979), 9.

14) Bankroft, 9.

2. 禪과 Lawrence사상

[1] 작품분석에 들어가기 전에 禪의 본질과 목적에 관해 좀 더 살펴보고 Lawrence 사상에서 禪과의 연관성을 찾아보는 것이 좋을 것 같다.

김 현창에 의하면 禪은 윤리개념이나 도덕성을 초월함을 근간으로 하며 그것은 순수본능과 순수의식의 아들이다. 초월한다 함은 비도덕적이란 뜻은 아니고 도덕으로부터도 자유로움을 뜻한다. 즉 윤리개념이나 도덕성 이전의 원초적인 의식의 상태로 인도하는 것을 목표로 하는 것이 禪이다. 이처럼 윤리개념과 도덕성의 초월을 내용으로 담고 있는 禪은 때때로 비정상적이고 비사회적이며 전통파괴적인 성향을 표출할 때도 있다.[1] 이와 같은 禪의 관점에서 Lawrence를 보면 그는 동양의 禪客과 공통성을 지니고 있다. 그는 서구의 지성사를 전면 비판하고 이단자로서의 길을 걸으면서 자신의 피와 살의 신앙을 철저히, 그리고 끝까지 고수했던 강한 개성의 인물인 점에서 훌륭한 선객이라고 하겠다.

Lawrence가 反지성적인 신비주의자로 평가받는 것은 피, 어둠, 무의식을 생명과 우주의 원천으로 보고 상부적 자아의 두뇌, 지성, 빛보다도 훨씬 더 중시하는 데 있다. Lawrence의 신비주의적인 이러한 우주생명 사상은 "스스로의 정의를 배격하며 지적, 철학적인 해설과 논리를 거부"[2] 하는 禪의 反지성적인 면과 상통한다. "내가 원하는 것은 지성이나 도덕 등의 쓸데없는 개입없이 직접적으로 나의 피에 대답하는 것이다."[3] "피가 느끼고, 믿고, 말한다"(CL 180)등과 같은 Lawrence의 발언에서 그러한 면이 나타나고 있다. Lawrence가 현대의 지성주의를 배격한 것은 그것이 이원론적인 사고 패턴에 의해 우주 자연으로부터 인간을 분리시키며, 나

---

1) 김현창, 「現代世界文學 속의 東洋思想」(서울:新雅社, 1984), 76－77.

2) Ibid., 153.

3) Harry T. Moore, ed. *The Collected Letters of D.H.Lawrence*(New York: The Viking Press, 1962), 180. 이후부터 이 책의 인용은 CL로 약기하고 본문 안에 페이지만 표시한다.

아가 자기로부터 자기자신 마저도 분리시켜 인간 자아의 전체성을 파괴하여 버리는 병폐성 때문이다. 이와같은 점에서 보면 그가 피의식을 강조한 것은 全肉身의 감각과 의식에 의존함으로써 자아에 대해 분리성 대신 전체성을 가져다 주는 것을 의미한다.

禪이 超지성과 超윤리를 강조하는 이유는 무엇인가? 두뇌에만 의존하는 것이 지성, 윤리 등의 기능으로 볼 때 그러한 기능은 개념적이고 관념적인 지배에 의해 자아를 부분적으로만 작용시켜 마음의 공간을 좁게 만들어 버린다고 보기 때문이다. "禪은 空이다"[4]라고 한 선사들의 말에 암시되어 있듯이, 마음을 비우는 空化에 의해 인간은 오히려 자아를 전체적으로 작용시킴으로써 그 내면을 가득 충만되도록 할 수 있는 것이다. 이와같은 선불교의 空에 대해 Christmas Humphreys는 'The Void is Full'이라는 글에서 眞空妙有, 즉 아무것도 없음(眞空)이면서 무엇이든지 있을 수 있는 가능성(妙有)[5]이라고 했다. 그는 전일체로서 작용하는 空의 의미를 다음과 같이 나타내고 있다:

All is a thing which is not something else.
All that is something else is also a thing.
All things are void.
The Void is the name for an absence of all things.
The Void is also full.
Full of No—thing—ness only.[6]

한편 이러한 空이 자아에 대해 얼마나 중요한 기능을 하는가에 대해 혜능선사는 다음과 같이 말하고 있다:

그대들은 마음을 비우고 그저 묵묵히 앉아 있으면 그러는 중에 개념적인 空에 들어가게 된다. 하늘의 가없는 空은 각양 각색의 '만물'을 포용하고 있다.

---

4) 김현창, 153.
5) 釋智賢, 「禪으로 가는 길」(서울: 一志社, 1976), 230. 이후부터 이 책의 인용은 「禪으로」로 약기하고 본문 안에 페이지만 표시한다.
6) Christmas Humphreys, *The Buddhist Way of Life*(London: George Allen and Unwin Ltd., 1980), 224.

해와 달, 별, 산과 강, 숲과 나무, 악인과 선인, 선한 가르침과 악한 가르침, 극락과 지옥 이 모든 것들이 空안에 내재되어 있다.

그대의 본성의 空도 이와같다. 그것 역시 모든 것을 포용한다. 그러므로 空은 위대하다. 모든 것이 그대 자신의 본성 안에 내재되어 있다.[7]

Lawrence가 그의 문학에서 구현하고자 한 것은 이와같은 禪의 滿空(The Void Fullness)과 일치한다. 그가 지성.도덕의 두뇌적인 인지기능에 대해서 그것이 표면화, 분리화시키는 "Katabolism"(異化작용)[8]을 한다고 비판하고, blood-consciousness에 대해서는 인간관계나 우주자연과의 교감관계에서 강조해야 할 신앙으로 본 것은 禪에서의 空의 작용에 대한 신앙과 대응된다. Lawrence는 피의식이 수행하는 "metabolism"(동화작용)[9]대해 깊은 깨달음과 신앙이 있었던 것이다. 禪의 空과 Lawrence의 피의식은 사실상 동일한 작용을 한다. 그것들은 자아에 대해 부분성이 아닌 전체성, 총체성을 부여해 주기 때문에 마음에다 연속감, 충만, 안정, 평화 그리고 자유 등의 감정을 불러다 준다.

오늘날에 와서 현대 서구사회에서 동양의 禪사상이 하나의 새로운 구원의 메시지로서 각광을 받게 된 것은 그들이 추구해 왔던 주지주의, 합리주의적 과학문명의 당연한 귀결인지도 모른다. 禪은 악과 선을 구별하거나 대상을 대결하도록 둘로 나누는 도덕과 지성 이전의 자유를 갈망하는 사람들에게 숨을 돌릴 수 있는 탈출구의 기능을 했고, 禪불교가 있었으므로 동양인은 많은 사회적 혁명을 피할 수 있었다는 Alan Watts와 R.H. Blyth의 해석[10]은 상당한 설득력이 있다고 보여진다.

禪불교의 이상적인 인간상은 中道의 인간상이다. 현실에서 체험되는 이원론적인 모든 대립을 부정하고, 모든 것의 중심으로서의, 전체로서의, 또

---

7) Bankroft, 15.

8) 'A Propos of *Lady Chatterley's Lover*', in *Sex, Literature and Censorship* ed. by Harry T. Moore(New York: The Viking Press, 1972), 103. 이후부터 이 논문은 Propos로 약기한다.

9) Ibid., 66.

10) 김현창, 154.

는 우주적인 존재로서의 空의 장소를 논한 것[11]이 中道다. 이것은 통상적으로 보는 선악, 생사, 正邪 등에서 처럼 사물을 둘로 나누어서 따로 보는 것이 아니라 하나의 전일체로 보는 통합된 관점의 자리에 서 있기 때문에 상대가 끊어진 자리에 서게 된다. 그래서 분열과 대립이 없고 번뇌 망상이 하나도 없게 되며 이대로가 전부 부처 아닌 것이 없게 되는 심리상태[12]에 도달할 수 있는 것이다.

Paul Reps가 그의 저서 *Zen Flesh, Zen Bones*라고 명기한 표제에서 이미 암시하듯이, 禪은 우리의 존재가 초인의 것이 아니고 뼈와 살로 된 '나'와 동일한 사람의 것임[13]을 실현하려는 종교적인 수행이며 사상인 것이다. Lawrence가 언명한 Blood, Flesh의 신앙은 Paul Reps의 이러한 禪사상과 일치한다. Lawrence가 믿은 것은 인간의 자기 동일성이나 자기 정체성은 두뇌, 지성의 자리에서가 아니라 육신에 채워져 있는 피와 살의 자리에 있다는 것이다.

禪의 가르침에 의하면, "우주는 끊임없이 변화하고 생은 역설적이며 무상하다. 고정된 형식에 의하여 사물을 정의하려는 모든 노력은 지성의 환상일 뿐 실패하기 마련이다."[14] 禪에서 말하는 이와같은 무상의 개념은 실제로는 삶의 허무주의를 말하는 것이 아니라, 끊임없는 운동, 변화, 流轉의 場에서 이루어지고 있는 생명과 우주만물의 실상인 空의 이념을 의미한다. 禪의 이러한 무상이나 空사상은 Lawrence의 소설론 'Morality and Novel'에서도 상응되는 표현을 찾을 수 있다:

> The business of art is to reveal the relation between man and his circumambient universe, at the living moment.⋯ And this perfected relation between man and his circumambient universe is life itself, for mankind. It has the fourth-dimensional quality of eternity and perfection. Yet it is momentaneous.

11) 민희식, 「법화경과 신약성서」(서울: 佛日出版社, 1987), 269.
12) 혜암 선사, 설법 테이프 「성도재」, 해인사.
13) Cf., Paul Reps, *Zen Flesh, Zen Bones*(Penguin, 1972). 그리고 Cf. 김현창, 154.
14) 김현창, 153.

Man and the sunflower both pass away from the moment, in the process of forming a new relationship. The relation between all things changes from day to day, in a subtle stealth of change. Hence art, which reveals or attains to another perfect relationship, will be for ever new.[15]

위의 인용문에서 Lawrence가 말한 무궁과 완전이라는 4차원적 성질, 즉 모든 사물의 "끊임없이 변화 생동하는 순간"은 禪이 말하는 無常이나 空의 개념과 대응된다고 하겠다. Lawrence가 이 에세이에서 제시한, 오늘날에 와서 현대소설이 살아있지 못하고 죽어가고 있고, 점점 부도덕해져가고 있는 경향을 초래하게 된 것은 공고한 균형을 얻기 위해 철학이나 과학처럼 고정관념을 구축하기에 다급하기 때문이라고 분석한 진단(SLC 110)을 바꿔 말하면, 예술이란 살아 움직이는 매순간에 순응할 때 우주와 인간의 생명적 실상을 표현할 수 있고, 인간이 그러한 실상을 깨달아 순응할 때 자아 완성의 길에 도달할 수 있다는 진리를 제시해야 함을 강조한 것이다. 이 점을 禪의 관점에 돌려서 보면 空적 자아, 또는 無常의 자아로 환원될 때 인간관계나 우주 자연과의 관계에 있어서 생명적인 실재에 합일할 수 있다는 의미인 것이다.

R.M.Pirsig가 소설 *Zen and Motorcycle Maintenance*에서 제기한 현대 미국의 합리주의 과학문명에 대한 비판과 그러한 문명의 구제 방안에 관한 禪적 대안은 Lawrence의 그것과 일치점을 보인다. Pirsig는 한국을 방문하여 선수행을 하는 선불교도들을 보고 깊은 감동을 받았으며, 禪이야말로 자타의 분열을 막고 자아를 하나의 중심에 응집시킴으로써 자아의 소외를 극복할 수 있고, 자아를 완성할 수 있는 방법이 될 수 있다는 사실을 깨닫는다. 다음에 인용한 글은 그가 한국에서 본 禪의 기능에 관한 견해와 감탄이다:

선불교도들은 좌선을 수련한다. 이것은 하나의 명상 수행으로써 그의 상태

---

15) Anthony Beal, *D.H.Lawrence*(London: Oliver and Boyd, 1964), 108−09. 이후부터 이 책은 본문 안에 페이지만 표시한다.

에는 자아와 대상의 이원성에 의식을 지배당하지 않는다.… 자아와 대상의 이
원성이 우리의 의식을 지배하지 않는 상태에서 열중해야 한다는 것이다. 모터
사이클[자아를 상징:필자]의 수리에 필요한 것은 自他가 분열하지 않는 마음
이다.… 이와같은 과정을 거치면서… 그 중심에 넘치는 고요함과 정교함이
하나의 실체로 나타나게 될 것이다. 즉 정신적인 실재가 하나의 현상으로서
모습을 나타낼 것이다. 파이드 루스[주인공:필자]가 한국에서 보았던 오래된
城은 바로 그와 같은 것이었다.(266-67)

그리하여 Pirsig는 현대 미국인에게서 심각하게 나타나고 있는 자아의
이원적 분열, 주관과 객관의 이원성을 극복하는 길은 "일원성의 바다"
(363)로 나아갈 때 성취되어 질 수 있고 그것을 가능하게 하는 것을 禪
에서 발견한 것이다.

[2] Lawrence가 Cuper론에서 *Leatherstoking Tales*의 주인공인 인디
언 Natty Bumppo에 대해 감동적으로 말한 논평은 Bumppo가 인간존재
의 가장 이상적이고 원초적인 Dream의 원형상이라고 보는 관점에 서 있
다. 유럽의 지적 문화의 낡은 껍질과 낡은 권위 일체에서 해방된 가장 깊
은 자아(the deepest self)와 해탈된 적나라한 모습을 구현하고 있는 인
물이 그다. Lawrence의 이 인물에 대한 논평문이 제시하는 순수자아의
모습은 禪불교적 특성을 연상시킨다. Bumppo는 아메리카의 자연속에서
그 곳의 터의 정신(spirit of place)에 충실한 자연적 삶을 영위하고 있
고, 인위성과 허식을 초월하여 순수자연 그대로의 모습을 하고 있으며,
Chingachgook와 그와의 인간관계는 걸림이 없는 적나라한 관계로서 性
보다도 깊고, 父性, 사랑, 결혼보다도 깊으며, 자신의 밑바닥까지 도달하
여 사랑도 말도 없는 적나라한 일치의 관계라는 것이 Lawrence의 관점
인데 그의 이러한 관점은 불교의 禪觀과 상통하는 것이다. 다음에 인용한
글은 Lawrence가 논평한 원문의 일부이다:

Why, in his immortal friendship of Chingachgook and Natty Bumppo
he dreamed the nucleus of a new socity. That is, he dreamed a new

human relationship. A stark, stripped human relationship of two men, deeper than the deeps of sex. Deeper than property, deeper than fatherhood, deeper than marriage, deeper than love. So deep that it is loveless. The stark, loveless, wordless unison of two men who have come to the bottom of themselves. This is the new nucleus of a new society, the clue to a new world-epoch. It asks for a great and cruel sloughing first of all. Then it finds a great release into a new world, a new moral, a new landscape.[16]

결국 Cuper가 Bumppo를 통해서 구현시킨 인간상은 Lawrence의 꿈인 셈이라고 할 것이다. Lawrence가 감동한 Bumppo의 해방된 적나라한 자아상에 대한 진술문은 불교적인 해탈에 상통하는 면이 있어서 동양의 독자에게 쉽게 이해된다. 한편 Bumppo는 흔히 말하는 불교적 인간상과는 대립되는 타고난 사냥꾼, 총잡이기도 하지만, 총질을 할 때 그의 모습은 禪의 경지에 가장 가까와진 인상을 주는 인물이기도 하다.[17] 한편 Lawrence의 Natty Bumppo론의 이면에는 두뇌화, 지성화, 물질주의화된 유럽의 현대 백인문명에 대한 그의 반발과 저항이 전제되어 있다. 현대문명에 짓눌려 상실해 버린 참자아의 회복이 우주 자연과 열린 마음으로 적나라하게 교통하면서 순결하게 살아가는 Bumppo에게 실현되어 있다고 보는 Lawrence의 관점은 현대 미국문명에 대한 대안의 제시인 셈이고, 이와같은 인간상은 다름아닌 禪적 인간상과 일치된다.

*Zen Buddhism and Psychoanalysis*에서 Suzuki선사가 말한 禪의 자유 개념은 Lawrence가 Pilgrim Fathers와 아메리카의 미국인 후예들에 대해 논한 글에서 말한 자유 개념과 대비할 때 너무나 동일하다. 이것은 Lawrence가 禪적 관념을 지니고 있음을 보여주는 것이라 할 수 있다.

Suzuki : Zen in its essence in the art of seeing into the nature of

---

16) D.H.Lawrence, *Studies in Classic American Literature*(Penguin, 1977), 59—60. 이후부터 이 책의 인용은 SCAL로 약기하고 본문 안에 페이지만 표시한다.

17) 白樂晴, '미국의 꿈과 미국문학의 짐 — 로렌스의 「미국 고전문학 연구」를 중심으로', 「민족문학과 세계문학」(서울 : 창작과 비평사, 1985), 222.

one's being, and it points the way from bondage to freedom.··· We can say that Zen liberates all the energies properly and naturally stored in each of us, which are in ordinary circumstances cramped and distorted so that they find no adequate channel for activity.··· It is the object of Zen, therefore, to save us from going crazy or being crippled. This is what I mean by freedom, giving free play to all the creative and benevolent impulses inherently lying in our hearts.(ZBP 114)

Lawrence : Men are less free than they imagine; ah, far less free. The freest are perhaps least free.··· Men are free when they are obeying some deep, inward voice of religious belief. Obeying from within. Men are free when they belong to a living, organic, believing community, active in fulfilling some unfulfilled, perhaps unrealized purpose. Not when they are escaping to some wild west. The most unfree souls go west, and shout of freedom. Men are freest when they are most unconscious of freedom.(SCAL 12)

동양의 禪은 인위적 의지를 거부하는 無爲自然的 道 그것이라 할 수 있다. Lawrence에 의하면 Poe가 경험하고 표현한 소외의 원인은 극히 미국적인 현상이며, 삶을 인간의 의지대로 좌우하고자 하고, 모든 것을 지식의 대상으로 만들고자 하는 미국 특유의 억지에 있다. Poe의 비극은 정신적 사랑의 황홀경을 무한정으로 맛보기 위해 수행하는 의지 일변도의 억지에 근원을 두며, Poe와 그의 주인공들이 인간의지의 절대적 주장을 꾀함으로써 "성령에 대한 죄"(sin against the Holy Ghost)(SCAL 79)를 범한 것 이라고 Lawrence는 해석한다. 뿐만 아니라 Melvill론에 있어서도 Lawrence는 포경선 Pequod호를 미국 영혼의 배이고, 흰고래는 백인들의 의식이 쫓고 또 쫓는 그들 자신의 "가장 깊은 피의 본성"(deepest blood-nature)(SCAL 169)이라고 하면서 고래사냥에 대해 새로운 상징적 해석을 펴고 있다. 소설의 종말에서 흰고래와 사흘에 걸친 사투 끝에 Ahab과 Pequod호 전체가 물 속에 잠겨 버리는 사건에 대해 Lawrence는 백인이 추구하는 이상이라는 것이 지식, 의지에 바탕을 둠으로써 생긴 反자연, 反본성적 추구의 파멸이라고 본다. Lawrence의 이와같은 미국문명에 대한 진단과 그것에 대해 그가 구원의 길로서 제시한 자연 그 대로의 본성 회복이라는 사상은 禪의 길과 일치되고 있다.

Erich Fromm은 Walt Whitman을 禪적 삶의 術을 지닌 위인들의 예에 속하는 인물이라고 보았다. Buddha, Jesus Christ, Meister Eckhart, Blake, Spinoza 등과 같은 예언자들을 그러한 사람으로 들고 있다. Whitman에 관해선 「禪思想」지에 소개된 바 있는데 'Song of Myself', 'Leaves of Grass'의 일부가 번역 게재되었다. 이 작품에 표현된 그의 정신은 禪불교와 합치된다. Whitman이 말한 열린 길에 나선 영혼끼리의 만남(the open road where soul meets soul)이라는 민주주의 사상에 대한 Lawrence의 공감적인 논평은 Erich Fromm이 *Zen Buddhism and Psychoanalysis*에서 제시한 다음에 인용한 부분의 글과 합치된다.

Erich Fromm: To such [creative artist of life] his every deed expresses originality, creativity, his living personality. There is no conventionality, no confirmity, no inhibitory motivation.⋯ He has no self encased in his fragmentary, limited, restrained egocentric existence. He is gone out of this prison.⋯ The mature man if he has cleansed himself of affective contamination and the interference of intellection, can realize a life of freedom and spontaneity where such disturbing feelings as fear, anxiety, or insecurity have no room to assail him. (ZBP 133)

Lawrence : it is not I who guide my soul to heaven. It is I who am guided by my own soul along the open road, where all men tread. Therefore, I must accept her deep motions of love, or hate, or compassion, or dislike, or indifference. And I must go where she takes me, for my feet and my lips and my body are my soul. It is I who must submit to her. This is Whitman's message of American democracy. The true democracy, where soul meets soul, in the open road.⋯ The soul passing unenhanced, passing on foot and being no more than itself. And recognized, and passed by or greeted according to the soul's dictate, if it be a great soul, it will be worshipped in the road.(SCAL 186)

위에 인용된 Lawrence의 Whitman론은 극히 일부에 지나지 않지만 실제로 Whitman의 메시지는 Natty Bumpo가 그러했던 것처럼 대승적인 해탈의 가르침을 떠올리게 하고 그의 "위대한 영혼들"은 곧 산보살들[18] 이라고 말할 수 있다. 禪은 곧 "영혼의 우주적 확장"[19]의 길이며, "경이로운 세계로 동참하는 열린 경지"[20]인 점에서 보면 Whitman의 글에 표현된 그의 시적 자아는 다름아닌 禪적 자아인 것이다.

[3] 다음은 Lawrence의 어둠의식을 중심으로 하여 그것을 禪과 관련시켜 고찰하고자 한다. 여기에 관련되는 것이 그가 태어나서 성장한 그의 고향 Eastwood의 탄광과 광부이다.

자서전적 소설인 *Sons and Lovers*에 묘사된 Lawrence의 아버지가 모델로 된 광부 Mr. Morel은 탄광의 어두운 지하세계에서 활동함으로써 형성되어진 내면투시적인 감각과 본능, 직관력을 지니게 된 인물이다. 그는 지상세계의 부인들이 하는 잔소리와 간섭을 받지 않고 동료 광부들 끼리 근심 걱정없이 하루 일과를 지하세계에서 즐겁게 보내며, 일이 끝난 저녁 이후에는 주점에서 어울려 술을 마시면서 시간 의식에 구애됨이 없이 낙천적인 삶을 살아간다. 그는 자유분방함과 구속을 싫어하는 본성을 갖고 있기 때문에 책임감이 없는 약점을 지닌 것도 사실이지만, 그만큼 생명력을 지니고 있고 생명 자체의 흐름에 따르는 순수한 의식의 소유자이다. 이와같은 점에서 광부로서의 그의 자아는 禪이 내포한 특성을 드러낸다고 하겠다. 그의 아내의 문명된 생활방식이라는 것은 그에게는 심적으로 아무런 영향을 주지 못한다. 문명의 인위적인 구속을 벗어버린 자유정신에 禪의 정신이 있다는 점에서도 Morel씨는 禪에 접근해 있다.

Lawrence는 만년인 1929년에 쓴 에세이 'Nottingham and the Min-

---

18) 白樂靑, 239.

19) 徐京保 발행, 「禪思想」(서울: 禪思想社), 1983년 봄. 유기현, '영혼의 우주적 확장으로서의 禪', 137.

20) Ibid., 137.

ing Country'를 통해, 기계문명과 지적 사고에 때묻지 않은 삶을 살아가던 원시적 전원인 고향 Eastwood의 광부들이 지닌 순수한 자아와 미적 본능을 깊은 감명으로 기술하고 있다. 그에 의하면 소년시절의 광부들이 꽃을 바라보는 태도는 미의 존재를 참으로 인식하는 심오한 것이며, 원초적인 일종의 예술적 명상이다. 그것은 소유욕에 뿌리박은 것도 아니고, 그렇다고 감탄이나 즐거움이나 기쁨도 아닌 것으로서 깊은 내적 자아와 연관된 그 무엇이라고 본다. 이러한 광부들의 관점에는 禪의 본성이 그대로 반영되고 있다고 하겠다.

> Yet I've seen many a collier stand in his back garden looking down at a flower with that odd, remote sort of contemplation which shows a real awareness of the presence of beauty. It would not even be admiration, or joy, or delight, or any of those things which so often have a root in the possessive instinct. It would be a sort of contemplation: Which shows the incipient artist.[21]

Lawrence가 원하고 지향하는 삶은 바로 광부들의 그것과 같다. 광부들의 순수한 감수성은 지적이고 정신적인 것과는 다르며, 영혼의 깊은 지하, 또는 순수한 무의식으로부터 나오는 禪명상의 그것과 상통한다. 이 광부들의 생활방식과 사고방식은 Lawrence의 소설에서 비판의 대상이 되고 있는 인물들에게서 나타나는 지적, 물질주의적인 문명생활의 태도나 이분법적 사고와는 상반된다. 그들은 자연과 동식물을 바라보는 태도에 있어서 지적으로 수용하거나 자신과 사물들을 이원적으로 구별해 버리는 태도를 지니고 있지 않고, 또한 그러한 태도를 거부한다. 자연에 대해서는 순수한 사랑과 미적 감각을 보이며, 생명을 하나의 흐름으로서 느끼는 것이 그들이다.

> The collier didn't know and care very deeply — his life was otherwise. So he escaped. He roved the countryside with his dog, prowing for a

---

21) D.H.Lawrence, *Selected Essays*(Penguin, 1972), 119. 이후부터 이 책은 SE, 이 에세이는 NMC로 약기하고 본문 안에 페이지만 표시한다.

rabbit, for nests, for mushrooms, anything. He loved the countryside, just the indiscriminating feel of it. Or he loved just to sit on his heels and watch — anything or nothing. He was not intellectually interested. Life for him did not consist in facts, but in a flow. Very often, he loved his garden. And very often he had a genuine love of the beauty of flowers. I have known it often and often, in colliers.(NMC 118)

Lawrence의 아버지에게 본능적이고 직관적인 감각과 순수한 미적 의식을 예리하게 개발하게 만든 것은 지하탄광이다. 그 지하의 어둠세계는 냉혹하고 추악한 물질주의가 지배하는 지상의 밝은 세계와는 대립되기 때문이다. 만년의 회상에서 Lawrence는 어머니가 집착한 지상세계인 낮의 세계, 바꿔말해 물질과 지성이라는 문명세계를 잘못된 것이라고 경멸하는 반면에, 이에 대극되는 아버지의 세계를 이상적인 것으로서 동경한다. 요컨대 지하세계는 광부들에게 순수한 본능과 직관적 감각, 그리고 생동적인 생명력을 일깨우는 곳이다. Lawrence는 이와같은 지하탄광의 역활을 다음과 같이 천명하고 있다.

Now the colliers had also an instinct of beauty. The collier's wives had not. The colliers were deeply alive, instinctively. But they had no daytime ambition, and no daytime intellect. They avoided, really, the rational aspect of life. They preferred to take life instinctively and intuitively. They didn't even care very profoundly about wages. It was the women, naturally, who nagged on this score. There was a big discrepancy, when I was a boy, between the collier who saw, at the best, only a brief few hours of daylight—often no daylight at all during the winter weeks— and the collier's wife, who had all the day to herself when the man down pit.(NMC 117—118)

I know that the ordinary collier, when I was a boy had a peculiar sense of beauty, coming from his intuitive and instinctive consciousness, which was awakened down pit. And the fact that he met with just cold ugliness and raw materialism when he came up into daylight, and particularly when he came to the Square or the Breach. and to

his own table, killed something in him, and in a sense spoiled him as
a man.(NMC 119)

이 뿐만 아니라 지하의 어두운 탄광은 동료들 사이에 피와 살의 친밀한
유대와 교류를 맺게 해주는 곳이다. 광부들은 서로 시간을 함께 보내면서
활기찬 생명력을 구현한 원시인들처럼 그곳 세계에서 피의 감각을 함께
나누는 우정에 찬 생활을 하는 것이다. 다음에 인용한 글은 Lawrence가
느꼈던 Eastwood 탄광의 매력적인 기능과 광부들의 감각과 특성에 관한
내용을 상세하게 보여준다

The people lived almost entirely by instinct, men of father's age
could not really read. And the pit did not mechanize men. On the
country under the butty system, the miners worked underground as a
sort of intimate community, they knew each other practically naked, and
with curious close intimacy, and the darkness and the underground
remoteness of the pit 'stall', and the continual presence of danger,
made the physical, instintive, and intuitional contact between men
very highly developed, a contact almost as close as touch, very real
and very powerful.

This physical awareness and intimate togetherness was at its strongest
down pit. When the men came up into the light, they blinked. They
had, in a measure, to change their flow. Neverthless, they brought
with them above ground the curious dark intmacy of the mine, the
naked sort of contact, and if I think of my childhood, it is always as
if there was a lustrous sort of inner darkness, like the gloss of coal,
in which we moved and had our real being. My father loved the pit.
He was hurt badly, more than once, but he would never stay away. He
loved the contact, the intimacy, as men in the war loved the intense
male comradeship of the dark days.(NMC 117)

그리고 Lawrence는 이렇게 말한다. "The great fallacy is to pity
the man. He didn't dream of pitying himself, till agitators and sen-
timentalists taught him to. He was happy; or more than happy,

he was fulfilled"(NMC 118) Lawrence 아버지의 이와같는 원시적인 자아는 그 자신에 대해 자족하면서 깊은 즐거움을 찾고 있다는 점에서 그야말로 禪적이다.

이와같이 하여 Lawrence 자신도 역시 그의 성장과정에서 어둠에 대한 관심과 감각을 비상하게 개발하게 되었다. darkness는 그의 작품에서 끊임없이 사용하는 애용단어가 되었으며, 다층적인 상징성과 신비적인 의미가 부과되었다.[22] 그의 어둠은 사물과 존재들을 보다더 심층에서 감각할 때 관계하는 말이 되었고, 탄광은 인간의식과 우주의식의 중심이 되었으며, 의식의 저 깊은 곳에 있는 무의식이나 생명의 뿌리를 상징하게 되었다. 이와같이 하여 어둠은 Lawrence에게 가장 창조적이고 순수한 앎과 관련된다.[23] 그의 자아에 있어서 위에서 광부와 탄광을 통해 살펴본 바와 같은 기능을 하는 어둠의식은 Spinoza가 가장 고귀한 형태라고 불렀던 직관적인 지식으로서의 禪을 상기시킨다고 하겠다.

한편 Lawrence의 작품에서 묘사되고 있는 어둠의 심상이나 상징, 비견은 영혼의 내적 탐구를 목표로 삼고 있는 계통의 종교에서 발견되는 공통적인 요소이다. 이에 대해서는 Jung에 의해서 깊이 통찰되어 졌다. Jung은 인간심리의 어두운 근원과의 통합에 관한 중요성을 Lapis 성전에서 발견했다. 이 성전은 어둠과 빛의 이원성이 하나로 통합된 이원적 일원성을 "dark light", "black sun of alchemy"라는 심상으로 상징화하여 표현하고 있다.

> The idea of the *lapis* has serveral points of contact with all this. In the *Rosarium* the *lapis* says, quoting Hermes; "I beget the light, but the darkness too is of my nature.⋯ therefore nothing better or more worthy of veneration can come to pass in the world than the conjunction of myself and my son." Similarly, the Monogenes is called

---

22) Horace Gregory, *D.H.Lawrence: Pilgrim of the Apocalypse*(New York : Grove Press, INC., 1975), 32−33.

23) Elizabeth Drew, *The Novel: A Modern Guide to English Masterpieces*(New York : Dell Publishing Co., Inc., 1969), 214.

the "dark light", a reminder of the *sol niger,* the black sun of alche-
my.[24]

위 인용문에서 Jung은 어둠에 대해 원래부터 존재하고 있었던 실재로
서의 원초성과 그것의 중요성을 지적하고 있다. 어둠은 특히 묵상이나 명
상과 같은 영적 탐험을 기본요소로 삼고 있는 원시종교나 동양종교에서
잘 표출되고 있다. 예컨대 인디언의 자연종교, 인도의 요가, 힌두교, 불
교, 티벳의 밀교, 페르샤의 마니교, 조로아스터교 등이 그런 유형에 해당
한다.[25] 禪은 이와같은 종교에 사실상 공유된 요소이다.

이제 이상에서 살펴본 Lawrence의 어둠의식이 그의 피의식(또는 살의
식)과 어떻게 관련되고 禪과 어떻게 연관될 수 있는지 살펴보고자 한다.

결론적으로 말해 Lawrence에게 있어 어둠의식은 피와 살의 의식을 극
도로 예리하게 개발되게 한다. 피의식과 살의식은 자아의 내부 깊은 곳에
흐르면서 살아 움직이고 있는 생명력이나 동적 에너지를 검고 어두운 심
상이나 비젼으로 형상화시켜 준다. 이러한 피와 살의식은 깊은 자아에 바
탕을 두고 있고 순수하게 직관적이며 본능적인 감각을 각성시킨다는 점에
서 禪과 일치한다.

Lawrence는 유럽에서 친구에게 보낸 한 서한에서 피와 살의식에 대해
다음과 같이 말한 바 있다:

My great religion is a belief in the blood and the flesh, as being
wiser than the intellect. We can go wrong in our minds. But what
our blood feels and believes and says, is always true. The intellect is
only a bit and a bridle. What do I care about knowledge? All I want
is to answer to my blood, direct, without fribbling intervention of
mind, or moral, or what-not.(CL 180)

---

24) C.G.Jung, *Dreams,* trans. R.F.C.Hull(New York: Princeton University Press
  1974), 183—84.
25) Cf. Harry Levin, *The Power of Blackness*(London: Farber and Farber,
  1958), p.35.

뿐만 아니라 Lawrence는 이렇게 진술하고 있다. "One lives, knows, and has one's being in the blood, without any reference to nerves and brain. This is one half of life, belonging to darkness.··· Now it is necessary for us realize that there is this other great half of life active in the darkness, the blood-relationship"(CL 394). Lawrence의 이러한 진술에서 피의식과 어둠과의 깊은 관련성을 잘 알 수 있는 것이다.

앞에서 인용된 바 있지만 "내가 원하는 것은 지성이나 도덕 등의 쓸데없는 개입없이 직접적으로 나의 피에 대답하는 것이다"(CL 180), "피가 느끼고, 믿고, 말한다"라는 언명이나 또는 "The blood also thinks, inside a man, darkly and ponderously"[26]라는 진술에는 Lawrence의 사물에 대한 인식이 몸의 깊은 내면, 즉 피와 살의 감각을 통해 이루어 진다는 사실이 나타나 있다. 이처럼 내면에 흐르는 피가 사고하고 느끼고 말한다고 밝힌 인지법은 Erich Fromm의 말을 빌린다면, "대상 그 자체 속으로 직접 들어가서 내면으로부터 그 자체를 보는 禪적 인지법"(ZBP 130)과 다르지 않다. 그리고 Lawrence가 "In the blood we have our strongest self-knowledge, our most powerful dark consciousness."[27] "Down the road of the blood, further and further into the darkness, I come to God."[28]라고 말하는 진술에서는 全肉身을 통해 이루어지는 내적 명상이 암시되어 있고, 禪이 목표로 하는 최고 경지로서의 佛性, 달리말해 神性에의 도달과 일치하는 면이 내포되어 있다.

앞에서 살펴본 바 처럼 Lawrence의 피의식과 어둠의식은 생명과 호흡의 관계처럼 상호 관련되어 있고, 禪명상으로 쉽게 이끈다. 그리하여 그러한 의식은 원초적이고 근원적인 의식의 심층이나 자아 내부로 몰입, 교감, 합일하는 상태로 이끌어 주는 기능을 수행한다.

---

26) D.H.Lawrence, 'Books', in D.H.*Lawrence: Phoenix*(Penguin, 1978) ed. by Edward D. McDonald, 732.

27) D.H.Lawrence, 'The Two Principles', in *D.H.Lawrence: Phoenix II*(Penguin, 1978) ed. by Warren Roberts and Harry T. Moore, 236.

28) 'The Crown', in *Phoenix II,* 377.

3. Lawrence작품과 禪불교적 자아의 양상

서론에서 Lawrence의 禪적 특징은 동물, 식물, 우주와의 순수교감, 내면으로 침잠하는 명상, 특히 죽음이 계기가 되는 명상, 양성간의 이상적인 성결합 등과 같은 묘사 장면에서 잘 나타난다고 밝힌 바 있다. 이제는 앞에서 고찰한 禪의 내용을 바탕으로 하여 Lawrence의 소설과 시를 통해 거기에 묘사된 禪적 양상과 그 특징을 살펴 보겠다.

[1] *Sons and Lovers*의 Paul은 앞에서 살펴본 그의 아버지 Mr. Morel의 감각이나 자아의 특성을 이어받아 있다는 점에서 禪적이다. 그는 어둠을 좋아하며, 어둠을 통해서 활력을 얻고, 영혼의 내부로부터 광활하고 근원적이며 원초적인 생명과 관련된 어떤 신비를 구해 낸다.

Paul이 Miriam을 찾아간 어느날, 그는 어두워진 저녁 시간에 그녀와 함께 산보를 하다가 나무가 우거진 숲에 이르러자 그 숲속에 들어가 보자고 제안하여 숲속의 어둠 가운데에서 사랑을 교환하는 장면이 있다. 이때 Paul은 말이 없고 태도가 약간 이상하고 신비스럽게 변한다. 그는 Miriam에게 "I like the darkness, I wish it were thicker — good, thick darkness."[29]라고 말한다. 이 장면에서 어둠은 영혼을 심오하게 감싸주고 묻어주는 기능을 한다. 어둠이 Paul을 신비적인 존재로 변화시켜 주자 Miriam은 그에게서 뭔가 괴이하고 무서운 감정을 느끼게 되며, 그는 그녀에게 이제 낯선 이방적 존재로 느껴지고 만다. 어둠과 그것에 덮힌 숲은 Paul에게 자연과의 합일감정이나 정적, 망각, 해탈 등 무엇이라고 표현할 수 없는 신비적인 심리변화를 가져다 주는 영적 공간이 된다. Paul의 이와같은 존재변환의 내용은 정말로 禪적이라고 하겠다.

---

29) D.H.Lawrence, *Sons and Lovers*(Penguin, 1970), 349. 이후부터 이 책의 인용은 SL로 약기하고 본문 안에 페이지만 표시한다.

It was very dark among the fires, and the sharp spines pricked her face. She was afraid. Paul was silent and strange.… He seemed to be almost unaware of her as a person: she was only to him then a woman. She was afraid. He stood against a pine-tree trunk and took her in his arms. She relinquished herself to him, but it was a sacrifice in which she felt something of horror. This thick-voiced, oblivious man was a stranger to her.(SL 349−50)

얼마후에 내리는 비는 Paul의 영혼 깊은 곳에 고스란히 적셔져 합일되며, 이 때 그의 내적 심리는 禪불교적 명상상태인 寂靜滅空 상태로 인도된다. 여기서 어둠과 비는 내적 명상상태로 이끌어 가는 작용을 한다. 그것에 의해 Paul이 마음에 느끼는 것은 몹시도 적적하고 부드러워지는 감정이다. 그는 누워서 한없이 고요한 기분을 느끼면서 빗방울이 몸위로 떨어져도 상관없고, 흠뻑 젖어보고 싶어진다. 이제 그에게는 아무것도 문제가 아닌성 싶으지며 그의 생명은 가깝고도 사랑스러운 저 세상 속으로 밀려나 있는 것 같다. 그에게 이러한 기분은 "strange, gentle reaching-out to death"(SL 356)로 느껴진다. 어둠과 숲은 Paul에게는 영혼의 근원이나 안식처로 느껴지지만 대립적인 감각을 지닌 Miriam에게는 낯설고 무서운 실체일 뿐이다. 그리하여 Miriam이 나가자고 말할 때 Paul은 움직이지 않으며서 더 머물러 있고 싶어한다. 점점더 시간이 흐르면서 그는 숲속의 나무들이 제각기 신비한 존재로 바뀌어짐을 느낀다. 마침내 그에게는 삶의 평상적인 질서의 전도가 일어나고 존재와 비존재가 자리를 바꾼다. Paul에게 무엇보다도 고귀한 것은 암흑 속에 녹아들고 암흑의 위대한 실체와 하나가 되는 것이다. 이와같이 내면적인 존재변용을 하게 되는 Paul을 Miriam은 신비가라고 느낀다:

To him now, life seemed a shadow, day a white shadow; night, and death, and stillness, and inaction, this seemed like being. To be alive, to be urgent and insistent—that was not-to be. The highest of all was to melt out into the darkness and sway there, identified with the great Being.… 'To have to go. I feel so still.' 'Still!' she repeated.

'Stiller than I have ever been in my life.'… Now he seemed beyond her.… 'The fire-trees are like presences on the darkness: each one only a presence.'… 'A sort of hush:the whole night wondering and asleep: I suppose that's what we do in death-sleep in wonder.' She had been afraid before of the brute in him: now of the mystic.(SL 350−51)

Paul을 이러한 신비적 경지로 이끌어 가는 숲과의 만남은 존재의 원초적인 근원으로의 복귀이다. 그에게 숲과 어둠은 내면으로부터 원초적이고 근원적인 실재와 만나고 교감할 수 있게 하며, 영혼을 무한한 개방과 자유의 초월적인 場으로 이끌어 주고, 주체와 객체의 분별이 없어지는 不二 상태의 전일체적인 감정과 그리고 일상의 벽을 뛰어넘은 평화와 안식, 해탈 감정 등을 주고 극적인 존재 변용을 창출한다는 점에서 禪적 매개자이다. Bell이 Lawrence의 인생에 대해 "어떤 면에서는 무의식적으로 즐겼던 것처럼 보이는 파악할 수 없는 본질에 대한 고도로 자의적인 철학적 추구를 한 것 같은 인상을 준다"[30]고 말한 논평은 이 숲속에서 이루어지는 Paul의 태도에 잘 적용된다. 이것은 달리말하면 禪명상적인 태도와 일치하는 것이다.

[2] *The Rainbow*에서 Brangwen 일가의 남성들이 보여주는 삶과 의식의 양상에 대한 묘사 장면에도 禪적 경지가 잘 표현되고 있다. 이러한 대목은 곧 Lawrence 자신의 禪적 직관의 반영이라고 할 수 있다. 그들에게는 외계 자연과의 활기찬 교감이 막힌 곳 한 점 없이 이루어지는 생명감각이 있다. 그들의 감각은 외부세계로 개방되어 대우주, 대자연과 거리감 없이 합일되고 따뜻함과 부드러움과 그리고 힘찬 생명의 박동감을 느낀다. 禪의 空性은 마음의 문이 열려져 비었으면서도 충만된 상태이며, 不二法門은 모든 우주 자연의 사물이 주체의 마음으로부터 분리되지 않음으로써 주체와 다르지 않다고 느끼는 비이원적인 전일성의 상태를 의미한

---

30) Michael Bell, *Primitivism*(London: Methuen & Co., 1972), 59−60.

다. 이러한 비이원적 전일성은 우주의 무한으로 열려지는 개방성을 자아에 대해 제공한다. 이 점에서 Brangwen家 남성들의 감각은 탁월하게 禪적이라고 하겠다. 아래에 인용한 글은 이들의 전원 생활의 양식이 묘사된 일부이지만 이 점이 잘 구현되고 있다.

They felt the rush of the sap in spring, they knew the wave which cannot halt, but every year throws forward the seed to begetting, and, falling back, leaves the young-born on the earth. They knew the intercourse between heaven and earth, sunshine drawn into the breast and bowels, the rain sucked up in the daytime, nakedness that comes under the wind in autumn, showing the birds' nets no longer worth hiding. Their life and interrelations were such; feeling the pulse and body of the soil, that opened to their furrow for the grain, and became smooth and supple after their ploughing, and clung to their feet with a weight that pulled like desire, lying hard and unresponsive when the crops were to be shorn away. The young corn waved and was silken, and the lustre slid along the limbs of the men who saw it. They took the udder of the cows, the cows yielded milk and pulse against the hands of the men, the pulse of the blood of the teats of the cows beat into the pulse of the hands of the men. They mounted their horses, and held life between the grip of their knees, they harnessed their horses at the wagon, and, with hand on the bridle-rings, drew the heaving of the horses after their will.⋯

It was enough for the men, that the earth heaved and opened its furrows to them, that the wind blew to dry the wet wheat, and set the young ears of corn wheeling freshly round about; it was enough that they helped the cow in labour, or ferreted the rats from under the barn, or broke the back of a rabbit with a sharp knock of the hand. So much warmth and generating and pain and death did they know in their blood, earth and sky and beast and green plants, so much exchange and interchange they had with these, that they lived full and surcharged, their senses full fed, their faces always turned to the heat of the blood, staring into the sun, dazed with looking towards the source of generation, unable to turn round.[31]

　달리말해 위의 남성들은 지성, 의지, 소유 등이 배제된 순수의식으로 복귀한 것이다. 이것은 지고지순의 자유상태와 개방상태의 表現이며 禪적인 것이다. Brangwen가의 남성들은 이처럼 전원의 삶을 통해 일상적으로 禪적 경지에 도달하는 자아를 지니고 있다고 하겠다.

　위의 글에서 남성들이 보여주는 우주적인 개방성은 무엇인가 심원하고 근원적인 것을 느끼게 한다. 그들의 이러한 자아는 살아움직이는 피와 살의 감각이나 의식에서 나오고 있다. 이것에 의해 그들은 우주자연의 대순환과 리듬에 거리감 없이 참여하는 전일성을 느끼며, 그들의 마음은 그러한 생명의 순환과 리듬에 마음껏 무한으로까지 확장되어 젖어들고 있다. 이처럼 자연과 우주의 힘찬 맥박이나 생명력과 더불어 전일체적인 교감을 하는 그들의 피와 살 의식이야말로 禪적인 것이다. 이것에 의해 그들은 대극성과 분열성이 없고, 부족함이나 결핍성을 느끼지 않으며, 충족과 풍만의 감정을 느끼게 되는 것이다. "enough", "full", "in the blood" 라는 어귀와 "It was enough for the men.…", "they know in their blood.…", "they lived full and surcharged,", "their senses full fed,…"라는 문장을 통해 그들의 비이원적 전일성이나 개방성이 잘 표현되고 있는데 이것은 달리말해 禪적인 것이다.

　*The Rainbow*에서 禪명상석인 특징은 Will에게서도 찾아 볼 수 있다. 그가 어둠의 공간 예컨대 성당이나 목공예실을 찾았을 때 그의 몸이 활력으로 되살아나게 되고 영혼이 신적 실체와 신비적인 교감을 터는 행동은 禪적인 것이다. 아래에서 이 점을 잠깐 살펴 보자.

　Will이 링컨 성당을 찾을 때마다 보여주는 중요한 행위는 자아의 내부에 침잠하고 몰입하여 거기에 내재하는 신의 기운과 교감을 하면서 원초적인 이미지나 비젼을 느낀다는 점이다.

　Anthony Beal의 말처럼 *The Rainbow*에서 가장 중요한 부분은 Will

---

31) D.H.Lawrence, *The Rainbow* (Penguin, 1977), 7−9. 이하에서 이 책은 RB로 약기하고 본문 안에 페이지만 표시한다.

과 Anna가 링컨 성당을 찾아가는 때라고 할 수 있다. 이 성당은 Lawrence에게 Marsh 농장의 전원생활이 그러한 만큼이나 의미심장하다.[32] 중세적인 고딕식의 이 종교건물은 Will에게 우주와 인생의 원초적인 형상이 구현되어 있고 모든 진리를 내포하고 있는 신비의 건물이다. 성당 내부의 박명 가운데 말없이 앉아 명상에 몰입해 있는 Will이 경험하는 것은 현상계의 이원적 대극성이 소멸되어 우주적인 근원으로 돌아간 상태이다. 성당 내부의 정적과 어둠을 통해 그가 그의 영혼에서 느끼는 것은 탄생과 죽음, 생성과 소멸, 시간과 무시간, 현상과 영원, 시작과 종말, 어둠과 빛 등의 모든 양극성이 사라지고, 만물이 전일성의 태초적 상태로 환원되어지는 것이다. 그에게 이러한 상태는 우주탄생이나 생명출생 이전의 자궁의 이미지로 떠오른다. 그의 이와같은 심리적 변환에서 보여지는 내용은 바로 禪적인 자아변용과 일치한다고 하겠다. Lawrence가 묘사한 이 대목에 대해 할애한 긴 지면에서 일부만을 아래에 인용한다:

His soul leapt up into the gloom,… it swooned with a great escape, it quivered in the womb, in the hush and the gloom of fecundity, like seed of procreation in ecstasy.… Here, the twilight was the very essence of life, the coloured darkness was the embryo of all light, and the day. Here, the very first dawn was breaking, the very last sunset sinking, and the immemorial darkness,… reechoed peace and profound immemorial silence. Away from time, always outside of time! Between east and west, between dawn and sunset, the church lay like a seed in silence, dark before germination, silenced after death. Containing birth and death, potential with all the noise and transition of life, the cathedral remained hushed, a great, involved seed,… but whose beginning and whose end were the circle of silence.… Here in the church, 'before' and 'after' were folded together, all was contained in oneness. Brangwen came to his consummation. Out of the doors of the womb he had come, putting aside the wings of the womb, and proceeding into the light. Through daylight and day-after-day he had come, knowledge

32) Anthony Beal, *D.H.Lawrence*(London: Oliver and Boyd, 1964), 32.

after knowledge, and experience after experience, remembering the darkness of the womb, having prescience of the darkness after death. Then between-while he had pushed open the doors of the cathedral, and entered the twilight of both darknesses, the hush of the two-fold silence, where dawn was sunset, and the beginning and the end were one.(RB 201－02)

여기서 Will의 심리를 현상학적인 용어를 빌어 살펴보면 그는 원초적이고 선험적인 주관성의 상태에 있다. 그의 내부에 있는 순수자아는 내재성을 구성함에 기초한 "받아들임의 확대기능"[33]에 의해 존재한다. 이 순간 그에게 이루어진 것은 모든 이분법적 구분이 소멸되어 거대한 현상세계와 완전히 합일된 종교적 각성상태이다. Will의 이와같은 각성상태는 Suzuki가 언급하는 다음과 같은 禪불교적인 覺의 상태와 상응한다:

When he said 'There is no body and no mind', all his being in that moment became a flashing into the vast phenomenal world, a flashing which included everything, which covered everything, and which had immense quality in it; all the phenomenal world was included within it, an absolute independent existence. That was his enlightenment.[34]

링컨성당에서 보여주는 Will의 이와같은 종교적인 감정은 Jung이 설명한 원형심리학에 따른다면, 다양한 현상이 아무런 대극도 형성하지 않는 대극 분할 이전의 원초적 전일성, 또는 지적 논리나 인과관계를 초월하는 동시성 원리(das Synchronizitäts Prinzip)에 의한 종교적인 상태의 계시이다.[35] 원초성과 원형적인 성질을 띤 이와같은 실재는 사실상 지적 도그마에 의해서는 계시가 불가능하다. 어두운 신비와 고도의 상징성을 띠

---

33) Wilhelm Szilasi, *Einführung in Die Phänomenologie Edmund Husserls*(Tubingen: Max Niemeyer Verlag, 1959), 91. 번역서로서 Cf. 이영호 옮김, 「現象學 講義」(서울: 종로서적, 1987), 95.

34) Shunryu Suzuki. *Zen Mind, Beginner's Mind* (New York: John Weatherhill, 1988), 107.

35) Cf. 李符永, 「分析 心理學6－C.G.Jung의 人間 心性論」(서울: 일조각, 1982) 374－76.

고 있는 이러한 실재는 의식의 심층부인 무의식에 바탕을 둘 때만 파악된다. 현대문명과 종교에 있어서 자아의 밑바닥에 거대하게 자리잡고 있는 어두운 무의식층에 잠재하는 원형적 경험을 의식층의 상부로 결합시키는 내적인 삶의 노력이 차지하는 중요성에 대해 Jung이 역설한 내용[36]이 앞에서 묘사된 Will의 심리상태에 잘 구현되고 있는 것이다.

Will이 경험하는 대극 분할 이전의 마음의 원초상태는, 능가 禪師의 參禪 說法[37]에 따라서 이해하여 본다면, 그러한 마음상태의 실현은 분별심을 없애는 참선에 의한 것이다. 너와 나라는 분별심을 없앤 상태가 "본래 가지고 있는 청정심"이다. 내가 있다는 전제가 있게 되면 너가 있다는 전제가 있게 되기 때문에 분별심은 세상의 사물로 하여금 대극성을 띠게 만든다. 참선법에 의한 이원적인 분별심이 소멸되어진 이러한 비이원적인 일원심은 달리 말하면 Jung의 동시성 원리에 해당하는 것이다.

Will의 이와같은 자아를 현상학의 존재론적 관점에 돌려 다시 이해하여 보면 그의 자아는 현상학 이념을 충실하게 구현한 창조적인 자아라고 볼 수 있다. 즉 그의 자아는 지적 관념이나 인습적 사고와 같은 인위적인 의식의 개입을 배제함으로써 순수하게 흐르는 생명 그 자체로서의 자아라는 뜻을 가지고 있는 현상학의 이념적 용어들인 절대적 자아(absolute Ego), 선험적인 나(transzendentales Ich), 원초적 나(originares Ich), 순수 자아(reine Ego), 근원적 나(Ur-Ich)[38]로 환원되어져 있다.

---

36) "Always, they [Archetypes] were the bringers of protection and salvation, and their violation has as its consequence the 'perils of the soul', know to us from the psychology of primitives.⋯ Not without reason have the archytypal images and experiences always formed a central part of all the religions of the earth.⋯ Only where faith and dogma have frozen into empty forms—and this is largely the case in our ultracivilized technological, rational-minded western world.⋯ To relieve the isolation and confusion of life, to help him gain a wholeness which may knowingly and deliberately reunite his luminous conscious side with his dark unconscious side."[Jolande Jacobi, *The Psychology of C.G.Jung* (New Haven: Yale University Press, 1973), 50.]

37) 능가 禪師, 설법테이프 「佛祖正傳」(범어사)

38) Szilasi, 86.

Poulet는 "자아에 대한 자아의 全現存"과 "자아에 대한 세계의 全現存"의 동시의식을 강조한 현상학적 문학관에서 그것의 성취를 禪적 의식과 관련시킨 바 있다. 그에 의하면 외적인 형식을 버릴 때 의식이 그 안에 반영된 모든 것을 초월하여 그 자체 앞에 그 자체를 드러낸다. 이 상태는 의식의 최고단계이며 불교의 禪宗과 흡사하다. Poulet의 현상학적 문학작품론에서 마지막 제 3단계에 해당한다는 이 단계에 대해 그는 다음과 같이 진술한다: "항상 작품 속에 있으면서도, 또 작품 위에 있으면서도 의식이 그저 존재한다는 것만으로 족한 경지가 있다. 이러한 경지에서는 어떠한 대상도 의식을 표현할 수가 없고, 어떠한 구조도 그것을 확정할 수가 없는 상태인, 그 기본적인 불확정성 속에 그 자체를 드러낼 뿐이다."[39] 여기서 Lawrence 문학을 Poulet의 문학론에 따라서 본다면 바로 현상학적 문학에 해당한다고 하겠다. 불교의 禪이 자연본래의 의식, 달리말해 원초의식과 우주의식의 구현을 목표로 하고 있다는 점에서 보면 Poulet의 문학이나 Lawrence의 문학은 禪불교의 연장선상에 있는 것이다.

Will에게서 나타나는 禪적 자아의 또다른 일례를 찾아보면 목공예실에서 작업을 하고 있는 대목을 들 수 있다. 어두운 그 곳에서 Will의 몸은 전혀 새로운 감각인 "second sense"(RB 217)를 지니게 된다. Lawrence가 말하는 이 제2의 감각은 "생각함이 없이 의식하는" 희미하게 빛나는 감각이며, 인간에게 충족감과 평화를 준다. 이 점에서 이것은 禪불교적이다. 이것은 능가 선사가 "생각하지 아니하는 생각을 하는 것"이 참선이라고 말한 대목과 일치한다. Will은 딸인 Ursula에게 이러한 제2의 감각에 의해 최면술적이고 전기적인 어떤 친밀성과 유연성에 접하는 느낌을 주게 된다.

···he was at rest. When he was alone with her, he did not want to take notice, to talk. He wanted to live unthinking, with her presence flickering upon him.··· Ursula could remember his forearm, with its

---

39) 崔翊圭 역, 「現象學과 文學」 [R. Magliola, *Phenomenology and Literature: An Introduction*](서울: 大邦出版社, 1986), 40.

fine black hairs and its electric flexibility, working at the bench
through swift, unnoticeable movements, always ambushed in a sort of
silence.(RB 217)

Will이 발을 치고 등불을 걸어 둔채 희미한 어둠 가운데서 팔을 걷어
올리고 공예창작에 몰두하고 있는 모습도 역시 禪적이다. 그는 나무향기
를 풍기고 대패, 망치, 톱의 소리가 울리는 가운데 묵묵히 작업에 몰두할
뿐 말이 없다. 이 때 그의 내부에는 신비한 침묵이 깃들어 있다. 이러한
분위기에 무의식적으로 감화된 Ursula도 대팻밥과 나무못을 만지면서 희
미하게 열중하여 논다. 이러한 장면의 구현은 일하고 있는 "지금, 이곳"
의 몸과 행위에 내적으로 몰입하고 있다는 점에서 그리고 흐르는 생명에
자신을 맡긴 상태에서 내적 자아와 합일을 이루고 있다는 점에서 禪적 경
지를 보여주는 것이다.

[3] *Women in Love*의 29장 "Continental"에 묘사된 Birkin과 Ursula
가 Dover해협을 건너는 밤 해상의 에피소드는 영국인들의 현대적 생활에
대한 Lawrence의 환멸과 그것으로부터의 해방이라는 의미를 담고 있다.
이들의 여행은 영혼의 탐험에 의한 이상세계의 발견을 위해 영국을 떠나
는 일종의 탈출형태를 취한 것이며, 동시에 현대문명의 위기와 혼돈에 대
한 Lawrence의 역사의식에 따르는 영혼의 투쟁과 구제가 반영되고 있다.
밤 바다를 배경으로 구현되는 두 연인들의 세계는 방금 떠나온 영국과
대조되는 원시낙원의 심상으로 펼쳐진다. 밤의 해상세계는 현대의 백인세
계에 대립되는 안티테제로서의 원시적인 유토피아 비젼의 구현이다. 어둠
속에서 배에 몸을 싣고 있는 Birkin과 Ursula는 한장의 모피를 몸에 감
싸서 한 몸처럼 서로 껴앉고 구석진 장소에 앉아 있다. 바로 이 깊은 어
둠 한가운데를 통해 두 사람이 느끼는 것은 영혼의 하나됨과 그리고 평화
이다. 여기에서 禪과의 만남이 온다.

In the complete obscurity, Birkin found a comparatively sheltered
nook, where a great rope was coiled up.··· Near the black, unpierced

space ahead. Here they sat down, folded together, folded round with the same rug, creeping in nearer and even nearer to one another, till it seemed they had crept right into each other, and become one sub-stance. It was very cold, and the darkness was palpable.[40]

위에서 두 사람이 무한성을 지닌 하나의 실체로 변환되겠끔 해주는 것은 "palpable darkness"가 되고 있다. 영국 해안에 있는 황량한 등불들이 자꾸만 작아지면서 시야로부터 사라지는 것을 지켜볼 때, Ursula의 영혼은 "마취되어 있었던 잠, anaesthetic sleep"(WL 436)으로부터 꿈틀거리면서 깨어나는 것을 느낀다. 여기에는 영국문명에 대한 Lawrence의 혐오감이 암시되고 있다. 두 사람이 마음껏 즐기는 해상에 펼쳐진 밤의 어둠세계는 인간의 이지와 문명에 의해 그 본래의 자연성과 원초성이 유린당한 대지, 즉 문명으로 황폐화된 영국의 지상세계와 대조되는 실재이기 때문이다. 이러한 혐오감은 Birkin과 Ursula가 목적지에 닿아 하선할 무렵 밝아져 오는 희미한 어둠속에 또다시 그 모습을 드러내는 지상세계에 대해 "This was the world again. It was not the bliss of her heart, nor the peace of his. It was the superficial unreal world of fact."(WL 438)라고 느끼는 대목에서 다시 표현되고 있다.

선상에서 보내는 밤의 세계, 그것은 Ursula에게는 가슴에서 불타는 낙원의 불꽃이며 말로 나타낼 수 없는 평화이다—"And yet the paradisal glow on her heart, and the unutterable peace of darkness in his, this was the all—in—all."(WL 438) 의식심층의 어둠세계에 대한 Jung의 동경과 마찬가지로, Birkin과 Ursula의 해상항해에서 느껴지는 것은 어두운 무의식의 중심핵을 향해 항해하는 "영혼의 탐험"[41]이다. 자아 바깥의 어둠과 자아 내면의 어둠은 두 사람의 의식세계 안에서는 별개로 분리

---

40) D.H.Lawrence, *Women in Love*(Penguin, 1979), 436. 이후부터 이 책의 인용문은 WL로 약기하고 본문 안에 페이지만 표시한다.

41) Lawrence는 Herman Melville의 Moby Dick에 관한 논평에서 선장 Ahab을 "The captain of the soul"이라고 해석한 바 있다. Cf. Lawrence, *Studies in Classic American Literature*, 157.

된 것이 아니고 동일시된다. 외계의 대우주는 자아의 내부세계를 상징하는 영혼의 우주로서 간주되어지고 있음이 암시되어 있다. 이것은 대우주와 소우주의 일치이며 영혼의 우주적 확장인 점에서 禪的이다.

Birkin과 Ursula가 감싸안고 있는 이들의 모습은 하나의 통일성을 지닌 자아를 상징하는 듯한 모습이다. 이것은 "one closed seed of life" (WL 437)라는 심상으로 나타나 있다. 문맥 내에서 이 심상은 "dark, fathomless space"(WL 437), "the black, unpierced space"(WL 436)와 동일시되고 있음이 암시되어 있다. 여기서 인간과 우주가 통일된 전일성을 구현하고 있는 이러한 어둠의 자아에 나타나는 비젼은 Jung이 심령현상에서 볼 수 있다고 말한 "시간과 공간을 넘어서는 동시성 현상 (Synchronizität)[42]에 해당한다.

Birkin과 Ursula가 "the midst of this profound darkness"(WL 437)를 통해서 이루는 가장 중요한 특징이 자아의 우주적인 통일성과 전일성이다. 그들은 이것을 최초에 인류가 태어나서 살던 원시낙원과의 합일로서 느끼는 상상력에서 실현한다. 현대의 일상 세계와 문명의 어떠한 감염도 배제됨으로써 원초적인 순수성이 보존되어 있는 존재론적 실재가 바로 이러한 세계이다. 어둠을 통해 계시되는 이러한 심리상황은 禪的 심리상황과 합치한다. 이와같은 두 사람의 심리적 상황이 묘사된 부분을 다음에 간략하게 인용한다:

> In Ursula the sense of the unrealized world ahead triumphed over everything. In the midst of this profound darkness, there seemed to glow on her heart the effluence of a paradise unknown and unrealized. Her heart was full of the most wonderful light, golden like honey of darkness, sweet like the warmth of day, a light which was not shed on the world, only on the unknown paradise towards which she was going, a sweetness of habitation, a delight of living quite unknown, but hers infallibly.(WL 437)

---

42) 李符永, 312.

Birkin과 Ursula를 감싸고 있는 것이 있다면, 알 수 없고 볼 수 없는 완벽한 밤의 공간과 희미하게 끝없이 앞을 나아가는 배의 궤도이동과 이에 따르는 물가름 소리일 뿐이다. 선상에서 서로를 깊이 포옹하고 있는 두 사람은 어둠의 한가운데로 향하는 배의 궤도운동만을 의식한다. 여기서 이들은 현재와 과거의 모든 것을 잊어 버린다. 이러한 자아세계는 현대 문명의 혼돈이 제거된 禪적인 순수상태로의 환원인 것이다. 두 연인이 보이지 않는 짙은 밤의 어둠 속에서 마치 끝이 없는 어떤 중심을 향하는 것처럼 구심운동을 할 때, 밤의 우주는 자아내부의 광활하고 어두운 무의식의 세계를 암시하는 느낌을 준다. 이것을 달리보면 알 수 없는 깊은 자아 내면에 대한 禪불교적인 명상 탐험같은 것이라고 말할 수 있다:

They seemd to fall away into the profound darkness. There was no sky, no earth, only one unbroken darkness, into which, with a soft, sleeping motion, they seemed to fall like one closed seed of life falling through dark, fathomless space. They had forgotten where they were, forgotten all that was and all that had been, conscious only in their heart, and there conscious only of this pure trajectory through the surpassing darkness. The ship's prow cleaved on, with a faint noise of cleavage, into the complete night, without knowing, without seeing, only surging on.(WL 437)

두 사람이 경험하는 밤 해상에서의 심리현상을 *Zen Buddhism and Psychoanalysis*에서 말한 Erich Fromm의 표현을 빌려서 다시보면, "우주에 근원을 둔 全人"(106)으로 돌아간 것이며, "인간 존재의 여명으로까지 거슬러 올라간 과거를 표현하는 무의식적 자아"(127)로의 환원이다. 그리고 "자기 자신을 우주적 인간으로서 경험"(127)하는 것이고, "자기자신 내부의 가장 깊은 근원으로서의 全人과 함께 한다"(127). 거기에는 "어느 누구도 어떠한 사물도 자기에 대하여 타인이 아니다"(127). "인간이 자연화되는 것과 마찬가지로 자연도 인간화된 그날"(106)의 현현이라고 말할 수 있다. 밤 해상의 어둠을 통해 이와같은 신비를 경험하는 Birkin과 Ursula는 우주적인 무의식과 직접 교통하는 위대한 사람으로서의 禪師(131)와 같다.

Lawrence문학에서 어둠은 이처럼 가장 원초적이며 태초적인 것으로 인식된다. 어둠은 자신도 알 수 없는 어떤 무한성, 영원성, 자유의 감정, 충족감, 안정감 등과 같은 감정을 주며, 남녀관계에서 양자를 하나로 통합된 원초적인 실재로 환원시켜 준다. Birkin과 Ursula 양자로 하여금 전일체적인 통합을 실현시켜 주고 있고, 그리고 Lawrence의 이른바 "unconscious soul"[43]과 연결시켜 주는 것은 다름아닌 어둠이다. Lawrence에게 있어서 어둠이라는 실재가 존재의 창조적인 변화를 가져오는 실례가 이러한 장면에서 구현되고 있는 것이다. 여기서 이러한 장면에 구현된 자아통합의 비젼은 Hough의 지적처럼 Jung의 "integration of the personality"[44]의 개념과 일치한다.

Birkin에게서 나타나는 禪불교적인 특성의 또다른 예를 아래에서 들어보자. Birkin이 Ursula와 함께 자동차를 몰고 가다가 격렬한 언쟁을 하는 장면이 있다. 잠시 후에 그녀는 꽃을 들고 와서 그와 화해를 이루고, 두사람은 여인숙에 들어서서 침묵 속에 교감을 나눈다. 여인숙의 옛스러운 마당에서부터 짚, 마굿간, 석유의 내음이 나고 머리 위로는 별들이 반짝이고 있다. 밤의 세계는 어둠을 배경으로 하여 비현실의 세계, 어린 시절의 꿈의 세계, 이상한 초자연의 세계로 변환시킨다. 두 사람이 거실의 불 옆에 앉아 있을 때, Birkin은 Ursula에게 신비적인 인물로 보여지기 시작하는데, Ursula는 Birkin으로부터 태초시대의 하나님의 아들이라는 창세기적인 환영을 본다. Birkin의 육체는 불가사의한 비인간의 초연한 모습이다. 그녀는 그로부터 사랑도 정열도 아닌 "something beyond love"(WL 209)의 불가사의한 감정을 느낀다. 두 사람은 인간의 의식을 초월하여 신비주의적인 원초적 상태로 변용되어 버리는 것이다.

---

43) Cf. D.H.Lawrence, *Psychoanalysis and the Unconsciousness,* (Penguin, 1977), 242.

44) Graham Hough, *The Dark Sun*(New York: Capricorn Books, 1959), 230.

She looked at him. He seemed still so separate. New eyes were opened in her soul. She saw a strange creature from another world in him. It was as if she were enchanted, and everything were metamorphosed. She recalled again the old magic of the Book of Genesis, where the sons of God saw the daughters of men, that they were fair. And he was one of these, one of these strange creatures from the beyond, looking down at her,⋯ her face that was upturned exactly like a flower, a fresh, luminous flower, glinting faintly golden with the dew of the first light.(WL 352)

Ursula에게 형상화 되어지는 "a strange reality of his being", "the very stuff of being", "one of the sons of God in the beginning of the world", "the strange inhuman sons of God in the beginning"(WL 353) 등과 같은 원초적인 심상들은 문명화된 자아와는 대립된다. Birkin은 어둠 속에서 이러한 장면을 통해 그가 강조해 온 "great dark knowledge" 를 실현하고 있는 셈이다. 이와같은 내적 심리상태는 禪적인 것이다.

Birkin이 밖으로 나왔을 때, 그는 밤의 어두운 숲을 따라 서서히 차를 몰고 나아가면서 자연과의 신비주의적인 교감을 실현한다. 밤의 존재들은 약동하면서도 말이 없는 고요한 상태, 즉 靜中動, 動中靜의 상태로 느껴진다. 우주의 만물들은 밤의 어둠으로 감싸여 그 우주적인 근원으로 되돌아간 듯이 감가된다. Birkin의 의식에 비쳐오는 바깥의 나무줄기와 양치류 장미들은 정령적 감각을 지니고서 살아있고 고대의 승려처럼 보인다. 이러한 자연의 모습은 Birkin자신의 자아와 동일시되고 있음을 의미한다. 밤공간의 숲을 서서히 이동해 가면서 자동차 좌석에 앉아 있는 Birkin은 이제 坐禪의 모습 그것이다. 그는 밤의 어두운 정적과 동화되고 합일되어 평정되어 있고 균형이 잡혀 있으며, 그의 어두운 육체는 시간을 초월해 있고, 태고시대의 힘에 충만되어 있으며, 육체의 내면은 "a force in darkness like electricity"(WL 358)와 같은 마술적인 힘으로 교묘하게 통제되어 있다. 육체와 영혼이 이렇게 신비적으로 통합된 Birkin의 모습은 또다시 고대 이집트의 Pharoah나 고대 그리이스인과 같은 모습으로서

Ursula에게 느껴진다. 이러한 초월적이고 원초적인 심리상태는 禪불교적인 바로 그것이다. 자동차 좌석에 나란히 앉아 있는 Birkin과 Ursula 두 사람의 모습에서 실현되어지는 것은 Birkin이 이제까지 추구해 온 이념적인 像으로서, 밤의 공간에서 두개의 별이 희미하게 빛나면서 균형을 이루는 "star-equilibrium"像이다. 이 상징적인 형상은 정신적 평정상태를 구하는 자세인 坐禪을 연상시킨다.

> Soon they had run on again into the darkness.··· She sat in a fullness and a pure potency that was like apathy, mindless and immobile. She was next to him, and hung in a pure rest, as a star is hung, balanced unthinkably. Still there remained a dark lambency of anticipation.··· And he too waited in the magical stead-fastness of suspense, for her to take this knowledge, of him as he had taken it of her. He knew her darkly, with the fullness of dark knowledge. Now she would know him, and he too would be liberated. He would be night-free, like an Egyptian, steadfast in perfectly suspended equilibrium, pure mystic nodality of physical being. They would give each other this star-equilibrium which alone is freedom.(WL 359-60)

남녀간의 별의 균형론은 이 시기에 Lawrence가 추구한 이념이다. 이 이념적인 상징적 형상을 통해 성취하는 심리적 효과는 자유, 균형, 평화, 안정 등과 같은 신비로운 경지이다. 이것이야말로 禪적 자아의 형상 바로 그것이다.

[4] Lawrence에게 춤은 생명의 원초적인 근원, 달리말해 우주적인 자아, 신적인 자아를 만날 수 있는 매개자이다. 그 춤을 추는 사람에게 일어나는 것은 무한의 자유, 충만감, 무아의 황홀감, 완전하게 살아움직이는 생명감, 분열없는 자기 자신과의 일체감 등이다. 이와같은 점에서 이것은 춤禪(dance Zen)이라고 이름할 수 있을 것이다. *The Plumed Serpent*에서 이와같은 춤의 禪적인 성격을 살펴보고자 한다.

이 작품의 중심적인 모티프는 인간이 살아있는 신으로 현현되는 것이다. 인간이 그러한 신 자체로 현현될 수 있는 길은 우주 자연과의 연결과 합일에 있다. 그런데 Lawrence는 이것을 구체적으로 실현할 수 있게 해주는 매개자로서 여러가지 儀式을 등장시킨다. 이러한 의식의 하나가 춤이다. 이 인디언 춤은 현대인을 그 기계성, 경직성, 물질성 등으로부터 구원해 주는 기능을 지니고 있으며, 분리적인 성질을 통합하고 생명의 근원으로 합일시켜 나가는 매개자로 기능한다.

VII장 "The Plaza"에서 이 춤을 추기 위해 모인 Quetzalcoatl 교도들이 어두운 밤을 배경으로 하여 둥글게 앉아 있는 상징적인 원의 대열과 그들이 추는 圓舞에 대해 살펴보자. 이 원무는 원래는 인디언들이 비를 내려주도록 신에게 기원하는 것에서 유래한다. 그리하여 지하에 있는 신 (뱀신)과 영적인 교감과 합일을 구하는데 사용되었지만, 여기에만 국한되지 않고 Lawrence는 여러가지 상징적인 의미를 복합시키고 있다. Quetzalcoatl 사제들이 밤의 어둠 가운데서 춤의 대열을 만들어 둥근 원을 지어 땅바닥에 앉아있는 검은 모습은 밤의 어두운 횃불과 결합됨으로써 더욱 신비롭고 불가사의한 실체들로 변화된다. 여주인공 Kate에게 이처럼 둥글게 앉아 있는 이 인디언들의 모습은 새로운 생명의 불길이 신비롭게 타오르는 것처럼 느껴지고, 그들의 신비한 무게가 지닌 육중함은 대지 내부를 향해 어떤 靈이 어두운 물처럼 가라앉는 것같이 느껴진다. 그리고 Kate에게 이들 인디언들은 어둡게 빛나는 살아있는 생명의 핵을 자아의 내부에 가지고 있는 인간들로 여겨진다. 이 때 이 핵의 심상은 원의 심상으로 발전되어진다. 나아가 이것은 태양 원과 연결된다. 이러한 원과 핵의 심상은 Lawrence의 중요한 상징주의를 나타내면서 끊임없이 등장하고 있다. 우주만물은 그 힘의 중심을 내부의 중심핵에 두고 있다. Lawrence에게 있어 원의 핵은 가장 강력한 생명력을 상징한다. 그는 이러한 원을 인간－우주－신의 우주적인 통합을 실현하여 나가는 하나의 상징으로서 창조하고 있다. 인디언들이 땅바닥에 앉아서 무언중에 외계와 신비롭게 내면적인 교감을 수행하는 자아의 모습에도 원과 핵이 있고 그 중심핵에 어떤 힘이 응집된 것같이 Kate에게 느껴진다. 그녀는 그것을 통해 지금까지 자기가 지녀왔던 백인적 자아의 창백성과는 대조되는 어떤 신비적인 자아를 알게 된다. 여기서 말없이 앉아있는 이들의 모습은 沈默坐禪을 하는 禪師를 연상시킨다:

> She was attracted, almost fascinated by the strange nuclear power of the men in the circle. It was like a darkly glowing, vivid nucleus of new life. Repellent the strange heaviness, the sinking of the spirit into the earth, like dark water. Repellent the silent, dense opposition to the pale-faced spiritual direction. Yet here, and here alone, it seemed to her, life burned with a deep, new fire. The rest of life, as she knew it, seemed wan, bleached and sterile. The pallid wanness and weariness of her world! And here, the dark ruddy figures in the glare of a torch, like the centre of the everlasting fire, surely this was a new kindling of mankind![45]

끊임없이 반복되어 나타나는 원의 상징에는 남성과 여성, 인간과 우주 (자연) 그리고 인간과 신 사이의 생명교감 및 합일관계의 실현이라는 의미가 내포되어 있다. 그리하여 이 원은 작품이 의도하는 참된 삶과 우주적 진리 및 인간이 구현해야 할 신적 실체의 표상이다. 이 圓像은 Quetzalcoatl 記章에 새겨진 태양원 안에서 뱀과 독수리가 하나로 결합되어 있는 둥근 형상, 그리고 끊임없이 반복적으로 강조되는 Don Cipriano의 "Dark Eye", "Black Eye", 나아가 이러한 심상에 유기적으로 연결되어 있는 태양, 별, 호수, 자궁, 뱀, 독수리, 뿐만 아니라 Quetzalcoatl 찬송가와 기장과 종이전단 등에 나타나고 있는 뱀의 검은 눈, 그리고 이들 모두와 동일시되고 있는 우주 자체 및 "Dark God" 등의 여러 상징적 심상들에서 표현되고 있다. Lawrence의 이와같은 원의 상징주의가 암시되는 일례가 나타나는 에피소드를 들어 보면 Kate가 Sayula 호수를 건널 때 함께 대화를 나누는 Quetzalcoatl 교도 뱃사공의 검은 눈이 그녀에게 생명과 희망을 상징하는 새벽별을 연상시켜 주는 장면에서 찾을 수 있다.

---

45) D.H.Lawrence *The Plumed Serpent*(Penguin, 1977), 131. 이후부터 이 책의 인용은 PS로 약기하고 본문 안에 페이지만 표시한다.

'We will wait till the Morning Star rises'… 'What does he mean' said Kate, 'by "We will wait till the Morning Star rises"?' The man smiled slowly. 'It is a name,' he said. And he seemed to know no more. But the symbolism had evidently the power to soothe and sustain him.… 'He is one of these of the god Quetzalcoatl, Senorita.'… He watched Kate's face with that gleaming, intense semiabstraction, a gleam that hung unwavering in his black eyes, and which suddenly reminded Kate of the morning star, or the evening star.… 'You have the morning star in your eyes,' she said to the man.(PS 100)

이와같은 점에서 보면 Lawrence가 "Dark Eye", "Black Eye"에 부과한 의미는 실제로 신비주의와 연관되어 있다. 그가 끊임없이 반복하여 강조하고 있는 인디언 남성들의 검은 눈을 다시 검토하면 사실상 인도에 가서 하나의 종단을 창설하여 활동하면서 명성을 떨친 신지학자 Madame Blavatsky와 그녀의 제자인 J.M. Prye가 언명한 송과선 눈(pineal eye)과 부합되고 있고 정신생리학적인 신지학의 개념을 반영하고 있다.[46] 이들에 의하면 송과선 눈은 현대에 와서 물질이 영혼을 압도하는 시대로 변하게 됨으로써 쇠퇴하였으며, 신지학의 과업은 눈에다 과거시대의 영적인 인지능력을 회복시켜주는 것이다[47]고 말하고 있다. Blavatsky와 Prye 두 사람은 만약 수행자가 적절한 정신적 훈련을 한다면 송과선 눈으로 이어지는 척추의 일곱개의 chakra가 하나씩 각성되어질 수 있고, 송과선 눈의 개안에 의해 최고상태의 내적 비젼을 얻을 수 있다는 사실을 Lawrence에게 확인시켜 주었다.[48] Lawrence가 Bertrand Russell의 이성주의를 치유하려는 목적에서 그에게 써 보낸 편지에 언명된 피의식과 눈과의 연관은 이러한 송과선 눈에 기초를 두고 있는 것이다. 이 편지에서 눈은 지적 기관(mental organ)이 아니라 감각기관(sense organ)으로 파

---

46) L.D. Clark, *Dark Night of the Body*(Austin: University of Texas Press, 1964), 132.
47) Clark, 132.
48) Clark, 132.

악되고 있다. 그리고 의식이나 자아의 근원과 연결해 주는 것이 송과선 눈이다—"There is a blood-consciousness which exists in us independently of the ordinary mental consciousness, which depends on the eye as its source or connector."(CL 394)

Quetzalcoatl교도들이 지닌 둥근 검은 눈과 그들이 추는 원무는 사실상 내면적으로 유기적인 연관성을 가지고 있다. 이들이 추는 춤은 바깥 원은 남자, 안쪽 원은 여자가 대열을 이루어서 상호 반대방향으로 돌면서 추는 춤이다. 이들은 어둡게 의식을 집중하고 맨발로 대지를 밟으면서 지구의 중심에 있는 어두운 신과 영적인 합일을 간구하면서 끊임없이 춤을 춘다. 모두다 껌껌한 의식의 집중가운데 개체로서의 자아를 잃고 몰아적인 멍한 상태가 되어 대지를 부드럽고 느리게, 그리고 율동적으로 밟는다. 발박자를 맞추면서 대지의 육체에다 끊임없이 발의 무게를 쏟아 넣는다. Kate도 대열에 끼어 계속하여 대지를 밟는다. 여기서 Kate가 이 인디언들과 함께 영혼의 어두운 집중에 바탕을 두는 이 원무를 춤으로써 일상적 자아를 초월하는 무아지경의 신적 상태로 존재 변화를 일으킨다는 점은 바로 禪적인 것이다. 다음에 인용한 이 춤에서 외부나 자아 내면에 흐르는 의식과의 순수합일과 초월을 특징으로 하는 선의 양상에 주목해 보자.

> Men, dark, collective men, non-individual.··· Men and women alike danced with faces lowered and expressionless, abstract, gone in the deep absorption of men into the greater manhood, women into the great womanhood.··· Herself gone into her greater self, her womanhood consummated in the greater womanhood.··· How strange, to be merged in desire beyond desire, to be gone in the body beyond the individualism of the body, with the spark of contact lingering like a morning star between her and the man, her woman's greater self, and the greater self of man.··· She was beginning to learn softly to loosen her weight, to loosen the uplift of all her life, and let it pour slowly, darkly, with an ebbing gush, rhythmical in soft, rhythmic gushes from her feet into the dark body of the earth.··· to loosen all

the sap of her strength and let it flow down into the roots of the
earth.(PS 140−41)

Kate에게 극적인 변화를 자아에다 가져온 이 인디언 춤은 Cipriano 장
군이 부하병사들에게 가르쳐 주는 Red Indian 춤에서도 나타난다. 이 춤
은 지구의 심장과 태양의 배후에서 나오는 "제2의 힘"을 획득하게 하는
방법이 된다. 이 춤이 활력을 지니는 것은 외부로부터 나오는 기계적인
것이 아니라 내부로부터 나오고 내부로 향하기 때문이다. 이러한 내면성
은 禪의 영역에 속한다. Cipriano는 병사들에게 이 춤이 "물활적인 춤"
(animistic dancing)이라고 말하면서 의식의 순수집중과 내면화를 위한
인내력을 필요로 하는 이 Red Indian 춤의 훈련에 노력을 쏟는다. 다음에
인용한 글은 이 춤의 성격과 기능에 대한 것이다:

The dance which has meaning, is a deep discipline in itself. The old
Indians of the north still have the secret of animistic dancing. They
dance to gain power; power over the living forces or potencies of the
earth. And these dances need intense dark concentration, and immense
endurance.(PS 380)

Kate가 Quetzalcoatl의 원무에 함께 참여해 봄으로써 얻은 것도 역시
이제까지 체험하지 못한 힘, 대지의 중심으로부터 불가사의하게 전달되어
오는 껌껌한 생명의 활력이다. 이제 그녀는 이 춤에 의해 지금까지 참된
자기로부터 분리되어 있었고 경직되고 기계적이고 물질적이었던 그녀의
백인적 자아로부터 떠나 살아있는 활력을 가지는 원초적 자아, 보다 더
위대한 신적 자아로 다시 태어난다. 이러한 존재변화의 과정은 禪적 과정
에서 정신집중에 의해 眞我와 佛性에 도달하는 것과 일치한다.

이 춤에 나타나는 圓像은 밀교와 원불교, 불교 등에서 탐구하는 기본진
리이다. 석 지현 禪師에 의하면 티벳 밀교에서 명상도구로 사용되는 만달
라는 원과 사각으로 이루어진 중심을 가지고 있다. Jung에 의하면, 이 원
상은 그것을 체험할 때 큰 감동이나 조화감을 느끼며, 위기에 처한 인간
을 구원해줄 수 있는 영향력이 있다. 이 원상은 통합과 전일의 상징적 표

현이며 자기자신(Self)의 像이다.[49] 실제로 앞의 인용문에서 살펴본 바 있는 인디언들이 일종의 좌선에 의한 선명상을 하면서 의식을 자아의 중심에 집중하고 둥글게 앉아 있는 둥근 대열이나 실제로 춤을 출 때 이루는 원무는 티벳 밀교에 나타난 원상의 만달라와 일치한다. 선불교의 수행자는 정신집중에 의해 자기의 마음속에 원을 내면화하고, 마음을 이 원의 중심에 일치시키면, 또는 마음을 둥그러니 텅비워 두면, 만상이 원할하게 보여지고, 사물과 내가 하나가 되어 나와 대상의 구분이 없어진다.[50] 이러한 원의 형상은 어떤 신비를 머금고 초월성을 띠고 있으며 眞我의 모습을 연상시켜 준다. 이것이 다름아닌 不二, 中道, 空에 해당한다. 圓佛敎에서는 이러한 원상의 만달라를 인간의식과 우주의식의 합일을 기원하는 다음과 같은 呪文으로 나타나고 있다—"天地靈氣我心定 萬事如意我心通 天地如我同一體 我如天地同心正"[51]

Lawrence는 인디언 원무를 인간이 죽음의 상태로 부터 깨어나 살아있는 생명의 신으로 현현하는데 연결하고 있다. 禪의 경지에 위치하고 있는 이 원무는 우주생명과 우주영혼에 대한 깨달음을 주는 점에서, 그리고 잠자고 있었고 죽어있었던 감각과 의식을 깨어나고 살아나게 하는 점에서 구도의 춤이고 명상의 춤이다.[52] 이와같은 인디언 춤의 성격은 인도의 B.S.Rajneesh가 그의 수행자들에게 수련시킨 Dancing Meditation(Dancing Celebration)과 일치한다. Rajneesh가 그의 춤에 부친 명상 呪文을 보면 다음과 같다—"Don't try to force anything. Let life be a deep let-go. See God opening millions of flowers everyday without forcing the buds."[53] "Be ecstatic, joyful, celebrating, singing, dancing. Let God be allowed to be playful through you. Let playfullness be your only prayer. Let joy be your only worship."[54]

---

49) Cf. 釋智賢, 「禪으로 가는 길」(서울: 一志社, 1976), 97−99.

50) 徐 京保 발행, 「禪思想」(서울: 禪思想社), 1985, 35권, 60−61.

51) 한국의 원불교가 사용하는 呪文 중의 하나로서 교조인 少太山 朴重彬이 만든 呪文.

52) 「禪思想」, op.cit., Cf. 홍신자, '나의 춤, 나의 구도', 46.

53) Bernard Gunther, *Dying for Enlightenment*(New York: Haper & Row, 1979), 27.

54) Ibid., 39.

[5] Lawrence가 죽음에 대한 명상에서 보여주는 심상은 침묵, 망각,
잠, 평화, 정적, 태초 등의 심상이다. 이러한 심상으로 나타난다는 점에서
그의 죽음명상은 禪적이다. 그의 비젼에서 자아의 해체와 붕괴가 내부로
부터 일어나고 나면 그 후의 세계는 의식의 등불이 정지된 상태가 온다.
이러한 존재론적 상황은 어떤 의미에서 인간과 우주가 처음 태어난 원초
적인 상태에의 환원이다. 또한 죽음의 상태는 움직이는 바깥의 현상세계
로 부터 벗어난 존재의 한복판이기도 하다. 달리 말하면 그것은 움직이면
서 회전하는 우주의 어두운 중심핵이다. Lawrence에게 이러한 비젼은
"a dark whorled shell or cosmos"의 심상으로 나타난다. 'Song of
Death'에서 Lawrence의 시적 자아는 바로 이러한 어둠의 중심핵을 향해
긴 여행을 시도한다:

Sing then the song of death, and the longest journey
and what the soul takes with him, and what he leaves behind,
and how he enters fold after fold of deepening darkness
for the cosmos even in death is like a dark whorled shell
whose whorls fold round to the core of soundless silence
and pivotal oblivion
where the soul comes at last, and has utter peace.
Sing then the core of dark and absolute
oblivion where the soul at last is lost
in utter peace.
Sing the song of death, O sing it![55]

존재의 핵은 Lawrence에게 절대적인 어둠이며 그 곳으로의 여행은 완전
한 망각과 아름다운 평화이다. 의식이 정지된 이 어둠의 한복판으로 들어
가는 것이 곧 죽음이다. 태양, 양초, 성냥불 등이 살아있는 생명체로 불타
면서도 정지되어 있고, 소리없이 고요한 중심핵이 있듯이 인간존재에 있
어서 죽음은 이와같은 것이다. 그리하여 죽음은 오히려 두려워 할 것이

---

55) Vivian de Sola Pinto and Warren Roberts ed., *The Complete Poems of D.
H.Lawrence* (New York: The Viking Press, 1974), 621. 이하에서 이 책의
인용은 CP로 약기하고 본문 안에 페이지만 표시한다.

아니라 없어서는 안되는 원초적인 생명의 세계이다. 그곳에 도달하는 것
은 선불교에서 목표로 삼는 禪의 실현과 같다. 'The End, The Begin-
ning'에서 Lawrence는 이 점을 다음과 같이 읊고 있다:

> If there were not an utter and absolute dark
> of silence and sheer oblivion
> at the core of everything,
> how terrible the sun would be,
> how ghastly it would be to strike a match, and make a light.
>
> But the very sun himself is pivoted
> upon a core of pure oblivion,
> so is a candle, even as a match.
>
> And if there were not an absolute, utter forgetting
> and a ceasing to know, a perfect ceasing to know
> and a silent, sheer cessation of all awareness
> how terrible life would be!
> how terrible it would be to think and know, to have consciousness!
>
> But dipped, once dipped in dark oblivion
> the soul has peace, inward and lovely peace.(CP 724)

어두운 의식상태인 죽음은 Lawrence에게 평화로운 잠과 완전한 망각
으로부터 God의 심상으로 발전한다. 'Sleep and Waking"에서 "dark
sleep in deep oblivion'으로서의 죽음은 "the sleep of God"라고 예찬되
고 있다:

> In sleep I am not, I am gone
> I am given up.
> And nothing in the world is lovelier than sleep,
> dark, dreamless sleep, in deep oblivion!
> Nothing in life is quite so good as this.
>
> Yet there is waking from the soundest sleep,
> waking, and waking new.

Did you sleep well?
Ah yes, the sleep of God!
The world is created afresh.(CP 725)

Lawrence가 완전하게 의식이 정지되고 망각상태가 된 죽음을 신의 잠이며 절대평화라고 상상하는 것은 불교의 悅盤寂靜과 일치한다. 禪불교 선사인 Dykstra Eusden에 의하면 "The nirvana of death is a state of *fusho-fushi,* unbornness and undyingness"[56]이다. Lawrence가 위의 시에서 보여주는 죽음의 비젼은 이것과 상통하는데, Green은 Lawrence의 이와 같은 죽음관에 대해 다음과 같이 설명한다. "The individual when he dies indeed simply returns to the darkness out of which he was born, becomes once more a part of the greater cosmos."[57] 이러한 논평에서 알 수 있는 것처럼 Lawrence의 죽음관은 禪불교적이다.

Lawrence는 실제로 이 시를 쓸 무렵에 불교도 친구 Earl Brewster와 함께 시간을 보낸 적이 많았다.[58] Brewster는 미국인으로서 화가이자 불교도이며 Lawrence, Frieda와 함께 Ceylon을 방문한 적이 있다. 그는 부인과 함께 1912년에 Lawrence를 만났고 그 이후 계속하여 Lawrence와 친구가 되었으며 인도 및 극동지역에서 가장 많은 시간을 보냈다. Sarah Urang은 두 사람의 교우 사실에 대해 "In the spring of 1927 the writer visited, with his peaceful Buddhist friend Earl Brewster, the various decayed Etruscan tombs near the Tyrrhenian coast of Italy."[59] 라고 밝히고 있다. Lawrence는 그가 죽음을 앞두고 쓴 여행문집 *Etruscan Places*에서 Earl Brewster를 "B."라고 약칭하고 있다.[60] Urang에

---

56) John Dykstra Eusden, *Zen and Christian* (New York: The Crossoad Publishing, 1981), 129.

57) Eleanor Hewson Green, "The Works of D.H.Lawrence with Relation to Schopenhauer and Nietzsche", Ph.D. dissertation (The University of Nottingham, 1973), 310.

58) Cf. Norman Page ed., *D.H.Lawrence Interviews and Recollections* Volume. 2. (Macmillan, 1985), 159.

59) Urang, 124.

60) D.H.Lawrence, *Etruscan Places*(Penguin, 1975), 109.

의하면 禪불교적인 悅盤寂靜이 표현된 Lawrence의 위와 같은 죽음의 시들은 "initiation to that ultimate tranquillity of the dark"[61]이다. 그가 만년에 죽음의 고통을 이겨내고자 몸부림칠 때, 그의 영혼이 간구한 것이 Nirvana이었던 것이다. 그 Nirvana에는 신의 비젼이 함께 구현되어 있다. 그러나 이러한 Nirvana의 실현은 말처럼 쉽지 않다. Lawrence는 격심한 육체의 고통을 초극하고자 하면서 그것이 지극히 어려운 것임을 'Fatigue'에서 읊고 있다.

> O, and in the world
> there is no place for the soul to find her oblivion
> the utter darkness of her peace,
> for man has killed the silence of the earth
> and ravished all the peaceful oblivious places
> where the angels used to alight."(CP 725)

그리하여 참기 어려운 죽음의 고통을 받는 영혼은 망각을 위해 겹겹이 베일로 둘러쳐진 어두운 신전의 중심핵으로 들어가고 싶어한다. 완전한 망각이 성소 중의 성소인 그 곳에 있다. 신은 다름 아닌 그 곳에서 완전한 망각을 실현한 존재론적 상태이다. 그러나 사실상 신이라고 하는 개념마저 의식 속에서 잊어버리고 앎과 인식이 일체 중지된 침묵의 상태에서 영혼은 "the sweet wholeness of oblivion"을 성취할 수 있다. Lawrence는 이러한 망각상태의 신적 실현을 위해 신전과 사원을 짓고 그 어두운 집의 가장 깊은 심처로 들어가 신이 되고자 하는 시도를 다음과 같은 두 편의 시들에서 보여 준다:

Tabernacle

Come, let us build a temple to oblivion
with seven veils, and an innermost
Holy of Holies of sheer oblivion.

And there oblivion dwells, and the silent soul

---

61) Urang, 135.

may sink into god at last, having passed the veils.

But anyone who shall ascribe attributes to God or oblivion
let him be cast out, for blasphemy.
For God is a deeper forgetting far than sleep
and all description is a blasphemy.(CP 726)

Temples

Oh, what we want on earth
is centres here and there of silence and forgetting,
where we may cease from knowing, and, as far as we know,
may cease from being
in the sweet wholeness of oblivion.(CP 726)

물론 Lawrence가 실현하고자 하는 이와같은 이상적인 죽음의 의미를 지닌 신적 비젼은 물리적인 것이라고 하기 보다는 심리적인 것이다.

Lawrence의 죽음에 대한 의미와 비젼에는 Johnston이 禪불교와 기독교 신비주의에 나타난 寂靜(still point)을 상호 대비하면서 말한 "the function of death is to provide the necessary entrance into our inmost selves"[62]라는 명제가 내포되어 있다. Johnston은 Lawrence가 보여주는 고통 그대로의 죽음을 받아들임으로써 초월성을 얻는 태도에 대해 기독교와 선불교가 일치하는 관점에서 이해한다. 기독교의 신비주의적인 죽음의 의미에 대해 Johnston은 다음과 같이 말하고 있다:

One who suffered as he did could not fail to grasp the value of purification, of detachment, of the cross; could not but see that there is no mysticism without a great death.⋯ Death to self means life to Christ.⋯ In John of the Cross I become Christ. ("I live, now not I⋯"): in Teilhard the universe becomes Christ.[63]

Lawrence에게 있어 죽음이 내포한 평화로운 망각과 잠은 영원히 정지

---

62) William Johnston, *The Still Point*(New York: Fordham University Press, 1982), 168.
63) Johnston, 167.

된 永眠적인 Nirvana와는 다르다. "Sleeping and Waking"으로 언명되었듯이 그러한 죽음은 Being으로서의 정지된 상태가 아니라 "perpetual Becoming"에서 어느 기간 동안의 한 과정일 뿐이다. 그리하여 죽음은 삶과 연결된 구조 속에서 영구회귀적인 우주생명으로 거듭나는 망각과 잠이며, 새로운 자아, 새로운 신으로 다시 갱생되는 과정으로서의 성격을 지닌 점에 주목해야 할 필요가 있다.

4. Lawrence작품과 밀교적 자아의 양상

먼저 불교 탄트라(Tantric Buddhism)라고 불리는 밀교의 올바른 의미에 관해 간략하게 정리할 필요가 있다. 탄트라는 어원적으로 "확대한다"는 의미와 "앎"의 의미를 동시에 가지고 있다.[1] "탄"은 어둠, "트라"는 해방을 뜻하므로[2] 어둠의 무지를 벗고 앎을 확대한다는 의미를 지닌다. 또한 합일(get together/yoke), 연대(continuity), 위대하고 완전한 통일(great/complete unity) 등의 의미도 내포한다.[3] 이런 점에서 탄트라는 의식의 확대에 의해 자아와 타자의 경계선을 사라지게 하여 의식의 깊숙한 곳에 우주적인 근원으로서 내재된 참자아를 밖으로 드러내어 빛을 보게 하는 것이다.

김용환에 따르면, 밀교에서 육체는 진리를 획득하기 위한 중요한 매체로서의 의미를 갖는다. 인간의 육체에는 힌두교 전통이든 불교 전통이든 모두 탄트라의 성취를 가능하게 하는 원리가 깃들어 있다. 이와같은 점에서 밀교는 실재와 현상 사이의 관계를 이원적 일원, 또는 비이원적 이원성의 입장에서 이해한다. 힌두교에서는 이러한 실재의 통일성이 남성(시바신)과 여성(삭티신)으로 이원화되어 드러나는 반면, 불교에서는 반야

---

1) 「禪思想」, 1986년 9, 10월, 19.
2) Cf. 오문환, 24 그리고 Cf. 아난다 마르가 편집 위원회, 정 현숙 옮김 「명상수행의 길잡이」(1993), 8.
3) Herbert V. Guenther & Chögyam Trungpa, *The Dawn of Tantra* (Boston: Shambhala, 1988), 2−4.

(실재)와 방편(현상), 또는 空性(실재)과 자비(현상)로 묘사되며, 양쪽다 완전한 합일의 상태를 추구한다. 이것을 가능하게 하기 위해 탄트라는 대의식의 바다인 우주의식을 확인할 때까지 일체를 거부하지 아니하고 수용하는 대긍정의 입장에 서서, 대상으로부터 떠나 있지도 않고 대상에 의해 물들지도 않으면서 항상 관조와 명상의 시선을 버리지 아니한다. 바꿔 말해, 주체의 의식은 성수행에 있어서 그 과정에 사로잡히지 않고 성자체를 비추기 때문에 끊임없는 의식의 확장만이 이루어 질 뿐[4]인 것이 밀교이다.

[1] 釋智賢 禪師는 Lawrence를 "이 시대에 있어서 가장 창조적인 사람"(「密敎」, 102)이라고 평가한다. 이것은 Lawrence가 무의식적으로 탄트라를 이용하고 있다는 사실에 기초를 둔 논평이다. 다음에 인용한 글은 석 지현이 저서 「密敎」의 제I장 I절, '밀교란 무엇인가'에서 논평한 Lawrence의 Tantrism(밀교)에 관한 것이다.

> D.H.로렌스는 原初的 본능과 성의 마력을 통해서 생의 궁극적인 실재를 늘 추구하였다. 그는 관념의 생이 아니라 살아있는 생이 문제라고 말한다. …로렌스는 悟性의 明證으로써 생을 '설명'하기를 싫어하고, 생명의 근원에 투사된 우주적인 힘에 부딪히는 환희를 노래하는 것이다. 적나라한 육체와 정신으로써 여자를 맹목적으로 사랑하여 삶의 깊은 흐름속으로 뛰어들 것을 주장한다. 로렌스가 추구한 근원적 힘은… 이성적인 의미로 파악할 수 없는 신비의 영역이다.… 이 어둠의 신, 본능의 신, 맹목적인 신을 여러가지 방법으로 추구하였다.(「密敎」 24—25)

Lawrence는 성을 육체 안에 흐르는 우주 에너지, 순수하게 흐르는 생명 에너지로 인식하며, 인간이 이 에너지를 저주·억압한다면 그것은 곧 우주를 배반하는 것이라고 주장한다(「密敎」 102). 석지현은 Lawrence 성철학의 이러한 길은 밀교의 길과 맥을 같이 하는 것이라고 보면서 밀교의 길을 다음처럼 밝힌다:

---

4) 「禪思想」, 1986년 9, 10월. 김용환, '불교 탄트라의 올바른 의미', 19—20.

본능 그 자체를 본질화하고 탐험하는 길이다. 우리는 인간이다. 그 이상도 이하도 될 수 없다. 때문에 우리가 염원하는 모든 이상은 인간을 통하여 이루어져야 한다. 인간은 악도 아니며 선도 아니다. 선과 악이 갈라지기 이전의 순수한 에너지, 그 동작화, 형상화가 바로 인간인 것이다. 영원의 저 Nirbana 세계는 우리의 피와 살을 통해서만이 가능하다. 이것 이외의 길은 위선, 거짓스런 허깨비의 길이다.(「密敎」 7-8. '머릿말')

Lawrence의 작품에서 성의 범주를 구성한 요소들, 예컨대 stillness, darkness, God within(내재신), 본능神, 성령(Holy Ghost) 등과 성적 冥合에서 형상화된 불, 태양, 새벽, 꽃 등은 초언어적인 심상과 상징들이며, 우주적인 의미가 편입되어 있다. 이와같은 점에서도 Lawrence의 성철학은 밀교의 길이 된다. 이 심상과 상징들에 대해서는 뒤에 가서 자세히 살펴볼 것이다.

밀교의 시바신은 정의할 수 없고 불가지한 우주정신의 浮人化로서, 장엄하고 전능하며 부동적.초월적인 존재이다.[5] 시바는 원초 에너지의 남성화, 또는 남성화된 우주 에너지이다. 그리하여 남녀 양성간의 성에서 남성은 시바신의 변용이며 그 화신화가 된다. 한편 삭티신은 시바신과 짝을 이루는 우주 에너지로서 원초 에너지의 여성화 또는 여성화된 우주 에너지이다(Cf. 「密敎」 28). 밀교도는 성관계에서 여성에 대해 인간 에너지의 흐름을 우주정신으로 환원시켜주는 스승(Guru)으로 생각하며, 따라서 여성은 우주적인 존재로 복귀하는 길의 안내자이다. 밀교도는 이러한 여성과 성관계를 가짐으로써 삭티와 하나가 되고, 그 일부가 되며, 뿐만 아니라 우주정신 자체와 합일된다고 믿는다. 밀교에 진정으로 정통한다는 것은 우주정신과 하나가 되는 것이며 이와같은 점에서 밀교의 성은 영혼의 우주적 확장인 것이다.

Lawrence의 경우 이와같이 우주적인 성격을 지닌 밀교적 성은 여러 소설에 구현되고 있다. *The Man Who Died*의 남성 주인공 The Man

---

5) 「禪思想」, 1983년 여름, 64. 이것은 Reay Tannahill 著, *Sex in History* 인도편을 편집자가 발췌한 것임.

(Christ)과 Girl of Isis 여사제의 육체관계에서 보면, 이 인물들은 피와 살, 육체 그대로의 완전성을 성에 의해 성취하며, 그것이 곧 우주적인 신으로의 갱생임을 믿고 있다. The Man이 성적 교감을 통하여 느끼는 우주적 신성이 바로 이렇게 묘사된다. "How full it is, and great beyond all gods.… I am part of it, the great rose of Space. I am like a grain of the perfume and the woman is a grain of its beauty."[6]

밀교儀式에서 여성은 붉은 색의 상징으로 심상화된다. 가장 강렬한 sex-consciousness가 이루어지는 것은 여신의 붉은 색 이미지가 최고조에 도달할 때이며, 그 때 여성은 연꽃의 이미지로 환원된다(Cf.「密敎」154). 이러한 꽃의 이미지는 *The Man Who Died*의 성명상에 있어서 장미라는 붉은 꽃으로 나타난다. 그리고 *Lady Chatterley's Lover* 15장에 제시된 Connie와 Mellors 사이의 성수행에 있어서 알몸에 꽃을 꽂아주는 Mellors의 행위(233)에는 성이 꽃과 결합됨을 암시하는 밀교적인 의미가 함축되어 있는 것이다.

한편 밀교에는 불의 儀式이 도입되고 있는데, 그것은 불이 살아있는 모든 생명체의 근원이기 때문이다. 이 불의 儀式은 삶의 불꽃을 충전시켜주는 비밀형식이다. 그리하여 양성은 불의 뜨거움으로 만나고, 불의 신으로 몸바꾼 法神이 되며, 불과 더불어 불속의 신과 冥合함으로써 하나의 몸으로 융해된다. 불이란 순수정화를 의미하고, 존재를 본모습으로 복귀시키는 상징적 기능을 가진다.[7] 그리하여 한 예로 장작이 쌓인 화장터에서 비밀의식이 수행되기도 하며(「密敎」154) 비밀행자가 火神이 되어 火力을 부채질하는 비밀주문을 낭송하면서 불기운을 고조시키고 화로에 불을 점화하기도 한다(「密敎」304). Lawrence의 경우에 이러한 불의 儀式은 *Lady Chatterley's Lover*에서 Mellors와 Connie 사이에 산장에서 모닥불

---

6) D.H.Lawrence, *The Man Who Died*(Heinemann, 1980), 449. 이후부터 이 책은 MWD로 약기하고 본문 안에 페이지만 표시한다.
7) Cf.「密敎」, 298－305. '불의 儀式 護摩'의 유래, 의미, 의식 형태 등이 상술되어 있음.

을 지핀 가운데 알몸으로 性愛하는 장면(231-34)에서 나타난다. 이것은 밀교적인 상징화 의식의 일환이다.

밀교의 Chakrapuja 儀式은 성 상징으로서 다이아몬드(linga) 주위에 또아리를 튼 뱀(naga)의 형상화를 사용한다(Cf.「密敎」154-55). 밀교의 이러한 뱀의 상징은 *Lady Chatterley's Lover*에서 Mellors가 Connie에게 그의 소년시절의 첫 애인 얘기를 들려주는 부분에서 나타나고 있다:

We were most literary-cultured couple in ten counties. I held forth with rapture with rapture to her, positively with rapture. I simply went up in smoke. And she adored me. *The serpent in the grass was sex.* She somehow didn't have any; at least, not where it's supposed to be. I got thinner and crazier.(209)

그리고 *The Plumed Serpent*의 "날개달린 뱀"에 내포된 성적 상징에도 역시 밀교의 naga라는 성적 상징이 대응하고 있다. Lawrence는 여행문집 *Etruscan Places*에서 그가 지하 고분에 들어서 있는 여러 채의 석조 무덤집들의 문간 및 동굴 암벽의 곳곳에 남근 석조기둥이나 남근을 상징하는 뱀(lingam)이 조각되어 있는 것을 목격한다. 이 때 그 뱀들은 인도의 시바신의 동굴 신전과 정확하게 닮았다고 설명해 주는 동행한 불교도 친구 Earl Brewster의 말(109-10)을 기술하고 있다. 지하 고분의 이러한 정경은 Lawrence에게 무한한 생명감정에 대한 신앙을 계시해 주었다.

밀교에 나타나는 성의 명상 차원을 Lawrence의 작품에서 간략하게 살펴보자. 앞에서 잠깐 살펴본 The Man과 Girl of Isis 사이의 성에서 기름 맛사지라는 것은 어떤 의미에서 儀式의 의미를 띠고 있다. 이 맛사지에 의해 The Man은 영혼세계를 통해 내면으로부터 점차 생명이 부활되는 과정을 느끼는데 이러한 과정을 명상차원으로서 느낀다.

And the wailing died out altogether, and ther was a stillness, and darkness in his soul, unbroken, dark stillness, wholeness.

Then slowly, slowly, in the perfect darkness of his inner man, he felt the stir of something coming.

A dawn, a new sun was coming up in the perfect inner darkness of himself. He waited for it breathless, quivering with a fearful hope.… "Now I am not myself. I am something new."(MWD 447)[8]

밀교에서 창조적 명상을 위해 만든 만달라는 Lawrence의 경우에도 그 대응자를 찾을 수 있다. 만달라는 그 원의가 眞言, 呪文의 뜻이다. 그러나 만달라는 다양한 상징적 형상들을 구석기 시대까지 거슬러 올라가서 찾을 수 있을 만큼 인류의 의식에 있어서 가장 오래된 무의식이 반영된 종교적 상징이다. 밀교도들의 만달라는 특히 심오하고 예술적 완성미를 구현한 것들이며, 여기에 나타난 심상들은 우주적인 원형성을 지니고 있다.[9] Jung에 의하면, 만달라는 종교의식에서 대단히 중요하다. "The mandalas used in ceremonial are of great significance because their centres usually contain one of the highest religious figures."[10] 참된 만달라는 항상 "an inner image"이며, 상상력에 의해 점진적으로 생성되고, 심령적 균형이 붕괴되었을 때 그 사람의 간절한 추구에 의해 형성된다[11]고 본다.

Lawrence의 소설 *The Plumed Serpent*에서는 Quetzalcoatl 교도들이 부르는 찬송가의 경우 그것은 곧 眞言, 呪文의 만달라가 되고 있다. 그리고 Quetzalcoatl 記章에 그려진 뱀과 독수리가 태양圓 가운데서 한 몸체로 결합한 형태도 역시 Lawrence 자신의 영혼이 오랫동안 간절히 갈구해 왔던 소망이 표현된 만달라인 것이다. Lawrence는 인디언의 고대종교

---

8) 이 장면과 유사한 제목을 Rajneesh의 密敎 성언어에서 발견할 수 있다. Cf. 「密敎」, 64-65.

9) 만달라에 관해 참고할 수 있는 책은 다음과 같다─李符永, 「分析心理學 ─C.G. Jung의 人間心性論」. 특히 '자기원형', '자기실현'의 부분 97─112. 李泰東 역, 「칼 융의 심리학」(서울: 성문각, 1982) 특히 '만달라 심볼' 부분 224─42. 「密敎」, '護摩行 時의 만트라', '眞言暗誦法' 305─09. C.G.Jung, *Dreams.* trans. R. F.C.Hull(New Jersey: Princeton University Press, 1974), 'symbolism of the Mandala', 169─297.

10) Jung, *Dreams*, 170.

11) Jung, *Dreams*, 247.

에 구현된 원형적인 인간소망을 반영한 이러한 종교적 상징 안에서 그 자신의 자아를 실현한다. 이러한 만달라는 인간재생이라고 부를 수 있는 존재통일의 실현상이다.[12]

Jung은 만달라에 대해 밀교, 도교, 고대의 연금술사 등 여러 형태의 만달라를 분석하면서 Pueblo인디언들의 만달라 문화유형의 심오성을 언급한 바 있다. Lawrence가 재생시킨 Quetzalcoatl교의 태양圓 안에 뱀과 독수리가 합일하는 상징은 서로 상반되는 모든 것이 하나로 융합된 만달라이며 고대 아즈텍 인디언족에 그 기원을 두고 있다. 여기에는 양성이 우주적인 합일을 위해 결합하며 그러한 결합은 인간이 원래 탄생한 근원으로 복귀하는 것이라는 의미가 부과되어 있다. 그리고 Lawrence가 이 Que-tzalcoatl 상징에 부과한 의미에는 이원적 일원이나 비이원적 이원성이 내포되어 있는데 이러한 의미는 Jung이 언급한 "the Monogenes is called the 'dark light', a reminder of the *sol niger,* the black sun of alchemy"와 합치한다. Lawrence가 *The Plumed Serpent*를 자기 작품들 가운데서 가장 중요한 작품이라고 부른 것은 Quetzalcoatl 상징이 자신의 만달라로 기능하였기 때문이다.

이상에서 살펴보았듯이 Lawrence의 문학에서 성은 밀교와 같이 "a religious depth and significance"[13]를 가진다. 그러한 성은 인간의 영혼, 심층적 자아에 뿌리를 둔 가장 심오한 부분의 계시이다. 부인 Frieda는 Lawrence로부터 경험했던 성의 세계가 본래적 자아의 각성과 고유한 자아의 재탄생을 가져다 주었던 하나의 신비였고 성이 해방된다면 세계는 낙원으로 변할수 있는 믿음을 그녀에게 주었다고 말하고 있다:

> Being born and reborn is no joke, and being born into your own intrinsic self, that separates and singles you out from all the rest—it's a painful process.···
>
> What people mean by sex will always remain incomprehensible to

---

12) 李泰東 역, 「칼 융의 심리학」, 242.

13) Janko Lavrin, *Aspects of Modernism*(London: Latimer, Trend & Co., 1935), 141.

me, but I am thankful to say sex is a mystery to me. Theories applied to life aren't any use.⋯ Fanatically I believed that if only sex were free the world would straight away turn into a paradise.[14]

성에 대한 이러한 생각은 성을 근원적인 실재로 보고 그것을 통해 해탈, 자유, 극락세계를 추구하여 자아실현을 이루는 밀교와 동일선상에 있는 사상이다.

[2] 밀교의 원리와 동일하게 Lawrence가 도달하는 이상적인 성은 머리에서는 감지불가능한 위대한 어두운 앎(great dark knoweledge)이다. 즉 성에서 얻는 인식은 어두운 무의식에 속한다. Lawrence는 어둠을 신비, 타자(otherness), 비인성(impersonality), 무의식 등과 연결지운다. 그래서 그는 두뇌적이고 지적인 상부에서 인식이 이루어지는 성을 "white sex"로서 저주하는 대신에, 자아내부의 깊은 무의식에서 이루어지는 창조적이고 비개성적인 성을 "dark sex"라고 하여 예찬한다.[15]

Lawrence는 양성 모두를 초월한 비개성적이고 무의식적인 어떤 신비적 실체를 언어로 표현할 때 그 언어에는 우주적인 의미를 내포한 이미지, 메타포, 상징들을 동원한다. 이와같은 성의 이미지와 메타포와 상징들에 대해 좀 더 고찰하는 것이 그의 밀교적인 성사상을 드러내는 데 도움이 될 것 같다.

그는 'Sex versus Loveliness'에서 성은 삶을 따뜻하게 해주고 생명에 활력을 불어넣는 美의 불이나 불길과 같다면서 성의 불 이미지를 말한 바 있다:

Now sex and beauty are one thing, like flame and fire. If you hate sex you hate beauty. If you love living beauty, you have a reverence for sex.(SE 14)⋯

---

14) Frieda Lawrence, *Not I, But The Wind*(Heinemann, 1935), 3.
15) Ethel F. Cornwell, *The Still Point*(New Brunswick: Rutgers University Press, 1962), 217.

What sex is, we don't know, but must be some sort of fire. For it
always communicates a sense of warmth, of glow. And when the
glow becomes a pure shine, then we feel the sense of beauty.(SE 16)

Lawrence는 *The Man Who Died*에서 이러한 불의 이미지와 더불어
sun, star, dawn, evening, twilight와 같은 천체나 자연의 리듬, 그리고
rose, lotus와 같은 아름다운 꽃들을 동원하여 성의식을 우주적인 심상으
로서 형상화한다.

The Man이 Girl of Isis와 사원에서 가진 마지막 육체결합 후에 빛나
는 별들을 보고 느끼는 감정은 자신이 우주의 일부분으로 변용되었다는
점이다. 두 남녀는 의식이 이제 변환되어 우주는 별들이 빛나는 가운데
아름답고 신비로운 장미가 되며, 자신은 우주장미 향기의 일부로 환원되
어 버린다. 성으로부터 의식전환이 이루어져 눈앞에 재창조된 신세계는
신들의 세계 이상으로 위대하다고 묘사된다:

But the man looked at the vivid stars before dawn, as they rained
down to the sea, and the dog-star green towards the sea's rim. And
he thought: How plastic it is, how full of curves and folds like an in-
visible rose of dark-petalled openness that shows where the dew
touches its darkness! How full it is, and great beyond all gods. How
it leans around me, and I am part of it, the great rose of Space. I am
like a grain of the perfume, and the women is a great of its beauty.
  Now the world is one flower of many petalled darkness, and I am
in its perfume as in a touch.(MWD 448−49)

Lawrence에 의하면 앞에서 이미 언급한 바 있듯이 진실로 살아있는
인간이 될 수 있는 것은 우주와의 고립이 아닌 연대와 합일을 성취할 때
가능하다. *Apocalypse*에서 그의 이러한 우주사상은 "No man is or can
be a pure individual."(122), "We and the cosmos are one. The
cosmos is a vast living body, of which we are still parts"(29)라고
표현한 바 있었다. The Man은 이러한 우주적인 생명의 연대와 합일을
통해 신적인 최고 의식의 경지에까지 도달하는 자아 변환을 Girl of Isis

와의 관능적인 육체교감을 통하여 성취한 것이다. 이것은 여신삭티와 성
관계를 가진 밀교도들이 삭티와 하나가 되고, 그녀의 일부분이 되며, 그녀
자체와 일치된다고 믿는 동시에 우주정신 자체와 하나가 되는 것임을 믿
는 것과 일치한다.[16]

요컨대 Lawrence의 신에 대한 개념은 창조주로서의 신(God the Cre-
ator)이 아닌 내재신(God within)이다. 그의 신개념은 육체를 가진 각자
가 그 내면으로부터 느끼는 "the flame of the life"[17]를 신으로 보는 것
이며, 육체를 바탕으로 삼는 피와 살의 구체성을 지닌 신이다. 여기서 남
녀간의 성은 인간 존재를 이러한 신으로 재창조하는 실재이자 창조적 원
리이다. Lawrence의 이러한 성사상은 밀교 바로 그것이다.

Lawrence의 이러한 밀교 사상은 그가 1916년 7월 16일자에 Cather-
ine Carswell에게 보낸 서한에서 "God in me is my desire"라고 말하
는 진술에서도 표현되고 있다:

> Because, you see, what intimation of immortality have we, save
> spontaneous wishes? God works in me (if use the term God) as my
> desire.⋯ I can also frustrate or deny any desire so much for me, I
> have a 'free will,' in so far as I am an entity. But God in me is my
> desire. Suddenly, God moves afresh in me, a new motion. It is a new
> desire. So a plant unfolds leaf after leaf, and then buds, till it blos-
> soms. So do we, under the unknown impulse of desire, which arrive
> us from the unknown.(CL 467)

Lawrence는 지성편중과 과학, 산업의 발달에 의해 인간성이 황폐되어
가고 있었던 그의 시대에 신에 대한 이러한 비젼이 시들어가고 있었기에
대체해야 할 비젼으로서 필요로 한 것이 곧 신에 대한 이러한 새로운 비
젼임을 믿었다. 그리하여 그는 각 개인의 자아 안에서 이 새로운 비젼의
활성화를 통해서 인간생명이 진실로 살아움직이는 창조적인 사회를 건설
하고자 했다. 그는 현대인이 잃어버린 신성이 깃든 살아있는 육체에서 남

---

16) Cf. 「禪思想」, 1983년, 여름, 64-65.

17) *Phoenix*, 202.

녀간의 완전한 성의식을 부활시킴으로써 그러한 사회창조의 출발점을 삼았다. 이러한 성사상이 중심적인 주제가 된 작품이 이 논문의 마지막에서 고찰할 *Lady Chatterley's Lover*이다.

「密敎」에서 석 지현 선사가 지적했듯이, Lawrence는 관념의 삶이 아니라 살아있는 삶이 문제였다. 그리하여 그는 생의 궁극적인 실재를 원초적인 본능과 성의 마력에서 추구한 것이다. 현대의 인간들은 극도에 달한 과학문명 속에서 머리로 생각하는 합리주의가 참으로 무력하고 노쇠한 것임을 점점 깨닫게 되었다. Lawrence의 핵심은 성에서 어떠한 지적 관념도 배격한다는 것이다. 그것은 현대의 지적 관념이 심오하고 알 수 없는 성격을 지닌 성에서 그 흐름을 왜곡시키는 요소로 작용한다고 보기 때문이다. 그리하여 그는 "성을 지적 관념으로 해석한다는 것은 악이다" "우리는 '이해력'으로써 대다수 인간을 거의 중독시켜 버렸다. …우리는 '지식'과 '이해력'을 추방해야 한다"(FU 114)라고 선언한다. 그리고 "성에서 과학적 사실을 추출해 낸다는 것은 죽음이다"(FU 114)라고 말하면서 "인류의 대다수는 성의 과학적 여러 사실을 알아서는 안되며, 성을 시험관 속의 혼합물이라고 생각하여 화학적으로 논증할 수 있는 열쇠와 열쇠구멍의 얄궂은 상징으로 돌려버리는 따위의 과학적 사고와 합리주의는 성에 대한 모독이 된다"(FU 114)고 말한다. Lawrence에 의하면 성에 있어서 과학적인 시험관적 방식을 취한다면 그 결과는 다음과 같은 것이다: "It all kills the great effective dynamism of life, and substitutes the more ash of mental ideas and tricks." "The scientific fact of sex is no more sex than a skeleton is a man."(FU 114)

Lawrence가 이처럼 지적 관념의 개입에 대해 신랄한 냉소를 보내는 것은 그것이 인간에게 있어 구체적 실체인 피와 살의 의식을 고사시켜 생명체의 살아움직이는 자발성과 활력성을 압사하기 때문이다. 이와같은 점에서 그는 인류의 지적 지도자들에 대해 그들이 인류를 사랑하지 않았던 것이며, 지적인 잿빛 관념을 강요함으로써 blood-pulse적인 존재를 희생시켰다고 분석하고 Wilson 대통령, Karl Marx, Bernard Shaw 등의 지적인 위인들을 비난한다(FU 115). 밀교 Guru로서의 Lawrence에게 있어 성은 영혼의 내면적인 순수탐험이며 지적관념 일체를 초월할 때 신의 경지로 나아갈 수 있는 실재이다. 이 점을 禪불교적인 표현을 빌려서 달리 말하면 마음이 空性 또는 中道法에 귀의할 때 佛性의 실현이 성을 통해 가능해 진다. Lawrence가 말하는 지적 통제나 억압이 배제된 신비주의적인 성은 禪불교적인 또다른 표현을 빌려서 보면 불타적인 자아와 佛國土의 계시인 것이다.

남녀 양성이 순수무의식 안에서 깊고 적나라하게 교감하는 성의식은 Erich Fromm이 분류한 용어에 따라 말한다면 존재양식(mode of being)[18]에 해당된다. 이와같은 존재 양식으로서의 성은 현상학 철학의 개념에서 본다면 순수하게 현상학적이다. 현상학은 역동적 지향성에 의해 의식의 場에서 매순간마다 형성되는 생명의 흐름과 운동 그 자체를 실재이자 최고 진리의 현현이라고 보는 것이다.[19] Lawrence의 성의식은 현상학적이며 禪불교적이고 밀교적이다.

Lawrence는 성에서 관념적이고 지적인 왜곡이 중지되고 강요당함이 없는 초월적 상태에 도달하여 자아의 내부 속에 홀로 남겨진 그 신비적인 경지가 곧 자유라고 말한다. 이와같은 점에서 그에게 이상적인 성은 개방된 마음과 자유를 특징으로 하며, 그것은 禪의 경지를 뜻한다. 이러한 성은 性禪(sex Zen)이라고 부를 수 있을 것이다.

> We have to be sufficiently conscious, and self-conscious, to know our own limits and be aware of the greater urge within us and beyond us. Then we cease to be primarily interested in ourselves. Then we learn to have ourselves alone, in all the affective centres: not to force our feeling in any way, and never to force our sex. Then we make the great onslaught on to the outside lie, the inside lie being settled. And that is freedom and the fight for freedom.(SLC 49)

---

18) Cf. Erich Fromm, *To Have or To Be*(New York: Harper & Row, 1976)
19) Cf. 조일제, "D.H.Lawrence: 생명적 실재의 추구"의 '현상학적 창조'(한국영어영문학회 부산지회, 「영미어문학」 제21집, 1987), 12.

Lawrence는 그의 소설에서 남녀양성간의 성결렬의 사례를 많이 제시하고 있는데, 그 원인은 지금까지 고찰한 그의 성사상에서 검토된 바 있는 性禪을 바탕으로 하는 밀교와 대비하면 명쾌하게 해명될 수 있다.

예컨대 단편 'The Man Who Loved Islands'[20]에서 남성 주인공은 Flora라는 여인을 어떤 연민의 정에 의해 애인으로 삼게 되고 그리하여 애를 낳게 되자 마지못해 결혼한다. 그러나 그것은 참된 성에 동기를 둔 결합이 아니었기 때문에 그녀와의 성은 새롭고 신선한 것이 못되며, 인간 혼의 섬세한 교류가 이루어지지도 않는다. 그를 사로잡는 것은 성의 자동주의이며 그 성은 기계적이고 자동적일 뿐이다. 그것은 의지에 의한 충동일 따름이다. 그녀가 지닌 성의 태도는 "당신을 위해서라면 무슨 짓이라도 하겠어요"라는 식이다. Lawrence에게는 이러한 희생주의적 성관은 참된 것이 못된다. 근본에 있어 이것은 이기적인 소유욕에 지나지 않기 때문이다. 그리하여 Flora의 희생주의적인 그 말에 대해 주인공은 "Why should she pretend to do this for him? Why not for herself?"(472) 라고 말하면서 울화와 분노에 찬다.

이 주인공이 소망하는 이상적인 성은 밀교적인 성이다. 그것은 "이미 욕망과는 거리가 있는 새로운 고요 속에 도달하는 것"(471)이며, "어쩌면 그것을 초월한 곳에 있는 새롭고 신선한 욕망의 맛이며, 전인미답의 토지에서 마주친 두 인간의 이제껏 기록된 적이 없는 것 같은 섬세한 혼의 교류"(471)인 것이다. 그가 소망하는 이와같은 성관계는 "a delicate meeting on the third rare place"(472)이다. 그럴 때 비로소 성은 그들 사이에 "the frail, sensitive, crocus flame of desire"(472)로 피어날 수 있는 것이다. 그러나 주인공은 상대의 의지적인 소유욕 때문에 이상적인 성관계에 실패하고 모욕감과 자학적인 수치감에 빠진다.

순수한 의식의 깊은 흐름속에서 둘이 하나로 합일하는 성을 이상적인 것으로 간주하는 Lawrence의 밀교적인 성사상에 배치되는 또다른 예는

---

20) D.H.Lawrence, 'The Man Who Loved Islands', in *D.H.Lawrence: Selected Short Stories*(Penguin, 1983).

*Sons and Lovers*에서 육체적인 부분을 무시하고 정신적인 면만을 갈구하는 Miriam에게서도 나타난다. 그녀도 역시 자신의 육체를 희생정신으로 Paul에게 제공하는 태도를 취한다. 그러니 Paul의 피는 싹 식어서 내려앉아 버린다.[21] Lawrence에게 있어서 성에 희생주의라는 정신적 관념이 개입한다면 그 원초적 실재를 드러내지 못하는 것이 되기 때문에 파탄으로 전락된다. 이것을 禪적 용어로 다시 풀어서 말하면 空性의 자아에 돌아가서 이루지 않는 양성간의 성은 참된 성이 될 수 없는 것이다.

상대를 자신의 의지 속에 매몰시켜 소유하려고 할 때 그러한 성은 그 본래 면목, 즉 眞如 상태를 현시하는 대신에 한낱 기계화되고 사물화된 형태로 전락한다. 그러한 성은 Lawrence의 여러 소설에서는 파괴적 모델에 속한다. 요컨대 참된 성은 지성, 과학, 도덕, 소유 등과 같은 관념 일체를 비워 禪적 空性으로 복귀할 때 실현될 수 있다는 것이 Lawrence의 기본원리이다.

[3] 성이 깊은 실재가 되려면 종교적 의미를 띤 피의식과 직결되어야 한다는 것이 Lawrence의 또다른 성의 원리이다. 그는 결혼에서의 성이 깊고 참된 것으로 인도될 수 있기 위해서는 그것이 피의식에 바탕해야 한다고 하면서 "the blood is the substance of the soul, and of the deepest consciousness"(Propos 101)이라고 역설한다. 결혼에서 이와같은 성은 "the fulfillment of the soul's living life"(Propos 99)를 실현시켜 준다. 다음에 인용한 Lawrence의 글은 육체 내부의 어두운 피에의 귀의로부터 성의 종교성이 실현된다는 점에 관한 것이다:

The great river of male blood touches to its depths the great river of female blood — yet neither breaks its bounds. It is the deepest of all

---

21) "She only realized that she was doing something for him. He could hardly bear it. She lay to be sacrificed for him because she loved him so much. And he had to sacrifice her. For a second, he wished he were sexless or dead. Then he shut his eyes again to her, and his blood beat back again."(SL 353—54)

communions, as all the religions, in practice, know. And it is one of
the greatest mysteries, in fact, the greatest, as almost every initiation
shows, showing the supreme achievement of the mystic marriage.
(Propos 101)

두개의 blood-stream이 하나로 합일될 때 그 순간의 성은 우주를 완성
하며, 그런 점에서 완전한 성이야말로 우주운행의 원동력이고 원천자인
"the Creators"이다.

This is marriage, this circuit of the two rivers, this communion of the
two blood-streams, this, and nothing else: as all the religions know.
… Man dies, and woman dies, and perhaps separate the souls go
back to the Creator. Who knows? But we know that the oneness of
the blood-stream of man and woman in marriage completes the uni-
verse, as far as humanity is concerned, completes the streaming of
the sun and the flowing of the stars.(Propos 101−02)

Lawrence에게 있어 우주 내부에서 일어나는 자연현상과 리듬은 성적
자아의 내부에서 일어나는 그것과 구별되지 않고 동일하다. 성에 대한 그
의 이러한 사상은 우주의 실재와 진리가 성에 있다고 보는 밀교와 일치하
고 있다. Guenther가 *The Dawn of Tantra*에서 "…as something to
be dwelled on, conceptualized ideas of religion or spiritual teachings or
the domestic situations of life are extensions of the ego."[22]라고 하는
말에서 처럼 밀교에서 성의 본성은 우주적이다.

고대 종교에서 성은 우주적인 것이었지만 현대인들은 그와같은 우주적
인 성의 형태로부터 단절되어 졌다고 보는 것이 Lawrence의 진단이다.
그는 그것에의 복귀가 필요함을 다음과 같이 역설한다:

To these rituals we must return: or we must evolve them to suit
our needs. For the truth is, we are perishing for lack of fulfilment of
our greater needs, we are cut off from the great sources of our in-

---

22) Guenther & Trungpa, *The Dawn of Tantra*, 23.

ward nourishment and renewal, sources which flow eternally in the universe. Vitally, the human race is dying. It is like a great uprooted tree, with its roots in the air. We must plant ourselves again in the universe. It means a return to ancient forms. But we shall have to create these forms again.(Propos 106)

Lawrence가 성적 생명력을 신이라고 생각하는 이념은 *Kangaroo*에서 자아 내부에 흐르는 남근적 성에너지를 'Dark God"라고 명명하면서 그와 같은 신적인 에너지가 "leave us dark, in front of the unspoken God: who is just beyond the dark threshhold of the lower self, my lower self, whom I fear while he is my glory."[23]라고 말한 진술에서도 나타나고 있다. Pritchard는 Lawrence의 이와 같은 어두운 신적 성에너지에 대해 "the primary, preconscious forces in nature, of which the sexual forces were the most obvious,···may be interpreted as the immanent God in man"[24]이라고 밝히고 있다.

Lawrence가 이와 같이 성을 "Unity of the Divine"[25]으로 생각한다는 점에서 그의 성사상은 밀교와 일치하고 있다. Elizabeth Haich는 성에너지와 요가의 관계에 대해 "We human beings bear all forms of creative energy within us. We are the microcosm in the macrocosm. Our spirit, our self, is God."[26]라고 말한 바 있다. 요컨대 Lawrence에게 있어 완성된 성적 자아는 요가나 밀교에서와 똑같이 "神性人間"이나 "우주적 자아"(「密敎」 260)로의 환원으로 간주된다. Lawrence의 영향을 받았으며[27] 현대의 "Tantric Master"[28], "sex-guru"[29]라고 말해지는

---

23) D.H.Lawrence, *Kangaroo*(Penguin, 1976), 151.
24) R.E.Pritchard, *D.H.Lawrence: Body of Darkness*(London: Hutchinson University Press, 1971), 25—26.
25) Cf. Elizabeth Haich, *Sexual Energy and* Yoga(New York: George Allen & Unwin, 1986), 1.
26) Ibid., 40.
27) Bob Mullan, 42—43.
28) Ibid., 42.
29) Ibid., 45.

Rajneesh는 다음과 같은 그의 발언에서 Lawrence의 Sexual God 사상을 반향시키고 있다: "When a man and woman really meet and the orgasm happens, you will have the first glimpse, faraway glimpse, of the divine.⋯ God passes by."[30] Lawrence는 인도의 밀교를 그의 저술에서 직접 언급한 부분을 보여 주고 있지는 않지만 그것을 잘 알고 있었다. Martin Wickramasinghe는 Lawrence가 밀교에 관해 읽었을 가능성이 있다고 보는 책을 Sir John Woodroffe가 1918년에 처음으로 영국에서 밀교 문학의 번역과 강의와 수필을 포함한 글을 모아 출판한 *Shaki and Shakta*인 것 같다[31]고 지적하고 있다. 인도의 밀교 생리학에 의하면 지성은 인간의 정신이 최고도로 개발된 형태로 간주된다. 여기서 영적인 의식센타를 뜻하는 chakra에 있어서 제일 마지막 발달단계에 해당하는 일곱번째 chakra와 관련된 것이 지성이다. 이 chakra가 완전하게 개발된 상태가 신이라고 일컬어 진다.[32]

순수의식의 지적인 각성상태가 최고의 상태로 개발되었을 때 그것을 신의 경지로 보는 것이 밀교의 입장이지만 Lawrence의 입장은 지성에 대해 비판적이고 거부적이기 때문에 그의 저서 *Psychoanalysis and the Unconscious*에서 인도 밀교의 "the seven fold principle"에 상응시키는 정신 생리학적 해설에서 의도적으로 이 마지막 단계의 부분은 그 상응관계를 탈락시키고 있다. Wickramasinghe는 다음과 같이 지적하고 있다:

That Lawrence was not ignorant of Indian Tantricism is evident from his *Psychoanalysis and the Unconscious*. His analysis of centres of the unconscious, I believe, is borrowed from Tantricism. The whole essay gives the smell of a mixture of Tantric physiology, psychoanalysis, modern biology and Lawrence's own imaginative genius. In analysing the centres of the unconscious Lawrence says: "In the solar plexus is the

---

30) Ibid., 44.

31) Martin Wickramasinghe, *The Mysticism of Lawrence*(Colombo: M.D. Gunasena & Co., 1951), 53.

32) Cf. Haich, 40−42.

first great fountain and issue.⋯ It will be seen that the four centres of
the unconscious of Lawrence correspond with the four chakras of Tantric
philosophy. Lawrence himself identifies his centres of the unconscious
with the chakras of Tantricism.⋯ In the concluding chapter of his *Psych-
oanalysis and the Unconscious* Lawrence betrays his knowledge of Indian
Tantricism when he says: 'So, the few things we have to say about the
unconscious and for the moment. There is almost nothing said. Yet it
is a beginning. Still remains to be revealed the other great centres of the
unconscious. We know four: two pairs. In all there are seven planes.
That is, here are six dual centres of spontaneous polarity, and then the
final one.'[33]

앞에서 이미 Lawrence가 성을 탐구한 태도는 신을 구하는 종교적인
구도자의 태도로 나타났음을 살펴보았다. 그는 육체를 종교적인 신적 경
지로 탐험해 가는데 있어서 인도의 밀교의 생리학에까지 관심을 뻗친 것
이다. Lawrence와 친교가 두터웠고 교류가 잦았던 영국 Oxford대학 출
신의 신지학자이었던 Carter는 "he was urgent to know the roads and
the means for that inward experiment called the mystical journey
towards God."[34]라고 했고, 또한 "He sought, admittedly, a technique
of liberation which would be more adequate than the formulae of
the occult schools."[35]라고도 진술한 바 있다. 그리고 그는 Lawrence가
신체에 대한 종교적 탐험의 열망에 따라 인도의 불교, 힌두교, 천문학 등
에 나타난 "the idea of the mystical body"에 깊은 관심을 가졌고, 그
것들에 큰 영향을 받았다고 술회하고 있다. 다음에 인용한 Lawrence의
에세이는 그의 밀교사상을 다시한번 반향하는 예들 중의 하나이다:

⋯in his adventure of self-consciousness a man must come to the limits
of himself and become aware of something beyond him. A man must

---

33) Wickramasinghe, 39－42.
34) Frederic Carter, *D.H.Lawrence and the Body Mystical*(London: The Garden
    City Press, 1932), 8.
35) Ibid, 16.

be self-conscious enough to know his own limits, and to be aware of that which surpasses him. What surpasses me is the very urge of life that is within me, and this life urges me to forget myself and to yield to the stirring half-born impulse to smash up the vast lie of the world, and make a new world.··· We have to be sufficiently conscious, and self-conscious, to know our own limits and to be aware of the greater urge within us and beyond us. Then we cease to be primarily interested in ourselves. Then we learn to leave ourselves alone, in all the affective centres: not to force our feelings in any way, and never to force our sex. Then we make the great onslaught on to the outside lie, the inside lie being settled. And that is freedom and the fight for freedom.(SLC 48−49)

Lawrence에게 있어 성은 심리적으로 매우 중요한 기능[36]을 수행하는 어떤 무의식적 실재이다. 무의식층에서 이루어 지는 성에서 감지되는 것은 인간적인 것을 초월한 비개인적, 탈인성적인 어떤 우주성을 띤 신비이다. 이와같은 성의식의 실재를 언어로 표현하기란 그렇게 용이하지 않다. 이와같은 점에서 Lawrence는 성의식과 언어와의 관계를 예민하게 의식한 작가이다. 언어와 실재와의 이러한 관계에 대한 문제는 *Women in Love*에서 Birkin이 추구하는 "star-equilibrium", "something beyond love", "impersonal love" 등과 같은 신비주의적인 사랑론을 통해 그 일단이 피력되고 있다. Lawrence는 Birkin이 신비주의적인 관능과 사랑에서 느끼는 어두운 실재를 여러가지 메타포와 심상들로써 묘사하고 있지만, 그것의 정확한 정체는 미지의 것으로서 유보한다. Birkin은 그가 목표로 하는 참된 사랑이란 어두운 자궁 안의 생명이나 잠과 같으며, 그리고 죽음과 같으면서도 죽음을 초월한 것이고, 삶이면서도 삶을 초월하는 어떤 신비라고 말하고 있다. 이러한 표현은 우리의 내부에서 합일이 이루어진 깊고도 내밀한 관능적 사랑이 가져오는 내용에 대한 "말로 할 수 있는 것과 없는 것, 현상으로 나타나는 것과 초월적인 것의 결합을 실현"[37]

---

36) David J. Gordon, 'Sex and Language in D.H.Lawrence', in *Twentieth Century Literature* Vol. 27(Fall, 1981), ed. William McBrien (New York: Hofstra University Press), 363.

37) 김현창, 72.

한 禪의 空개념과 일치하고 있다. "空은 내재도 아니요, 초월도 아닌 두 가지가 동시에 하나로 된 상태, 즉 色卽是空 空卽是色"[38]이기 때문이다.

Birkin이 추구하는 관능적 사랑은 인간적인 욕정의 차원을 초월하여 영혼이 느끼는 신비주의적인 차원에 속하기 때문에 실현하기 어려운 어떤 경지이다. 그것은 육체를 매체로 하지만 그 육체를 초월하는 어떤 신비적 실재이다. 그렇지만 그 스스로도 그것이 도달하기 어려운 높은 경지임을 Birkin은 인정하고 있다. 그는 이러한 실재의 본질에 관해 말로 언급할 필요성을 강하게 느끼지만 그것이 불가능하다. 이러한 사실은 마치 석가와 가섭존자(迦葉尊者)사이에 있었던 사건, 즉 석가가 침묵 뒤에 들어보인 한송이 꽃에 대해 가섭이 보여준 행동인 회심의 拈花微笑에 나타난 언어와 실재와의 관계를 연상시켜 준다. 吳經熊(영문 본명 : John C.H. Wu)은 이 사건을 禪의 기원이라고 보고 있다.[39] 다음 인용문은 Birkin이 자신이 의미하는 실재가 설명을 거부하는 초언어적, 반언어적 성격을 지닌 점에 대한 그의 인식을 밝힌 부분이다:

He turned in confusion. There was always confusion in speech. Yet it must be spoken. Whichever way one moved, if one were to move forwards, one must break a way through. And to know, to give utterance, was to break a way through the walls of the prison as the infant in labour strives through the walls of the womb. There is no new movement now, without the breaking through the old body, deliberately, in knowledge, in the struggle to get out.(WL 209)

Lawrence는 성의식의 세계가 현대의 문명인이 지닌 의식으로서는 도달할 수 없는 초언어적인 세계에 속하지만, 그러한 초언어적인 성의 세계를 언어로써 표현할 수 밖에 없는 불가피성과 언어의 불완전한 운명을 잘 이해하고 있었다.[40] Jordon에 의하면 Lawrence에게는 성의식의 언어적 표현문제에 있어서 Fredric Jameson이 논한 "the prison house of lan-

---

38) 김현창, 72.
39) 吳經熊 著, 徐墩珏, 李楠永 共譯, 「禪學의 黃金時代」(서울 : 三一堂, 1982), 57.
40) Cf. Jordon, 363－64.

guage"[41]라는 언어의 덫에 걸리는 위험성을 피하려고 애쓴 어떤 희망이 있다.[42] 그는 언어취급에 있어 놀라운 유연성과 재능을 발휘함으로써 우리에게 언어에 대한 비극적 비젼을 극복시켜 주고 있다는 것이 Jordon의 결론이다.[43] 이와같은 점에서 Lawrence가 성적 자아의 내면에서 인지하는 원초적이고 신비적인 실재, 또는 자아의 깊은 내면을 통해서 형언할 수 없을 만큼 심오하고 신비롭게 감각되는 역동적인 실체들을 언어화하는 작업을 위해 앞에서 이미 살펴본 바 있는 다양한 우주자연의 이미지들과 메타포와 상징들을 동원한 것이다. 이러한 방법은 그가 느낀 언어의 장벽을 뛰어넘는 한가지 방법이었다. 석지현에 의하면 禪에서의 언어의 관점은 언어가 존재 그 자체가 아니라는 사실을 안다. 그것은 名言에 의한 표현에는 본래적으로 언어의 한정성에 의한 차별성, 분별성이 있기 때문이다. 이 언어의 한정성이 그대로 사고 그것의 한정성, 차별성으로 나타난다. 禪에 있어서의 悟道란 언어의 이와같은 한정성, 차별성, 또는 粘着性으로 부터의 탈피인 것이다. 이와같은 점에서 언어로부터의 초월은 곧 사고의 한계성과 속박으로부터의 해방이라고 보는 것이 禪의 언어관이다. (「禪으로」 224-25)

[4] 이상에서 살펴본 Lawrence의 성의 종교적 차원, 달리말해 밀교적 성이 구현된 양상들을 몇 편의 소설을 통해 좀 더 살펴 보자. 그것은 초기소설 *Sons and Lovers*에서 Paul과 Clara 사이에 이루어지는 성관계를 통해 일찍부터 표현되고 있다.

Paul이 Clara와 가지는 깊고 어두운 종교적인 성은 그가 그녀로부터 얻는 성적 생명력을 "the baptism of life"(439)라고 느끼는 데에 단적으로 표현되고 있다. Paul을 신비적인 세계로 이끌어 가는 깊은 성이 주

---

41) Cf. Fredric Jameson, *The Prison-House of Language*(Princeton, N.J.: Princeton University Press, 1974)

42) Ibid., 373.

43) Jordon, 374.

는 결과는 자아에 대한 불신과 의혹을 풀어주고, 존재에 대한 명확하고 완전한 확신감과 파악력 그리고 영혼에 대한 깊은 충족감과 어떤 만족감을 준다(439). Paul은 Clara와의 육체교감으로부터 자아 내부에 거대한 변화가 신비롭게 발생하며 그 때 하나의 거대한 물결(a great sweep), 하나의 홍수(one flood)가 되고, 거대한 본능만이 그의 영혼을 지배함을 느낀다. 이 때 사소한 비평, 감정, 사상, 정신은 떠밀려 가서 사라져 버린다. Paul에게 성은 일체의 사물을 용해하는 깊이와 넓이를 알 수 없을 만큼 거대한 용광로가 되어 버린다(442). 바로 이것이야 말로 밀교의 경지이다.

다음 장면은 Paul이 Clara와 밤의 자연 속에서 함께 교감하는 관능적 애무 장면이다. 여기서 Paul은 신비로운 불길에 휩싸여 살아있는 정령적 실체가 되어지는 감정을 경험한다:

Just as he was, so it seemed the vigorous, wintry stars were strong also with life. He and they struck with the same pulse of fire, and the same joy of strength which held the bracken-frond stiff near his eyes held his own body firm. It was as if he, and the stars, and the dark herbage, and Clara were licked up in an immense tongue of flame, which tore onwards and upwards.⋯ it was being borne along in a very ecstasy of living, seemed the highest point of bliss.(SL 442−43)

위 인용문에서 Paul은 그를 둘러싸고 있는 주변의 사물들이 내부에 신비로운 생명력을 가지고 완전해진 것 같이 감각한다. 성의 세례가 자아의 내부에 새로운 생명의 불길을 타오르게 함으로써 야기시키는 현상은 그의 영혼을 별들과 하나의 전일체적인 존재로 합일하게 만든다. Paul에게 성은 영혼의 우주적 확장을 이루게 하는 현상을 일으킨다고 하겠다. Clara의 성은 그로 하여금 영혼과 의식 내부에 깊숙히 묻혀 있던 원초적인 본능, 거대하게 우주로 통해 있는 야생의 원시적 생명을 되찾게 해준다. Paul이 어둠 가운데서 Clara로부터 몰아의 깊은 관능적 애무에 빠짐으로써 맛보는 야생의 생명력과 원초성은 "something strong and blind and

ruthless in its primitiveness"(429－30)라고 표현된다. 이와같은 신비
적인 현상이 일어난 것은 성의 생명력이 모든 사물과 더불어 전일성을 띤
생명체로 우주화시켜 버렸기 때문이다.

다음 인용문에서 Paul의 성적 자아는 Clara가 인간적, 개인적인 생명
체를 초월하여 우주적인 생명체로서 물떼새, 풀, 별 등과 동일시되는 존재
변환의 경험을 한다:

All the while the peewits were screaming in the field. When he came
to, he wondered what was near his eyes, curving and strong with
life in the dark, and what voice it was speaking. Then he realized it
was the grass, and the peewit was calling. The warmth was Clara's
breathing heaving. He lifted his head, and looked into her eyes. They
were dark and shining and strange, life wild at the source staring
into his life, stranger to him, yet meeting him; and he put his face
down on her throat, afraid. What was she? A strong, strange, wild
life, that breathed with his in the darkness through this hour. It was
all so much bigger than themselves that he was hushed. They had
met, and included in their meeting the thrust of the manifold grass-
stems, the cry of the peewit, the wheel of the stars.(430)

Paul이 이 어둠의 시간에 암흑으로부터 희미하게 모습을 보이는 Clara
의 검은 두 눈과 그녀의 숨결을 느낄 때, 물떼새, 풀, 별 등과 같은 밤의
어두운 존재들은 성적 생명력의 감화에 의해 신비롭고 불가사의한 우주적
존재들로 변용된 것이다. 이때 만물은 상호간의 구별이 없어지고 하나의
동질적인 신비적 생명체로 재창조되는 현상을 보인다고 하겠다. Paul의
육체 내부에 흐르는 성적 생명의 요동은 어둠 속에 존재하는 풀대의 운
동, 새의 울음, 별의 회전 등과 동일시되었고, Clara의 검은 두 눈은 우주
자연의 야생적인 생명력의 상징으로서 느껴지고 있다. 이것은 밀교적으로
말하면 Paul의 어두운 관능이 초월적인 우주적 실체로 환원되어 졌음을
의미한다. 이처럼 Lawrence에게 있어 성의 이상적 형태는 E.F.Cornwell
의 지적처럼 "creative, impersonal"[44]한 것이다. Paul이 정열의 밤을 경

---

44) Ethel F. Cornwell, 217.

험하고 난 뒤에 느끼는 성의 세계의 광활함과 위대함에 대한 새로운 인식, 그리고 그것에 비하면 자신은 왜소하고 무력한 존재에 지나지 않는다고 느끼는 새로운 깨달음은 밀교에서의 覺과 일치한다. Lawrence는 Paul이 깨닫는 이러한 심적 상태를 아담과 이브가 잃어버린 낙원으로 복귀하는 심상으로 형상화하고 있는데[45] 이것은 佛性의 회복과 일치한다고 하겠다.

그리고 Paul이 Clara와의 성관계를 가진 후에 아침에 일어났을 때 느끼는 감정은 종교적인 평화라고 표현된다: "He had considerable peace, and was happy in himself. It seemed almost as if he had known the baptism of fire in passion, and it left him at rest"(431) 그리고 "Nothing could nullify it, Nothing could take it away; it was almost their belief in life."(431)라고 묘사되고 있다. Lawrence가 성을 종교로 간주하고 그것을 표현하는데 종교적인 용어를 동원하고 있음을 알 수 있다.

Lawrence의 이러한 종교적 비젼은 *Women in Love*에서 Birkin과 Ursula가 어둠이 짙은 산장여관에서 사랑을 교감할 때 그들이 태초의 남신과 여신으로 변환되는 장면에서도 나타나고 있다. Ursula는 Birkin으로부터 그의 육체에 깃든 신비적 생명에 감화되고 깊은 생명의 교류를 얻게 되며 이 때 그녀는 다시 신적 존재로 새롭게 탄생한다. Lucente에 의하면 이 장면의 Birkin은 어둠의 신인 Pluto, 그리고 Ursula는 Persephone에 연관된다[46]고 말하고 있다.

나아가 Birkin이 Ursula와 Sherwood Forest에서 가지는 밤의 성애

---

45) "They felt small, half afraid, childish, and wondering, like Adam and Eve when they lost their innocence and realized the magnificence of the power which drove them out of Paradise and across the great night and the great day of humanity. It was for each of them an initiation and a satisfaction. To know their own nothingness, to know the tremendous living flood which carried them always, gave them rest within themselves. "(SL 430)

46) Gregory L. Lucente, *The Narrative of Realism and Myth*(Baltimore: The Johns Hopkins University Press, 1981), 110-11.

장면에서 육체는 인간의 앎의 영역을 초월한다는 점이 강조된다. 성애를 나누는 두 사람에게 어둠에 감싸인 그들의 벗은 "living body of darkness"(361)는 서로에게 알 수 없는 우주신비의 구현체, 그리고 장엄하고 신비로운 어두운 밤은 인간의 기억과 인식을 뛰어넘는 "a universe of dark reality"(362)의 전수자로 느껴진다. 이것은 달리 말하면 우주의 원초적 실재로의 복귀에 성공하는 밀교적 성의 실현에 해당한다.

*Lady Chatterley's Lover*에서 Connie와 Mellors가 이루는 성관계에서 표현되는 행동과 심리에는 율동하는 우주(rhythmic cosmos)에 대한 Lawrence의 비젼이 투영되고 있다. 그들은 외계의 우주리듬을 따르고 있고, 육체의 내적 리듬에 그대로 따르고 있다. 그들이 보여주는 일련의 성행위에는 그들 자신의 "kindled rhythmic emotions in the soul"(Propos 99)을 우주리듬으로서 받아 들이는 의미가 내포되어 있다. 이러한 우주리듬은 현대 문명인이 물질주의와 기계문명에 의해 상실해 버린 것이다.

15장에 묘사된 Mellors와 Connie가 폭우가 내리는 가운데 산장에서 이룩하는 성애 장면은 현대문명의 기계화, 物化, 탈생명화로 치달은 위기국면에 대응하는 안티테제의 구현이다. 두 사람 간의 성의 특징은 명상의 차원이라기 보다는 육체의 내부를 흐르는 성의 어두운 생명력이 원시적이고 야생적인 성질을 띠고 외부의 자연 환경이나 현상과 결합한다는 점이다. 그들이 숲, 꽃, 조류 등과 같은 야생의 원시적 자연으로 둘러싸인 산장에서 비가 내리는 날씨를 배경으로 하여 연출하는 일련의 성행위에는 고대적이고 원시적인 儀式이 반향하고 있다. 천둥, 번갯불, 폭풍우는 두 사람의 의식 내부와 긴밀한 심리적 관계를 가지고 있다. Connie가 자아의 내부로부터 솟아나는 격렬한 "Dionysiac energy"[47]에 따라 문을 열고 밖으로 나가 나체에 쏟아지는 비를 맞으면서 벌이는 괴이한 행동이나 뒤따라 나간 Mellors가 그녀를 땅바닥에 쓰러뜨려서 가지는 성행위는 자연의 리듬에 따르는 고대의 원시인을 연상시킨다. 두 사람이 이처럼 어두운 자연력에 그대로 순응하면서 Dionysus적인 욕망을 적나라하게 충족시키는

---

47) Maurice Charney, *Sexual Fiction*(London: Methuen, 1981), 101.

행위는 "a certain heroic and romantic wishfulfillment"[48] 이다. Charney 에 의하면 Connie와 Mellors가 어두운 비의 세찬 생명을 나체에 교감하면서 달릴 때, 그들은 고대 종교의 "식물신들"(fertility gods)[49]로 환원된 것이다. 그들의 이러한 성애 장면은 "physical and temperamental antitype"[50]의 창조이며 현대 문명생활에 상반되는 의미를 내포하고 있다. Charney는 이 장면이 "primitive ritual"의 반영이며 현대문명의 비판을 나타내는 Lawrence의 성사상을 표현하는 상징주의로서 적합하다[51] 고 말하고 있다.

비오는 날씨, 그리고 어둠을 배경으로 하여 등장하는 빗물, 천둥, 폭우, 번개, 불타는 난롯불, 빗물에 젖은 싱싱한 꽃과 나무 등과 같은 자연물이나 우주적 현상은 자아 내부에 흐르는 성적 생명과 그 리듬을 암시하는 상징이다. 달리 말하면 이것은 자아에 내재된 소우주의 외재화인 것이다. 비, 천둥, 번개와 같은 어두운 실체들은 Connie와 Mellors 두 사람에게 자아 내면에 자리잡고 있는 성에너지를 충격적으로 증가시키는 기능으로 작용한다. 그들이 보여주는 이러한 원시적인 성의 어두운 몸짓은, 석 지현의 밀교적 발언을 빌려 말하면, "까마득한 세상으로부터 익혀온 우주 그 자체의 몸짓으로서의 갖가지 동식물의 그것"(「密敎」 276) 과 같다. 이들의 적나라한 영혼은 현대의 메마른 잠으로부터 깨어난 것을 뜻하며, 이들의 "모든 몸짓은 이제 우주의 그것이며 결코 나 개인의 것이 아니다"(「密敎」 277)라고 말할 수 있다.

Mellors가 원시적인 생명의 상실을 몰고왔으며 생명의 근원인 성을 타락시키고 있는 현대문명에 대해 신랄하게 비난할 때[52] 그가 말하는 성은

---

48) Charney, 101.

49) Charney, 108.

50) Charney, 101.

51) Charney, 108.

52) "Their spunk is gone dead. Motor-cars and cinemas and aeroplanes suck that last bit out of them. I tell you, every generation breeds a more rabbity generation, with indiarubber tubing for guts and tin legs and tin faces. Tin people! It's all a steady sort of bolshevism just killing off the

현대의 물질주의와 기계문명에 투쟁하는 전략적 무기임과 동시에 현대인
을 죽음으로부터 재생시키는 중요한 종교적 도구의 의미를 지닌다. 이러
한 성의 의미는 다음에 인용한 글에서 처럼 Connie의 인식을 통해서 각
성되고 새롭게 있다:

> It was not really love. It was not voluptuousness. It was sensuality
> sharp and searing as fire, burning the soul to tinder. Burning out the
> shames, the deepest, oldest shames, in the most secret places.··· Yet
> the passion licked round her, consuming, and when the sensual flame
> of it pressed through her bowels and breast,··· And necessary, forev-
> er necessary, to burn out false shames and smelt out the heaviest one
> of the body into purity. With the fire of sheer sensuality.(LCL 258)

이처럼 Connie가 Mellors와의 관계를 통해 체험한 성은 종교이다. 관
능의 밤은 그녀의 자아를 전혀 다른 인간으로 만들어준 것이다. 그녀에게
성은 낡은 자아에다 죽음을 주고, 영혼을 본래의 우주적인 순수자아로 정
화되고 재생되게 하는 불의 세례이다. 그리하여 그녀에게 성은 인간적인
차원의 관능이나 사랑이 아니며, 그것을 뛰어 넘는 근원적이고 우주적인
실재로서 인식되어진다. 그녀에게 Mellors를 통해 새롭게 열려진 이러한
성의 세계는 밀교적인 성에 다름 아닌 것이다.

5. 결   론

Lawrence의 문학사상은 본질적으로 고대적 지혜의 창조적 재현이다.

---

human thing, and worshipping the mechanical thing. Money, money, money!
All the modern lot get their real kick out of killing the old human feeling out
of man, making mincemeat of the old Adam and the old Eve. They're all
alike. The world is all alike: kill off the human reality, a quid for every fore-
skin, two quid for each pair of balls. What is cunt but machinefucking!···
Pay'em money to cut off the world's cock. Pay money, money, money to
them that will take spunk out of mankind, and leave'em all little twiddling
machines."(LCL 226)

동양권에서 인도사상은 그들 고유의 고대적 지혜에 바탕을 두고 있다. Lawrence는 인도의 전통적인 신비주의 사상에 많은 관심과 영향을 받았음이 밝혀졌다. 오늘날에 이르러 禪사상은 인도에 원천을 두고 중국, 한국, 일본 등지에서 성장 발전해 온 동양사상의 중심에 위치해 있다. 선불교의 지혜에 의하면, 인간존재는 단순히 개체로만 존재하는 것이 아니라 궁극적으로 우주와 연결되어 있고, 자연 만물의 거대한 힘, 생명력, 에너지에 귀속되는 하나의 부분으로서 우주 전체의 운행과 리듬에 참여하고 있다고 본다. 이와같은 점에서 인간이 그 육체와 영혼에 지니고 있는 생명력이나 에너지는 우주적인 것이고 우주자연과 근원에서 하나로 만난다. 그리하여 선불교에서 인간 각자는 이러한 사실을 깨달을 때, 나와 너가 둘이 아니며 삶과 죽음, 현상과 실재(본질), 시작과 끝, 영원과 순간, 주체와 객체, 우주 자연과 내가 둘이 아니라 동일자임을 알게 되고, 그 결과 작은 나를 버리고 큰 나, 우주적 나가 되며, 작은 마음이 큰 마음으로 다시 태어나게 된다. 무한한 마음의 평화, 충만감, 희열, 대자대비, 관용성, 포용성 등은 바로 이와같은 진리의 깨달음(覺)에 의해서 자연스럽게 나오게 되며, 空사상, 不二法門, 中道, 圓像 등의 선불교 사상은 이러한 내용을 반영하고 있는 것이다.

융이 자기자신에 대해 자기는 철학자가 아니고 경험론자이며 자기의 입상은 현상학적인 입장[53]이라고 말했던 바와 같은 의미에서 Lawrence도 어둠의식 — 피의식 — 우주의식을 통해 무의식적 자아의 심층에서 경험하는 생명의 영원한 운동상태 자체를 실재라고 보고[54] 그것에 순수하게 따르는 것이 진리라고 믿는 현상학적 신비주의자라고 말할 수 있다. 현상학은 우주 자연에 있는 현상 그대로를 실재라고 믿고, 실재란 그러한 현상으로부터 별도로 분리되어 있지 않다고 보는 입장이다. Lawrence의 존재에 대한 감각방식은 선입관이나 고정된 주관성을 배제하고 직관에 의해 직접적으로 파악하는 것인 점에서 현상학 철학이나 禪과 일치한다. 禪과 가까운

---

53) 李符永, 9.
54) Cf. 민희식, 269.

서구의 현상학의 이념을 빌어서 그의 생명 인식방법을 말한다면, 순수의
식을 기본매체로 하여 지향적, 역동적인 의식에 환원된 실재를 순수직관
에 의해 인지한다. Lawrence의 경우 현상학적인 실재에 합일한 자아는
인성적이고 개인적인 것이 아니라 우주적인 것이라고 본다. 그리하여 그
는 자아의 우주적인 본성을 되찾고 그것과 합일하는 것을 통해서 창조적
인 삶의 실현을 성취하는 것을 그의 문학의 목표로 삼고 있다. 그는 그러
한 실재와 정신적으로 합일하는 것을 방해하여 사물을 있는 현상 그 자체
대로 보고 느낄 수 없게 이원적으로 분열시키는 것이 현대 서구문명이라
고 보았다.

　禪은 Jung이 통찰한 것처럼 동양인에게 하나가 되는 것(Ganzwer-
dung)이 얼마나 중요한 의미를 갖는가를 가르쳐 준다. 禪에서의 깨달음
은 비자아적인 자기를 참자아에 의해 대체하는 것이다. Meister Eckhart
와 같은 서양 신비가들의 수도 지침서에 인간이 어떻게 자아에의 집착을
버림으로써 영적인 인간에 도달할 수 있는가를 제시한 내용과 같은 것들로
가득차 있는 것이 禪이다. 그렇게 함으로써 인간존재는 통일성(Einheit)을
획득한다고 지적한 융의 말[55]은 앞에서 살펴보았던 Lawrence의 사상에
일치한다. 禪이 제공하는 존재변환적인 체험에는 자그마한 자아가 커다란
우주적인 자아를 인식하는 하나의 깨달음과 영혼의 우주적인 확장을 담고
있다. Lawrence 문학이 탁월하게 구현하고 있는 것이 바로 이러한 禪의
내용이다.

　禪은 개인적인 자아를 버리는 空化에 의해 외계의 사물들을 있는 그대
로 자아 안에 수용함으로써 자아의 극적 변환을 꾀한다. 따라서 空의 개
념은 비자아적인 자기, 개인적인 자그마한 자아에의 집착을 포기하고 보
다 크다란 우주적인 자아로서 채우는 것이다.[56] 이것이 滿空(The Void
is Full)의 역설적인 존재변환이다. Lawrence 문학이나 禪은 근본적으로

---

55) 李符永, 366. 원서출처: *C.G.Jung: Vonwort zu Suzuki, die Große Befreiung*, G.
　　W.II, 586.
56) 李符永, 366-67.

생명체는 개체에 국한되거나 고립되어 있지 않고 우주적으로 연결되어 있으며, 만물 사이에는 유기적으로 생명력이 교통하고 있다고 보는 것이다. 空과 圓은 이러한 우주적인 연대성과 전일성을 상징하고 있다. 이와같은 존재론에 대한 Lawrence의 관심은 서구문명에서 보면 이교도적인 관심이다. 이 점에서 William Tindall이 적절히 지적한 것처럼, 만약 Lawrence가 다른 시대에서 였더라면 그의 이교도적인 종교사상은 그를 성자나 순교자로 만들었을 것이다.[57]

禪은 자기자신의 내부에 실재하는 가장 깊은 근원적 자아와 합일하는 힘에 의한 全人(whole man)의 실현이며, 거기에 도달하면 억압이 제거되어서 오직 직접적인 경험만 있을 뿐, 어느 누구도, 어떠한 사물도, 나아가 자기자신에 대해서 마저도 타인이 아닌 존재가 되어 대자유를 얻는 경지이다. 그리하여 禪에서 인간은 전일성을 지닌 존재가 되며, 억압과 인습의 틀을 벗어나 무의식적 영혼으로서의 무한한 자유를 얻는 자연 그대로의 존재를 실현하게 된다. 이와같은 점에서 禪은 창조의 원천이다. Lawrence가 그의 문학에서 구현한 정신은 바로 이러한 禪의 정신 그것이다.

Lawrence에게 성이란 창조적인 생명의 근원으로서 이원적 개체를 하나로 용해하고, 개체의 의지와 개성을 소멸시킴으로써 우주분화 이전의 원초적인 일원성의 세계로 환원해 주는 초월적 계기가 된다. 그리하여 그의 성세계는 인간을 자유와 해탈의 존재로 변용시킨다는 점에서 禪석이고 밀교적이다.

Lawrence가 탐구한 성은 일상적 세계를 뛰어넘는 것이다. 그리하여 지적인 의식, 자기중심적인 사고, 소유적인 에고가 소멸되며 나아가 성 자체마저 의식에서 소멸됨으로써 우주에너지 자체로 복귀한 비젼을 계시한다는 점에서 그의 성은 순수의식의 場인 밀교의 場에 위치한다.

밀교에서 성은 두 원초에너지의 결합이며, 남녀 양성은 성결합에 의해 분화이전 단계의 일원성, 즉 우주적 근원과의 합일을 이룬다. 이 때 의식

---

57) William York Tindall, *D.H.Lawrence & Susan His Cow*(New York: Cooper Square Publishers, 1972) 17.

은 인간적 차원을 넘어서 신적 차원으로 변환되어진다. 시바신과 삭티신의 결합은 우주적 원천으로서의 신성이나 신격으로의 환원이다. 선불교의 관점에서 보면 이것은 禪의 空性 안에서 실현하는 佛性의 실현이다. 요컨대 밀교에서의 성은 Nirbana나 佛國士의 구현인 것이다. Lawrence가 추구한 성은 밀교가 추구하는 성의 목표나 내용과 합치한다.

요컨대 Lawrence가 그의 문학에서 다루고자 했던 중심적인 주제는 현대 물질주의 문명을 극복한 원초적이고 우주적인 자아의 회복이다. 그러한 자아는 문명에 오염되지 않은 순수하고 근원적인 것이다. 현대의 지식이나 정신구조에 제한되지 않고 그것을 초월할 때 인간의 근원으로 되돌아가서 광활하고 자유자재한 우주적 생명을 누릴 수 있다. 이것이 Lawrence와 선불교, 밀교의 공통된 목표이다. 이들 삼자는 인간이 지적인 도그마의 틀 안에 단순히 제약될 수 있는 물질적인 사물이 아니라 그 틀에 가둘 수 없는 우주적인 넓이와 깊이를 가지고 있는 존재라고 본다. 그리하여 개인의 자아는 대우주(macrocosm)가 축약되어 있는 소우주(microcosm)이다. Lawrence가 이처럼 선불교나 밀교처럼 현대인이 우주적인 자아로 복귀해야 한다고 역설한 이유는 그러한 우주적 자아에서 작은 자아가 무한한 자아로 확대될 수 있고 그리하여 마음에 무한의 해방, 자유, 평화, 안정감을 느꼈기 때문이다.

(1992년도 교육부 지원 한국 학술진흥재단 지방대학 육성 과제 학술연구 조성비 보고논문)

참 고 문 헌

I. Texts

Lawrence, D.H. *Apocalypse.* Penguin, 1977.
__________. *Etruscan Places.* Penguin, 1975.
__________. *Fantasia of the Unconscious.* Penguin, 1977.
__________. *Kangaroo.* Penguin, 1976.
__________. *Lady Chatterley's Lover.* Penguin, 1974.
__________. *Phoenix.* Penguin, 1978. ed. by Edward D. McDonald, "Books".
__________. *Phoenix II.* Penguin, 1978. ed. by Warren Roberts and Harry T. Moore, 'The Two Principles'.
__________. *Psychoanalysis and the Unconsciousness.* Penguin, 1977.
__________. *Selected Essays.* Penguin, 1972.
__________. *Sons and Lovers.* Penguin, 1970.
__________. *Studies in Classic American Literature.* Penguin, 1977.
__________. *The Man Who Died.* Heinemann, 1980.
__________. *The Man Who Loved Islands,* in *D.H.Lawrence, Selected Short Stories.* Penguin, 1983.
__________. *The Plumed Serpent.* Penguin, 1977.
__________. *The Rainbow.* Penguin, 1977.
__________. *Women in Love.* Penguin, 1979
Moore, Harry T. *The Collected Letters of D.H.Lawrence.* New York: The Viking Press, 1962.
Pinto Vivian de Sola and Warren Roberts ed. *The Complete Poems of D. H. Lawrence.* New York: The Viking Press, 1974.

II. References

Bankroft, Anne. *Zen, Direct Pointing to Reality.* Illinois: Thames and Hudson, 1979.
Beal, Anthony. *D.H.Lawrence.* London: Oliver and Boyd, 1964.

Bell, Michael. *Primitivism.* London: Methuen & Co., 1972.

Carter, Frederic. *D.H.Lawrence and the Body Mystical.* London: The Garden City Press, 1932.

Charney, Maurice. *Sexual Fiction.* London: Methuen, 1981.

Clark, L.D. *Dark Night of the Body.* Austin: University of Texas Press, 1964.

Cornwell, Ethel F. *The Still Point.* New Brunswick: Rutgers University Press, 1962.

Drew, Elizabeth. *The Novel: A Modern Guide to English Masterpieces.* New York: Dell Publishing Co., Inc.,1969.

Eusden, John Dykstra. *Zen and Christian.* New York: The Crossoad Publishing, 1981.

Fromm, Erich. *To Have or To Be.* New York: Harper & Row, 1976.

__________. *Zen Buddhism and Pshchoanalysis.* New York: Harper & Row, 1970.

Green, Eleanor Hewson. "The Works of D.H.Lawrence with Relation to Schopenhauer and Nietzsche". Ph.D. dissertation. The University of Nottingham, 1973.

Gregory, Horace. *D.H. Lawrence: Pilgrim of the Apocalypse.* New York: Grove Press, INC., 1975.

Guenther, Herbert V. & Trungpa, Ch gyam. *The Dawn of Tantra,* Boston: Shambhala, 1988.

Gunther, Bernard. *Dying for Enlightenment.* New York: Haper & Row, 1979.

Haich, Elizabeth. *Sexual Energy and Yoga.* New York: George Allen & Unwin, 1986.

Hough, Ghaham. *The Dark Sun.* New York: Capricorn Books, 1959.

Humphreys, Christmas. *The Buddhist Way of Life.* London: George Allen and Unwin Ltd., 1980.

Jacobi, Jolande. *The Psychology of C.G.Jung.* New Haven: Yale University Press, 1973.

Jameson, Fredric. *The Prison-House of Language.* Princeton, N.J.: Princeton University Press, 1974.

Johnston, William. *The Still Point*. New York: Fordham University Press, 1982.

Jung, C.G. *Dreams*. trans. R.F.C. Hull. New York: Princeton University Press, 1974.

Kenmare, Dallas. *Fire-Bird*. London: James Barrie, 1951.

Lavrin, Janko. *Aspects of Modernism*. London: Latimer, Trend & Co., 1935.

Lawrence, Frieda. *Not I, But The Wind*. Heinemann, 1935.

Levin, Harry. *The Power of Blackness*. London: Farber and Farber, 1958.

Lucente, Gregory L. *The Narrative of Realism and Myth*. Baltimore: The Johns Hopkins University Press, 1981.

McBrien, William ed. *Twentieth Century Literature*. Vol. 27 Fall. 1981. New York: Hofstra University Press. "Sex and Language in D. H.Lawrence" by David J. Gordon.

Moore, Harry T. ed. *Sex, Literature and Censorship*. New York: The Viking Press, 1972. "A Propos of *Lady Chatterley's Lover*" by D.H.Lawrence.

Mullan, Bob. *Life as Laughter: Following Bhagwan Shree Rajneesh*. London: Routledge & Kegan Paul, 1983.

Page, Norman ed. *D.H.Lawrence Interviews and Recollections*. Volume. 2. Macmillan, 1985.

Paul Reps. *Zen Flesh, Zen Bones*. Penguin, 1972.

Pirsig, Robert M. *Zen and Motorcycle Maintenance*. New York: Bantambooks, 1984.

Pritchard, R.E. *D.H.Lawrence: Body of Darkness*. London: Hutchinson University Press, 1971.

Suzuki, Shunryu. *Zen Mind, Beginner's Mind*. New York: John Weatherhill, 1988.

Szilasi, Wilhelm. *Einführung in Die Phänomenologie Edmund Husserls*. Tubingen: Max Niemeyer Verlag, 1959.

Tagore, Rabindranath. *SADHANA*. London: Macmillan, 1914.

Wickramasinghe, Martin. *The Mysticism of Lawrence*. Colombo: M.D. Gunasena & Co., 1951.

김현창. 「現代世界文學 속의 東洋思想」. 서울: 新雅社, 1984.

능가 禪師. 설법테이프「佛祖正傳」. 범어사.

민희식.「법화경과 신약성서」. 서울: 佛日出版社, 1987.

白樂晴.「민족문학과 세계문학」. 서울: 창작과 비평사, 1985. 白樂晴. "미국의 꿈과 미국문학의 짐 − 로렌스의「미국 고전문학 연구」를 중심으로".

徐京保 발행.「禪思想」. 1983년 여름.

________.「禪思想」. 서울: 禪思想社. 1985년 35권.

________.「禪思想」. 서울: 禪思想社. 1983년 봄. 유기현. "영혼의 우주적확 장으로서의 禪".

________.「禪思想」. 서울: 禪思想社. 1986년 9,10월. 김용환. "불교 탄트라 의 올바른 의미".

釋智賢.「密敎」. 서울: 玄岩社, 1981.

________.「禪으로 가는 길」. 서울: 一志社, 1976.

小太山 朴 重彬, 圓佛敎 呪文.

아난다 마르가 편집 위원회. 정현숙 옮김.「명상수행의 길잡이」, 1993.

吳經熊 著, 徐墩珏, 李楠永 共譯.「禪學의 黃金時代」. 서울: 三一堂, 1982.

오문환 옮김.「빛이 온다」「P.R.Sarkar, *Light comes, The Thought of P.R. Sarkar*」. 서울: 아난다마르가, 1992.

이영호 옮김.「現象學 講義」. 서울: 종로서적, 1987.

李符永.「分析 心理學 − C.G.Jung의 人間 心性論」. 서울: 일조각, 1982.

조일제. "D.H.Lawrence: 생명적 실재의 추구"의 '현상학적 창조'. 한국영어 영문학회 부산지회.「영미어문학」제21집. 1987.

崔翊圭 역.「現象學과 文學」「R. Magliola, *Phenomenology and Literature: An Introduction*」. 서울: 大邦出版社, 1986.

혜암 선사. 설법테이프「성도재」, 해인사.

11. 죽음의식

〈목　　차〉

1. 서　　론

Lawrence는 모든 존재는 변화하고 있고, 변화하고 있는 현재에는 죽음
이 내재해 있으며, 시간의 진행방향은 죽음을 향해 달리고 있다고 항상
의식한 강한 죽음의식의 소유자이다. Eugene Goodheart는 이와같은 그
의 죽음의식에 대해 "Ever aware that all things change, and that
man must change, if he is to live, Lawrence is also aware of the
death present in change."[1]라고 지적하고 있다.

죽음문제를 탐구하고 있는 Lawrence 작품에서 죽음의 요소들은 오히
려 강력한 생명주의적 도덕으로 뒤받침되고 있다. 그의 죽음의식은 그에
게 생명의 근원과 본질을 의미해 주고 있는 어둠(darkness)과 피(blood)
에 대한 의식을 수반하고 있고, 이 두 의식이 융합된 생명적인 심상들로
표현되고 있다.

Lawrence에게 죽음은 삶의 종말로 보는 허무주의로 나타나는 것이 아
니라 삶의 연장과 희열로서, 또는 평화로서 나타나며, 그는 자기생명의 영

---

1) Eugene Goodheart, *The Utopian Vision of D.H. Lawrence*(Chicago : The Uni-
versity of Chicago Press, 1971), p.73. 이하에서 이 책은 UV로 표시하고 본문
안에 페이지만 표시한다.

원성을 신화적인 방식에 의하여 문학적으로 구현하고 있다. 신화에 대한 Lawrence의 지대한 관심과 그것의 문학적 활용은 그것이 원시인류가 지닌 생명에 관한 지혜(wisdom of life)와 영원한 비견을 담고 있는 정신적 형식이기 때문이다.[2]

Lawrence가 일찌기 비상한 죽음의식을 지니고 죽음의 문제를 심각히 탐구하게 된 것은 어릴 때부터의 건강불량과 17세 때 발병하여 평생의 건강을 완전히 망쳐버리게 한 폐결핵[3]에 큰 연유를 두고 있을 것으로 생각된다.

본 논문은 십자가에 못박혀 죽어가는 그리스도像을 보고 죽음의 본질을 깊이 탐구하고 있는 Lawrence의 기행논문 'The Crucifix across the Mountains'[4](*Twilight in Italy*에 수록)과 만년에 죽음을 노래한 Whitman의 시에 대해 높이 평가하고 있는 논문 'Whitman', 그리고 기타 자료를 통해 죽음에 대해 Lawrence가 어떠한 인식과 사상을 지녔는지를 살펴볼 것이다. 생명력의 영원함에 대한 그의 신념이 신화적 방법을 통해 실현되고 있는, Lawrence가 임종하기 한해 전(1929)에 집필한 시 'The Ship of Death', 'Bavarian Gentians',[5] 중편소설 *The Man Who Died*[6], 단편소설 'The Woman Who Rode Away'[7] 등을 중심으로 하여 자신의 영원한 삶에 대한 예언적 비견을 어떠한 양상으로 실현하고 있는지를 겸

---

2) *Fantasia of the Unconsicous*(Penguin, 1977) 서문에서 Lawrence는 "(old wisdom is: 필자 註)more or less forgotten, as knowledge: remembered as ritual, gesture, and myth story"(p.13)라고 했다.

3) Lawrence의 'Autobiographical Sketch', in Roberts Warren, and Harry T. Moore, *Phoenix II*(Penguin, 1978), p.13 참조.

4) D.H.Lawrence, *Twilight in Italy*(Penguin, 1977). 이하에서 이 책은 TI로 약기하고 본문 안에 페이지만 표시한다.

5) D.H.Lawrence, *Selected Poems*(Penguin, 1979)에 수록된 것을 참조함. 이하에서 이 책은 SP로 약기하고 본문 안에 페이지만 표시한다.

6) D.H.Lawrence, *The Man Who Died*(William Heinemann, 1980). 이하에서 이 책은 MWD로 약기하고 본문 안에 페이지만 표시한다.

7) D.H.Lawrence, *The Woman Who Rode Away and Other Stories*(Penguin, 1975).

토해 보며, 이러한 작품들에서 죽음의식과 관련하여 어둠과 피의식이 어떠한 성격과 형상을 갖고 나타나고 있는지 등에 대해 고찰하고자 한다.

2. 죽음의 인식

인간이 죽어야 한다는 것은 피할 수 없는 명제이다. 이와같은 죽음의 필연성에 대한 각성은 Lawrence의 중요한 사상을 형성하고 있다.

Lawrence는 우리 인간의 삶이 필연적이며 불가피한 죽음에 연결되어 영위되고 있다는 사실을 인식하는 것이 중요하다고 생각하고 있다. 이와같은 죽음의 필연성에 대한 그의 인식을 미국 고전문학 연구인 'Whitman'론에서 찾아 볼 수 있다. 그는 우리 인간은 반드시 죽어야만 하며, 살아가고 있는 동안에도 계속하여 죽어가고 있는 것이라고 말하고 있다.

> But we have all got to die, and disintegrate. We have got to die in life, too, and disintegrate while we live.[8]

이와같이 죽음을 바탕으로 하고, 그 바탕 위에 서서 인생을 인식한 시인이 Whitman이며, 이 때문에 그는 위대한 시인이 될 수 있었다는 것이 Lawrence의 논평이다. 만약 Whitman이 최후의 계단인 죽음의 계단을 밟으면서 죽음의 심연을 들여다 보고, 그 심연에 서서 사랑과 우애와 일체의 삶의 형태를 보는 일이 없었더라면 그는 위대한 시인이 될 수 없었을 것이다 — "Whitman would not have been the great poet if he had not taken the last steps and looked over into death."(*SCAL* p.178) 라고 말하고 있다. 이러한 논평은 *Leaves of Grass*에 게재된 Whitman의 시에 관한 논평의 일부에서 나온 것이다.

Whitman은 연한 색의 뿌리를 가진 풀잎을 보고 그것에서 죽음을 생각해 내었으며, 죽음을 통하여 그 연약한 생명의 아름다움을 발견하고는 죽

---

8) D.H.Lawrence, *Studies in Classic American Literature*(Penguin, 1977), p.179. 이하에서 이 책은 SCAL로 약기하고 본문 안에 페이지만 표시한다.

음이 있기 때문에 풀잎도 역시 아름답고, 나아가 사랑과 애인이 숭고하고 엄숙하며 곱게 보여지는 것은 죽음을 통함으로 하여 그렇게 된다고 노래하였다. 다음에서 Whitman의 시를 보자.

> Yet you are beautiful to me, you faint-tinged roots, you make me think of death.
> Death is beautiful from you(What indeed is finally beautiful except death and love?)
> I think it is not for life I am chanting here my chant of lovers, I think it must be for death, For how calm, how solemn it grows to ascend to the atmosphere of lovers,
> ………
> (I am not sure but the high soul of lovers welcomes death most) Indeed, O death, I think now these leaves mean precisely the same as you mean.(SCAL p.177)

이와같이 Whitman은 만년에 가서 연한 풀잎 생명체나 남녀간의 사랑에서 뿐만 아니라 바닷물의 철석이는 소리, 우정과 같은 모든 것들로부터 죽음의 소리를 들었고, 그것들 모두를 죽음의 과정에 놓여 있는 것으로서 파악했으며, 죽음이란 기반에서 그것들을 인식했다. 이러한 Whitman 사상의 거론에서 Lawrence는 죽음의 필연성과 죽음의 존재를 인식하는 것이 우리 인간의 삶에 어떠한 효과를 주는가 하는 중요성을 보여주고 있다.

이와같이 인간의 삶과 자연의 모든 형태나 현상으로부터 죽음을 발견하고, 죽음의 궁극점으로 모든 것이 이어지고 있다는 죽음에 대한 Lawrence의 인식은, Bavaria의 반원시적인 산악고지 마을을 탐방하였을 때 그 곳 농민들의 삶의 형태 및 자연환경을 통하여 Lawrence가 느낀 아래의 글에서도 잘 나타나고 있다. 그곳의 주민들은 원시적인 춤, 연극, 종교, 그리고 눈 덮힌 산과 끊임없이 계절 따라 순환하는 농경생활 등과 같은 모든 것들이 죽음과 관계를 맺고 있는 세계라는 느낌을 Lawrence에게 준다.

···At the same time, always, overhead, there is the eternal, negative radiance of the snows. Beneath is life, the hot heat of the blood playing elaborately. But above is the radiance of changeless not-being. And life passes away into this changeless radiance. Summer and the prarific blue-and-white flowering of the earth goes by, with the labour and the ecstasy of man, disappears, and is gone into brilliance that hovers overhead, the radiant cold which waits to receive back again all that which has passed for the moment into being.

The issue is too much revealed. It leaves the peasant no choice. The fate gleams transcendent above him, the brightness of eternal, unthinkable not-being. And this our life, this admixture of labour and of warm experience in the flesh, all the time it is steaming up to the changeless brilliance above, the light of the everlasting snows. This is the eternal issue.

Whether it is singing or dancing or play-acting or physical transport of love, or vengeance or cruelty, whether it is work or sorrow or religion, the issue is always the same at last, into the radiant negation of eternity.(TI p.12)

위에서 Lawrence는 지상적 삶과 천상적 죽음을 대립적인 심상으로서 대조시키고 있는데, 지상의 모든 삶이 천상의 죽음 아래에서 영위되고 있고 그것들 모두의 결과는 죽음이다. 이처럼 Lawrence는 삶을 죽음의 바탕에서 인식하였다. 위 글에서 천상에 있다고 하는 "the eternal, negative radiance of the snows", "the radiance of changeless not-being", "the brilliance that hovers overhead", "the radiant cold", "the brightness of eternal, unthinkable not-being", "the changeless brillance above", "the light of everlasting snows", "the radiant negation of eternity" 등의 표현들은 차갑고 창백한 죽음의 세계를 상징하는 심상들이며 이것은 Lawrence가 죽음의 세계를 신비적으로 느끼고 있음을 보여주는 것이라 하겠다.

사실 죽음에 임하였을 때, 인간은 누구나 죽기를 완강히 거부할 것이며,

그대로 살아남으려고 갖은 애를 다 쓰는 것이 인간의 본능일 것이다. 이와같은 점에서 보면 죽음을 인식하는 바탕을 견지하면서 그러한 인식의 바탕 위에서 인간과 자연을 보고, 나아가 죽음을 대면하였을 때 다가온 자신의 죽음을 필연적인 과정으로 수용하는 태도는 우리들 누구나가 단번에 쉽게 지닐 수 있는 것은 아닐 것이다.

Lawrence는 이와같은 죽음의 필연성에 대한 자각과 수용이 긴 고통과 수련의 과정을 통해 오는 것임을 'The Crucifix across the Mountains' 에서 십자가像을 통해 상징적으로 보여주고 있다.

십자가에 못박힌 그리스도는 극도의 고통을 불굴의 의지로 인내하면서 죽음에 완강히 저항하는 가운데, 그를 도망치지 못하게 몸을 박고 있는 못들과 십자가에 대항하는 것이 불가능함을 알게 된다. 그리하여 자기 존재의 운명이 돌이킬 수 없는 것임을 인식하게 되며, 자신에게 점점 깊숙이 침투해 오는 그러한 죽음을 기꺼이 받아 들이면서 자신을 죽음에 내맡긴다.

> …his neck was stiffened, as if in resistance to the fact of the nails and the cross, which he could not escape.
>
> It was a man nailed down in spirit, but set stubbornly against the bondage and the disgrace.…
>
> His soul was set, his will was fixed. He was himself, let his circumstance be what they would, his life fixed down.…
>
> It is storbborn, knowing its own undeniable being. Though he is nailed down upon an irrevocable fate.(TI pp.10−13)

이와같이 하여 마침내 Lawrence는 그리스도의 명상을 통하여, 죽음은 역시 어떠한 해결책도 없으며, 고뇌하는 영혼에게 어떤 제시도 가져다 주지 못한다는 것을 인식하면서, 죽음은 창조할 수도 없고 파괴할 수도 없으며, 그것을 잘라 버리더라도 중단하지 아니하며, 존재하는 죽음은 존재할 뿐이라는 통찰에 도달한다.

> There was no solution, either, in death. Death did not give the answer

to the soul's anxiety. That which is, is. It does not cease to be when
it is cut. Death cannot create nor destroy. What is, is. The little brooding
Christ knows this.(TI p.14)

위에서 그리스도의 이와같은 죽음관은 긴 고통의 과정을 거쳐서 형성된
다. 그러기에 Lawrence에게 죽음의 인식은 삶의 참모습을 깨닫게 하는
계기가 되고 있다. 죽음을 통해 생명의 완전한 극치와 최절정의 충족, 생
명적 미와 완전성을 경험할 수 있다고 Lawrence는 생각한다. 육체적 고
통이 수반된 죽음을 통해 생명의 신비와 희열, 삶의 최고 상태가 열설적
으로 인식된다. 십자가에 못박혀 죽어가는 그리스도의 모습을 묘사한 다
음 글에서 이와같은 것을 보여준다.

…yet, within that fate he has the power and the delight of all sensu-
ous experience. So he accepts the fate and the mystic delight of the
senses with one will, he is complete and final. His sensuous experience is
supreme, a consummation of life and death at once.(TI p.13)

죽음이 주는 육체파괴와 그에 따른 고통은 이와같이 오히려 생명의 극
치와 모든 감각들의 최고형태를 경험하게 한다. 그리스도가 죽음을 통해
서 살아있는 완전하고도 최고조에 이르는 감각들을 체험하고 생명 본래의
살아 움직이는 생명력을 감각하고 있다는 점에서 만약 우리가 죽음을 체
험할 수 있다면 생명의 소중함을 인식할 수 있다고 할 것이다.

Lawrence는 오스트리아 인근에 접어들었을 때, 그 곳의 한 농부가 그
리스도像 앞을 지나가면서 모자를 벗고 무릎을 꿇어 절을 하고는 말수레
를 몰아 급히 계곡을 넘어가는 것을 본다. 이 농부는 그리스도像에서 죽
음을 보고 그 공포를 두려워하며 몸을 재빨리 피하고 싶어 한다.

Lawrence는 이와같은 농부의 역설적인 행위에서 죽음이 공포의 대상
이기도 하지만 동시에 생명의 최고형태로서 매력적인 숭배의 존재가 되기
도 한다는 죽음의 兩價性을 통찰하고 있다.

His(pack-horses' driver) heart is ground between the mile-stones of
dread.… Christ is the Deathly one, He is Death incarnate.

And the driver of the pack-horses acknowledges this deathly Christ as supreme Lord. The mountain peasant seems grounded upon fear, the fear of death, of physical death.···

His supreme sensation is in physical pain, and in its culmination. His great climax, his consummation, is death. Therefore he worships it, bows down before it, and is fascinated by it all the while. It is fulfillment, death, and his approach to fulfillment is through physical pain.(TI p.16)

위에서 그리스도像이 보여주는 죽음은 이처럼 몸을 전율케 하는 공포를 주어 우리 인간이 도피하고 거부하려는 것이기도 하지만, 죽음이 갖고 있는 육체적 고통은 오히려 생명의 최고희열을 맛볼 수 있는 것으로서 매력을 지니고 있어 우리가 지향할 수 있는 것이기도 하다. 이와같은 점에서 Lawrence는 죽음을 두려워하는 것은 삶을 두려워하는 것과 동일하다고 생각한다. 이 때문에 그는 죽음의 공포를 극복한다. 그에게 죽음은 오히려 미지의 신비로운 삶의 영역이다. 즉 그에게 죽음은 실체적인 삶으로 통하는 것이다. Goodheart는 이와같은 Lawrence의 죽음관을 다음과 같이 지적하고 있다.

The fear of death — Lawrence shares this view with Nietzsche and the existentialists — is ultimately a fear of life, that is, a fear of the risks of a Dionysian immersion in life. Death is the aim of a perfected life, and only those — and they are legion — who have Rilke called unlived lines in their bodies have a horror of death. The Lawrentian hero has overcome the fear of death.(UV p.74)

이와같이 Lawrence는 실존주의자들이나 Rilke 등의 죽음관과 동일한 죽음관을 지니고 있음으로써, 죽음을 완전한 삶의 목적이 되는 것으로 생각하며, 위험들로 가득찬 죽음의 세계에 공포 대신에 기꺼이 뛰어들고, 그와같은 죽음세계로부터 이제껏 경험해 보지 못한 삶의 신비와 희열을 체험한다. 이와같은 점에서 Lawrence에게 죽음은 장차 실현될 새로운 삶의 계기이다. 위 글에서 "Dionysian immersion in life"는 죽음의 공포를 초월하여 위험이 존재하는 공포스러운 삶에 열광적으로 몰입하는 것을 말한다. Lawrence의 작품에는 이와같은 Nietzsche적인 철학의 구현을 곳곳에서 발견할 수 있다. 죽음을 초탈한 Nietzsche의 Dionysos적인 열정에 대한 Lawrence의 예찬은 논문 'Study of Thomas Hardy'에서 볼 수 있다.

> I wish we were all like kindled bonfires on the edge of space, marking out the advance-posts. What is the aim of self-preservation, but to carry us right to the firing line; there what is in contact with what is not. If many lives be lost by the way, it cannot be helped, nor if much suffering be entailed. I do not go out to war in the intention of avoiding all danger or discomfort: I go to fight for myself. Every step I move forward into being brings a newer, juster proportion into the world, gives me less need of storehouse and barn, allows me to leave all and to take what I want by the way, sure it will always be there; allows me in the end to fly the flag of myself, at the extreme tip of life.(UV p.74)

이와같이 전장을 공포스러운 죽음의 영역으로서 도피하는 것이 아니라 새삶을 제시해주는 참된 삶의 영역으로서 적극적으로 수용하는 것이 Lawrence의 태도이다.

Lawrence의 죽음에 대한 태도가 곧 Nietsche의 "Dionysian immersion in life"이다. Nietsche는 "man must suffer, i.e., experience passion, if he is to become beautiful."(UV p.73)이라고 말하면서 Dionysian 론을 다음과 같이 규정하고 있다.

> "The yea-saying to life, even to its strangest and most difficult problems: the will to life rejoicing at its own inexhaustibleness in the sacrifice of its highest types." This is what I called Dionysian, this is what I meant as the bridge to the psychology of the tragic poet. "Not to relieve one's self of terror and pity, not to purge one's self of dangerous emotion by a vehement dischage(this was Aristotle's misunderstanding of it.) but rather, for beyond pity and terror, to be the eternal joy of becoming itself — that joy which also involves the joy of destruction."(UV p.73)

그러나 Nietzsche가 여기서 "Dionysian"을 비극적 시인의 심리를 설명
해 주는 다리라고 하여 "비극"이라고 부르고 있는데 반하여, Lawrence
는 죽음을 수반한 위험에 열광적으로 도취하는 이와같은 행동을 "tragic"
이라고 부르지 않는다. 이것은 Lawrence가 그만큼 생을 철저히 긍정하고
생명의 영원함을 신앙하는 입장에 서 있음을 말해준다. 죽음의 비극관을
극복하고 생명의 영원성을 확신하는 이와같은 Lawrence의 입장에 대해
Goodheart는 다음과 같이 말하고 있다.

> Unlike Nietzsche, however, Lawrence does not call the immersion in
> passional experience tragic. The Aristotelian view of tragedy, with its
> attention to the suffering and doom of the hero, created in Lawrence
> a mistrust of the tragic vision.···
>
> There is no sense of the "waste of good"(A.C. Bradley's phase for an
> important element in the tragic economy.) The individual life doesn't
> matter; the life within the individual("the eternity of the phenomenon")
> is of supreme importance. Lawrence's intense faith in the eternal vitality
> of the natural world transcends the momentary tragic regret over the
> fleeting quality of the particular things that make up life.(UV pp.73－75)

이와같이 Nietzsche의 생명의지(the will to life)는 생을 긍정한 것이
지만(yea-saying to life) 생명의 영원과 현상의 영원이라는 궁극을 찾아
내지 못한데 비해, Lawrence는 개체 속에 내재한 생명의 인식을 통해 현
상의 영원을 발견했다는 점에서 Nietzsche보다 한 차원을 높이 하고 있다
고 볼 수 있다.

Lawrence는 생명의 영원을 기본신앙으로 하기 때문에 그에게 있어서
죽음은 삶의 종말로 통하는 것이 아니라 삶의 연장으로 통한다. 모든 개
체는 그 내부에 영원한 생명력이 내재하고 있는 것으로 Lawrence가 봄
으로써 그는 삶의 덧없음과 허무를 초월한다. 죽음이 영원한 죽음이 아닌
것이 Lawrence의 세계인 것이다. 죽음이 영원한 죽음이냐, 영원한 죽음
이 아니냐 하는 문제에 대해 Lawrence는 앞에서 언급한 십자가에 못박
힌 그리스도像의 묘사를 통해 다음과 같이 말하고 있다.

'To be, or not to be', this may be the question, but is it not a question for death to answer. It is not a question of living or not-living. It is a question of being-to be or not to be. To persist or not to persist, that is not the question; neither is it to endure or not to endure. The issue is it eternal not-being? If not, what, then, is being?(TI p.14)

이와같은 문제의 물음에 대한 Lawrence의 응답은 위에서 말한 바와 같이 죽음은 영원한 죽음이 아니다라는 것이다. Lawrence는 죽음 뒤에 새로운 삶이 제시된다는 사후 세계의 비젼을 Whitman론에서 다음과 같이 보여주고 있다.

We have got to die in life, too, and disintegrate while we live. But even then the goal is not death. Something else will come. Out of the cradle endlessly rocking.(SCAL p.174)

이와같이 사후세계가 삶의 연속적인 세계라는 Lawrence의 비젼에 대해서는 다음 장, "영생의 구현 양상: 신화"에서 그의 시와 소설들에 구현된 신화적 비젼을 통해 살펴보도록 하겠다.

3. 영생의 구현양상: 신화

Lawrence의 문학작품은 후기로 갈수록 신화성이 더욱 짙어지고 있다. 그는 죽음에 임박해 감에 따라 영원한 생명에 대한 가능성이 반영된 신화에 더욱 깊은 애착을 지니게 된 것 같다. 그리하여 죽음과 관련되어 있는 신화를 원형 그대로 또는 변형하여 작품에 도입하였고 상상의 세계를 통해 그러한 신화적 세계를 재체험함으로써 자기 육신의 사후 부활을 믿고자 하였다. 그는 죽음의 세계를 신화의 Hades와 연결하여, 지하를 생명이 뿌리를 내리고 있고 죽은 생명을 새로운 생명으로 재생시켜 주는 곳으로 보았다. 그리고 원시종족들의 제물의식(human sacrificial communion)을 통해 생명의 영원성을 실현해 보고자 하였으며, 피와 살의 종교를 바탕으로 하여 Osiris적인 부활을 성취하고 싶어하기도 했다. 그는 이 모든 신화적 비젼의 구현을 생명은 영원함하다는 그의 강렬한 신앙을 바탕으로 삼고 있다. 부활신화 및 재생을 함축하고 있는 만년의 작품 중에서 중요한 것 몇 편을 통해 Lawrence가 죽음을 극복하여 영생을 어떻게 실현하고 있는지 그 양상을 아래에서 살펴보겠다.

'The Ship of Death'에서 시인(Lawrence)은 8연에 이르러 완전히 육체가 해체되어 없어지며 종말과 망각 상태에 이른다. 모든 것이 사라지고, 죽음세계로 죽어가는 육체를 실어준 배는 이제 떠나고 보이지 않는 것이다. 우선 죽음이란 존재형태는 이와같은 것이라고 하겠다.

> And everything is gone, the body is gone
> completely under, gone, entirely gone
> the upper darkness is heavy as the lower,
> between them the little ship is gone
> she is gone.
> It is the end, it is oblivion.(SP pp.255—56)

그러나 이와같은 죽음은 시의 마지막 9연과 10연에 가서는 달라지고 있다. 검은 공간 위에 한가닥 실이 창백하게 연기를 내면서 보인다(이것은 생명이 소생되는 의식 각성의 시초상태의 심상이라 하겠다). 그리하여 그 생명의 연기는 좀더 높이 솟는다. 시인의 의식은 의식세계에서 새벽을 본다. 망각으로부터 생명으로 돌아오는 것이다. 그것은 잔인한 새벽이다(생명의 탄생은 잔인하다). 그리하여 이제 싸늘하고 지친 영혼은 장미빛 섬광을 보게 되고 생의 세계로 돌아갈 작은 배를 부른다. 기다려라고. 이제 모든 것이 다시 시작된다. 이것이 9연의 내용이다.

> And yet out of eternity, a thread
> separates itself on the blackness,
> a horizontal thread
> that fumes a little with pallor upon the dark.
>
> Is it illusion? or does the pallor fume

A little higher?
Ah wait, wait, for there's the dawn,
the cruel dawn of coming back to life
out of oblivion.

Wait, wait, the little ship
drifting, beneath the deathly ashy grey
of a flood-dawn.

Wait, wait! even so, a flush of yellow
and strangely, 0 chilled wan soul, a flush of rose.
A flush of rose, and the whole thing starts again.(SP p.256)

이렇게 시인은 죽음으로부터 깨어나면서 제10연에 접어들어 홍수가 물러가면서 지친 조개껍질처럼 육체가 신비하고 아름답게 나타난다. 작은 배가 힘없이 돌아온다. 배는 삶의 세계로 향해 나아간다. 기운 없었던 창백한 영혼은 배로부터 걸어나와 제 집으로 돌아간다. 즉 죽음의 배는 이제 삶의 세계에 다다른 것이다. 영혼은 가슴에 평화를 가득 채우고 뛴다. 망각의 영혼이었지만(죽음을 죽었던 영혼이었지만)이제는 망각을(죽음의 상태)벗으며 뛴다.

The flood subsides, and the body, like a worn sea-shell
emerge strangely and lovely.
And the little ship wings home, faltering and laping
on the pink flood,
and the frail soul steps out, into her house again
filling the heart with peace.
Swings the heart renewed with peace
even of oblivion.(SP p.256)

이와같이 Lawrence는 죽음에 임하여 그 죽음을 완전한 종말, 완전한 망각, 완전소멸, 완전한 무로 생각하지 않는 신앙을 보여주고 있다. 영혼과 육체 모두가 소생하며 지상적 삶의 세계로 복귀하는 생명의 영구회귀(영구순환)를 믿는 종교사상을 확립해 있다. 이 때문에 그는 임박해 온 죽음의 부름을 기꺼이 받아들여 죽음의 배를 스스로 만들어 타고 죽음의 대양을 항해해 갈 수 있는 것이다.

역시 타계하기 한 해 전에(1930년 3월에 타계) 쓴 'Bavarian Gentians'에서 이것을 살펴보면, 때는 9월 미가일 축제일(Michaelmas)이다. 집에 핀 용담꽃을 보았을 때 그 검푸른 꽃은 Pluto와 Persephone가 일년 중 가을과 겨울 동안 결혼생활을 즐기는 곳인 Hades로 인도하는 횃불의 심상으로 변하게 된다. 시인은 어둠이 활활 타며 푸르게 퍼진 이 횃불꽃을 가지고 Hades로 여행하여 들어가고자 한다. 이 횃불은 Demeter(농업, 결혼의 여신)의 푸르스레한 등이 빛을 발하는 것으로 생각되어 진다. 이 불꽃을 따라 지하의 어둠을 헤치고 점점 더 어두워지는 층계 아래로 내려가면, 지상으로부터 지금 막 서리 앉은 구월을 떠나 Persephone가 그녀의 신랑 Pluto에게 내려가고 있다. 짙은 어둠이 잃어버린 신부(Persephone)와 그녀의 신랑(Pluto) 위에 쏟아지고 있으며, Persephone는 지척을 가릴 수 없는 어둠에 뒤덮혀 오직 목소리로만 있을 뿐이다. 이러한 Hades를 밝히며 여행하겠다는 것이 Lawrence이다.

> (제1행 생략)
> in soft September, at slow, sad Michaelmas.
> ⋯⋯ (중략)
> giving off darkness, blue darkness, as Demeter's pale lamps give off light,
> lead me then, lead the way.
>
> Reach me a gentian, give me a torch!
> let me guide myself with the blue, forked torch of this flower
> down the darker and darker stairs, where blue is darkened on blueness
> even where Persephone goes, just now, from the frosted September
> to the sightless realm where darkness is awake upon the dark
> and Persephone herself is but a voice
> or a darkness invisible enfolded in the deeper dark of the arms Plutonic
> and pierced with the passion of dense gloom

among the splendour of torches of darkness, shedding darkness on
the lost bride and her groom.(SP pp.244－45)

　여기서 Lawrence는 Perseephone와 Pluto의 신화로부터, 그들이 일년
중 봄과 여름에는 서로 떨어져 지하와 지상에서 각각 생활하나, 가을과 겨
울의 절반 동안은 Persephone가 지하에 내려가 남편 Pluto와 결혼생활을
한다는 부분을 주제로 활용한 것인데, 여기에는 봄과 여름이 되면 Per-
sephone가 지상으로 다시 복귀한다는 것이 전제되고 있는 것이다. 이처럼
지상세계의 삶으로의 복귀와 삶의 순환이 전제되고 있는 것이 Lawrence
의 죽음관의 중요한 특징이다. Hans Meyerhoff는 *Time in Literature,*[9]
'Direction and Death'에서 신화와 관련시켜 순환이론을 문학에 도입하
여 재활용한 여러 작가들의 다양한 목적과 성격을 언급하고 있다. 여기에
서 그는 이 순환이론을 죽음으로 향하는 시간의 방향이 초래하는 공포로
부터 도피하려는 인간의 심리형식 중의 한 표현이며 그와같은 냉혹한 시
간의 방향성이 지니는 비관적 의미에 타협하는 방법의 하나로서 보고 있
다. 그에 의하면 신화는 광범위한 뿌리와 가지를 가지고 있는 세계로서
다양한 성격과 기능을 함축하고 있고, 문학에 있어서 시간의 순환이론은
보통 신화적 테마와 관련되어 나타난다는 것이다.[10] 위의 시 'Bavarian
Gentians'는 그리이스, 로마 신화의 Persephone와 Pluto의 이별과 만남
이라는 주기적 결혼생활이 활용된 것인데, 만물이 긴 잠으로 들어서려는
늦가을에 지하로 Persephone가 내려간다는 것은 그 행위가 죽음의 형식
을 지닌 것이지만, 결혼생활이 지하에서 영위된다는 형식은 사후의 세계
가 오히려 性생활에 바탕을 둔 삶의 세계라는 사실을 내포하고 있다. 이
점에서 사후의 세계는 지상세계의 연장인 것으로 나타나 있으며, 또한
Persephone가 봄이면 다시 지상으로 복귀한다는 것이 전제되어 있으므로
이 시는 죽음으로부터의 부활과 지상복귀라는 의미가 함축되어 있다. 이

---

9) Hans Meyerhoff, *Time in Literature*(Losangeles: University of California
　　Press, 1955)
10) *Ibid.,* pp.64－84 참조.

와같이 볼 때 이 시는 죽음과 관련하여 Lawrence의 삶과 죽음의 영구회귀 사상이 종합적으로 표현된 신화적 형식이라 할 수 있다.

'The Ship of Death'는 Lawrence가 만년에 가졌던 Etruscan Places 탐방이 반영된 작품이다. 그는 1927년 봄(타계 3년 전)에 Etruria의 무덤 벽화에서 자연과 더불어 마음껏 생을 구가하는 사람들을 발견하였다. Lawrence는 그들이 건강하고 활기찬 벗은 팔 다리로 싱싱한 올리브숲 사이로 피리를 불며 춤추는 벽화를 보고 그들의 그와같은 예술이 Etruria인의 삶 자체인 것처럼 느꼈으며, "The things they did, in their easy centuries, are as natural and as easy as breathing. They leave the breast breathing freely and pleasantly with a certain fullness of life"[11]처럼 느꼈다.

한편 Lawrence는 Etruria인들에 있어서 죽음은 즐거운 삶의 연속이라는 재생신화의 벽화를 보았는데, 死者들이 그들의 왕들에 의해 인도되어 죽음의 배를 타고 하계의 심연에 내던져 졌을 때 "he becomes darker than blood, with death, and brighter than fire, with life."[12]처럼 되는 것을 보았다.

이러한 무덤에의 여행은 下界가 생명의 근원지이며 죽음(무덤)이 삶의 연속이라는 사상을 Lawrence에게 상징적으로 부여했다. 'The Ship of Death'에서 보면 시인은 죽음의 심연에서 생명력을 소생받아 완전한 육체를 재구성하여 배를 타고 지상으로 복귀하고 있다. 이 시에 나오는 죽음의 배에 음식물과 생활용품을 싣고 죽음의 바다로 여행하는 것은 Etruria인의 장례식 의식의 활용이다. 그들은 죽은 자의 무덤 속에 음식물과 장비를 넣은 작은 배를 함께 묻어 주었다고 한다.[13]

이와같이 Lawrence는 신화적 원형을 모방하고 재변용하여 신화적 삶의 세계를 재체험하여 봄으로써 죽지않고 영원히 삶과 죽음을 순환하면서

---

11) D.H.Lawrence, *Etruscan Places*(Penguin, 1975), p.109.

12) *Ibid.*, p.149.

13) Michael Bell, *Primitivism*(London: Methuen & Co., Ltd., 1972), p.29 참조. Bell은 "Lawrence uses the Etruscan funeral ritual of burying in the tombs of the dead a small boat supplied with provisions"라고 언급하고 있다.

사는 꿈을 실현하려 했던 것이다.

죽음에 임박하여 영생을 꿈꾸는 이와같은 그의 꿈을 *The Man Who Died*에서 보면, 무덤으로부터 부활하는 그리스도를 암시한 The Man을 Lawrence 자신의 상징으로 창조하고 있다. The Man은 처녀사제 Girl of Isis와의 피(Blood)와 살(Flesh)의 접촉이라는 형식을 통하여 그의 상처가 완전히 치유되어 육체적 회복을 성취하고 있는 것으로 나타나고 있다.

The Man은 Isis여신을 모시는 사원에서 안쪽 사당에 있는 Isis像에 절하고 다음과 같은 찬사를 던진다.

"Great is Isis! In her search she is greater than the death. Wonderful is such walking in a woman, wonderful the goal. All men praise thee, Isis, thou greater than the mother unto man."(MWD p.440)

이 말을 들은 여사제는 이 남자가 곧 잃어버린 Osiris(Lost Osiris)라고 기뻐한다. 그리하여 해안가에서 여사제는 이 남자에게 다음과 같이 대화를 나눈다.

"And art thou not Osiris?" she asked.
He flushed suddenly.
"Yes, If thou wilt heal me!" he said. "For the death aloofness is still upon me, and I cannot escape it."(MWD p.441)

이렇게 하여 두 사람은 어느날 밤 사당에서 알몸으로 聖禮(physical sacrament)를 가지는데, 그녀의 부드럽고 따스한 육체접촉을 통하여 그의 상처는 완전히 치료되고, 그는 덜 깨어있던 죽음으로부터 벗어나 완전한 부활에 이르게 된다. 이 때 그는 어두운 의식의 내부에서 생명의 심상들을 보게 되는데, 그가 완전한 부활에 도달하는 장면이 다음과 같이 묘사되고 있다.

Then slowly, slowly, in the perfect darkness of his inner man, he felt the stir of something coming. A dawn, a new sun. A new sun was coming up in him, in the perfect inner darkness of himself. He waited for it breathless, quivering with a fearful hope.··· "Now I am not myself. I am something new.···"

And his death and his passion of sacrifice were all as nothing to him now, he knew only the crouching fullness of the woman there, the soft white rock of life.···

"On this rock I built my life". The deep-folded, penetrable rock of the living Woman!···

He crouched to her and he felt the blaze of his manhood and his power rise up in his loins, magnificent.

"I am risen"(MWD pp.447−48)

이러한 신화적 인물은 이집트 신화로부터 도입한 것이다. Isis 여신이 남편 Osiris를 찾아 나서서 방랑하던 중 남편의 파편을 주워모아 재생시키려고 하지만 마지막 한가지 단서를 알아내지 못한다는 신화 이야기를 Lawrence는 이와같은 양자의 육체결합에 의한 부활이라는 방식으로 변용한 것이다. 이것은 육체가 소멸한 후에도 다시 소생될 수 있다는 생명력의 영원성과 삶의 순환을 믿는 Lawrence의 죽음사상이 종교신화적으로 구현된 것이라고 할 수 있다. John B. Vickery는 Lawrence의 이와같은 生의 순환(cycle)형식에 대해 "Life is seen as a cycle of decline and resurgence which contains a death phase that must necessarily be endured."[14]라고 말하고 있다.

이상에서와 같은 생명력의 영원에 대한 Lawrence의 기본사상은 'Human Sacrifice to God'라는 형태로도 구현되고 있다.

'The Woman Who Rode Away'에서 광산업자의 아내인 백인 여주인공은 원시인들의 신, 종교, 신화 등에 대해 신비로운 충동을 가지고 말로써 3일이나 걸리는 Chilchui Indians의 산악고지 촌락에 혼자 말을 타고 들어가 그들의 추장 앞에서 백인의 신을 버리고 그들의 신에게 귀의하겠

---

14) John B. Vickery, *The Literary Impact of the Golden Bough*(Princeton, New Jersey: Princeton University Press, 1976), p.292.

다는 승낙을 한 후 그들의 제물의식(sacrificial communion)에 따라 기꺼이 제물로 바쳐져서 죽고자 한다.

북치는 소리, 태고의 휘몰아 치는 굵은 노래소리, 여우 꼬리를 단 남자들이 끊임없이 춤추면서 내는 발구르는 소리, tunic을 입은 여인들의 발구르는 소리 등의 무서운 지속 가운데 그 여인은 백인 여성으로서의 개성과 신경의식은 파괴되고 비개성적 性과 비개인적 열정의 어두운 흐름에 내던져진다. 그들이 주는 약물을 마시고 정신이 마비되며, 해방된 감각은 신비로운 날카로움으로 고조된 상태에서 마치 자기자신이 우주만상 속으로 녹아들어가는 기분이 되며, 우주의 美와 조화에 혈액을 부어넣는 감각상태를 느끼고, 문어귀에서 보이는 큰 별들의 속삭이는 언어를 실제로 듣게 된다.[15] 이와같은 의식이 집행되는 가운데 그녀는 태양신 앞에 제물로서 기꺼이 바쳐져 죽는 것이다.

이 단편소설은 Lawrence가 만년(타계하기 2년전인 1928년)에 쓴 작품인데, 그는 'The Old Idea of Sacrifice'라는 소논문에서 이와같은 제물의식에 대해 "보다 위대한 생명체들이 춤추면서 눈부시게 도취되도록 하기 위해 보잘것 없는 작은 생명체들은 존경심과 감사한 마음으로 그들에게 먹혀져야 한다는 율법이 규정한 생명법이다"라고 하였다.

Sacrifice is the law of life which enacts that little lives must be eaten up into dance and splendour of bigger lives, with due reverence and acknowledgement.[16]

위에서 백인여인이 보여주는 죽음의 태도는 이와같은 제물로서의 죽음(Sacrificial Death)에 대한 Lawrence의 사상이 반영되어 있다. 그러기에 이 여인은 적극적으로 죽음을 수용하는 행동을 취할 수 있는 것이다. 그러한 행동의 이면에는 새로운 생명으로의 재생이 암시되어 있다. Vickery에 의하면 Lawrence에게 있어서 죽어서 부활하는 '인간 신'(man-god)의 의

---

15) Lawrence, 'The Woman Who Rode Away', op. cit., pp.68−72 참조.
16) Vickery, op. cit., p.293.

미에는 죽음의 필연성, 제물의식의 수용, 새생명의 획득이라는 생각이 등
식화되어 있다고 밝히고 있다.

> The basic co-ordinates of Lawrence's version of the dying and reviving
> man-god are the necessity of death, the acceptance of a sacrificial
> communion, and the attainment of a new life.[17]

이상으로 Lawrence가 영생을 실현하는 사상적 배경에는 인간존재의
영원한 가능성을 반영한 신화세계를 모방하고 있다는 사실에 관해서 살펴
보았다.

4. 어둠과 피의식

Lawrence문학에 있어서 어둠(darkness)과 피의식(blood-conscious-
ness)은 인간과 우주 자연과의 관계나 인간과 인간과의 관계 등과 같은
제반관계에 걸쳐 나타나는 특징적인 요소이다. 그리고 이 두 요소는 불가
분의 상호관련을 가지고 있으며, 각기 생명을 뒷받침하는 기본요소가 되
고 있다.

Lawrence에게 피의식은 살의식(flesh-consciousness)을 의미하고 있
으며, 어둠의식(dark-consciousness)은 그의 신체적 病弱性과 깊은 인과
적 관계를 맺고 있다. 이와같은 점에서 이 두 의식은 죽음의식과 관련하
여 강렬하게 발생되고 있다. Lawrence가 만년에 또는 건강의 악화에 즈
음하여 강한 죽음의식을 지니고 죽음의 문제를 탐구하여 표현한 작품에는
이러한 어둠과 피의식이 필수적으로 혼합되어 있다.

이 장에서는 죽음의식과 관련하여 어둠과 피의식이 어떤 양상과 성격으
로 나타나고 있는지 살펴보고자 한다.

'The Ship of Death'는 육체의 붕괴, 해체, 소멸 등과 같은 죽음을 죽
는 일련의 과정과 육체의 완전소멸 상태로부터 영혼과 육체가 재생되는

---

17) Vickery, op. cit., p.293.

과정을 묘사한 것이다. 이러한 과정에서 어둠의 뒤덮음과 피의 출입이 수반되고 있다.

　제2연에는 죽음이 재냄새처럼 공중에 퍼져있고(death is on the air like a smell of ashes!)(p.253), 상처의 틈 사이로 찬바람이 불어와서 움추려든다(Wincing from the cold that blows upon it through the orifices)(p.253). 제5연에서 죽음의 배를 타고 어두운 바다를 멀리 항해할 때 검은 바닷물이 상처 사이로 밀려든다(the dark and endless ocean of the end is washing in through the breaches of our wounds)(p.254). 제6연에서 홍수 위로 항해 중에 검은 비를 맞고 영혼은 움추린다. 제7연에서 항해하는 검은 홍수의 바다는 방향을 잡을 수 없다(upon the flood's black waste, there is no direction any more)(p.255). 이 7연의 육체가 완전히 소멸될 즈음에는 어둠은 더욱 깊고 짙어져 다음과 같이 된다.

Only the deepening blackness darkening still
blacker upon the soundless, ungurgling flood
darkness at one with darkness, up and down
and sideways utterly dark. So there is no direction any more.(p.255)

　이상에서 알 수 있듯이 Lawrence의 죽음에 대한 의식은 ash, cold blow, dark ocean, black flood, dark rain 등과 같은 어두운 심상들로 표현되고 있다.

　그런데 어둠은 Lawrence에게 죽음을 상징하는 실재인 동시에 존재의 근원이나 불씨인 점에서 생명의 상징적 실재이기도 하다. 이 점은 생명이 소생되는 과정의 시작부분인 제9연 이하에서 명백히 나타나고 있다. 검은 공간 위에 한가닥 실이 뿜어 나오면서 점점 높이 솟으며, 새벽이 보이고, 회색의 대양에 노랑빛 섬광과 장미빛 섬광이 보인다. 검은 홍수가 분홍빛으로 변하며 그 가운데로 작은 배가 돌아온다. 그 배에 신비롭고 아름다운 육체가 승선해 있는 것이다.

　여기서 새벽(dawn), 노랑빛 섬광(a flush of yellow), 장미빛 섬광(a flush of rose) 등은 생명의 심상들이다. 이들은 어둠의 배경으로부터 생성되고 있다. 이와같은 점에서 어둠은 생명탄생의 근원임을 알 수 있다. Lawrence에게 어둠은 단순한 어둠의 의미를 넘어서는 상징적인 의미를 가지고 있는 것이다.

어둠으로부터 탄생되고 있는 생명 심상들인 dawn, a flush of yellow, a flush of rose 등은 부활에 따른 피의식의 표출이라 할 수 있다. 즉 죽음으로부터 삶으로 돌아오는 생명의 심상은 Lawrence에게 피심상(blood-image)으로 나타난다. 이처럼 어둠의식과 피의식은 Lawrence의 죽음의식에 긴밀히 결합되어 있다.

'Bavarian Gentians'에서 Lawrence의 죽음의식은 Hades로 인도하는 검붉은 횃불의 심상과 Persephone와 Pluto가 재회하는 어두운 Hades의 심상으로 나타난다. 죽음세계로 인도할 용담꽃은 Dis(Pluto)의 어두운 전당을 밝히는 등불과 같으며, 검고 푸른 빛을 발하는 Demeter(곡물여신)의 창백한 등불같이 시인(Lawrence)에게 여겨진다.

......

black lamps from the halls of Dis, burning dark blue,
giving off darkness, blue darkness, as Demeter is pale lamps give off light.(SP p.244)

이처럼 어두운 검은 등불의 심상으로 나타나고 있는 Lawrence의 죽음의식에는 피의식이 수반된 것임을 알 수 있다. 등불이나 횃불은 피심상이라 할 수 있기 때문이다.

한편 죽음의식은 Hades여행의 진전과정에 따라 더욱 강렬해 진다. 시인이 어둡고 어두운 층계 아래로 내려갈 때(down the darker and darker stairs)(p.245) 어둠이 어둠 위에 깨어 있고 지척을 가릴 수 없으며(the sightless realm where darkness is awake upon the dark) Persephone도 목소리로만 존재할 뿐이다(Persephone herself is but a voice)(p.245).

Hades의 깊은 전당에는 앞을 볼 수 없는 짙은 어둠이 Pluto의 양팔을 두르고 있으며, 광채를 띤 어두운 횃불이 헤어진 신부와 신랑 위에 어둠을 쏟고 있고 짙은 우수가 어둠을 관통하고 있다.

a darkness invisible enfolded in the deeper dark
of the arms Plutonic, and pierced with the passion of dense gloom,
Among the splendour of torches of darkness, shedding
darkness on the lost bride and her groom.(p.245)

위에서 살펴본 어둠과 피의 심상들을 통하여 Lawrence의 죽음의식은 강한 생명의식임을 알 수 있다. 어둠의 심상들이 지니고 있는 싱싱한 활력과 신성한 생명력은 죽음이 삶의 새로운 표현이며 죽음의 세계란 생명이 그대로 연속된 삶의 세계임을 보여주고 있다.

이와같은 활력에 넘치는 신성한 어둠은 *The Man Who Died*에서도 주인공인 The Man의 소생되는 과정을 통해 강한 피의식과 더불어서 생명력의 원천과 배경으로서 나타나고 있다. 죽음에서 깨어 났지만 상처를 완치하지 못하고 있던 The Man이 Girl of Isis가 해주는 부드럽고 따뜻한 애무와 육체결합에 의해 완전한 생명으로 부활되는 장면을 앞에서 인용한 부분에서 다시 보자.

Then slowly, slowly, in the perfect darkness of his inner man, he felt the stir of something. A dawn, a new sun. A new sun was coming up in him, in the perfect inner darkness of himself. He waited for it.⋯ "Now I am not myself. I am something new⋯" "I am risen!"(p.447)

이처럼 The Man은 완전한 어둠 속에서 생명의 심상인 sun, sun-dawning의 피심상을 의식세계로부터 보게 된다. '태양'과 '새벽'이 어둠의 세계를 배경으로 삼는 가운데 삶의 복귀가 이루어지는 것이 Lawrence의 죽음의식이 지니는 특징이라 하겠다.

새로운 삶에 대한 믿음이 전제된 Lawrence의 죽음관에 나타나고 있는 이와같은 어둠의식과 피의식은 'The Woman Who Rode Away'에서는 Chilchui Indian족의 신에게 자기자신을 기꺼이 제물로 내던지는 백인 여주인공을 통하여 우주와의 신비로운 피의식의 교감이나 언어적 교통과 같은 형식으로 나타나고 있다. 백인여인은 인디언들이 주는 약물을 마시고 반의식의 상태에서 자기의 피가 우주사물들로 흘러나가며, 어두운 밤하늘에 빛나는 총총한 별들로부터 그들이 속삭이는 말을 듣는 다음과 같은 신비경에 빠지게 된다.

> She felt always in the same relaxed, confused, victimized state,… and release her senses into a sort of hightened, mystic acuteness and a feeling as if she were diffusing out deliciously into the harmony of things,… this exquisite sense of bleeding out into the higher beauty and harmony of things. Then she could actually hear the great stars in heaven, which she saw through her door, speaking from their motion and brightness, saying things perfectly to the cosmos,…[18]

인디언들의 제물儀式에 따라 죽음을 맞을 백인여인에게서 이와같이 우주생명의 신비적인 교감상태가 일어나고 이에 수반하여 볼 수 있는 것이 어둠과 피의식이다. 여기서도 Lawrence에게 죽음은 새로운 삶의 세계로 이어지는 계기나 전제를 의미하는 것임을 알 수 있다.

이상에서 어둠과 피의식은 상호 밀접하게 관련되어 있고 죽음과도 독특한 유기적 관계를 지니고 있음을 알 수 있었다. Lawrence는 이 두 의식의 불가분의 관련을 느끼는 자신의 특이한 의식에 대해 다음과 같이 말하고 있다.

> This(blood-consciousness)is one half of life, belonging to the darkness.… there is this other great half of our life active in darkness, the blood-relationship that when I see,… at the same time, there is a transmission through the darkness which is never absent from the light, into my blood-consciousness.[19]

---

18) Lawrence, 'The Woman Who Rode Away', op. cit., p.72.
19) Vickery, op. cit., p.282.

5. 결 론

이상에서 고찰한 바와같이 Lawrence는 죽음을 인식하는 삶을 통하여 생명이 완전한 최고경의 상태로 고양될 수 있음을 보여주고 있다.

자신에게 다가온 죽음을 보고 그 죽음이 새로운 생명과 새로운 삶으로 인도하는 필연적인 과정으로 Lawrence는 믿었다. 그리하여 그는 죽음을 두려워하지 않고 그 고통의 과정에 기꺼이 순응하며, 소멸되는 육신 파괴의 과정에 기꺼이 스스로를 내던지는 죽음의 경험을 신화적으로 구현해 보여주고 있다.

Lawrence에게 이와같은 죽음은 새자아(new self)와 새생명(new life)의 부활을 전제로 하고 있고, 그것에는 영원한 생명력에 대한 그의 강력한 종교적 신념이 바탕을 이루고 있다. 그는 생명의 영원성에 대한 가능성이 반영된 신화의 원형을 모방하거나 변용하여 상상적 세계에서 죽음을 재체험함으로써 죽음이 완전한 無로 종말된다는 죽음의 비극관을 극복하고 있다. 그에게 있어 죽음과 삶은 생명력의 영구순환 형식이 기초를 이루는 신화적 종교관 위에 위치하고 있다.

Lawrence에게 죽음세계는 어두운 세계로 상상되고 있으며, 그러한 세계의 어둠은 신성한 활력을 가지고 있고, 어두운 죽음세계는 생동감이 충만된 생명의 세계가 되고 있다. 그는 이와같은 죽음세계에 대한 비전을 피의식이 강하게 수반된 어두운 심상들을 통하여 표현하고 있으며 그와같은 생명을 상징하는 어두운 심상들은 신비적인 美를 지니고 있다.

이와같이 볼 때 Lawrence만큼 생명력의 영원에 대해 철저한 확신을 견지한 생명주의 작가는 드물다. 삶에 대해 영원한 비전을 현대인에게 제시해 주려고 한 점에서 그는 위대한 작가이다. 따라서 그에 대해 생명력을 부정하는 염세주의자로서의 죽음숭배자(a death-worshipper, as a

negator of our life energies)[20]라는 혹자들의 공격은 오해인 것이라 하
겠다.

(부산 수산대학 논문집 제28집 1982, 6)

---

20) Diana Trilling, *The Portable D.H.Lawrence,* (New York: The Vicking Press
Inc., 1949), p.11. 이 책에서 Trilling은 "We try to dismiss him as reactionary,
as fascist, as death-worshipping, as sexually abnormal."(p.10)이라고 지적
하면서 그러한 공격이 전혀 근거없다고 말하고 있다.

참 고 문 헌

1. Works

Lawrence,D.H. *Etruscan Places.* Penguin Books Ltd., 1975.

__________. *Fantasia of the Unconscious.* Penguin, 1977.

__________. *Studies is Classic American Literature.* Penguin, 1977.

__________. *The Man Who Died.* William Heimann, 1980.

__________. *The Woman Who Rode Away and Other Stories Penguin, 1975.*

__________. *Twilight in Italy.* Penguin, 1977.

Sagar, Keith ed., *D.H. Lawrence: Selected Poems.* Penguin, 1979.

2. References

Bell, Michael. *Primitivism,* London: Methunen and Co., Ltd., 1972.

Goodheart, Eugene. *The Utopian Vision of D.H. Lawrence.* Chicago: The University of Chicago Press, 1971.

Meyerhoff, Hans. *Time in Literature.* Losangeles: University of California Press, 1955.

Roberts, Warren and Moore, Harry T. ed. *Phoenix II,* 1978.

Trilling, Diana. *The Portable D.II.Lawrence.* New York: The Vicking Press Inc., 1949.

Vickery, John B. *The Literary Impact of the Golden Bough.* Princeton University Press, 1976.

李仁福. 「韓國文學에 나타난 죽음意識의 史的 研究」. 서울: 悅話堂, 1979.

저 자 약 력

1952년 10월 25일 생
경남 김해 출생
● 부산대학교 사범대 영어교육학과
● 부산대학교 대학원 영어영문학과 (문학석사)
● 부산대학교 대학원 영어영문학과 (문학박사)
● 영국 University of Nottingham 객원교수(2회)
● 미국 Fordham University 객원교수
● 부산대학교 사범대 영어교육학과 전임강사, 조교수
● 현재 부산대학교 사범대 영어교육학과 부교수

논 문

● D.H.Lawrence 문학에 나타난 어둠의 자아(PhD)
● G.M.Hopkins: Experimental Elements in His Poetry
● 문화교통과 외국어 교육
● 중세 영문학에 구현된 페미니즘 — '바스의 여장부'를 중심으로
● 메슈 아놀드: 모더니즘과 권위(번역 글)
● 기타 D.H.Lawrence 관련 논문 다수

D.H. 로렌스 문학연구

1995년 2월 27일 인쇄
1995년 3월 1일 발행

저　자　조일제
발행인　김진수
발행처　도서출판 韓國文化社
　　　　서울특별시 성동구 성수1가 2동 13-156
　　　　전화　464-7708　499-0846
　　　　팩스　499-0846
　　　　등록번호　제2-1276호

값10,000원

*잘못된 책은 교환해드립니다.

ISBN 89-7735-087-5